ESV

# Alkohol- und Drogenmissbrauch im öffentlichen Dienst

Ursachen – Auswirkungen –
Bekämpfungsstrategien

Von

Dipl.-Verwaltungswirt (FH)
**Hans-Jürgen Honsa**

2., überarbeitete und erweiterte Auflage

ERICH SCHMIDT VERLAG

Bibliografische Information der Deutschen Bibliothek
Die Deutsche Bibliothek verzeichnet diese Publikation in der Deutschen Nationalbibliografie; detaillierte bibliografische Daten sind im Internet über dnb.ddb.de abrufbar.

Weitere Informationen zu diesem Titel finden Sie im Internet unter
ESV.info/3 503 09030 4



1. Auflage 2002
2. Auflage 2005

ISBN-13: 978 3 503 09030 3
ISBN-10: 3 503 09030 4


www.ESV.info

Dieses Papier erfüllt die Frankfurter Forderungen der Deutschen Bibliothek und der Gesellschaft für das Buch bezüglich der Alterungsbeständigkeit und entspricht sowohl den strengen Bestimmungen der US Norm Ansi/Niso Z 39.48-1992 als auch der ISO Norm 9706.

Satz: Peter Wust, Berlin
Druck und Bindung: Strauss, Mörlenbach

Dieses Buch ist gewidmet,
meiner Tochter Meike, die es sicher gern erlebt hätte,
meiner Tochter Birte als Ansporn für ihre Diplomarbeit und
meiner Frau Viola, die mit viel Geduld und Verständnis dies erst
ermöglicht hat.

## Vorwort zur zweiten Auflage

Vor wenigen Wochen hat der Verfasser eine liebe Kollegin und Tochter eines guten Freundes verloren. Sie hat trotz mehrerer stationärer und ambulanter Therapien, trotz vielfältiger und konkreter Hilfsangebote (u. a. auch durch den Verfasser) offensichtlich keinen Weg mehr aus ihrer Alkoholsucht gefunden. Sie hat den Weg genommen, den rd. 50 % von in Therapie befindlichen Frauen bei einer Befragung als Versuch angegeben haben. Sie hat den Weg des Suizids gewählt.

Sie hinterließ neben einem verstörten 14-jährigen Sohn eine große Trauergemeinde, die dies nicht fassen kann.

Seit der Erstellung (Sept. 2001) und Herausgabe der 1. Auflage (Januar 2002) haben sich auf dem Gebiet der Sucht und der Suchthilfe wichtige Änderungen ergeben.

Die wichtigsten, wie z. B. die Änderungen des Disziplinar- und des Beamtenrechts, sind in die einzelnen Kapitel eingearbeitet worden. Einige Änderungen wie z. B. die Ablösung des BAT und des MTArb/BMTG – G II – durch den TVöD zum 1. Oktober 2005 können naturgemäß nur angedeutet werden, da nähere Einzelheiten bei Redaktionsschluss noch nicht vorlagen. Für den vorliegenden Themenbereich sind diese aber auch von nachrangigem Interesse, da die arbeitsrechtlichen Rechte und Pflichten kaum verändert werden dürften.

Im Bereich der Suchtkrankenhilfe sind durch die Rechtsänderungen des SGB sowohl für schwerbehinderte Menschen aber auch für Nichtbehinderte die Möglichkeiten „unterm Strich“ verbessert worden. Allein die Verpflichtung des Dienstherrn bzw. Arbeitgebers ein „Eingliederungsmanagement“ gem. § 84 Abs. 2 SGB IX für alle Beschäftigten mit einer Krankheitsdauer von mehr als sechs Wochen innerhalb eines Jahres, somit sowohl für schwerbehinderte Menschen als auch für die übrigen Angestellten und Beamten durchzuführen, wird hoffentlich die Krankheits- und die Präventionsproblematik und damit auch die Kostenproblematik stärker in das Bewusstsein rücken, als dies bisher der Fall war. Des Weiteren sind durch das sog. „Apfelsaftgesetz“ (jeder Gastwirt muss seit 1. 1. 2002 ein alkoholfreies Getränk anbieten, dass billiger ist als das günstigste alkoholische Getränk) nunmehr auch die Gastwirte in die Pflicht genommen worden. Auch die Erhöhungen der Tabaksteuer zum 1. 1. 2002 und 1. 3. 2004 haben ebenfalls eine suchtmindernde Wirkung hinterlassen, da ersten Beobachtungen zu Folge bei Jugendlichen der Anteil der Raucher zurückgegangen ist. Dieser Trend wird sich durch die Änderung der Arbeitsstättenverordnung und dem Anspruch auf einen rauchfreien Arbeitsplatz sowie dem im März 2005 zwischen dem BMGS und dem Deutschen Hotel- und Gaststättenverband (Dehoga) vereinbarten Stufenplan zur Einrichtung von größeren Nichtraucherzonen im Gaststättengewerbe (bis 1. 3. 2008 sollen 90 % der Gaststätten die Hälfte ihrer Plätze für Nichtraucher reservieren) fortsetzen.

Gleichwohl darf es auch hier kein Nachlassen geben!

Kein Nachlassen darf es ebenfalls geben bei der Aufrechterhaltung der Infrastruktur der Suchthilfe in Deutschland. Wie aus Kreisen der Therapieträger zu hören ist, sollen Fachleute der Rentenversicherungsträger bereits vor einem Zusammenbruch des Beratungs- und Rehabilitationsnetzwerkes gewarnt haben. Die dort intern geäußerten Sorgen sind durchaus nachvollziehbar. Durch die finanziellen Schwierigkeiten der Kommunen, die überwiegend vor Ort die Suchtberatung und -hilfe organisieren und finanzieren, einerseits und der zurückhaltenden Arbeitskräftefinanzierung durch die Arbeitsagenturen andererseits, mussten viele Suchthilfeprojekte bereits ihre Arbeit einstellen. Hinzu kommt, dass sowohl die Bundesbahn aber auch die Träger des Regionalverkehrs bzw. des ÖPNV ihre Linien aus Kostengründen eingestellt oder zumindest ausgedünnt haben, sodass gerade im ländlichen Bereich die überwiegend führerscheinlosen Klienten nicht mehr versorgt werden können!

Die Drogenbeauftragte der Bundesregierung Marion Caspers-Merk, MdB, hat in ihrem Grußwort zur Jahrestagung der Bundesarbeitsgemeinschaft Sucht in der Polizei am 13. Mai 2002 in Freiburg* das Vorwort dieses Buches aus der 1. Auflage aufgegriffen und auszugsweise zitiert. Die darin enthaltene Aussage, das „nach anfänglicher Euphorie und einem gewissen Aktionismus heute allerdings festzustellen ist, dass von dem Bewusstsein um die ständige Herausforderung Sucht am Arbeitsplatz leider nicht mehr viel übrig geblieben ist“, wird von Frau Caspers-Merk dahingehend ergänzt, dass „diese pessimistische Sicht von geschilderten Erfahrungen von engagierten Helfern in der betrieblichen Suchthilfe herrührt, denen gewisse „Abnutzungserscheinungen“ anzumerken sind. Hinzu kommen Sparzwänge im öffentlichen Dienst. So verständlich die Frustrationen nach langjährigen Erfahrungen mit der „Mühe der Ebene“ auch sein mögen, lassen Sie sich nicht davon anstecken. Denn natürlich braucht es eines langen Atems und der Kraft zum Bohren dicker Bretter, wenn die angemessene und fachlich qualifizierte Behandlung des Themas Sucht im betrieblichen und behördlichen Alltag nicht zur Routine verkommen, sondern zur Selbstverständlichkeit werden soll.“

---

* Internet: www.bmgesundheit.de/themen/drogen/pm/130502.htm

Diesem Schlusssatz kann uneingeschränkt zugestimmt werden. Die oben und im Buch insgesamt dargestellten Schwierigkeiten sind lösbar. Nicht alles muss mit Geld geregelt werden. Vieles ist über das freiwillige und ehrenamtliche Engagement machbar und lösbar. Gewachsene und erprobte Strukturen sollten aber mit allen Mittel erhalten bleiben. Hier muss man mitunter Fantasie, Engagement und Flexibilität als „Gesamtpacket“ zur Problemlösung einsetzen, wenn die Finanzdecke sich als unzureichend erweisen sollte. Aus der Verantwortung ziehen kann sich deshalb niemand!

Für Anregungen, Kritik und Verbesserungsvorschläge bin ich auch diesmal jederzeit dankbar. Sie können mich stets über meine homepage www.hans-juergenhonsa.de erreichen. Bei Anfragen bitte ich aber um etwas Geduld, da ich nicht immer eine umgehende Beantwortung zusagen kann. Eine Antwort erhalten Sie aber auf jeden Fall.

Salzgitter, Juni 2005 — Der Verfasser

## Vorwort zur ersten Auflage

Lange Zeit sonnten sich Behörden und Dienststellen in der trügerischen Sicherheit, dass Alkoholismus und Drogenabhängigkeit ein Problem von schmutzigen Werkstätten, rußigen Fabrikhallen oder allenfalls von Arbeitern auf Bau- und Betriebshöfen wäre. Der öffentliche Dienst in Deutschland, vor allen Dingen aber der Angestellte oder Beamte, wäre frei von solchen „triebhaften Auswüchsen". Diese Schimäre diente lange Jahre der Beruhigung und verschaffte vielen Personalverantwortlichen ein Gefühl selbstzufriedener Überheblichkeit. Grund dieses „Selbstbetruges" ist das Bild, dass selbst heute noch viele Menschen vom „Alkoholiker", als dem stoppelbärtigen Penner auf der Parkbank, vor Augen haben. Dass aber gerade Alkoholismus als der Hauptdroge in Deutschland zum einen quer durch alle Berufe, soziale Schichten und Geschlechter geht und zum anderen sich gerade in sauberen Büroräumen heimisch eingerichtet hat, ist erst im Laufe der 90er Jahre in das Bewusstsein der behördlichen Führungskräfte gelangt.

Mit dem immer stärker werdenden Aufkommen betriebswirtschaftlicher und damit kostenrechnender Überlegungen Anfang der 80er Jahre, in den bis dahin mit Steuermitteln mehr oder weniger sorglos alimentierten Behörden, kamen auch erste Überlegungen zur „Kostenstelle Sucht". Zuerst nur vereinzelt. Anfangs noch als „Exoten" mitleidig belächelt. Mit fortschreitender Aufklärung durch die Medien, die zunächst nur über (überwiegend) amerikanische Studien aus Großbetrieben, später auch von deutschen Untersuchungen und Erhebungen berichteten, begannen auch deutsche Behörden mit organisatorischen Maßnahmen auf dieses „Phänomen" zu reagieren. So hat der Kommunale Arbeitgeberverband Bayern bereits im November 1987 in einem Rundschreiben an seine Mitgliedsgemeinden die Problematik „Alkohol am Arbeitsplatz" mit Hinweisen für die Praxis thematisiert. Aber erst seit Anfang der 90er Jahre kann von einer breiten Basis zur behördlichen Suchtbekämpfung gesprochen werden.

Plötzlich war der alles verdeckende „Grauschleier" des Alkoholismus fortgespült. Es galt als besonders „chic" und fortschrittlich, ein „Herz" für die Alkoholiker (damals noch „Alkis" genannt) zu entdecken. Der Amtsschimmel reagierte erwartungsgemäß und routiniert; eben behördengemäß. Dienstanweisungen und Erlasse über „den Umgang mit suchtgefährdeten und -kranken Mitarbeitern" folgten prompt. Kaum eine Verwaltung mit einer gewissen Bedeutung in der bundesdeutschen Behördenlandschaft, die keine solche Regelung für ihre Mitarbeiter hatte. Es schien, als würde sich der öffentliche Dienst Deutschlands an einem Wettbewerb mit dem Motto: „Unsere Verwaltung soll trockner werden!“ beteiligen. Nach anfänglicher Euphorie und einem gewissen Aktionismus ist heute allerdings festzustellen, dass von dem Bewusstsein um die ständige Herausforderung der Sucht am Arbeitsplatz leider nicht mehr viel übrig geblieben ist.

Die bis dato geschaffenen Strukturen sind zwar fast überall noch vorhanden, wirken aber ausgezehrt, überholt und ohne Kraft für neue Aufgaben. Die Sucht wird nur noch „behördenmäßig“ verwaltet. Die „Feigenblätter“ sind bereits weitgehend verwelkt, drohen demnächst abzufallen und damit ihre Träger zu entblößen.

Dieses Buch hat es sich zur Aufgabe gemacht, warnend auf diesen Zustand hinzuweisen und die zuständigen Verantwortlichen aus ihrer Lethargie zu reißen. Es will aufrütteln und dafür werben, die Suchtproblematik und ihre Bekämpfung wieder auf die Tagesordnung der Behördenchefs zu setzen. Anregung und Treibsatz dieses neuen „Schwungs“ soll eine gleichzeitig zu implementierende neue Firmenkultur sein. Eine Firmen- bzw. Behördenkultur, die das Suchtpotenzial auf den unvermeidbaren Bodensatz zurückdrängt und gleichzeitig die Köpfe der Mitarbeiter für die ihnen zugewiesenen Aufgaben frei macht. Eine Kultur, die Mitverantwortung fordert, sie aber auch fördert; Leistung benötigt, Gegenleistung einbringt; Kreativität voraussetzt, ihr aber auch den Freiraum einräumt.

Dieses „neue Denken“ erfordert Mut. Mut, weil es mit alten, hierarchischen Behördenstrukturen bricht. Mut, weil es das bisherige Verständnis von Macht und Einfluss in Frage stellt und allein durch die Veränderung zunächst eine gewisse Verunsicherung, ja vielleicht sogar Angst (vor dem Neuen) mit sich bringt.

Dieses „neue Denken“ birgt aber auch gewaltige Möglichkeiten. Möglichkeiten zunächst zur Standortbestimmung und ggfls. zur Neuorientierung. Möglichkeiten zur Machtvermehrung durch Machtteilung auf dem Weg zu einer „Lernenden Organisation“ (ein Begriff von Peter Senge für ein ganzheitliches Managementkonzept) mit einem ungeheuren Energie- und Kreativitätspotenzial: „Dem selbstbewussten, am Wachstum beteiligten, motivierten Mitarbeiter der Behörde!“

Dieses Energie- und Kreativitätspotenzial kann nur freigesetzt werden, wenn es von den „Fesseln“ der alten Denkstrukturen befreit wird und sich hin zu einem sich selbst tragenden lernenden Organismus entwickelt, der seine schöpferische Kraft aus den permanenten Wechselbeziehungen zwischen Lebenserfahrung und Praxisorientierung bezieht.

Um diese „Vision“ einer neuen Firmen- oder Behördenkultur zu erfüllen, werden hier Anregungen und Vorschläge gegeben, über die dann die jeweiligen Zwischenziele bis hin zum Feinziel, der Vision, erreicht werden sollen. Der Weg mag vielleicht noch so hart sein, das Ergebnis lohnt ihn allemal!

All denjenigen, die mich tatkräftig bei der Recherche, der Beschaffung der Literatur, der Unterweisung in die PC-Geheimnisse oder der Erledigung von bestimmten Schreib- bzw. Korrekturarbeiten unterstützt haben, möchte ich an dieser Stelle meinen herzlichen Dank aussprechen. Mit ihrer Hilfe haben sie mich motiviert, bis zum Abschluss durchzuhalten.

Für Anregungen, Kritik und Verbesserungsvorschläge bin ich jederzeit dankbar. Sie werden mich stets über den Verlag erreichen.

Salzgitter, September 2001 — Der Verfasser

# Inhaltsverzeichnis

## Abkürzungsverzeichnis

| | |
|---|---|
| aaO | am angegebenen Ort |
| ABL. und Amtsbl. | Amtsblatt |
| Abs. | Absatz |
| a. D. | außer Dienst |
| ADO | Allgemeine Dienstordnung |
| ADAB | Allgemeine Dienstanweisung für die Bundesbahnbeamten |
| ADAzB | Allgemeine Dienstanweisung für die der Deutschen Bahn AG zugewiesenen Beamten des Bundeseisenbahnvermögens |
| a. E. | am Ende |
| a. F. | alte Fassung |
| AG | Arbeitgeber |
| AG | Aktiengesellschaft |
| AiB | Arbeitsrecht im Betrieb (Zeitschrift) |
| ALR | Allgemeines Landrecht für die Preußischen Staaten |
| Ang. | Angestellte |
| AngKündSchG | Gesetz über die Fristen für die Kündigung von Angestellten |
| Anl. | Anlage |
| AN | Arbeitnehmer |
| AnVG | Angestelltenversicherungsgesetz |
| AO | Arbeitsordnung |
| Ang./Arb. | Angestellte/Arbeiter |
| Arb. | Arbeiter |
| ArbG | Arbeitsgericht |
| ArbZG | Arbeitszeitgesetz |
| ARSt | Arbeitsrecht in Stichworten, Arbeitsrechtliche Entscheidungssammlung |
| Art. | Artikel |
| Ast. | Antragsteller |
| AuR | Arbeit und Recht (Zeitschrift) |
| ATO | Allgemeine Tarifordnung für Arbeitnehmer |
| Aufl. | Auflage |
| AVG | Angestelltenversicherungsgesetz |

| | |
|---|---|
| ÄVO | Änderungsverordnung |
| Az | Aktenzeichen |
| AZO | Arbeitszeitordnung |
| | |
| BAGE | Entscheidungen des Bundesarbeitsgerichts |
| BArbBl. | Bundesarbeitsblatt |
| BAG | Bundesarbeitsgericht |
| BAK-Wert | Blutalkoholkonzentrationswert |
| BAnz. | Bundesanzeiger |
| BAT | Bundesangestelltentarifvertrag |
| Bay | Bayern |
| BB | Betriebsberater (Zeitschrift) |
| BBG | Bundesbeamtengesetz |
| BBauG | Bundesbaugesetz |
| Bd. | Band |
| BDA | Bundesdisziplinaranwalt |
| BDAE | Entscheidungen des Bundesdisziplinaranwalts |
| BDG | Bundesdisziplinargesetz |
| BDH | Bundesdisziplinarhof |
| BDO | Bundesdisziplinarordnung |
| BeamtVG | Beamtenversorgungsgesetz |
| Beschl. | Beschluss |
| BesGr | Besoldungsgruppe |
| BEV | Bundeseisenbahnvermögensamt |
| betr. | betreffend |
| BetrVG | Betriebsverfassungsgesetz |
| BfA | Bundesversicherungsanstalt für Angestellte |
| BFV | Bundesfinanzverwaltung |
| Bln | Berlin |
| BGB | Bürgerliches Gesetzbuch |
| BGBl. | Bundesgesetzblatt |
| BGH | Bundesgerichtshof |
| BGHZ | Entscheidungen des Bundesgerichtshofes in Zivilsachen |
| BGS | Bundesgrenzschutz |
| BKA | Bundeskriminalamt |
| BMA | Bundesministerium für Arbeit und Sozialordnung |
| BMF | Bundesministerium der Finanzen |
| BMG | Bundesministerium für Gesundheit |
| BMI | Bundesministerium des Innern |
| BMT-G II | Bundesmanteltarifvertrag für Arbeiter gemeindlicher Verwaltungen und Betrieben |

| | |
|---|---|
| BPersVG | Bundespersonalvertretungsgesetz |
| Bre | Bremen |
| BTMG | Betäubungsmittelgesetz |
| BRRG | Beamtenrechtsrahmengesetz |
| BSG | Bundessozialgericht |
| BSGE | Entscheidungen des Bundessozialgerichts |
| BVerfG | Bundesverfassungsgericht |
| BVerfGE | Entscheidungen des Bundesverfassungsgerichts |
| BVerwG | Bundesverwaltungsgericht |
| BVerwGE | Entscheidungen des Bundesverwaltungsgerichts |
| BW | Baden-Württemberg |
| BzgA | Bundeszentrale für gesundheitliche Aufklärung |
| bzw. | beziehungsweise |
| | |
| DAG | Deutsche Angestelltengewerkschaft |
| DBB | Deutscher Beamtenbund |
| ders. | derselbe |
| desgl. | desgleichen |
| DEKRA | Technische Sachverständigenorganisation |
| DGB | Deutscher Gewerkschaftsbund |
| d.h. | das heißt |
| DHS | Deutsche Hauptstelle gegen die Suchtgefahren |
| Difu | Deutsches Institut für Urbanistik |
| DO-Angestellter | Dienstordnungs-Angestellter |
| DÖD | Der Öffentliche Dienst (Zeitschrift) |
| DÖV | Die Öffentliche Verwaltung (Zeitschrift) |
| DPWV | Deutscher Paritätischer Wohlfahrtsverband |
| DRiG | Deutsches Richtergesetz |
| Durchf.Best. | Durchführungsbestimmungen |
| DurchfVO oder DVO | Durchführungsverordnung |
| DV | Dienstvergehen |
| DV | Dienstvereinbarung |
| DVBl. | Deutsches Verwaltungsblatt (Zeitschrift) |
| DokBerB | Dokumentarische Berichte aus dem BVerwG, Teil B |
| | |
| EBO | Eisenbahn-Betriebsordnung |
| EFZG | Entgeltfortzahlungsgesetz |
| EKD | Evangelische Kirche Deutschland |
| Erl. | Erlass |
| etc. | et cetera |
| e.V. | eingetragener Verein |

| | |
|---|---|
| ff. | folgende (Seiten oder Paragrafen) |
| | |
| GBl. und GesBl. | Gesetzblatt |
| Ges. | Gesetz |
| GG | Grundgesetz |
| ggf. | gegebenenfalls |
| GmbH | Gesellschaft mit beschränkter Haftung |
| GKV | Gesetzliche Krankenversicherung |
| GleiBG | Gleichberechtigungsgesetz |
| GMBl. | Gemeinsames Ministerialblatt |
| GRV | Gesetzliche Rentenversicherung |
| GUV | Gesetzliche Unfallversicherung |
| GVBl. und GVOBl. | Gesetz- und Verordnungsblatt |
| | |
| Halbs. | Halbsatz |
| Hbg | Hamburg |
| HBG | Hessisches Beamtengesetz |
| Hess | Hessen |
| HGB | Handelsgesetzbuch |
| h.M. | herrschende Meinung |
| HPVG | Hessisches Personalvertretungsgesetz |
| HRiG | Hessisches Richtergesetz |
| HwB AR | Handwörterbuch des Arbeitsrechts für die tägliche Praxis |
| | |
| i.d.F.v. | in der Fassung vom ... |
| i.d.R. | in der Regel |
| IHK | Industrie- und Handelskammer |
| i.S. | im Sinne |
| i.V. | in Verbindung |
| | |
| JArbSchG | Jugendarbeitsschutzgesetz |
| | |
| KBR | Konzernbetriebsrat |
| KG | Kommanditgesellschaft |
| KOMBA | KOMBA-Gewerkschaft für den kommunalen Dienst im DBB |
| KSchG | Kündigungsschutzgesetz |
| | |
| Leits. | Leitsatz |
| LohnFG | Lohnfortzahlungsgesetz |
| LArbG | Landesarbeitsgericht |

| | |
|---|---|
| LBG | Landesbeamtengesetz |
| LDO | Landesdisziplinarordnung |
| lfd. Nr. | laufende Nummer |
| LPersVG | Landespersonalvertretungsgesetz |
| LVA | Landesversicherungsanstalt |
| | |
| MV | Mecklenburg-Vorpommern |
| MinBIFin | Ministerialblatt des Bundesministers der Finanzen |
| MTB | Manteltarifvertrag für Arbeiter des Bundes |
| MTL | Manteltarifvertrag für Arbeiter der Länder |
| m. E. | meines Erachtens |
| MuSchG | Mutterschutzgesetz |
| m. w. N. | mit weiteren Nachweisen |
| | |
| NATO | Nordatlantikpakt – Organisation |
| NBG | Niedersächsisches Beamtengesetz |
| NdS | Niedersachsen |
| n. F. | neue Fassung |
| Neuf. | Neufassung |
| NJW | Neue Juristische Wochenschrift (Zeitschrift) |
| NPersVG | Niedersächsisches Personalvertretungsgesetz |
| Nr. | Nummer |
| NStZ-RR | Neue Zeitschrift für Strafrecht-Rechtsprechungs-Report (Zeit-schrift) |
| n. v. | nicht veröffentlicht |
| NW | Nordrhein-Westfalen |
| NZWehrr | Neue Zeitschrift für Wehrrecht (Zeitschrift) |
| | |
| OLG | Oberlandesgericht |
| ÖPNV | Öffentlicher Personen Nah Verkehr |
| ÖTV | Gewerkschaft Öffentliche Dienste, Transport und Verkehr |
| OSZE | Organisation für Sicherheit und Zusammenarbeit in Europa |
| | |
| p. a. | per anno (für das Jahr) |
| PersR | Personalrat |
| PersV | Die Personalvertretung (Zeitschrift) |
| Pr. OVG | Preußisches Oberverwaltungsgericht |
| PVG/PersVG | Personalvertretungsgesetz |

| | |
|---|---|
| RAG | Reichsarbeitsgericht |
| rd. | rund |
| RGBl. | Reichsgesetzblatt |
| RiA | Recht im Amt (Zeitschrift) |
| Rn. | Randnummer |
| RPTV | Tarifvertrag über die einzelnen Rechte u. Pflichten aus dem Arbeitsverhältnis für die Arbeitnehmer der DB AG |
| RVO | Reichsversicherungsordnung |
| Rz. | Randziffer |
| | |
| S-A | Sachsen-Anhalt |
| s. a. u. | siehe auch unter ... |
| SchwbG | Schwerbehindertengesetz |
| SG | Soldatengesetz |
| SGB I | Sozialgesetzbuch – Allgemeiner Teil |
| SGB IV | Sozialgesetzbuch – Gemeinsame Vorschriften für die Sozialversicherung |
| SGB V | Sozialgesetzbuch – Gesetzliche Krankenversicherung |
| SGB VI | Sozialgesetzbuch – Gesetzliche Rentenversicherung |
| SGB X | Sozialgesetzbuch – Verwaltungsverfahren, Schutz der Sozialdaten, Zusammenarbeit der Leistungsträger und ihre Beziehung zu Dritten |
| SGB XI | Sozialgesetzbuch – Soziale Pflegeversicherung |
| SH | Schleswig-Holstein |
| SiöD | Sicherheit im öffentlichen Dienst, Zeitschrift |
| s. o. | siehe oben |
| sog. | sogenannt |
| StGB | Strafgesetzbuch |
| StPO | Strafprozessordnung |
| st. Rspr. | ständige Rechtsprechung |
| s. u. | s. unter ... |
| s. u. | s. unten |
| SVG | Soldatenversorgungsgesetz |
| | |
| TO. A. | Tarifordnung für Angestellte |
| TÜV | Technischer Überwachungsverein |
| TVG | Tarifvertragsgesetz |
| TvöD | Tarifvertrag öffentlicher Dienst |

| | |
|---|---|
| u. a. | und andere |
| u. a. | unter anderem |
| u. ä. | und ähnliche |
| usw. | und so weiter |
| u. U. | unter Umständen |
| | |
| VBL | Versorgungsanstalt des Bundes und der Länder |
| VergGr | Vergütungsgruppe |
| VELKD | Vereinigte Evangelisch-Lutherische Kirche Deutschlands |
| vgl. | vergleiche |
| VGHE | Entscheidungen des Verwaltungsgerichtshofs |
| v. H. | vom Hundert |
| VKA | Vereinigung der kommunalen Arbeitgeberverbände |
| VMBl. | Ministerialblatt des Bundesministers für Verteidigung |
| VO | Verordnung |
| VV | Verwaltungsvorschriften |
| VwGO | Verwaltungsgerichtsordnung |
| VwVfG | Verwaltungsverfahrensgesetz |
| | |
| WBO | Wehrbeschwerdeordnung |
| WDO | Wehrdisziplinarordnung |
| WEU | Westeuropäische Union |
| WRV | Weimarer Reichsverfassung |
| WPflG | Wehrpflichtgesetz |
| WStG | Wehrstrafgesetz |
| | |
| z. A. | zur Anstellung |
| z. B. | zum Beispiel |
| ZBR | Zeitschrift für Beamtenrecht (Zeitschrift) |
| ZDv | Zentrale Dienstvorschrift (Bundeswehr) |
| ZfPR | Zeitschrift für Personalrecht (Zeitschrift) |
| Ziff. | Ziffer |
| ZPO | Zivilprozessordnung |
| z.T. | zum Teil |
| ZTR | Zeitschrift für Tarifrecht (Zeitschrift) |
| z. Zt. | zur Zeit |

# A. Alkohol und Drogen als Suchtmittel

## 1. Einleitung zur Suchtgeschichte der letzten Jahrzehnte

Das Problem der Sucht am Arbeitsplatz ist im Laufe der vergangenen zwei Jahrzehnte in der öffentlichen Wahrnehmung immer stärker in den Vordergrund gerückt. Um die Problematik insgesamt besser verstehen zu können, müssen aber auch die soziokulturellen Aspekte zumindest kurz angesprochen werden. *1*

Dass Alkohol und Drogen in der Geschichte der Menschheit eine lange Tradition besitzen, gehört zum Standardwissen und bedarf daher keiner weiteren Erläuterung. Zu allen Zeiten und in allen gesellschaftlichen Schichten haben die Menschen Gelegenheiten gesucht und meistens auch gefunden, sich mit Hilfe berauschender Mittel in einen Zustand zu versetzen, der ihnen ein wenig Abwechslung vom normalen, vielfach auch frustrierenden Alltag bot.

Gutes Essen und ein „guter Schluck Wein" sind somit schon immer ein fester Bestandteil im Tagesablauf der Menschen in Friedenszeiten gewesen. In Kriegs- und Krisenzeiten ist dieses grundsätzliche Bedürfnis der Menschen natürlich ebenfalls vorhanden gewesen und nur durch den Mangel an entsprechenden Konsumgütern begrenzt worden. So sprach man Ende des 19. Jahrhunderts vom „Elends-Alkoholismus"[1], so wie er heute in großen Teilen der ehemaligen Ostblockstaaten anzutreffen ist. Vor allem aber auch der Branntwein, der in manchen Betrieben Teil der Entlohnung (Deputat) war und nach den Befreiungskriegen um die Jahrhundertwende Anfang des 19. Jahrhundert stark verbilligt wurde, trieb unzählige Arbeiterfamilien in die Verelendung. In diese Zeit fiel denn auch in weiten Teilen des Landes die Gründung von sog. Mäßigungsvereinen, somit den ersten Suchtpräventionsvereinen, deren segensreiche Arbeit der Preußenkönig Friedrich Wilhelm der III aus Nordamerika übernahm. 1841 gab es in Preußen bereits 302 „Mäßigungsvereine". Bei vielen erstreckte sich die Enthaltsamkeit allerdings allein auf Branntwein, da man in Wein und Bier keine grundsätzlichen Gefahren sah.[2] *2*

---

1 Thomas, Die künstlich gesteuerte Seele, S. 231

2 Das Parlament, 17. 1. 2005, S. 6

Anfang des 19. Jahrhunderts konnte ein US-amerikanischer Arbeiter für einen Tageslohn 16 l Rum kaufen. Ein Rausch kostete einen Penny. Vor hundert Jahren konnte sich ein deutscher Arbeiter für 15 Silbergroschen eine Woche betrinken, und die irischen Landarbeiter suchten im Schnaps ihr Elend zu vergessen. Noch 1909 wurden im Montan-Industriegebiet von Mährisch-Ostrau (*Anm. d. Verf.:* Stadt in Nordost-Mähren im Grenzgebiet zum oberschlesischen Kohlerevier; heute *Ostrova*, Tschechien) 50 l Schnaps je Kopf der Bevölkerung im Jahr gezählt.[3]

*3* In der Geschichte der Drogen haben schon die Azteken in der präklassischen Mayazeit (2000 Jahre vor Christus) die berauschende Wirkung des von ihnen als „göttlichen Pilz" bezeichneten *Theonanacatl-Pilzes* (Wirkstoff *Psilocybin*) bei allen festlichen Angelegenheiten geschätzt und die Indios in Mexiko seit Jahrhunderten bis in die heutige Zeit das „Fleisch der Götter", in Scheiben geschnittenes und getrocknetes Fleisch des Kugelkaktus *Peyotl*, zur Erzeugung von „intensiven religiösen Bildern" (enthält *Meskalin*) genutzt.[4]

Historisch gesehen ist hier ein Wandel zu verzeichnen.

Galt in den 50er Jahren ein „Schnäpschen" noch zum unbedingten Muss, wenn man ein Geschäft oder eine Freundschaft besiegeln wollte, so war in den 60ern der Whisky, der/die Bacardi-Cola oder der Kirsch-Likör Ausdruck einer gehobenen „Trinkkultur" und eines entsprechenden Lebensstandards. So kann in dieser Zeit, da die alkoholischen Getränke teurer sind als vor hundert Jahren, von einem „Luxus-Alkoholismus"[5] gesprochen werden, der Ausdruck des „Nachkriegslebensgefühls" und des sich verfestigten Wirtschaftsaufschwungs war. In diesen Jahrzehnten waren Betriebsfeste oder Geburtstags- und Jubiläumsfeiern in den Behördenverwaltungen auch von einem recht unkritischen Umgang mit Alkohol geprägt. Diese Einstellung entsprach im Übrigen der der bundesrepublikanischen Nachkriegsgesellschaft insgesamt. Sie war also nicht behördentypisch.

*4* Ein Drogenproblem war zu diesen Zeiten noch nicht im öffentlichen Bewusstsein existent, gleichwohl vermeldet *Der Spiegel* (Nr. 27, 1969, S. 47/48) für das Gebiet der BRD:

1962 23 „minderjährige Rauschgifttäter",
1967 bereits die zwölffache Anzahl.
1968 wurden allein in Hamburg 127 Minderjährige aus diesem Grund verhaftet.[6]

---

[3] Thomas, Die künstlich gesteuerte Seele, S. 231
[4] Thomas, a. a. O., S. 140 ff.
[5] a. a. O., S. 231
[6] a. a. O., S. 188

In West-Berlin suchte 1966 erstmals ein Lehrer mit einem 15-jährigen Schüler seiner Klasse den Rat der *Ärztlichen Lebensmüdenbetreuung*, da der Junge offenbar durch den regelmäßigen Haschischkonsum nicht mehr schulfähig war. In jedem der folgenden Jahre hat sich dann bis 1969 die Zahl der jugendlichen Patienten, die wegen Missbrauchs dieser Rauschgifte kamen, verdoppelt.[7]

Wenn man auch davon ausgehen kann, dass der öffentliche Dienst aufgrund der Struktur seiner Mitarbeiter nicht in gleichem Maße betroffen war, so wird man doch eine gewisse Dunkelziffer von Suchtmissbräuchen zugrunde legen können. Hauptdrogen dieser Zeit waren Haschisch, Opium und LSD.

Aus dieser Zeit stammt auch das folgende Gedicht[8], dass die Gefühlslage 5
der damaligen Zeit treffend wiedergibt und dem einen oder anderen Leser zumindest in Teilen noch bekannt sein dürfte:

Fühlst du dich nicht völlig wohl,
Trinkst zum Trost du Alkohol,
Den Beschwerden zu entfliehen,
Dich der Selbstzucht zu entziehen,
Immer frisch und fit zu bleiben
Und die Schmerzen zu vertreiben;-
Fehlt es dir am nöt'gen Willen,
Greifst du zu den nächsten Pillen.

Warum für die Schule büffeln,
Wenn's so schön ist, Leim zu schnüffeln?
Hast daheim du'n Streit und Weh,
Fliehst du fort mit LSD;
„Hasch du Haschisch in den Taschen,
Hasch du immer was zu naschen",
Willst das Heil im Hasch du fassen,
Kannst du bald das „Heu" nicht lassen.

Wenn Tabletten nicht mehr nützen,
Greifst du zu den Morphiumspritzen;
Wenn der Rauch zum Rausch nicht reicht, –
Heroin macht's Leben leicht.
Anfangs wenig, später viel,
Sicher bleiben Weg und Ziel;
Denn wer öfter so „verreist",
Büßt Gesundheit ein und Geist.

Dann wird endlich offenbar:
Rauschgiftgaukel ist nicht wahr.
Glück, das solch ein Stoff verspricht,
Gibt's auf diesem Wege nicht,
Weil du mehr im Leben brauchst
Als die Träume, die du rauchst;
Denn zum Schluss kommt nur heraus:
Klinik oder Krankenhaus.

Anfang der 70er schwappte von den USA (Stichworte: Vietnam-Krieg, Flower-Power-Bewegung, Bewusstseinserweiterung durch Transzendenz, Woodstock-Festival usw.) eine weitere Drogenwelle nach Deutschland, die nunmehr bei weiten Teilen der heranwachsenden Generation Anklang fand. Es war einfach „in", ein Haschisch-Pfeifchen auf Partys herumzureichen, anstatt die berauschende Wirkung des Flaschenbiers abzuwarten (Motto damals: „Dummheit säuft, Intelligenz kifft").

---

7 a. a. O., S. 187

8 Thomas, a. a. O., S. 187

6 Die nachstehende Statistik zeigt den Anteil der Alkoholverfehlungen am Gesamtaufkommen der förmlichen Disziplinarverfahren, die der Bundesdisziplinaranwalt in seinem Bericht für die Jahre 1979/1980 veröffentlicht hat.[9] Ein Hinweis auf eine irgendwie geartete Drogenproblematik im öffentlichen Dienst fehlt in diesem Bericht. Offensichtlich sind hierzu keine förmlichen Disziplinarverfahren eröffnet worden, obwohl Giese bereits 1972 von „geschätzten 60.000 „Haschinvaliden" in der BRD" spricht.[10]

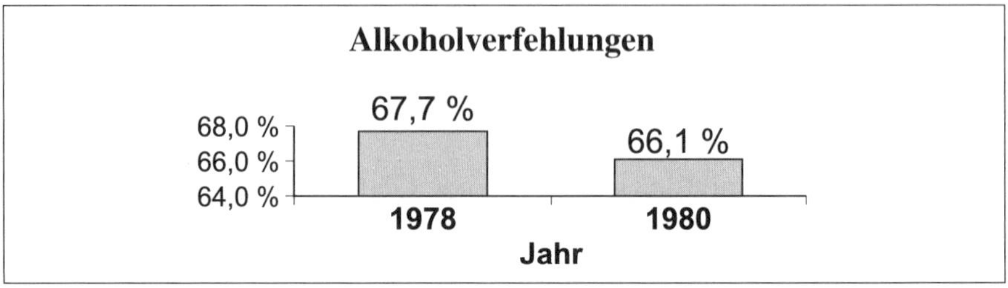


Die 80er wiederum waren einerseits geprägt durch die Generation der Aufsteiger im geschäftlichen und gesellschaftlichen Leben, die (von den USA übernommen) als „Yuppies" (Young urban professional people) bezeichnet wurden, den Genuss von exotischen Cocktails pflegten und andererseits durch die Abwendung von dem erkennbar überbordenden Materialismus der modernen Industriegesellschaft mit der Hinwendung zu (pseudo-) religiösen Institutionen. Beide Strömungen prägten naturgemäß das Konsumverhalten der jeweiligen Bevölkerungsschichten in Deutschland.

7 In den 90ern schließlich erwartete die „Fun-Generation" (umgangssprachlich die Generation zwischen der Pubertät und etwa 30 Jahren) und „Generation-Golf" (F. Illies; Generation Golf, Argon-Verlag) – die Generation der 30- bis 35-Jährigen – Spaß (Helmut Kohl: „kollektiver Freizeit-Park") und Animation (Berlin – Love-Parade, Techno-Parties usw.) auf allen gesellschaftlichen Ebenen. Durch den „ultimativen Kick" (Adrenalin-Stoß, der durch extreme Sport- oder Freizeitbetätigung wie z.B. „Bungeejumping" (freier Fall am Gummiseil von hohen Brücken u.ä.) oder „Houserunning" (durch ein Seil gesichertes, senkrechtes Hinablaufen eines Hochhauses) will die „Fun-Generation" Abwechslung in ihr Leben bringen und sucht gleichzeitig eine Ausflucht aus dem Alltagstrott, der als in engen Grenzen verlaufend und durch feste Regeln und Hierarchien vorbestimmt sowie keine persönlichen Freiräume mehr zulassend, empfunden wird.

[9] ZBR 1981, S. 177 ff.

[10] Giese, Verschuldete Arbeitsunfähigkeit bei Suchterkrankungen", BB 1972, S. 360

Abgesehen davon, dass diese Art der Freizeitgestaltung bereits eine „neue Art von Süchten“ (*Braunschweiger Zeitung* vom 6. 1. 2001) hervorbringt, versucht die als Leistungsträger der Gesellschaft bezeichnete „Generation-Golf“ und „e-Generation“ (die „Internet-Generation“ des neuen Jahrtausend) dem Leistungsdruck und Stress durch das konsumieren von Modedrogen wie Kokain, Ecstasy, Heroin, Amphetamin (Speed) und Haschisch zu entgehen bzw. ihn dadurch zu kompensieren.

Unter Berücksichtigung der statistischen Werte der letzten Jahrzehnte muss hier zusammenfassend festgestellt werden, dass in den letzten Jahren ein qualitativer Wandel im Konsumverhalten, nämlich vom Alkohol zur Droge eingetreten ist[11] (s. näheres unter Rn. 256).

**Pro-Kopf-Konsum Alkohol (Liter) in den Jahren**

| Jahr | D | BRD | DDR |
|---|---|---|---|
| 1950 | – | 3 | – |
| 1960 | – | 7 | 5 |
| 1970 | – | 11 | 7 |
| 1980 | – | 13 | 12 |
| 1990 | – | 12 | 13 |
| 1997 | 11,0 | – | – |
| 2000 | 10,5 | – | – |
| 2003 | 10,2 | – | – |

Die nachstehende Übersicht macht deutlich, dass sich der Pro-Kopf-Verbrauch an reinem Alkohol in Deutschland zwar auf einem Niveau von ca. 10,2 Litern eingependelt hat, damit aber immer noch an der Weltspitze (5. Platz)[12] liegt.

[11] Pressemitteilung Nr. 12 des BMG v. 1. 3. 1999 und Rede Parlamentarische Staatssekretärin Nickels (BMG) v. 15. 6. 2000 anlässlich des Treffens der nationalen Ansprechpartner des Aktionsplanes Alkohol der WHO-Europa

[12] Jahrbuch Sucht 2005, DHS (Hrsg.), S. 24

**Rangfolge der EU-Staaten und ausgewählter Länder hinsichtlich des gesamten Alkoholkonsums pro Kopf in Liter reiner Alkohol**

| Rang/Land | 1999 | 2000 | 2001 | 2002 | Veränderung 1970–2002 in % |
|---|---|---|---|---|---|
| 1. Luxemburg | 12,9 | 13,2 | 12,4 | 11,9 | 19,6 |
| 2. Ungarn | 10,6 | 10,9 | 11,1 | 11,1 | 21,6 |
| 3. Irland | 9,6 | 10,7 | 10,8 | 10,8 | 83,6 |
| 4. Tschechien | 11,0 | 11,0 | 10,9 | 10.8 | 28,3 |
| 5. Deutschland | 10,6 | 10,5 | 10,4 | 10,4 | 1,7 |
| 6. Frankreich | 10,7 | 10,4 | 10,5 | 10,3 | –36,3 |
| 7. Portugal | 10,6 | 10,3 | 10,3 | 9,7 | –2,1 |
| 8. Spanien | 9,9 | 9,8 | 9,8 | 9,6 | –17,1 |
| 9. Großbritannien | 8,4 | 8,4 | 9,1 | 9,6 | 79,9 |
| 10. Dänemark | 9,5 | 9,5 | 9,5 | 9,5 | 39,1 |

## 2. Die Suchtproblematik

### *2.1 Vorbemerkung*

*8* Im Rahmen dieses Buches ist eine ausführliche Gesamtdarstellung aller auf dem „Markt“ erhältlicher, suchtauslösender Stoffe nicht zweckmäßig und für die tägliche Praxis auch nicht erforderlich, so dass hier nur auf die gebräuchlichsten Stoffe eingegangen werden soll. Desgleichen beschränkt es sich bei der ausführlicheren Beschreibung auf die Stoffe Alkohol und Drogen. Die Problematik der anderen stoffgebundenen Süchte (z. B. Nicotin, Medikamente – s. hierzu Selbsttest Rn. 255) oder der nichtstoffgebundenen Süchte (z. B. Spielsucht, Arbeitssucht) soll dadurch nicht herabgemindert werden. Eine extensive Darstellung würde aber den Rahmen dieses Buches sprengen.

Da Alkohol die Hauptdroge (nicht nur im öffentlichen Dienst) darstellt, liegt der Schwerpunkt naturgemäß auf der Behandlung dieser Droge.

### *2.2 Definitionen – allgemein –*

*9* Der Begriff Sucht bezeichnet ein mehr passives, zwanghaftes Angewiesensein auf die Befriedigung eines Triebes ungeachtet des Verlustes an Selbstwert und Umweltbezug. Neben Nicotinabusus (*Anm. des Verf.:* Missbrauch von Pharmaka oder Genussmitteln, hier: Nicotin), Triebentartungen, chronischem Alkoholmissbrauch, vor allem die körperliche und psychische Drogen- oder Suchtstoffabhängigkeit.[13]

[13] Roche-Lexikon der Medizin, S. 1648

10 Eine Sonderform der Sucht ist die sog. Spielsucht (nicht nur bei Glücksspielen)[14], die nicht durch den Konsum von Suchtstoffen entsteht, sondern von dem zwanghaften Verhalten des „Süchtigen“ bestimmt wird. Im Fachmagazin „Neuron“ berichten amerikanische Forscher darüber, dass beim Glücksspiel dieselben Gehirnregionen aktiv werden wie beim Konsum von Drogen. So ähnelt die Gehirnaktivität beim Spielen der von Kokainabhängigen, die gerade ihre Droge konsumieren. Diese Studie stützt die Theorie, dass Spielsucht und Drogenabhängigkeit eng zusammenhängen.[15] Nach den Erhebungen der Deutschen Hauptstelle gegen die Suchtgefahren (DHS) sind Männer von dieser Sucht signifikant stärker betroffen als Frauen.[16]

11 Eine weitere Sonderform der Sucht, die nichtstoffgebunden ist, ist die Arbeitssucht. Nicht umsonst wird im englischen Sprachgebrauch der Arbeitssüchtige als „workaholic“ bezeichnet. Mit dem PC-Zeitalter in der Arbeitswelt und der sich verschärfenden Situation auf dem Arbeitsmarkt hat diese Form der Sucht zusätzlich noch an Schwung gewonnen.

Sucht gilt heute als „umgangssprachliche Bezeichnung für Abhängigkeit“.[17] Deshalb hat die Weltgesundheitsorganisation (WHO) 1964 den Begriff „Drogenabhängigkeit“ und die nachfolgend dargestellten Typen der Suchtstoffabhängigkeit *(Anm. d. Verf.: und damit auch den der Alkoholabhängigkeit)* eingeführt.[18]

Nach den weltweit verbreiteten Klassifikationsschemata ICD (International Classification of Diseases) werden nach der derzeit gültigen Version der ICD (ICD-10) 10 Stoffgruppen mit „Abhängigkeitspotenzial“ unterschieden:

- Alkohol
- Opioide (z. B. Heroin)
- Cannabinoide (z. B. Haschisch)
- Sedativa oder Hypnotika (z. B. Benzodiazepine)
- Cocain
- andere Stimulantien einschl. Coffein (z. B. Amphetamine)
- Halluzinogene (z. B. LSD)
- Tabak

---

14 z. B. soll das Computer-Spiel „Moorhuhn“ seinerzeit zu Suchtverhalten bei Firmenmitarbeitern während der Arbeitszeit geführt und dort durch den Arbeitsausfall Schäden von ca. 270 Mio. DM verursacht haben

15 Die Welt vom 25. 5. 2001

16 Jahrbuch Sucht 2001, S. 98

17 Pschyrembel, Klinisches Wörterbuch, S. 1618

18 Roche-Lexikon, a. a. O.

- flüchtige Lösungsmittel (sog. Schnüffelstoffe)
- multipler Substanzgebrauch und sonstige psychotrope Substanzen

In dem DSM-IV (Diagnostisches und Statistisches Manual) von 1996 werden noch zusätzlich Coffein und Phencyclidin erwähnt; bei Tabak wird Nicotin (als die Substanz mit dem eigentlichen Suchtpotenzial) aufgeführt.[19]

Mit dem Begriff Droge wurden ursprünglich die getrockneten Pflanzen oder deren Teile, die direkt als Heilmittel verwendet oder aus denen die Wirkstoffe isoliert wurden, bezeichnet. Heute werden darunter auch zu Abhängigkeit führende Pharmaka, die (meist illegalen) sog. Rauschdrogen und Alkohol verstanden.[20]

### *2.3 Das Suchtverhalten*

*12* Die Ursachen für Suchtverhalten und die Gründe, warum der eine süchtig wird und der andere nicht, werden schon seit Jahrhunderten von Medizinern und interessierten Kreisen mehr oder weniger vergeblich erforscht. Bisher gibt es trotz dieser intensiven Forschungen, die in den letzten Jahrzehnten noch zusätzlich in der Effektivität durch Computertechnik u. ä. technische Errungenschaften unterstützt wurden, noch keine überzeugende generelle Antwort auf diese Fragen.

So wie zwei verschiedene Menschen auf die gleiche krankheitsauslösende Dosis unterschiedlich reagieren, so ist auch die suchtauslösende Schwelle bei der Konsumierung von Suchtmitteln bei verschiedenen Menschen unterschiedlich hoch bzw. niedrig.

Profan ausgedrückt: Es gibt in den südeuropäischen Regionen wie z. B. Südfrankreich eine Menge Leute, die seit ihrer Jugendzeit traditionell zum Essen regelmäßig ihr „Gläschen Wein“ trinken, ohne dass hierdurch eine Abhängigkeit im Sinne einer körperlichen Sucht entstehen würde, obwohl durch diese Gewohnheit natürlich eine suchtbedingte psychische Abhängigkeit befördert wird. Auf der anderen Seite werden Menschen körperlich abhängig, die nur einen Bruchteil dessen konsumiert haben, was die zuvor erwähnte Gruppe von Menschen über einen gewissen Zeitraum zu sich genommen hat.

*13* Diese Tatsache bedeutet nichts anderes, als dass unterschiedliche Menschen eine unterschiedliche Neigung zur Ausbildung von Abhängigkeiten haben. Nun ist diese Erkenntnis nicht gerade sensationell und im Prinzip hat dies jeder schon „irgendwie gewusst“. Jetzt aber ist diese zum Ur-

---

[19] Feuerlein, Alkoholismus-Missbrauch und Abhängigkeit, S. 6 ff.

[20] Pschyrembel, S. 376

wissen des Menschen gehörende Erkenntnis auch wissenschaftlich bewiesen. So hat nach einer Meldung der Deutschen Presse Agentur (dpa) der Mannheimer Suchtforscher Prof. Karl Mann festgestellt, dass Alkoholismus zum großen Teil erblich, also genetisch, bedingt ist. Nach seinen Untersuchungen in mehreren Studien ist er zu dem Ergebnis gekommen, dass „etwa 50 bis 60 % genetisch determiniert" ist. Diese Feststellung bedeute aber nicht, dass Alkoholismus nicht heilbar sei.[21] Hinsichtlich der Droge Kokain haben amerik. Wissenschaftler nunmehr festgestellt, dass hier bereits der erste „Schuss" im Gehirn Sucht auslösende Prozesse in Gang setzt und Auswirkungen auf nahezu alle Dopamin-Neuronen (*Anm. d. Verf.:* sog. Neurotransmitter – Botenstoff, den jede Nervenzelle (Neuron) zum Überbringen von Nachrichten benötigt) im Gehirngewebe hat. Sie vermuten überdies ähnliche Beeinflussungsvorgänge bei anderen Drogen wie Nikotin, Alkohol oder Morphin.[22]

Neben dieser neuen wissenschaftlichen Erkenntnis gibt es noch eine Rei- *14*
he anderer Suchttheorien, die als biologische Theorien, psychodynamische Theorieansätze, persönlichkeitsorientierte Theorieansätze, Verhaltenstheorien, soziologische Theorien, entwicklungspsychologische Theorieansätze oder systemische Theorien der Fachwelt bekannt sind.[23] Neben diesen Theorien und Theorieansätzen sind m.E. aber auch noch die 1954 entwickelten Annahmen des Psychologen Abraham Maslow in diese Überlegungen einzubeziehen. Auch wenn sich diese unter wissenschaftlichen Bedingungen nicht definitiv belegen ließen, so spricht nach meinen Beobachtungen doch einiges für die Richtigkeit dieser Annahmen – zumindest in der Tendenz.

Nach *Maslow* sind die angeborenen Bedürfnisse des Menschen in einer „Hierarchie der Vorrangigkeiten" angeordnet. Sind die Bedürfnisse einer Stufe befriedigt, so haben auf der nächsten Stufe andere Bedürfnisse Vorrang.[24]

Zur besseren Übersicht zunächst nachfolgend die in der Verkaufpsycholo- *15*
gie „berühmt" gewordene Bedürfnispyramide von *Maslow*:[25]

---

21 Die Welt vom 4. 9. 2000

22 Die Welt vom 2. 6. 2001

23 Feuerlein, a. a. O., S. 92 ff.

24 Zimbardo, Psychologie, S. 415

25 Brown/Herrnstein, Grundriss der Psychologie, S. 26 ff.

**Bedürfnispyramide nach Abraham Maslow**

Quelle: A. Maslow nach U. Nuber[26]

**Transzendenz**
Spirituelle Bedürfnisse,
sich mit dem Kosmos in
Einklang zu fühlen

**Selbstverwirklichung**
Bedürfnis, das eigene Potential
auszuschöpfen, bedeutende Ziele
zu haben

**Ästhetische Bedürfnisse**
Bedürfnisse nach Ordnung, Schönheit

**Kognitive Bedürfnisse**
Bedürfnisse nach Wissen; Verstehen, nach Neuem

**Selbstwert**
Bedürfnisse nach Vertrauen und dem Gefühl, etwas
wert zu sein und kompetent zu sein; Selbstwertgefühl und
Anerkennung von anderen

**Bindung**
Bedürfnisse nach Zugehörigkeit, Verbindung mit anderen,
zu lieben und geliebt zu werden

**Sicherheit**
Bedürfnisse nach Sicherheit, Ruhe, Freiheit von Angst

**Biologische Bedürfnisse**
Bedürfnisse nach Nahrung, Wasser, Sauerstoff, Ruhe,
Sexualität, Entspannung

*16* Diese Bedürfnisse sind von *Maslow* hierarchisch von den physiologischen Bedürfnissen (auch als körperliche bzw. Grundbedürfnisse bezeichnet) über die Sicherheitsbedürfnisse (bilden mit den physiologischen Bedürfnissen zusammen die ökonomischen Bedürfnisse) und die sozialen (gesellschaftlichen) Bedürfnisse (Bindung, Selbstwert, Kognition) bis hin zu den idealistischen Bedürfnissen (Ästhetik, Selbstverwirklichung und Transzendenz) aufgebaut.

[26] Psychologie heute 12/1995, S. 20

Nach *Maslow* tritt die Befriedigung des jeweiligen höheren Bedürfnisses immer erst dann in den Vordergrund, wenn die jeweilige untere Bedürfnisstufe befriedigt worden ist.

Auf das Thema bezogen lautet daher die These, dass nach Zusammenbruch des Deutschen Reiches 1945, der Zuwanderung von rund 12 Mio. Heimatvertriebenen aus den ehem. deutschen Ostgebieten[27], dem Wiederaufbau und der Re-Industrialisierung der Bundesrepublik Deutschland, zunächst die Befriedigung der ökonomischen Bedürfnisse im Vordergrund stand. Erst als „ein Dach über dem Kopf" vorhanden war, ein mehr oder weniger geregeltes Einkommen (auch in Form von Naturalien) für den Einkauf oder den Tausch von Nahrungsmitteln, Brennstoffen und Bekleidung zur Verfügung stand, hatte der Mensch in den 50ern den inneren Freiraum und damit das Bedürfnis, sich der Erreichung der nächsten Bedürfnisstufe, dem Bedürfnis nach Bindung (Zugehörigkeit zu einer sozialen Gruppe wie z. B. den Landsmannschaften, Vertriebenenverbänden, Sportvereinen usw.) zu widmen.

Nach Erreichen des „Wirtschaftswunders" und der Fußballweltmeister- 17
schaft (1954) wurde das Bedürfnis nach Wertschätzung (Selbstwert, Anerkennung) befriedigt und schuf damit Raum für die nächste Bedürfnisstufe, dem Bedürfnis nach Ästhetik. Dies lässt sich gut an den Bauten und der städteplanerischen Ordnung (auch dem gesetzgeberischen Regelungsbedürfnis, hierzu z. B. BBauG – 1960 –) aus den 60ern ablesen.

Bis zum Abschluss dieser Phase waren auf dem „Suchtsektor" die Alkoholprobleme dominierend. Drogen waren allenfalls in „elitären Zirkeln" der Großstadt-Schickeria bekannt.

Erst nach Beendigung dieser „Ästhetikphase" (Transparent an der FU Berlin: „Unter den Talaren, Muff von 1000 Jahren"), mit dem Aufbegehren eines nicht unerheblichen Teils der Gesellschaft gegen die „bestehende Ordnung" (z. B. Berliner Krawalle, Axel-Springer-Haus-Brand in Hamburg, 1968), begab sich wiederum ein Teil der Gesellschaft auf die Suche nach dem „Ich". Sekten schossen in den 70ern wie Pilze aus dem Boden (Baghwan, Hare Krishna, Moon usw.), um die Suchenden zu „leiten" und sie der Stufe zur Selbstverwirklichung näher zu bringen.

Mit den 80ern und 90ern manifestierte sich der „Qualitätssprung" vom Haschisch zu den Designerdrogen, die den „ultimativen Kick" zur Transzendenz bringen sollten.

Auch wenn diese These nicht „wissenschaftlich" bewiesen ist, so sind die zeitgeschichtlichen Abläufe und die parallel dazu verlaufenden Suchtentwicklungen Fakten, die zumindest bei der Erforschung der Suchtursachen

---

[27] de Zayas, Anmerkungen zur Vertreibung der Deutschen aus dem Osten, S. 12

nicht außer Acht gelassen werden dürfen. So vielschichtig und komplex die menschliche Psyche sich auch heute noch darstellt, so multidimensional ist auch das Problem der Sucht. Viele Mosaiksteinchen aneinandergelegt ergibt deshalb das richtige (Einzelfall-)Bild.

### *2.4 Definitionen – Alkohol –*

*18* Der Begriff Alkohol wird vorliegend nicht im chemischen Sinne (Ethylalkohol – Ethanol –) sondern im umgangssprachlichen Sinn gebraucht. Deshalb wird er hier als Sammelbegriff für Bier (sowohl „alkoholfreie" als auch „normale" Biersorten), Wein, weinähnliche Getränke (Obstweine, Sherry, Sekt usw.) und Spirituosen (Weinbrand, Whisk(e)y, Korn- und Obstbranntwein, Liköre usw.) verwendet.

Unter Alkoholmissbrauch versteht man landläufig einen Konsum von Alkohol in einer Menge, der zu körperlichen und/oder psychosozialen Schäden führt.

In der bereits erwähnten ICD-10 wurde der früher verwendete Begriff des Alkoholmissbrauchs („Schaden der Gesundheit oder der sozialen Anpassung") aufgegeben und durch den Begriff des „schädlichen Gebrauchs" ersetzt.[28]

*19* Unter dem Begriff Alkoholabhängigkeit werden zwei Formenkreise der Abhängigkeit verstanden:

- **physische Abhängigkeit** (körperliche Abhängigkeit): darunter versteht man die körperliche Gewöhnung an die regelmäßige Zufuhr von Alkohol, so dass der Organismus ohne diese Zufuhr nicht mehr normal funktioniert, d.h. Auftreten von Toleranzerhöhung und Entzugssymptomen wie z.B. Zittern der Hände bei Abstinenzversuchen
- **psychische Abhängigkeit** (seelische Abhängigkeit): darunter ist allgemein zu verstehen, dass der Betroffene sich seelisch nicht mehr in der Lage sieht, sein Alltagsleben ohne die enthemmende und berauschende Wirkung des Alkohols zu bewältigen. Es entsteht eine Abhängigkeit, die z.B. durch Kontrollverlust, Trinken trotz besseren Wissens um alkoholbezogene Probleme, sowie Zentrierung des Denkens und Strebens auf Alkohol gekennzeichnet ist.[29]

---

[28] Feuerlein, a.a.O., S. 8

[29] Feuerlein, a.a.O., S. 6

### 2.4.1 Alkohol, Verwaltung und Gesellschaft

Die Effizienz einer Verwaltung wird u. a. daran gemessen, wie leistungsfähig ihre Mitarbeiter sind. Diese Leistungsfähigkeit lässt sich neben der Art und Weise der Problembewältigung, in der Qualität der Be- und Verarbeitung des „Input" sowie des „Output" aber auch in der Anzahl der anwesenden Mitarbeiter oder anders herum gesagt, anhand der Fehlzeitenstatistik festmachen. 20

Eine „gesunde Verwaltung" und damit auch eine leistungsfähige Verwaltung weist deshalb folgende Indikatoren auf:

- Hohe Anwesenheitsquote
- Niedrige Fluktuationsrate
- Hohe Flexibilität und Innovationsbereitschaft
- Teamgeist
- Geringer Genussmittelkonsum
- Gesundheitsförderlicher Lebensstil (Sport, bewusste Ernährung usw.)

Nun ist der Verwaltungsmitarbeiter ein Bestandteil unserer Genuss- und Spaßgesellschaft und deshalb naturgemäß auch den hier herrschenden „Gesetzen" und Zwängen ausgesetzt. Die Ablehnung eines anlässlich des Dienstjubiläums angebotenen Glases Sekt kann negative gesellschaftliche Folgen und damit Auswirkungen im Dienst haben („Spielverderber"; „der mag mich wohl nicht"; „er meint wohl, dass er was Besseres ist"). 21

Es lohnt sich daher, einmal die Durchdringung des Alkohols und der Drogen in unsere Gesellschaft und unser tägliches Leben zu untersuchen, um möglicherweise auch ein Stück eigener Betroffenheit festzustellen.

Nach einer Studie des Bundesministeriums für Gesundheit (BMG) sind z. Zt. hierfür folgende Daten bedeutsam: 22

- rd. 1,6 Mio. Menschen in der Bundesrepublik Deutschland sind (dies entspricht 2,4 % der Wohnbevölkerung ab 18 Jahren) akut alkoholabhängig
- Alkoholmissbrauch liegt aktuell bei 2,65 Mio. Menschen (das entspricht 4 % der Gesamtbevölkerung) vor
- 10 bis 12 % der Bundesbürger konsumieren Alkohol in einer Größenordnung, die zwar nicht akut gefährlich ist, aber langfristig ein hohes Risiko von gesundheitlichen und sozialen Schäden mit sich bringt
- 238.000 Straftaten werden pro Jahr unter Alkoholeinfluss begangen (das sind 7 % aller registrierten Straftaten)
- Trunkenheit im Straßenverkehr spielt bei 60 % der 150.000 Verurteilungen wegen Straftaten im Straßenverkehr eine Rolle; bei rund 33.000 Verkehrsunfällen mit Personenschaden ist Alkohol im Spiel und etwa

1.500 Personen werden bei Verkehrsunfällen mit Alkoholeinfluss getötet

- Arbeitsunfähigkeit und Invalidität wegen Alkoholabhängigkeit bzw. Alkoholpsychose wird in etwa 92.000 Fällen pro Jahr festgestellt; zur Frühberentung kommt es bei etwa 6.500 Fällen pro Jahr; in beiden Zahlen sind Fälle aufgrund anderer Krankheiten, die sich in Folge des Alkoholkonsums entwickeln, nicht enthalten
- direkt oder indirekt in Verbindung mit Alkohol sterben jährlich rund 42.000 Personen
- der volkswirtschaftliche Schaden durch alkoholbezogene Morbidität und Mortalität beziffert sich auf etwa 40 Mrd. DM (z. Zt. mind. 20,6 Mrd. €) jährlich, die indirekten Kosten übermäßigen Alkoholkonsums nicht einbezogen.[30]

### 2.4.2 Alkohol am Arbeitsplatz

*23* Unter Berücksichtigung der vorgenannten Zahlen des BMG wird der Anteil der alkoholkranken Mitarbeiter auf ca. 5 % geschätzt. Dieser Anteil kann je nach Art und Struktur des Betriebes/der Verwaltung sowie Altersquerschnitt der Mitarbeiter nach oben oder unten variieren. Weitere 10 % der Belegschaft sind als alkoholgefährdet anzusehen. Das bedeutet, dass etwa jeder 7. Beschäftigte ein deutliches Alkoholproblem hat.

Die Sozialwissenschaftler Horch und Eckardt von der FU Berlin haben berechnet, dass der Ressourcenverlust durch alkoholbedingte Todesfälle bei jährlich rd. 7 Mrd. € liegt. Sie verweisen zudem auf 90 verschiedene „alkoholassoziierte Krankheiten". Dabei handelt es sich um Gesundheitsstörungen, die durch übermäßigen Alkoholkonsum zwar nicht ursächlich ausgelöst, aber befördert werden. Hier eine detaillierte Rechnung aufzustellen, ist fast unmöglich. Schwierig bleibt auch die Berechnung, der durch übermäßigen Alkoholkonsum oder Alkoholiker verursachten Kosten in Firmen und Unternehmen. Das Schweizer Institut für Suchtfragen hat dies an Hand von statistischem Material aus über 1.000 Betrieben versucht. Es kam zu dem Schluss, dass die Arbeitgeber einen alkoholbedingten Mehraufwand von rd. 1.500 € pro betroffenem Mitarbeiter und Jahr haben. Deswegen setzen auch deutsche Chefs immer stärker auf Suchtprävention und Aufklärung. Arbeitsschutzexperten und Betriebsärzte haben herausgefunden, dass Trinker rd. 2,6-mal mehr fehlen als Abstinenzler. 25 % aller Betriebsunfälle seien zudem auf den Einfluss von Alkohol zurückzuführen. Auch gibt es natürlich eine erhebliche Dunkelziffer: Wer gibt schon freiwillig zu, dass er betrunken war, als er einen Unfall verur-

---

[30] Pressemiteilung des BMG vom 19. 6. 2000

sachte. Erstens würde er seinen Unfallschutz verlieren und zweitens wahrscheinlich auch seinen Job. Verweist er dagegen auf seine Ungeschicklichkeit, behält er beides.[31]

Diese Zahlen belegen dramatisch, dass unter Berücksichtigung der hierdurch entstehenden wirtschaftlichen Schäden, es sich keine Verwaltung/kein Betrieb leisten kann, dieses Suchtproblem zu verharmlosen oder es zu negieren. Leider ist hier die Tendenz bei vielen Behörden/Verwaltungen zu beobachten, diese Problematik einfach nicht zur Kenntnis zu nehmen (s. hierzu unter Rn. 33 ff.).

Ein erster „institutioneller" Versuch der Problemwahrnehmung und -verarbeitung im Verwaltungsbereich ist durch die Veröffentlichung „Alkohol und Arbeitsplatz – Wege zu einer Suchtkrankenhilfe" der Kommunalen Gemeinschaftsstelle für Verwaltungsvereinfachung (KGSt) in Köln vom 1. 6. 1988 gemacht worden.[32]

Diese vom Ansatz her als Information für Führungskräfte und Leitfaden für die Entwicklung eines Suchtkonzeptes in den Verwaltungen der Kommunen gedachte Veröffentlichung ist allerdings nach vorliegenden Erkenntnissen leider nicht mehr überarbeitet und fortgeschrieben worden. Der zahlenunabhängige Teil der Veröffentlichung ist aber nach wie vor aktuell und als eine gute Handreichung anzusehen. (s. a. u. Rn. 42) *24*

Da der Alkohol direkt auf das zentrale Nervensystem (ZNS) wirkt, sind seine Auswirkungen auf physiologisch-psychologische Funktionen des Mitarbeiters, die sich als Störungen der Aufnahme, Übertragung und Verarbeitung von Informationen[33] darstellen, sehr schnell präsent und deshalb von erheblicher negativer Auswirkung für das Arbeitsverhalten und die Arbeitsleistung der Mitarbeiter.

Im Einzelnen können folgende Störungen der sensorischen und intellektuellen Leistungen[34] nach Alkoholkonsum erwartet werden:
- negative Veränderung des Sehvermögen (Dämmerungssehen, Tiefenschärfensehen, Einengung des Gesichtsfeldes – sog. Tunnelblick –)
- negative Veränderung des Hörvermögens vor allem für sprachliche Informationen
- Herabsetzung der Schmerzempfindlichkeit
- Herabsetzung der Geruchswahrnehmung
- Herabsetzung der Reaktionsgeschwindigkeit bereits bei 0,3–0,5 ‰
- erhöhte Ermüdungserscheinungen bereits ab 0,8 ‰, dadurch

31 „Das Parlament", 17. 1. 2005, S. 9
32 KGSt-Bericht Nr. 8/1988
33 Feuerlein, Alkoholismus-Missbrauch und Abhängigkeit, S. 32
34 Feuerlein, a. a. O., S. 40 ff.

- verringerte Aufmerksamkeit und Konzentrationsfähigkeit
- Verringerung des Sprachflusses und der Assoziationsfähigkeit
- insgesamt gesehen Herabsetzung der intellektuellen, senso-motorischen Koordinations- und Reaktionsleistungen bei gleichzeitiger Erhöhung des subjektiven Leistungsgefühls (Euphorisierungstendenzen)

*25* Diese „Leistungsbilanz“ bei Alkoholkonsum birgt naturgemäß hohe Risiken für den alkoholisierten Mitarbeiter, den Dienstbetrieb, das Image des Betriebes/der Verwaltung und natürlich das Ansehen des öffentlichen Dienstes in der Bevölkerung insgesamt:

- durch die negativen Auswirkungen auf das Sehvermögen im Verbund mit der dramatisch auseinanderklaffenden „Schere“ von objektiver Leistung und subjektivem Leistungsgefühl sind Dienstunfälle geradezu vorprogrammiert. Insbesondere in Betriebsverwaltungen (z. B. Fuhrparks, Gartenbaubetrieben, Bauhöfe, Kläranlagen, Bahn- und Posthöfe, Busbetriebshöfe), in denen sehr oft nicht nur mit teuren und gefährlichen Werkzeugen und Geräten gearbeitet wird, sondern auch noch Dienstfahrten durchgeführt werden müssen, ist Alkoholkonsum unmittelbar vor oder während des Dienstes deshalb das größte Problem
  (s. hierzu auch nachfolgende Grafik zum Unfallgeschehen unter Alkoholeinfluss).
- durch die Verringerung des Sprachflusses und der intellektuellen Leistungen insgesamt tritt neben die Gefahr der Amtspflichtverletzung z. B. wegen falscher Rechtsauskünfte noch ein erheblicher Schaden für das Ansehen der Behörde/des Betriebes. Wenn der alkoholisierte Mitarbeiter dann noch eine Dienstuniform trägt, ist der Schaden für den gesamten öffentlichen Dienst und seine Angehörigen perfekt. Aus diesen, im Verhältnis zur übrigen Gesellschaft gesehenen, Einzelfällen entstehen dann die Witze[35], die an Stammtischen und bei Familienfeiern die Runde machen und das Bild des öffentlichen Dienstes in der Bevölkerung prägen. Der psychologische Mechanismus der „selektiven Wahrnehmung“[36] sorgt anschließend dafür, dass jeder neue durch die Medien veröffentlichte Fall das bereits vorhandene Bild in den Köpfen der Bevölkerung bestätigt.[37]

---

[35] Ein Polizist bei einer Verkehrskontrolle zu einem Autofahrer, der sich weigert, in das „Röhrchen“ zu pusten: „Wenn Sie nicht pusten wollen, werde ich pusten. Dann sind Sie aber mit mindestens 2 Promille dabei!“

[36] Neigung des Menschen, nur das bewusst wahrzunehmen, was seine bisherige Erfahrung (Vorurteil) stützt

[37] Braunschweiger Zeitung vom 6. 2. 2001, „Volltrunkener Polizist zog Dienstwaffe: Gäste bedroht – 27-Jähriger zu zehnmonatiger Freiheitsstrafe verurteilt –“

**Unfallursache „Alkoholeinfluss" je 1.000 beteiligte Pkw-Fahrer an Unfällen mit Personenschaden 2003**

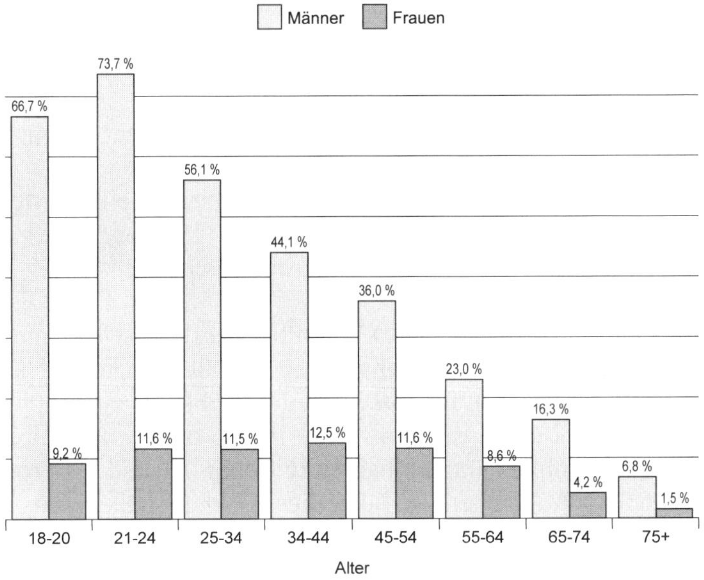


Diese Zahlen über das Problem „Alkohol und Straßenverkehr"[38] zeigen Unfälle, bei denen mindestens einer der Beteiligten mit einer Blutalkoholkonzentration (BAK) von mindestens 0,3 Promille alkoholisiert beteiligt war. 26

Trotz des Rückganges der alkoholbedingten Unfälle mit Personenschäden im Zeitraum von 1994 bis 2003 um rd. 40 % (!) ist die Gesamtzahl von 24.554 Alkoholunfällen mit Personenschäden (2003) immer noch viel zu hoch, wenn man an das dahinter stehende Leid der Betroffenen nebst Angehörigen denkt. Bei diesen Unfällen verunglückten 38.110 Personen, von denen allein 1114 Personen starben.

Aus diesen Zahlen wird aber auch das alters- und geschlechtsspezifische Problem des alkoholbedingten Fahrens im Straßenverkehr deutlich:

Es zeigt eindeutig, dass Männer am wenigsten in der Lage sind, ihr Trinkverhalten an die Erfordernisse des Straßenverkehrs und der Gesetzeslage anzupassen. Hiervon bildet die Altersgruppe von 21 bis 24 Jahren die unrühmliche Spitzengruppe. Erinnert wird daran, dass bei der Altersgruppe von 18 bis 20 Jahren und auch der vorgenannten Altersgruppe ein Groß-

[38] Jahrbuch Sucht 2005, S. 104 ff.

teil der alkoholauffälligen Unfälle den sog. Disco-Unfällen[39] zugerechnet werden muss.

Hinsichtlich der BAK-Werte sind generell folgende Ergebnisse bemerkenswert:[40]

- es kommt wesentlich häufiger vor, dass mit niedrigem BAK-Wert am Straßenverkehr teilgenommen wird als mit hohem;
- die Wahrscheinlichkeit der Unfallbeteiligung unter Alkoholeinfluss steigt allerdings, je höher der BAK-Wert ist.
- unter Berücksichtigung dieser Faktoren ergibt sich eine Verteilung in der Häufigkeit zwischen 1,4 und 1,7 Promille (1998 noch: zwischen 2,0 und 2,5 Promille! – Einführung der Promille-Grenze von 0,5 im April 1998! –)
- jüngere Fahrer (18 bis 20 Jahre) fallen bei vergleichsweise niedrigeren Promillewerten im Zusammenhang mit Unfällen mehr auf als ältere Fahrer (40 bis 44 Jahre); für diese Gruppe ergibt sich ein erhöhtes Konfliktpotenzial bei der Erreichung einer BAK von 2,0 oder Überschreitung bis 2,5 Promille (jüngere Fahrer zwischen 1,1 und 1,4 Promille)

Ein besonderes Augenmerk ist daher dieser Problematik bereits im Fahrschulunterricht unter Einbeziehung der Gaststätten- und Diskothekenbetreiber zu widmen, damit sich die abzeichnende Tendenz des Rückganges manifestiert.

### *2.5 Definitionen – Drogen –*

27 Wie bereits unter Rn. 11 dargestellt, werden unter dem Begriff Droge als pflanzliches Heilmittel auch die Rauschdrogen subsumiert.

Auch bei der Drogenabhängigkeit werden, wie bei der Alkoholabhängigkeit, zwei Formenkreise der Abhängigkeit unterschieden:

- **physische Abhängigkeit** liegt vor, wenn sich durch wiederholten und regelmäßigen Drogenkonsum der Organismus an die Zufuhr des Suchtstoffes so gewöhnt hat (Vergiftungsbild), dass er bei Ausbleiben der Zufuhr mit Entzugssymptomen wie z. B. Schweißausbrüchen, Nervosität, innere Unruhe, Erbrechen usw. reagiert; hinzu tritt regelmäßig eine Erhöhung der jeweiligen Dosis des Suchtmittels, damit der vom Abhängigen gewollte Suchtmitteleffekt eintritt
- **psychische Abhängigkeit** ist gegeben, wenn der Konsument glaubt, nicht mehr ohne das Suchtmittel auskommen zu können. Diese Abhängigkeit tritt bereits ein, auch wenn eine physische Abhängigkeit mit den

---

[39] Alkoholbedingte Unfälle, meist mit großen Personen- und Sachschäden, die am Wochenende nach dem Besuch einer Diskothek zumeist auf dem „platten Land" ohne ausreichend Verkehrsinfrastruktur passieren

[40] Jahrbuch Sucht 2005, a. a. O.

> entsprechenden Entzugssymptomen noch nicht gegeben ist. Es entsteht quasi ein innerer Zwang, das Suchtmittel immer wieder konsumieren zu müssen; je größer die Abhängigkeit, umso weniger ist dem abhängigen Konsumenten eine normale Bewältigung der Alltagsproblematik ohne Suchtmittelkonsum möglich

Die nachfolgende Statistik[41] für die Jahre 1994 bis 2003 zeigt die Entwick- 28
lung erstauffälliger Konsumenten (EKhD) harter Drogen, die durch Polizei- und Zollbeamte aufgegriffen wurden. Dabei spielen die Drogen Ecstasy mit einer Rückgangsrate von – 29,0 % und Heroin mit – 15 % nicht mehr die herausragende Rolle wie noch vor wenigen Jahren. Während bei Amphetamin – 1 % fast das Vorjahresniveau erreicht wurde, ist bei Kokain zwar ebenfalls ein Rückgang (– 12 %) festzustellen, der jedoch dahingehend eingeschränkt werden muss, dass aufgrund einer Änderung der Erfassungsmodalitäten ein erheblicher Anteil als EkhD von Crack erfasst wurde. Eine Aussage zur Entwicklung der EkhD von Crack kann z. Zt. nicht getroffen werden, da noch kein Vergleich zum Vorjahr möglich ist. Bei Heroin setzt sich eine Verringerung der registrierten EkhD seit 1997 tendenziell fort. Ergebnisse von Prävalenzschätzungen zum Konsumverhalten in der Bevölkerung deuten auf einen rückläufigen Konsum und eine sinkende Akzeptanz von Opiaten hin.

Trotz der signifikanten Abnahme der polizeilich registrierten EkhD von Ecstasy (s.o.) deuten Prävalenzschätzungen zum Konsumverhalten von Ecstasy darauf hin, dass der Konsum von Ecstasy, insbesondere bei Jugendlichen, einen hohen Zuspruch erfährt. Diese Schätzungen werden lt. dpa vom 19. 4. 2005 ergänzt durch die Feststellung des Fachverbands Drogen und Rauschmittel (FDR), dass rund 2 Mio. Menschen regelmäßig die illegale Droge Cannabis konsumieren. Das Einstiegsalter liege bei 16 Jahren; mehr als 40 % der 18- bis 20-jährigen Jugendlichen bekennen sich einer Studie zufolge zur Cannabiserfahrung. Nach Aussage des Geschäftsführers des FDR, Jost Leune, sei in den letzten 15 Jahren der Anteil der Drogenkonsumenten von Cannabis um 130 % gestiegen. Der Anstieg bei Kokain und Crack liege in diesem Zeitraum bei 270 %. Gut 1 % der deutschen Bevölkerung habe für das Jahr 2003 einen mehr als einhundertmaligen (!) Konsum von Cannabis angegeben.

Als „legale Drogen" (dieser Begriff wird in der Medizin und amtlicherseits nicht verwendet) werden umgangssprachlich Alkohol, Nicotin, flüchtige Lösungsmittel (sog. Schnüffelstoffe), Coffein und Medikamente bezeichnet. Der Begriff „legale Drogen" bezieht sich ausschließlich auf die Strafbarkeit von Erwerb und Besitz dieser Drogen; er sagt nichts über die

[41] Jahrbuch Sucht 2005, S. 78 ff.

Art der jeweiligen Gesundheitsgefährdung oder die daraus resultierende Verhaltensweise bei ihrem Konsum aus.

**Erstauffällige Konsumenten harter Drogen Entwicklung 1994–2003**

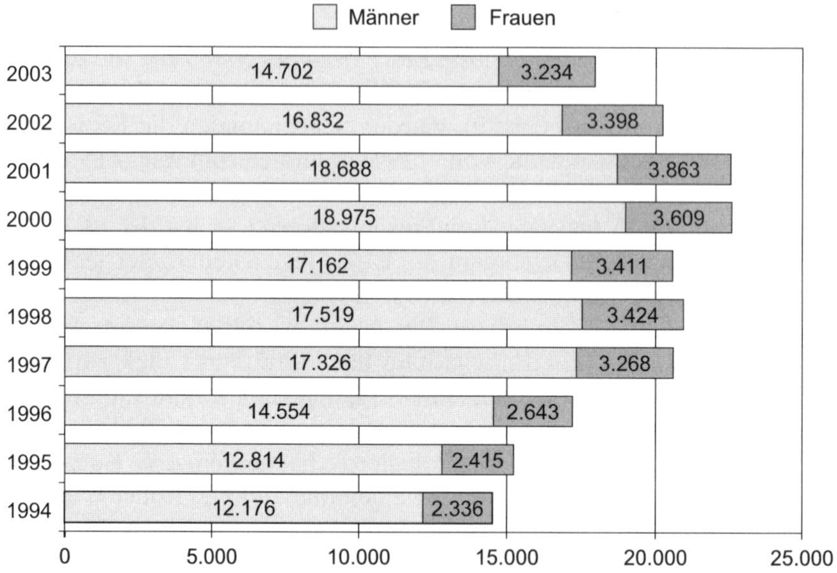


29 Die Wirkungsweisen der „legalen Drogen“ werden als bekannt unterstellt, so dass an dieser Stelle nicht weiter darauf eingegangen werden soll. Hier nur der kurze Hinweis, dass auch bei den sog. Schnüffelstoffen[42] seit geraumer Zeit eine deutliche Entspannung eingetreten ist, da die Industrie die rauschauslösenden Lösungsmittel vom Markt genommen bzw. durch andere Stoffe ersetzt hat.

Vielfach wird Haschisch (Cannabis-Produkt) als legale Droge betrachtet, wenn es nur für den eigenen Konsum verbraucht wird. Dieser Irrtum hinsichtlich der Rechtslage ist aufgrund des Beschlusses des BVerfG vom 9. 3. 1994 – 2 BvL 43/92 u. a. – entstanden, in dem den Staatsanwaltschaften die auch bereits bis dahin bestehende Möglichkeit bestätigt wurde, auf eine Strafverfolgung zu verzichten, wenn eine Straftat mit geringem individuellen Unrechts- und Schuldgehalt ohne Fremdgefährdung vorliegt. Diese Möglichkeit wurde vorliegend in Bezug auf den Besitz „geringer Mengen“ (je nach Bundesland, Staatsanwaltschaft, Wirkstoffgehalt und Kon-

[42] der Begriff wurde in den 80er Jahren geprägt, da sich in der Regel Kinder und Jugendliche durch einatmen, dem „schnüffeln“, lösungsmittelhaltiger Stoffe in einen Rauschzustand mit zum Teil erheblichen Folgeschäden für die Atemwege und Organe versetzten

sumeinheiten unterschiedlich) zum gelegentlichen Eigenverbrauch ausdrücklich bestätigt. Die generelle Strafbarkeit, insbesondere die Pflicht der Strafverfolgungsbehörden (z. B. Polizei, BGS, Zoll) zur Aufnahme von Ermittlungen im Rahmen des Legalitätsprinzips beim Umgang mit Drogen, speziell der Haschisch-Droge, ist auch nach diesem Beschluss davon nicht berührt, genauso wie es kein „Recht auf Drogen" gibt.[43]

Nachfolgend eine Auflistung und Beschreibung der wichtigsten illegalen *30*
Drogen, die natürlich unter ärztlicher Aufsicht bzw. durch ärztliche Rezeptierung auch legal angewendet werden können:

- **Opiate:** zur Gruppe der Opioide zählen u. a. Opium, Heroin und Morphium und das in den neunziger Jahren bekannt gewordene Methadon
  - **Opium:** wird überwiegend im ostasiatischen Raum konsumiert
  - **Heroin:** ist in der europäischen Drogenszene die meist konsumierte Droge
  - **Morphium:** wird im klinischen Bereich als Analgetikum (Schmerzmittel) eingesetzt
  - **Methadon:** unter ärztlicher Aufsicht (als Getränk) verabreichtes Heroinersatzmittel (Substitution)

Die übrigen Opiate werden meist gespritzt oder geschnupft.
*Wirkung:* Alle Opiate üben einen Einfluss auf das zentrale Nervensystem (ZNS) aus und haben eine euphorische und schmerzstillende Wirkung mit ständig dosissteigernder Wirkung, um die gewünschte Rauschwirkung wieder zu erreichen. Es kommt zu einer starken psychischen und physischen Abhängigkeit, die bis zum körperlichen und geistigen Verfall führen kann.[44]

*Anzeichen für Opiatmissbrauch:* blasse Hautfarbe, Verfärbungen der Haut, Gänsehaut, insgesamt ungesundes Aussehen, Gereiztheit, zitternde Hände, übermäßige Transpiration, starrer Blick, Pupillenerweiterung oder -verengung, Nadeleinstiche, Narben an üblichen Körperstellen (Armbeuge usw.), Tränenfluss, Nasenausfluss, Muskelkrämpfe, Schüttelfrost, Erbrechen, Durchfälle, Gewichtsverlust, Schlafstörungen, Vernachlässigung der Körperpflege, Gleichgültigkeit gegenüber Verantwortlichkeiten (Familie, Beruf usw.), soziale Verelendung.

- **Cannabis:** ist der Oberbegriff für diverse Produkte aus der Hanfpflanze und ist in Deutschland die am Weitesten verbreitete Droge.[45] Hauptwirkstoff des Harzes dieser Hanfpflanze ist das Delta-9-Tetrahydrocannabinol (THC).

---

[43] NJW 1994, S. 1577 ff.
[44] Suchtprobleme im Betrieb, Gewerbl. BG (Hrsg.), S. 12
[45] Drogen- u. Suchtbericht der Bundesregierung vom 1. 3. 1999

Hierzu zählen Haschisch (Cannabisharz) und Marihuana (Cannabiskraut).

**Haschisch:** wird überwiegend von Jugendlichen konsumiert

**Marihuana:** wird eher von erwachsenen Personen (z. B. als Modedroge für „Yuppies“) konsumiert.

Cannabis kann geraucht, gegessen oder getrunken werden.

*Wirkung:* Beide Drogen zählen zu den sog. Halluzinogenen, da sie als bewusstseinserweiternd beschrieben werden. Es kommt zu Wahnvorstellungen (Halluzinationen) mit Angst- und Panikzuständen, optische und akustische Reize werden übersteigert wahrgenommen, das Zeit-Raum-Gefühl verändert sich, gehobene Stimmung und gesteigerte Kontaktfreudigkeit oder Ruhelosigkeit und Antriebsverlust (individuell verschieden). Der Langzeitgebrauch kann zu psychischer Abhängigkeit führen (umstritten; da Cannabis nach bisherigen Erkenntnissen zu keiner physischen Abhängigkeit führt);[46] gilt im allgemeinen als Einstiegsdroge für Heroin und Kokain. Nach einer im British Medical Journal veröffentlichten Studie der Universitäten Maastrich und Dresden sowie des Max-Planck-Institut in München (lt. „Die Welt“ vom 6. 12. 2004) neigen Jugendliche mit regelmäßigem Cannabiskonsum eher zu Psychosen (um 6 % erhöhtes Risiko) als Abstinente. Wird heute teilweise aber auch aus medizinischen Gründen z. B. zur Behandlung von Multipler Sklerose eingesetzt.[47]

*Anzeichen für Cannabismissbrauch:* Herabsetzung der Gedächtnisleistung, gerötete Bindehäute, vergrößerte Pupillen, Reizhusten, langsame Sprechweise, spontane Stimmungswechsel ohne äußere Anlässe, Heißhunger, insgesamt nachlassende Leistungsfähigkeit.

- **LSD** (Lysergsäurediäthylamid): ist eine halbsynthetisch hergestellte Droge, die ebenfalls zu den Halluzinogenen zählt und meist in Flüssigkeit gelöst, auf Trägersubstanzen wie Löschpapier, Tabletten und Zuckerstücke aufgetragen konsumiert wird.
  *Wirkung und Anzeichen für Missbrauch:* s. Cannabis; neben der psychischen Abhängigkeit können sog. Horrortrips mit starken Angstzuständen und noch Wochen nach dem letzten Konsum unvermittelte Rauschzustände (Echo-Rausch oder „Flashbacks“ genannt) auftreten.[48]
- **Cocain/Kokain:** wird aus den Blättern des südamerikanischen Coca-Strauchs gewonnen. Es wird meist geschnupft oder oral eingenommen.
  *Wirkung:* Übererregung des Zentralnervensystems, stark aufputschend (Doping, „Muntermacher“), Betäubung von Hunger-, Durst-, Kälte- u.

---

[46] Thamm, Drogen, S. 40
[47] Die Welt vom 18. 5. 2001
[48] Thamm, a. a. O., S. 43

Müdigkeitsgefühlen, gesteigerte Rede- und Kontaktfreudigkeit („Jet-Set-Droge"), massive Selbstüberschätzung, Hemmungslosigkeit und intensive psychische Abhängigkeit.
*Anzeichen für Missbrauch:* Angstzustände und Depressionen, Aggressionen, Verwirrungszustände, Schlaflosigkeit, Verdauungsstörungen, Leberschäden, Gewichtsabnahme, Lungen- und Gehirnschäden, Entzündungen der Nasenschleimhaut, Herzschwäche, Atemlähmungen, Persönlichkeitsabbau, körperlicher Verfall.

- **Amphetamin** (Benzedrin): wird synthetisch aus chemischen Grundstoffen hergestellt und ähnelt in seiner chemischen Struktur den körpereigenen Botenstoffen Adrenalin und Dopamin. Es wird meist (unter der Bezeichnung „speed" oder „pep pills") oral eingenommen.[49]
  *Wirkung und Anzeichen für Missbrauch:* s. Cocain
- **Crack:** ist eine Zubereitung aus Kokain und Alkalien. Es wird in speziellen Pfeifen geraucht und gewinnt in der Bundesrepublik Deutschland offensichtlich immer mehr Anhänger.
  *Wirkung und Anzeichen für Missbrauch:* s. Cocain; es entwickelt sich eine starke psychische Abhängigkeit, die erheblich schneller als beim Konsum von Cocain entsteht.[50]
- **Ecstasy** (auch XTC, MDMA): wird auch als sog. Designer-Droge aus der Retorte bezeichnet und wird als Amphetaminderivat synthetisch hergestellt. Es ist in Tabletten- oder Kapselform und neuerdings auch unter der Bezeichnung „Liquid-Ecstasy" oder „GHB" (Gamma-Hydroxy-Buttersäure) in Umlauf. GHB ist aber ein Narkosemittel, das willenlos macht (wird oft im Zusammenhang mit Alkohol als Vergewaltigungsdroge benutzt) und hat nichts mit Ecstasy zu tun.
  *Wirkung:* Übererregung des Zentralnervensystems durch Ausschüttung des Neurotransmitters Serotonin, dadurch Vermittlung von Glücksgefühlen, wirkt stimulierend und aufputschend, Veränderung der Wahrnehmung insbesondere der Realität, euphorisierend, Erhöhung der Herz- und Atemfrequenz, erhöhte Transpiration, sog. poststimulierende Wirkung, Herabsetzung der Schmerzempfindlichkeit.
  *Anzeichen von Missbrauch:* Veränderung der Persönlichkeit, Verringerung der Gedächtnisleistung bei regelmäßiger Einnahme, im Zusammenhang mit Techno-Parties Gefahr des totalen körperlichen Zusammenbruchs durch stundenlanges intensives Tanzen (Überhitzung und Austrocknung) bis in Einzelfällen zum Tod.[51] Seit kurzem sind Ecstasy-Pillen auf dem Markt, bei denen die euphorisierende Wirkung auf-

---

49 Thamm, a. a. O., S. 43
50 Gewerbl. BG, Suchtprobleme im Betrieb, S. 12
51 Gewerbl. BG, Suchtprobleme im Betrieb, S. 12

grund chemischer Veränderungen verzögert eintritt, so dass die Gefahr des „Nachwerfens“ von Pillen besteht. Die Folge dieser Überdosierung sind Krampfanfälle, Atemlähmung und Nierenversagen bis hin zur Todesfolge bei nicht rechtzeitiger und ausreichender Versorgung des Körpers mit Flüssigkeit.[52]

## 3. Die Sucht als Krankheit

*31* Noch immer ist bei einem Großteil der Bevölkerung in Bezug auf Suchtmittelabhängigkeit das Bild vom arbeitsscheuen und verwahrlosten Trinker oder Fixer, bestenfalls haltlosen und schwachen Menschen vorhanden. Man ist vielfach der Meinung, dass „diese Leute“ z. B. mit dem Trinken aufhören könnten, wenn sie es denn nur wollten. Diese moralische Bewertung geht dann oft einher mit der überhöhenden Feststellung, dass man selbst ja gelegentlich auch etwas trinke, aber halt trotzdem alles „im Griff“ habe.

Diese selbstgerechte und vorwiegend emotionale Beurteilung von Abhängigen geht an der Realität vorbei. Sicher gibt es den arbeitsscheuen Trinker und Fixer; es gibt aber z. B. auch den Arbeitssüchtigen, der zu Hause zur „Entspannung“ regelmäßig sein „Quantum“ zu sich nimmt und seine Abhängigkeiten nicht wahrnimmt. Die multiple Bandbreite der Abhängigkeitsursachen und -charaktere lässt eine generalisierende Beurteilung (und vor allem Verurteilung) und Bewertung der Abhängigen nicht zu.

Gerade in der heutigen von Verunsicherung und sozialen Ängsten geprägten Zeit gibt es eine nicht unerhebliche Anzahl von Menschen, die unter einer „sozialen Phobie“ leiden und dadurch alkoholkrank geworden sind. Fachleute schätzen diese Zahl auf rd. eine halbe Million Menschen. Diese Menschen treibt die Angst um, den Anforderungen des Arbeitsplatzes bzw. der Gesellschaft oder auch der Familie nicht mehr gewachsen zu sein; schlicht zu versagen. Da sie die Angst nicht aushalten können, flüchten sich in den Alkohol und werden abhängig. Der Leiter der Angstambulanz der Uni Göttingen, Prof. Bandelow, befürchtet, dass von Ärzten diese Sozialphobiker oft nicht erkannt werden.[53]

Der erste Schritt zur persönlichen Suchtprävention ist die Erkenntnis, vor einer persönlichen Suchtabhängigkeit nicht gefeit zu sein, da niemand seine persönlichen Rahmenbedingungen für die Zukunft und die eigenen Reaktionen darauf einschätzen kann. So kann niemand, der nicht abstinent lebt, genau vorhersagen, wann und bei welcher Menge sein Körper eine

---

[52] Focus 49/2000, S. 100

[53] „Die Welt“, 5. 10. 2004

Abhängigkeit entwickelt, so dass auch ihn eines Tages die schockierende Erkenntnis der Suchtabhängigkeit ereilen könnte. Da wohl kaum eine Abhängigkeit bewusst und gezielt (quasi vorsätzlich) herbeigeführt wurde, sind somit fast alle „Suchtkarrieren“ auf die gleiche Art und Weise zustande gekommen, nämlich schleichend. Wenn auch aus unterschiedlichen Motiven.

Bei Alkoholismus ist es meist das sog. Erleichterungstrinken (s. a. hierzu *32*
Rn. 242 ff.) und der Gruppenzwang, bei Drogenabhängigkeit ist es meist zunächst die Neugierde oder ebenfalls der Gruppenzwang. Später kommt bei beiden Suchtabhängigen die „positive Erfahrung“ aus dem Konsum (Stimmungsaufhellung, Problemkompensation, Abbau von Ängsten, Kontaktfreudigkeit usw.) hinzu. Das Gehirn hat die positive Erfahrung abgespeichert, damit gelernt. Dadurch ist ein typisches „Reiz-Reaktions-Schema“ (Anm. d. Verf: den klassischen Lerntheorien entnommener Begriff) entstanden.[54]

Wie unter Rn. 12 ff. dargestellt, haben die heutigen wissenschaftlichen Erkenntnisse das bereits am 18. Juni 1968 ergangene Urteil des Bundessozialgerichts (BSG), 3 RK 63/66,[55] bestätigt. In diesem Urteil ging es um die Erstattung der Kosten einer Alkoholentziehungsbehandlung, die von der Krankenkasse nicht übernommen wurde.

Das BSG hat in dieser Entscheidung erstmals festgestellt, dass Alkoholismus eine Krankheit, also der „regelwidrige Körper- oder Geisteszustand, dessen Eintritt entweder allein die Notwendigkeit einer Heilbehandlung oder zugleich oder ausschließlich Arbeitsunfähigkeit zur Folge hat“, sei. Dieser Begriff der Krankheit im Sinne der gesetzlichen Krankenversicherung ist Gegenstand der ständigen Rechtsprechung des BSG, so dass die „Trunksucht“ unter diesen Begriff subsumiert werden konnte. Weiter hat das BSG festgestellt, dass die „Regelwidrigkeit in der körperlichen wie auch psychischen Abhängigkeit vom Alkohol bestehe, welche es dem süchtigen Trinker in den meisten Fällen nicht mehr erlaube, mit eigener Willensanstrengung vom Alkohol loszukommen“. Die Notwendigkeit einer Entziehungsbehandlung mit der entsprechenden Kostenübernahmefolge wurde somit bestätigt.

Hinsichtlich der Medikamenten- und Drogensucht wurde durch das Urteil des Landessozialgerichts Nordrhein-Westfalen vom 15. November 1973, L 16 Kr 221/72, die Gleichbehandlung mit der Alkoholsucht als Krankheit festgestellt.5[56]

---

[54] Die Welt vom 20. 7. 2000

[55] Pressestelle des BSG

[56] Alkoholismus – die Krankheit unserer Zeit, IG-Metall (Hrsg.), S. 7

Mit der Einführung des SGB IX, das unter der Bezeichnung „Rehabilitation und Teilhabe" zum 1. 7. 2001 in Kraft getreten ist, wurden erstmals auch die neuen Klassifizierungen (ICF) der Weltgesundheitsorganisation (WHO) berücksichtigt. Die ICF (International Classification of Functioning, Disability and Health, WHO 2001), deutsch: Internationale Klassifikation der Funktionsfähigkeit, Behinderung und Gesundheit ist die Nachfolgerin der Internationalen Klassifikation der Schädigungen, Fähigkeitsstörungen und Beeinträchtigungen (ICDIH) von 1980. Das biopsycho-soziale Modell, auf dem die ICF basiert, wurde gegenüber dem Krankheitsfolgenmodell der ICDIH erheblich erweitert und damit der Lebenswirklichkeit Betroffener besser angepasst. Insbesondere wird nun der gesamte Lebenshintergrund der Betroffenen berücksichtigt (Kontextfaktoren: Umweltfaktoren, personenbezogene Faktoren). Im SGB IX und im Gesetz zur Gleichstellung behinderter Menschen wurden wesentliche Aspekte der ICF unter Berücksichtigung der in Deutschland historisch gewachsenen und anerkannten Besonderheiten aufgenommen. Wichtigster Grundbegriff der ICF ist der Begriff der funktionalen Gesundheit. Eine Person ist *funktional* gesund, wenn – vor dem Hintergrund ihrer Kontextfaktoren (materielle, soziale und verhaltensbezogene Umweltfaktoren sowie personenbezogene oder persönliche Faktoren) –

1. ihre körperlichen Funktionen (einschließlich des mentalen Bereichs) und Körperstrukturen allgemein anerkannten (statistischen) Normen entsprechen (Konzepte der *Körperfunktionen und -strukturen*),
2. sie all das tut oder tun kann, was von einem Menschen ohne Gesundheitsproblem (im Sinn der ICD) erwartet wird (Konzept der *Aktivitäten*),
3. sie ihr Dasein in allen Lebensbereichen, die ihr wichtig sind, in der Weise und dem Umfang entfalten kann, wie es von einem Menschen ohne Beeinträchtigung der Körperfunktionen oder -strukturen oder der Aktivitäten erwartet wird (Konzept der *Teilhabe an Lebensbereichen*).

Die ICF definiert „Behinderung" als jede Beeinträchtigung der funktionalen Gesundheit.

Ein wichtiges Ziel der ICF ist, eine gemeinsame Sprache für die Beschreibung der funktionalen Gesundheit zur Verfügung zu stellen, um die Kommunikation zwischen Fachleuten im Gesundheits- und Sozialwesen, insbesondere in der Rehabilitation, sowie den Menschen mit Beeinträchtigungen ihrer Funktionsfähigkeit zu verbessern.[57]

---

[57] Grundsatzpapier der Rentenversicherung zur ICF der WHO, Deutsche Rentenversicherung 1–2/2003, S. 53 ff.

## B. Die Auswirkungen der Sucht im öffentlichen Dienst

### 1. Einleitung

Bei der Vorbereitung zur 1. Auflage dieses Buches wurden vom Verfasser über 500 Bundes-, Landes- und Kommunalbehörden, Ministerien, Gewerkschaften, Krankenkassen, Verwaltungs- und Arbeitsgerichte, sowie Träger der Suchtkrankenhilfe angeschrieben und um Mitteilung ihrer Erkenntnisse, Dienstvereinbarungen, Geschäfts- oder Hausverfügungen, Statistiken o. ä. zu den relevanten Themenbereichen gebeten. Der Rücklauf dieser Anfrageaktion war mit rd. 86 % äußerst zufriedenstellend, wobei hier auch die telefonischen (oder per E-Mail) Rückmeldungen berücksichtigt worden sind. 33

Die „Ausbeute" hinsichtlich der Erfahrungen und Erkenntnisse der angeschriebenen Dienststellen und Behörden war hingegen nicht ganz so erfolgreich (Werte gerundet):

- 48 % meldeten „Fehlanzeige" (auch telefonisch), d. h. Erkenntnisse oder Erfahrungen lägen bei den Behörden nicht vor oder die Anfrage sei zur Beantwortung an eine andere Institution weitergeleitet worden
- 12 % teilten mit, dass ihnen aus datenschutzrechtlichen Gründen eine Mitteilung nicht möglich sei
- 40 % übersandten Dienstvereinbarungen, Hausverfügungen, Urteile, Broschüren bzw. Handzettel o. ä. Materialien, die von den jeweiligen Behörden oder Institutionen erstellt oder zumindest dort verteilt bzw. zur Kenntnis gegeben wurden. Es wurde auf jeden Fall versucht, die Anfrage mit konstruktiven Hinweisen und der Mitteilung von Erfahrungen gleich welcher Art wohlwollend zu begleiten.

Dabei fiel auf, dass der Anteil der telefonischen „Absagen" aus den neuen Bundesländern erheblich höher war als aus den alten Bundesländern. Sehr viele dieser telefonischen Mitteilungen waren dazu mit der Anmerkung verknüpft, dass offizielle Erkenntnisse zwar nicht vorlägen, das Problem des Alkoholismus in der Dienststelle aber gleichwohl vorhanden sei. Die Dienststellenleitung legte nach Meinung der Gesprächspartner in diesen Fällen meist einen großen Wert darauf, dass ihr Zuständigkeitsbereich als „alkohol- und drogenfreie Zone" zu gelten habe. Ansätze zur Problematisierung, etwa durch die Personalvertretung, wurden bisher von der Behördenleitung in vielen Fällen als „überzogene Panikmache" oder „vorübergehende Modeerscheinung" disqualifiziert und zurückgewiesen.

*34* Einige Anrufer waren bereits seit einigen Jahren in der betrieblichen Suchtkrankenhilfe ehrenamtlich tätig und gaben dem Verfasser einen kleinen Einblick in ihre bisherige Aufgabenstellung. Danach berichtete ein großer Teil dieser erfahrenen betrieblichen Helfer, dass nach den Jahren der quasi totalen Suchtignoranz in den Verwaltungen, der Aufbruchstimmung und des teilweise unbändigen Aktionismus in einigen Bereichen in den 80er Jahren, nunmehr seit einigen Jahren eine Stagnation in der betrieblichen Suchtarbeit eingetreten sei. Abnutzungserscheinungen aber auch zum Teil Frustration und Desillusionierung waren sehr häufig zumindest bei den langjährigen Helfern deutlich spürbar.

Nach der persönlichen Einschätzung für die Gründe befragt, zieht sich die Bandbreite von mangelnder Unterstützung durch die Behördenleitung aber auch der Personalvertretung (in einem Fall!), über die mangelnde Akzeptanz im Kollegenkreis bis hin zur Überarbeitung (burnout-Syndrom) aufgrund des Personalmangels und der fehlenden Absicherung dieser Suchthilfetätigkeit in der Arbeitsrate (also zusätzliche Arbeit ohne zeitliche Berücksichtigung an dem Arbeitsplatz).

Enttäuschend war auch die Reaktion einiger Träger der Suchtkrankenhilfe bzw. staatlicher Stellen, die sich mit der Suchtproblematik hauptamtlich zu beschäftigen haben und die eine Beteiligungsmöglichkeit für sich nicht erkennen konnten. In einigen Fällen erfolgte nicht einmal der Hinweis auf die vorhandene Broschürenliste.

*35* Dagegen war das Engagement der meisten Kommunen, kommunalen Spitzenverbände, Gerichte und Ministerien deutlich spürbarer; bei den Gewerkschaften für den öffentlichen Dienst (z. B. ÖTV, DGB, DBB und komba-gewerkschaft) sogar vorbildlich. In diesen Fällen wurden bereitwillig die vorhandenen Dienstvereinbarungen, Geschäftsverfügungen, anonymisierte Gerichtsurteile oder Broschüren usw. übersandt. Den Bitten um Quellenschutz wurde vorliegend jeweils ausnahmslos entsprochen. Bei den angefragten Krankenversicherungsgesellschaften (sog. Spezialversicherer für den öffentlichen Dienst) lagen nach offizieller Auskunft hierzu keine speziellen Erkenntnisse vor. Außer der „üblichen“ betriebsbezogenen Suchtarbeit würden keine diesbezüglichen Statistiken geführt werden.

Persönliches Fazit aufgrund dieser Anfrageaktion:

- nach jahrelanger Sprach- und Handlungsunfähigkeit hinsichtlich der Suchtproblematik ist bei den meisten Behörden und Betrieben das Problem an sich erkannt worden
- die dort eingeleiteten Maßnahmen sind zunächst gut angelaufen, nach einiger Zeit aber nicht mehr weiter fortgeführt worden; die bestehenden Konzepte sind nicht weiterentwickelt und den sich wandelnden Verhältnissen angepasst worden

- die mit viel Engagement der ehrenamtlichen Suchthelfer im Betrieb eingerichteten Anlaufstellen und umgesetzten Maßnahmen „versanden" und ersticken oft in der Routine
- viele Behörden- und Betriebsleiter halten die bisher eingerichteten Strukturen für ausreichend und empfinden weitere Maßnahmen, Aktualisierungen und Adaptionsprogramme als „Störung des Betriebsfriedens"; sie boykottieren zwar in der Regel nicht, erschweren aber durch bürokratische Hemmnisse („Prüfung der Stelleninhalte, haushaltsrechtliche Schwierigkeiten, personelle Engpässe" usw.) die ohnehin schwierige Arbeit der Suchthelfer
- Weiterbildungsmaßnahmen oder dringend benötigte Supervisionsangebote für Suchthelfer werden oft mit Hinweis auf die finanziellen Probleme gestrichen
- daraus resultierende Frustrationserlebnisse lassen die Suchthelfer teilweise resignieren und sogar aufgeben („Sollen sich jetzt mal andere kümmern")
- die überall zu beobachtende Sparpolitik verschärft diese Situation zusätzlich

## 2. Problembewusstsein im öffentlichen Dienst

Die vorgenannte Schilderung der Reaktionen der angeschriebenen Behör- *36*
den und Institutionen wirft ein Schlaglicht auf das Problembewusstsein im öffentlichen Dienst. Offensichtlich ist die „Bewusstseinslage" trotz vielfältiger Bemühungen staatlicher und freier Träger der Suchthilfe bzw. -bekämpfung im öffentlichen Dienst immer noch unterentwickelt oder realitätsfremd.

Eine Bestätigung dieser Einschätzung liefert z.B. die „Regionalkonferenz Sucht Südost-Niedersachsen" (RKS). Die RKS ist ein Zusammenschluss von rund 200 Einrichtungen der Suchtkrankenhilfe im südöstlichen Regierungsbezirk Braunschweig; ihr gehören Selbsthilfegruppen, Beratungsstellen, Fachkliniken, betriebliche Suchtberater, sozialpsychiatrische Dienste, Ärzte und Kostenträger wie Krankenkassen und Landesversicherungsanstalten an und wurde 1983 auf Anregung der Niedersächsischen Landesstelle gegen die Suchtgefahren zur Bildung eines flächendeckenden regionalen Netzes von fachkompetenten Diskussionsforen zur Sucht und Suchtprävention gegründet.

Der nachstehende Bericht ist der Informationsbroschüre „Sucht und Betrieb" (Informationen für betriebliche Multiplikatoren) – Empfehlungen zur betrieblichen Suchtarbeit im öffentlichen Dienst in der Region Südost-Niedersachsen – entnommen:[58]

37 *„Der Arbeitskreis betriebliche Sucht in der RKS befragte im März/April 1996 schriftlich die 185 im Regierungsbezirk Braunschweig gelegenen Behörden, Verwaltungen und Dienststellen, die im Staatshandbuch für Niedersachsen verzeichnet waren, zum Stand ihrer betrieblichen Suchtkrankenhilfe. Der Fragebogen wurde bereits 1992 in ähnlicher Form für eine Befragung von 220 IHK-Betrieben im Regierungsbezirk Braunschweig verwendet. Der Rücklauf war mit 75 Fragebögen erfreulich hoch. Aus den Angaben zur Dienststellengröße konnten wir entnehmen, dass wir etwa 30.000 Beschäftigte erfassten.*

*An der Umfrage beteiligten sich*
- *30 Gemeinden*
- *4 Finanzämter*
- *8 Justizbehörden*
- *8 Ämter aus dem Forstbereich*
- *8 Polizeibehörden*
- *2 Schulaufsichtsämter*
- *2 Hochschulen/Studentenwerke*
- *13 sonstige Behörden*

*Zusammenfassend muss leider festgestellt werden, dass die Mehrheit der Behörden keine Aktivitäten zur Suchtkrankenhilfe planen oder durchführen. Die meisten kennen die Hilfemöglichkeiten, wie sie beispielsweise die Mitglieder der Regionalkonferenz bieten, nicht.*

*Wenn es ganz schlimm kommt, wird der Amtsarzt zur Hilfe gerufen. Für den Bereich der Landesbehörden arbeitet eine interministerielle Arbeitsgruppe unter Federführung des Sozialministeriums seit einigen Jahren an einem Konzept für ein möglichst einheitliches Vorgehen.*

*Neben der Suchtkrankenhilfe „von oben" gibt es viel versprechende Initiativen im Bereich der Schulaufsichtsämter, der Justizvollzugsanstalten, der Krankenhäuser, im staatlichen Gewerbeaufsichtsamt und im staatlichen Lebensmitteluntersuchungsamt.*

*(...)*

*Der Arbeitskreis bedankt sich für die in Einzelfällen mit eindrucksvoller Offenheit geschilderten Problemlagen. Auch die Erläuterungen: „Ich bitte zum gg. Zeitpunkt um Übersendung eines Leitfadens" oder „Die Gemeinde hat mit Suchtkrankheiten keine Probleme und es sind voraussichtlich auch keine zu erwarten" helfen uns, Probleme zu erkennen und Hilfen aufzuzeigen. Wir wissen auch von ehrenamtlichen Suchtkrankenhelfern, die*

---

[58] Broschüre „Sucht und Betrieb", BKK der Stadt Braunschweig (Hrsg.), S. 4/5

*den Fragebogen von ihrem Vorgesetzten mit dem Hinweis erhielten „Füll das mal mit ‚Nein' aus"... (...)."*

Solange die Suchtproblematik im öffentlichen Dienst wie zuvor geschildert tabuisiert und negiert wird, solange wird es keine effektive Suchtprävention und -bekämpfung in den Verwaltungen und Betrieben geben. Damit wird in unverantwortlicher Weise der mittelbaren Förderung des Suchtverhaltens Vorschub geleistet und das Fürsorgeprinzip des Dienstherrn/Arbeitgebers (s. u. Rn. 182 ff.) missachtet. *38*

Hier bedarf es der Kraft zum Bohren „dicker Bretter" der Personalvertretungen oder anderer Personalverantwortlicher, um bei der Dienststellen- bzw. Betriebsleitung die Einsicht zu implantieren, dass das „Vogel-Strauß-Syndrom" keine Probleme löst, das offensive Angehen des Problems keine Schande ist und keinen Prestigeverlust bedeutet und jede Dienststellenleitung im Übrigen gut beraten ist, sich an die Spitze der Bewegung zur Problembewältigung (Prestigegewinn!) zu setzen (s. hierzu unter Rn. 196 ff.).

Ohne diesen Motivationsschub durch die Behörden- und Betriebsleitung wird die zuvor geschilderte Situation der betrieblichen Suchtprävention und -bekämpfung nicht positiv verändert werden können.

Die Suchtbekämpfung und -prävention in der Bundeswehr (s. u. Rn. 212 ff.) ist ein gutes Beispiel für ein solches Vorgehen.

## 3. Zur wirtschaftlichen Problematik der Sucht

Neben der menschlichen, persönlichen Problematik, die durch die Sucht und ihre Auswirkungen für den Einzelnen, seine Familienangehörigen, Freunde und Kollegen entsteht, ist zumindest für den Arbeitgeber/Dienstherrn die wirtschaftliche Problematik gleichfalls von großer Bedeutung. *39*

Es ist heute „selbst" in Behörden anerkannt, dass das Suchtproblem, hier in erster Linie das Alkoholproblem, auch ein betriebswirtschaftliches Problem bedeutet.

Nach Berechnungen der Deutschen Hauptstelle gegen die Suchtgefahren (DHS) für 1999 geht man allgemein von folgenden Kosten des Alkoholmissbrauchs pro Jahr aus:

- 1,4 Mrd. DM Krankenhauskosten
- 500 Mio. DM Rehabilitationskosten
- 1,5 bis 1,8 Mrd. DM betriebswirtschaftliche Verluste in einem 10.000 Mitarbeiter-Betrieb

die Kosten von rd. 40.000 Toten durch Unfälle, 2.543 Toten durch gesundheitliche Schäden und 249 Toten durch Alkoholpsychosen nicht eingeschlossen.[59]

Den Jahrbüchern Sucht 2001/2005[60] ist zu entnehmen, dass sich die gesellschaftlichen Verluste durch Alkoholkonsum zum Teil nur schätzen lassen und sie auf den Methoden der Krankheitskostenrechnung basieren. Danach sieht die Bilanz noch dramatischer aus:

- 74.000 Menschen sterben jährlich durch Alkohol-/Tabakkonsum (Alter der Todesfälle überwiegend zwischen 35 (!) und 64 Jahren)
- 14.000 Beschäftigte müssen in Frührente gehen
- 40.000 Menschen müssen in Rehabilitierungsmaßnahmen
- 570.000 Krankenhausaufenthalte entstehen
- 850.000 Arbeitsunfähigkeitfälle werden gemeldet, somit
- mind. 20,2 Mrd. € Gesamtkosten aus direkten und indirekten Kosten und
- knapp 12,3 Mrd. € Ressourcenverslust durch die alkoholbedingte Mortalität (hauptsächlich Lebererkrankungen, Alkoholabhängigkeit, Selbstmord) Kfz-Unfälle, Frühberentung, Rehabilitation

*40* Diese erdrückenden Zahlen sind aber gleichzeitig auch so abstrakt und schwer nachvollziehbar, so dass sie insofern auch wenig Eindruck hinterlassen. Ab einer bestimmten zahlenmäßigen Größenordnung versagt unser menschliches Vorstellungsvermögen. Einen Bezug zur Realität können wir daher kaum herstellen.

Deshalb soll nachfolgend anhand von „überschaubaren" Zahlen eine stärkere Betroffenheit zur wirtschaftlichen Dimension der Suchtproblematik hergestellt werden:

Die mit dieser Problematik befassten Verbände und Fachinstitute schätzen die durch die Alkoholkrankheit entstehenden Kosten auf etwa 25 % der betrieblichen Gesamtkosten.[61] Die dieser Schätzung zugrunde liegenden Zahlen basieren allerdings nicht auf empirisch erhobenen Daten.

Eine Auswahl von Berechnungsmodellen betriebsbezogener Untersuchungen, die über einen Zeitraum von ca. 25 Jahren verteilt sind, bieten *Fuchs/Rainer/Rummel*.[62]

---

[59] Faltblatt „Angebot zur qualifizierten Suchthilfe", Landesstelle gegen die Suchtgefahren f. Schlesw.-Holst. e.V.

[60] DHS (Hrsg.), Jahrbuch Sucht 2001, S. 202; 2005, S. 20 ff.

[61] Fuchs/Rainer/Rummel, Betriebliche Suchtprävention, S. 56

[62] Fuchs/Rainer/Rummel, Betriebliche Suchtprävention, S. 59 ff.

Diese Untersuchungen ergeben einen wesentlich erhöhten krankheits-(alkohol-) bedingten Arbeitsausfall im Vergleich zur übrigen Belegschaft. Danach fehlen Alkoholiker z. B.:
- an 93 Tagen gegenüber durchschnittlich 23 Krankentagen der Belegschaft (*Kleinsorge* 1979)
- an 189 Tagen gegenüber 95 Tagen (innerhalb von drei Jahren) bei gewerblichen Arbeitnehmern und 145 Tage gegenüber 24 Tagen bei den Angestellten (*Kleinsorge & Thiess* 1979)
- an 61 Tagen (Durchschnitt der Gesamtalkoholiker gegenüber Gesamtbelegschaft) gegenüber 23 Tagen (*Berger & May* 1989)

Hier wird bereits eine erhebliche „Bandbreite" (von Verdoppelung bis zum Sechsfachen) der Anzahl der Fehltage, je nach Betrieb und Status, sichtbar. *41*

Für eine Behörde mit einer Mitarbeiterzahl von weit über 10.000 Mitarbeitern haben die Autoren anhand einer Stichprobenuntersuchung (1993) im Durchschnitt (1986 bis 1991) folgende Mindestfehltage festgestellt:
- 14 Tage eines nach dem Zufallsprinzip ausgewählten Mitarbeiters ohne Alkoholproblematik
- 36 Tage eines trockenen Alkoholikers
- 38 Tage eines nassen Alkoholikers
- 68 Tage eines später gekündigten oder verstorbenen Alkoholikers

Dieser Untersuchung lagen die Daten von 15 Arbeitern, 40 Angestellten und 51 Beamten zugrunde, wobei die Beamten in der Gruppe der auffälligen Mitarbeiter in der Tendenz leicht über-, die Frauen leicht unterrepräsentiert waren[63].

Fast 10,5 Mio. jährl. Fehlstunden bei 230.000 Mitarbeitern (Deutsche Bundesbahn) und 6 % alkoholkranker Mitarbeiter (Kleinlangehorst nach Lemmer 1991).

Diese Zahlenauswahl soll auf die unterschiedlichen Ausfallzeiten durch alkoholbedingte Fehltage hinweisen, um das gesamte Spektrum in etwa darzustellen. Aus dieser Darstellung wird sehr gut deutlich, dass sich kein allgemein gültiger Wert der Krankheitstage eines Alkoholikers bestimmen lässt. Jeder Betrieb muss demnach den höchsten Wert einkalkulieren, um „auf der sicheren Seite" zu sein.

Für die vorgenannte Behörde ergeben sich nach dieser Modellrechnung bei angenommenen 10.000 Mitarbeitern alkoholbedingte Zusatzkosten von *42*

[63] ebenda, S. 66 ff.

3.715.000,– DM jährlich, von denen der Arbeitgeber rd. 1.107.000,– DM zu tragen hat.[64]

Wie bereits unter Rn. 23 erwähnt, hat die KGSt für eine Kommune wie die Stadt Dortmund modellhafte Vergleichsberechnungen angestellt.

Dabei hat sie zum einen die Gesamtkosten für die Stadt ermittelt und zum anderen eine Einzelfallbetrachtung der Kosten vorgenommen.

Die hierbei unterstellten prozentualen Annahmen sind auch aus heutiger Sicht im Wesentlichen realistisch:

– Gesamtkosten der Alkoholkrankheit:
  Auch heute geht man davon aus, dass etwa 5 bis 7 % aller Mitarbeiter im Betrieb alkoholkrank (KGSt hat 5 % zugrunde gelegt) und weitere 10 bis 15 % alkoholgefährdet sind. Da man ebenfalls davon ausgeht, dass diese Annahmen Durchschnittswerte ohne Bezug auf besondere soziale Gruppen und Hierarchieebenen sind, gelten sie auch für die „durchschnittliche" Verwaltung in Deutschland.
  Auch die KGSt geht von betrieblichen Verlusten in einer Höhe von 25 % der Lohn- und Gehaltskosten der Erkrankten aus. Bei nur 5 % Alkoholerkrankter ergäbe dies einen Gesamtverlust von 1,25 % der gesamten Lohn-/Gehaltskosten einer Kommune.[65]
  Wenn man nun hypothetisch unterstellen würde, dass es gelingen könnte, den Anteil von Alkoholkranken um ein Fünftel zu senken (also auf 4 %), dann könnte man unter Einbeziehung der von der KGSt übernommenen Zahlen aus der Studie des Stanford-Research-Instituts (1975) einen jährlichen Verlust von 0,25 % der gesamten Lohn-/Gehaltssumme einer Kommune, auf Dortmund bezogen, einen Betrag von jährlich 1.064.000,– DM (1975)[66] und heute (2005) von rd. 1,1 Mio. Euro[67] zugrunde legen.

  Einzelfallbetrachtung:
  Eine andere Sicht- und Annäherungsweise an das Kostenproblem ist die Einzelfallbetrachtung. Die KGSt hat in den oben bereits erwähnten „Experten-Schätzungen" Fehlzeiten von 40–60 %, also rund 118 Tagen/p.a. und Alkoholfall, zugrunde gelegt. Bei einem heutigen Durchschnittsgehalt von rd. 30.000,– € und angenommenen 40 % Ausfallzeit sind dies rd. 12.000,– €/p.a.

---

[64] ebenda, S. 73

[65] KGSt-Bericht 1988, Nr. 8, S. 37

[66] ebenda

[67] lt. Hinweis der Stadt Dortmund sind die Lohnsummen der Eigenbetriebe eingerechnet, um dieVergleichbarkeit zu gewährleisten

Dieser Betrag erhöht sich bei beihilfeberechtigten Bediensteten um die erhöhte Beihilfe. Unterstellt man, dass (nach der o. a. Studie) die Alkoholkranken mind. 2,5 mal häufiger krank sind, so scheint eine Verdoppelung der Beihilfeleistung realistisch zu sein.
In dem Dortmunder Beispiel (auf 1985 bezogen) machte dies weitere 5.700,– DM aus. Somit kostete der einzelne Alkoholikerfall (vor der Therapie) jährlich:
a) bei nicht Beihilfeberechtigten : 15.000,– €
b) bei Beihilfeberechtigten : 13.000,– €
c) gewichteter Durchschnitt : 10.500,– € (örtlich variierend)

Auf die heutigen Verhältnisse bezogen müssten diese Beträge sicher um *43*
**mind. 2.700,– € erhöht** werden (Basis: Schätzungen der Stadt Dortmund).

Anhand dieser Sätze kann man leicht die für die eigene Verwaltung zutreffenden Kosten ermitteln, die entstehen, wenn auch nur 1 % der Bediensteten ein Jahr länger krank ist, als notwendig.

$$\frac{\text{Jährlicher Zusatzaufwand x Bedienstete}}{100} = \text{Gesamtkosten p. a.}$$

An dieser Stelle gibt der Verfasser gern die Aufforderung der KGSt weiter, unter Zugrundelegung der eigenen Zahlen und der vorgenannten (verblüffend einfachen) Formel „Ihre" alkohol- bzw. suchtbedingten Kosten einmal selbst auszurechnen.[68]

Beratungsfirmen für Gesundheitsprävention legen gern folgendes Beispiel zugrunde, um es ihren Geschäftspartnern einsichtig zu machen:

1. Angenommener **IST**-Zustand:

| | |
|---|---|
| Anzahl Mitarbeiter | 1.800 |
| Fehlzeitenquote | 6 % |
| Personalkosten je Mitarbeiter (inkl. Nebenkosten) | 35.000 € |

**Kosten Fehlzeiten:**
1.800 x 35.000 € x 6,00 % = **3.780.000 €**

2. **Nach Reduzierung der Fehlzeiten um 1,0 % – Punkte:**
Kosten der Fehlzeiten:
1.800 x 35.000 € x 5,00 % = 3.150.000 €

3. Ersparnis brutto **630.000 €**

[68] KGSt-Bericht, a. a. O., S. 38

Die vorgenannten Berechnungen werden vielleicht eher in der Lage sein, Ihre Haushaltsexperten zu beeindrucken und sie für eine stärkere Investition in die vorerst „teuren“ Präventionsmaßnahmen zu überzeugen.

Falls doch noch etwas „Nachhilfe“ nötig sein sollte:

Hinsichtlich der „Wirtschaftlichkeit“ von Präventionsmaßnahmen hat die bei der Bundesanstalt für Immobilienaufgaben beschäftigte Dipl.-Finanzwirtin (FH) und Dipl.-Sozialarbeiterin Kerstin Rüsche im Rahmen ihrer Diplomarbeit festgestellt, dass Suchtberatungsstellen einen Wirtschaftlichkeitsgrad von 145 % bis 165 % nachweisen können, d. h., wenn auch nur 1 % der unter der Rn. 42 genannten und allgemein anerkannten Zahl von Alkoholkranken eines Betriebes von 5 % bis 7 % durch die Arbeit der Suchtberatungsstelle (Beratung, Präventionsarbeit und Vermittlung) wirksam erreicht wird und die nachhaltige Erfolgsquote lediglich mit 50 % angenommen wird, hat sich die Investition in diese Fachberatungsstelle absolut „bezahlt“ gemacht. Die Gesamtkosten einer betrieblichen Suchtberatungsstelle tragen sich nicht nur rechnerisch durch die Verringerung der unfall- und krankheitsbedingten Folgekosten, sondern erwirtschaften sogar noch einen statistischen Gewinn von 45 % bis 65 %![69]

Abschließend sei hierzu noch vermerkt, dass eine Betrachtung der zutiefst menschlichen Problematik der Alkoholabhängigkeit ausschließlich unter Kostengesichtspunkten nach den Grundsätzen einer humanen und mitarbeiterorientierten (damit „output“-orientierten) Firmen- und Verwaltungskultur nur zulässig erscheint, um alle Facetten dieses allgemeinen Problems der Arbeitswelt gründlich zu erfassen und zu beleuchten.

Die quer durch die Arbeitswelt von besagten „Haushältern“ erhobene Forderung, dass alle Kosten „darstellbar“ sein müssen, wird hierdurch nachhaltig erfüllt.

[69] Rüsche, Innerbetriebliche psychosoziale Beratung, Diplomarbeit FH Dortmund, 14. 5. 2004

## C. Der Bereich des öffentlichen Dienstes in Deutschland

### 1. Einleitung

Auch wenn manche Menschen, je nach persönlichem Standort, den „Beamten“[70] als etwas Besonderes ansehen, so ist auch er nur ein Mensch. 44

Dieser platte Satz scheint überflüssig, da es sich doch um eine Binsenweisheit handelt und kein vernünftiger Mensch auf die Idee käme, etwas Gegenteiliges zu behaupten. Jedoch auch diese Binsenweisheit verdient es, gelegentlich einmal ausgesprochen zu werden, da der Berichterstattung der Medien zufolge mitunter ein anderer Eindruck vermittelt wird. „Polizeibeamter mit Dienstwaffe Bank überfallen“ oder „Polizeichef raste mit 3,44 Promille in die Leitplanke“[71]; so oder ähnlich lauteten die Schlagzeilen der Printmedien in der Vergangenheit, die natürlich auch von Funk und Fernsehen übernommen wurden. Kein Redakteur käme doch auf die Idee „Selbständiger Handelsvertreter mit 3,44 ‰ in die Leitplanke gerast“ zu titeln!

Also ist „der Beamte“ doch kein normaler Mensch?

Die Antwort hierauf kann nicht sofort und eindeutig bejahend beantwortet werden, auch wenn man dies jetzt nach diesem Eingangsatz erwartet hätte. Natürlich handelt es sich bei dem Beamten um einen ganz „normalen“ Menschen, der allerdings aufgrund seines Status und seiner ihm gesetzlich übertragenen Funktion eine besondere Stellung im gesellschaftlichen und politischen (natürlich auch im kulturellen, denn was wäre eine Comedy-Sendung ohne Beamtenwitze) Leben innehat. Neben dieser besonderen Stellung, teilt der Beamte aber die ganz normalen Probleme, Schwächen oder Fehler des Durchschnitts der normalen Bevölkerung Deutschlands. Da der deutsche Beamte als besonders gründlich und akkurat bekannt ist, nimmt er natürlich auch in etwa im gleichen Verhältnis an der „Sucht-Statistik“ der Deutschen Hauptstelle gegen die Suchtgefahren (DHS) teil, d.h. bei den rd. 2,8 Mio. Alkoholkranken, den ca. 1,4 Mio.

---

70 **Hinweis des Verfassers:**
*Dieses Buch ist für Männer und Frauen gleichermaßen geschrieben. Leider ist es nicht möglich, diese Absicht in der deutschen Sprache auch zum Ausdruck zu bringen, ohne den Sprachfluss zu stören und die Überschaubarkeit zu gefährden. Wenn im Kontext geschlechtsspezifische Aussagen getroffen werden, wird dies selbstverständlich exakt dargestellt. Ansonsten ist „der Beamte“ auch „die Beamtin“, „der Abhängige“ auch „die Abhängige“, ohne eine besondere Wertung oder Bewertung beabsichtigen zu wollen.*

71 „Die Welt“, 3. 1. 2002

Medikamentenabhängigen und ca. 250.000 Drogenabhängigen (illegale Drogen) ist der deutsche Beamte mit einigen Differenzierungen gleichfalls vertreten. Der öffentliche Dienst in Deutschland wird aber nicht nur von Beamten repräsentiert, so dass wir uns zunächst der Mühe unterziehen müssen, den Begriff des „öffentlichen Dienstes" und anschließend den Typus des einzelnen Mitarbeiters zu klären, um eine Gesamtübersicht gewinnen zu können.

Wenn man den Normalbürger danach befragt, was er denn unter dem „öffentlichen Dienst" versteht, so werden im allgemeinen Begriffe wie Polizei, Feuerwehr und Krankenhaus genannt.

Diese Teilbereiche des öffentlichen Dienstes prägen überwiegend das Bild des Durchschnittsbürgers vom öffentlichen Dienst, weil es diese Bereiche sind, mit denen er im Alltag am ehesten in Berührung kommt oder deren Wirken ihm aus den Medien am deutlichsten in sein Bewusstsein gelangen. Die täglichen Abendserien der Fernsehanstalten haben hier deutliche Spuren hinterlassen. Dass neben diesen „klassischen" Bereichen der öffentliche Dienst eine breite Palette von Dienst- und Vorsorgeleistungen, die von Arzneimittelprüfungen über Gefahrenabwehr bis zum Winterdienst auf den Bundesautobahnen reicht, bereithält, ist den wenigsten Bürgern bewusst. Der Bereich des öffentlichen Dienstes in Deutschland hat allerdings in den vergangenen 10 Jahren zum Teil gravierende Veränderungen erfahren.

*45* Die Finanzierungsnöte und der daraus entstandene Zwang zum wirtschaftlicheren Denken und Handeln hat in letzter Konsequenz auch im bis dahin weitestgehend „geschützten Revier" des öffentlichen Dienstes zu sogenannten Outsourcing-Maßnahmen, d.h. zur Ausgliederung von „Firmenteilen" geführt, wie das in der Privatwirtschaft schon seit längerem zu beobachten war.

So haben die Kommunen, die sich nach der Wiedervereinigung Deutschlands mit den finanziellen Engpässen als Erste beschäftigen mussten, z.B. Kindergärten in die Verwaltung kirchlicher oder karitativer Träger überführt, städtische Fuhrparks und Gartenämter in Eigenbetriebe umgewandelt und Krankenhäuser an Privatbetreiber veräußert. Wobei es festzuhalten verdient, dass die Kommunen bereits in den früheren Jahren bestimmte Aufgaben von Privatfirmen haben erledigen lassen. So belegt ein Umfrageergebnis des Deutschen Städte- und Gemeindebundes[72] für Nordrhein-Westfalen, dass „von 69 Gemeinden in Nordrhein-Westfalen unter 10.000 Einwohnern alle 69 Gemeinden von Privatunternehmen die Müllbeseitigung vornehmen lassen. Bei der Kanalreinigung sind es immerhin noch

---

[72] Vgl. Schriftenreihe des Deutschen Städte- und Gemeindebundes, 1976, S. 19–21

35 Gemeinden in dieser Größenordnung, (...) bei der Gebäudereinigung sind es 27 und bei der Straßenreinigung haben 19 Gemeinden diese Arbeiten voll auf Privatfirmen übertragen." Für die Größenklasse der Gemeinden von 10.000 bis 30.000 Einwohnern hat die Befragung ähnliche Tendenzen ergeben. Der Bund und die Länder folgten zwar erst später, dafür aber auch schlagzeilenträchtiger. Die wohl umfangreichste Privatisierung von „Staatsaufgaben" ist im Bereich der Bundesbahn und der Bundespost durchgeführt worden. Hier wurden durch das Eisenbahnneuordnungsgesetz zum 1. 1. 1994 und zum 1. 1. 1995 durch das Postneuordnungsgesetz die bisher größten öffentlichen Arbeitgeber in private Gesellschaften umgewandelt.

## 2. Die Träger öffentlicher Verwaltung

Neben den vorgenannten privatisierten Bereichen, die auch weiterhin „öffentliche Aufgaben" wahrnehmen, gibt es eine Vielzahl weiterer Bereiche, die nachstehend nach den Trägern öffentlicher Verwaltung[73] unterschieden dargestellt werden: *46*
- Bund
- Länder

als staatliche Träger bilden die unmittelbare Staatsverwaltung und
- Körperschaften
- rechtsfähige Anstalten
- rechtsfähige Stiftungen sowie
- beliehene Unternehmer (Personen und Vereinigungen)

als nichtstaatliche Träger bilden die mittelbare Staatsverwaltung.

Einige Beispiele mögen die vielleicht noch diffus wirkenden Begriffe der Verwaltungsträger etwas näher konkretisieren:

Bund: Bundesministerien, Bundesverwaltungsamt, Bundeswehr, BGS, BKA, Bundesamt für Strahlenschutz

Länder: Landesministerien, Landesverwaltungsämter, Polizei, Bezirksregierungen, Katasterämter, Landeskriminalämter, Landesforstverwaltung, Vollzugsanstalten

Körperschaften: Gemeinden, Landkreise, BfA, LVA, die Kammern (z. B. Ärzte- u. Anwaltskammern, IHK), Berufsgenossenschaften, Kirchen, Bundesagentur f. Arbeit

Anstalten: Fernseh- und Rundfunkanstalten, Bundesbank/Landesbanken, Sparkassen

---

[73] Meier/Bolten, Organisation und Technik der Verwaltung, S. 29

Stiftungen: Deutsche Denkmalstiftung, Stiftung Preußischer Kulturbesitz, Allgemeiner Hannoverscher Klosterfond

Beliehene Unternehmer: TÜV, DEKRA, Bezirksschornsteinfegermeister, öffentlich bestellte Vermessungsingenieure, Notare

*47* Allen Verwaltungsträgern (juristische Personen des öffentlichen Rechts) ist gemeinsam, dass sie staatliche (hoheitliche) Aufgaben auf dem Gebiet des öffentlichen Rechts wahrnehmen. Mit Ausnahme der beliehenen Unternehmer besitzen sie im allgemeinen gemeinsam die sog. Dienstherrenfähigkeit, die ihnen gem. § 121 BRRG das Recht (die Fähigkeit) verleiht, Beamte ernennen und entlassen zu können.

Zum Unterschied hierzu sind die juristischen Personen des privaten Rechts (z. B. die GmbH, AG, KG usw.) zu nennen, die auf dem Gebiet des privaten Rechts tätig sind.

Der Titel des vorliegenden Buches ist insofern nicht ganz zutreffend, als es sich nicht nur mit der Alkohol- und Suchtproblematik des öffentlichen Dienstes nach der reinen Lehre beschäftigt, sondern auch die privatisierten Bereiche des öffentlichen Dienstes wie z. B. die Deutsche Bahn AG, die Deutsche Post AG, Deutsche Telekom AG usw. einbezieht. Dieses scheint aber von der Sache her auch gerechtfertigt, da zum einen die Funktionen im Wesentlichen gleich geblieben sind und zum anderen sowohl die Mitarbeiter als auch die Kunden diese Bereiche noch als quasi „öffentlichen Dienst" ansehen.

## 3. Rechtsstatus der Mitarbeiter im öffentlichen Dienst

*48* Die Rechtsverhältnisse der Mitarbeiter im öffentlichen Dienst sind sehr unterschiedlich und haben sich im Laufe der staatlichen Entwicklung mehrfach modifiziert und bis zur heutigen Rechtssituation ausgebildet.

Das Grundgesetz für die Bundesrepublik Deutschland unterscheidet Richter, Beamte und Soldaten (Art. 60 Abs. 1 GG) sowie Angestellte (Art. 137 Abs. 1 GG). In den Länderverfassungen sind hierzu unterschiedliche Regelungen zu finden, die von der vorgenannten grundgesetzanalogen Regelung (z. B. Art. 85, 94 ff. und 187 Bayerische Verfassung) bis hin zur Bestätigung des Berufsbeamtentums im Sinne des Art. 33 Abs. 4 GG (z. B. Art. 60 Niedersächsische Verfassung) reichen.

*49* Von den o. g. Mitarbeitern aus den privatisierten Bereichen einmal abgesehen, haben wir es im öffentlichen Dienst Deutschlands mit vier Statusgruppen zu tun:

| | | |
|---|---|---|
| 1. Beamte/Richter* | (1,68 Mio. = 35,3 %) | * incl. Deutsche Bundes-/ Reichsbahn (DB/RB) |
| 2. Angestellte** | (2,30 Mio. = 48,3 %) | ** incl. DB/RB und Post |
| 3. Arbeiter** | (0,60 Mio. = 12,6 %) | |
| 4. Soldaten | (0,18 Mio. = 3,8 %) | (Quelle: Statistisches Bundesamt; 30. 6. 2003) |

– Die Werte sind gerundet –

Die Zahl der Beschäftigten im öffentlichen Dienst ist im Übrigen in den letzten 10 Jahren sehr stark rückläufig, was nicht nur auf Privatisierungen, sondern erheblich auf einen massiven Stellenabbau in den Behörden zurückzuführen ist. Zum Vergleich in absoluten Zahlen:

1991: 6,74 Mio.
2003: 4,77 Mio.

In der breiten Öffentlichkeit wird der Mitarbeiter im öffentlichen Dienst weitestgehend mit dem Beamten gleichgesetzt, ohne dass hier nach dem Status unterschieden würde. Dies wird man in der Regel auch nicht erwarten können, da dem Normalbürger diese juristischen Differenzierungen nicht bekannt sind und dies bei seinen Kontakten mit den Behörden auch nicht von Interesse ist.

Die Rechtsverhältnisse dieser Statusgruppen lassen sich hauptsächlich in zwei große Beschäftigungsverhältnisse unterscheiden:

- öffentlich-rechtliche Beschäftigungsverhältnisse
- privat-rechtliche Beschäftigungsverhältnisse

## *3.1 Das öffentliche Dienstrecht*

Die öffentlich-rechtlichen Beschäftigungsverhältnisse sind dadurch geprägt, dass sie auf der Grundlage eines öffentlich-rechtlichen Gesetzes beruhen und somit ein sog. Über- und Unterordnungsverhältnis zwischen „Staat“ und „Beschäftigtem“ besteht. *50*

Diese öffentlich-rechtliche Regelung gilt für die Rechtsverhältnisse der Beamten, Richter und Soldaten.

### 3.1.1 Beamtenrecht

Rechtsgrundlage für die gesetzlichen Regelungen im Bereich des Beamtenrechts ist Art. 33 GG. Hier insbesondere die Absätze 4 und 5. *51*

Nach Art. 33 Abs. 4 GG ist die Ausübung hoheitsrechtlicher Befugnisse als ständige Aufgabe in der Regel solchen Angehörigen des öffentlichen Dienstes zu übertragen, die in einem „öffentlich-rechtlichen Dienst- und Treueverhältnis“ stehen.

Nach herrschender Meinung ist dieser Begriff eine Umschreibung für den Begriff des „Berufsbeamtentums".[74]

Nach Art. 33 Abs. 5 GG erfolgt der Auftrag an die Legislative (Gesetzgebung), das Recht des öffentlichen Dienstes unter Berücksichtigung der „hergebrachten Grundsätze des Berufsbeamtentums" zu regeln.

Im Gegensatz zu den Richtern gehört der Beamte zur Exekutive (Verwaltung).

### 3.1.2 Richterrecht

*52* Rechtsgrundlage für die gesetzlichen Regelungen im Bereich des Richterrechts ist Art. 98 GG. Hier insbesondere die Absätze 1 und 4. Nach Art. 98 Abs. 1 GG ist der Gesetzgeber verpflichtet, die Rechtsstellung der Bundesrichter durch ein besonderes Bundesgesetz zu regeln.

Die gleiche Verpflichtung ergeht gem. Art. 98 Abs. 4 GG für die Richter in den Ländern, deren Rechtsstellung durch besondere Landesgesetze zu regeln sind.

Durch diese spezielle Regelung wird auch deutlich, dass die Richter vom Status her keine Beamten sind. Gem. Art. 92 GG ist die Aufgabe der Rechtsprechung (Judikative) den Richtern anvertraut. Sie sind gem. Art. 97 Abs. 1 GG unabhängig und nur dem Gesetz unterworfen.

Die Richter gehören somit zur Judikative.

### 3.1.3 Soldatenrecht

*53* Rechtsgrundlagen für die gesetzlichen Regelungen im Bereich des Soldatenrechts sind die Art. 36, 73 und 87 a ff. GG. Nach Art. 36 Abs. 2 GG haben die Wehrgesetze auch die Gliederung des Bundes in Länder und ihre besonderen landsmannschaftlichen Verhältnisse, d. h. eine angemessene Beteiligung der einzelnen Bundesländer bei der Wehrgesetzgebung und ihrer Umsetzung zu berücksichtigen.

Nach Art. 73 Nr. 8 GG hat der Bund die ausschließliche Gesetzgebungskompetenz über die Rechtsverhältnisse der im Dienste des Bundes (...) stehenden Personen.

Während der Art. 87 a GG die Aufstellung und Befugnisse der Streitkräfte sowie die Bundeswehrverwaltung (Art. 87b GG) regelt. Aufgabe und sog. Grundpflicht der Soldaten ist es, der Bundesrepublik Deutschland treu zu dienen und das Recht und die Freiheit des Deutschen Volkes tapfer zu verteidigen (§ 7 Soldatengesetz).

Auch die Soldaten gehören zur Exekutive.

---

[74] Maunz-Dürig-Herzog, Komm. zum GG, Anm. 39 zu Art. 33

## *3.2 Das privat-rechtliche Arbeitsrecht*

Die privatrechtlichen Beschäftigungsverhältnisse dagegen basieren auf der Grundlage von Arbeitsverträgen, sind also zwischen zwei gleichberechtigten Vertragspartnern „ausgehandelt“ und abgeschlossen worden. *54*

Diese privat-rechtliche Regelung gilt für die Rechtsverhältnisse der Angestellten und Arbeiter.

Rechtsgrundlage für diese Beschäftigungsgruppen ist der aus dem privatrechtlichen Dienstvertrag (§§ 611 ff. BGB) heraus entwickelte Arbeitsvertrag, der wiederum je nach Status des Vertragspartners „Arbeitnehmer“ seine nähere Ausgestaltung durch die Tarifverträge erfährt. Dieser Status ergibt sich aus der Art der per Arbeitsvertrag auszuführenden Tätigkeit und der Zuweisung zur Rentenversicherung der Angestellten oder der Rentenversicherung der Arbeiter. Hieraus ergibt sich dann die Zugehörigkeit zu den jeweiligen Tarifverträgen (vgl. z. B. § 1 Abs. 1 BAT, § 3 AVG).

### 3.2.1 Angestellte

Für die Angestellten ist zurzeit noch der Bundes-Angestelltentarifvertrag (Bund, Länder und Gemeinden) – BAT – vom 23. 2. 1961 in der jeweils geltenden Fassung maßgebend. Durch die Vereinigung Deutschlands bedingt existieren z. Zt. zwei Fassungen des BAT. Neben dem bisherigen BAT, der für die sog. West-Länder der Bundesrepublik Deutschland gilt, ist noch der BAT-Ost vom 10. 12. 1990 in der jeweiligen Fassung, für die nach der Vereinigung hinzugekommenen neuen Bundesländer eingerichtet worden, in dem überwiegend vergütungsbezogene Sonderregelungen eingearbeitet wurden. *55*

Zu beiden Fassungen des BAT gibt es eine Fülle von Sonderregelungen und Zusatztarifverträgen, die auf die unterschiedlichen Beschäftigungsverhältnisse und die vielschichtigen Aufgaben des öffentlichen Dienstes eingehen.

Diesem Wirrwarr von fast nicht mehr durchschaubaren Vorschriften (allein rund 17.000 Tätigkeitsmerkmale!) wird nun zum 1. 10. 2005 ein Ende gesetzt, in dem sich die Tarifvertragsparteien (Bund und Kommunen sowie Ver.di und dbb-Tarifunion) nach über zweijährigen Verhandlungen auf den neuen Tarifvertrag für den öffentlichen Dienst (TVöD) geeinigt haben. Kernpunkte dieses Vertragswerkes sind

- Leistungsgerechte und motivierende Bezahlung
- Sicherung öffentlicher Arbeitsplätze
- Transparentes und einheitliches Tarifrecht; Einheit zwischen Ost und West; Einheit zwischen Arbeitern und Angestellten, Einheit zwischen Kommunen und Bund

Zum Zeitpunkt der Drucklegung dieser Auflage sind die Verhandlungen mit der Tarifgemeinschaft deutscher Länder (TdL) über die Übernahme dieses Ergebnisses ohne Einigung abgebrochen und Streikmaßnahmen der Gewerkschaften zur Druckerhöhung auf die Ministerpräsidenten der Länder durchgeführt worden. Sollte eine Einigung hierbei nicht erzielt werden, würden die alten BAT-Bestimmungen für die Länderbediensteten weiter gelten.

#### 3.2.1.1 Dienstordnungs-Angestellte

56 Eine Sonderstellung nehmen die sog. Dienstordnungs-Angestellten im Bereich der gesetzlichen Kranken- und Unfallversicherung ein. Sie sind zwar durch privatrechtlichen Vertrag angestellt, jedoch sind für ihre Rechtsstellung weitestgehend die Bestimmungen der Reichversicherungsordnung (soweit nicht durch SGB V aufgehoben) sowie die dort vorgesehenen, im Rahmen der Satzungsautonomie des Sozialversicherungsträgers erlassenen Dienstordnungen maßgebend. Diese wiederum haben im großen Umfang beamtenrechtliche Vorschriften, so auch für die Besoldung, für anwendbar erklärt.[75]

### 3.2.2 Arbeiter

57 Für die Arbeiter sind ebenfalls derzeit noch der Bundesmanteltarifvertrag, bezogen auf den jeweiligen Arbeitgeber (MTArb für den Bund und für die Länder vom 6. 12. 1995 und BMT-G II- für die Gemeinden vom 31. 1. 1962) in der Fassung des 47. Ergänzungstarifvertrages zum BMT-G II vom 5. 5. 1998 sowie die Manteltariflichen Vorschriften für Arbeiter gemeindlicher Verwaltungen und Betriebe (BMT-G-O) in der Fassung des 9. Ergänzungstarifvertrages vom 30. 6. 2000 maßgebend.

Auch hierzu gibt es eine Fülle von Sondervereinbarungen (wie z.B. Lohntarifverträge), in denen für spezielle Berufsgruppen und Betriebe abweichende bzw. ergänzende Regelungen getroffen sind. Hinzu kommen noch die dazugehörenden bezirklichen Zusatztarifverträge, die weitere arbeits- und tarifrechtliche Regelungen wie z.B. die Zulagen für bestimmte Tätigkeiten umfassen.

Hier gelten (wie bereits unter 3.2.1 mitgeteilt) ab dem 1. 10. 2005 ebenfalls die Bestimmungen des TvöD mit der Ungewissheit, ob die Länder sich diesem anschließen.

---

[75] H. Minz/P. Conze, Recht des öffentlichen Dienstes, S. 30

### *3.3 Der Beamte im Rechtssinne*

Wie bereits erwähnt, ergibt sich das Beamtenverhältnis aus der Rechtsnatur seines Beschäftigungsverhältnisses. Für die Öffentlichkeit ist dieser Status in der Regel nicht erkennbar. Die uniformierten „Beamten" wie Polizei, Feuerwehr, BGS, Zoll usw. bilden hiervon eine Ausnahme. Üblicherweise wird deshalb jeder Mitarbeiter einer Behörde, der in irgendeiner Form staatliche Gewalt gegen Bürger ausübt, als „Beamter" bezeichnet. So werden oft auch in den Medien Beamte, Angestellte und Arbeiter in vielfach einseitigen und unsachlichen Berichten „in einen Topf" geworfen. *58*

Von diesem rechtlich unscharfen Bild des „Beamten" muss aber der Beamtenbegriff im Rechtssinne unterschieden werden:

- Beamte im dienstrechtlichen Sinn
- Beamte im haftungsrechtlichen Sinn
- Beamte im strafrechtlichen Sinn

Diese Unterscheidung ist nicht nur von akademischer Natur, sondern hat auch hinsichtlich der Konsequenzen bei Verfehlungen eine entscheidende praktische Bedeutung.

#### 3.3.1 Beamte im dienstrechtlichen Sinn

Beamter im dienstrechtlichen Sinn ist derjenige, der mit einer den Formerfordernissen der Beamtengesetze entsprechenden Ernennungsurkunde durch eine Körperschaft des öffentlichen Rechts mit Dienstherrenfähigkeit (vgl. § 121 BRRG) in ein Beamtenverhältnis berufen wurde. *59*

Bei diesem Personenkreis handelt es sich um die Beamtenschaft im engeren Sinne, der mittels einer formgerechten Urkunde (Verwaltungsakt) in der Regel auf Lebenszeit und unter Beachtung der „hergebrachten Grundsätze des Berufsbeamtentums" (vgl. Art. 33 Abs. 5 GG) ernannt wird.

#### 3.3.2 Beamte im haftungsrechtlichen Sinn

Beamter im haftungsrechtlichen Sinn (vgl. Art. 34 GG) ist derjenige, der in Ausübung eines ihm anvertrauten öffentlichen Amtes die ihm einem Dritten gegenüber obliegende Amtspflicht verletzt. In diesem Fall ist grundsätzlich der Staat oder die ihn beschäftigende Körperschaft nach den Grundsätzen des Amtshaftungsrechts (Staatshaftung) im Rahmen des § 839 BGB zum Ersatz des entstandenen Schadens verpflichtet. *60*

Bei diesem Personenkreis kommt es demnach nicht auf den Beschäftigungsstatus bzw. das Dienstverhältnis, sondern nur auf die Tätigkeit für die Körperschaft, bei der die Amtspflicht verletzt wurde und der Schaden entstanden ist, an.

Beamte in diesem Sinne können neben den Beamten im dienstrechtlichen Sinn auch Angestellte, Arbeiter, ja sogar Bezirksschornsteinfeger oder Kfz-Prüfer des TÜV sein, wenn sie bei hoheitlicher Tätigkeit einem Dritten rechtswidrig und schuldhaft einen Schaden zufügen.

Daraus folgt, dass diese Verpflichtung nicht bei privat-rechtlicher Tätigkeit, wie z. B. dem Kauf von Büromöbeln, eintritt.

### 3.3.3 Beamte im strafrechtlichen Sinn

*61* Beamter im strafrechtlichen Sinn (vgl. § 331 ff. StGB) ist derjenige, der bei Vorliegen bestimmter strafrechtlicher Tatbestände (sog. Straftaten im Amt) mit der *Anwendung des Strafrechts* rechnen muss.

Bei diesem Personenkreis (vgl. § 11 Abs. 1 Nr. 2 StGB) kommt es also auf den jeweiligen Tatbestand des Strafrechts an, der die Rechtsfolge „Straftat im Amt" eintreten lässt.

Das StGB unterscheidet hier die

- eigentlichen Amtsdelikte und
- uneigentlichen Amtsdelikte.

Eigentliche Amtsdelikte liegen vor, wenn eine Handlung nur deshalb strafbar ist, weil sie von einem Amtsträger, Richter oder einem für den öffentlichen Dienst besonders Verpflichteten begangen wird (wie z. B. passive Bestechung gem. § 332 StGB, Vorteilsannahme gem. § 331 StGB, Vorteilsgewährung gem. § 333 StGB, Rechtsbeugung gem. § 336 StGB).

Uneigentliche Amtsdelikte liegen vor, wenn eine nach dem StGB strafbare Handlung von einem Amtsträger in Ausübung seines Dienstes begangen wurde (z. B. Körperverletzung gem. § 223 StGB). In diesen Fällen ist das zu verhängende Strafmaß höher anzusetzen als in zivilen Vergleichsfällen (vgl. § 340 StGB).

Beamte im strafrechtlichen Sinn können demnach alle Beamten im dienstrechtlichen und haftungsrechtlichen Sinn sein, also ernannte oder auch gewählte Beamte. Weiterhin alle Personen, die Aufgaben der öffentlichen Verwaltung wahrnehmen, weil sie hierzu durch eine Behörde bestellt wurden oder in deren Auftrag handeln (z. B. auch Ratsmitglieder einer Kommune), sowie alle sonstigen, in einem öffentlich-rechtlichen Amtsverhältnis stehende Personen (z. B. Minister, Notare, öffentlich bestellte Vermessungsingenieure, Bezirksschornsteinfeger).

Diese Verantwortlichkeit gilt sowohl bei Ausübung hoheitlicher als auch nicht hoheitlicher Tätigkeiten!

## 4. Kirchenrecht

### *4.1 Vorbemerkung*

Der Begriff „Kirche“ (griech. Kyriake = dem Herrn gehörig) ist der Engere gegenüber dem der „Religionsgesellschaft“. Er bezeichnet die im christlichen Bekenntnis vereinigte Glaubensgemeinschaft in ihren verschiedenen Formen.[76] 62

Noch im preußischen Allgemeinen Landrecht (ALR) von 1794 wurde im 6. Abschnitt Teil II „Von dem Pfarrer und dessen Rechten“ das Recht der katholischen und evangelischen Pfarrer vollständig geregelt und stellte die Pfarrer in § 19 II 11 mit den übrigen Staatsbeamten gleich, so dass sie nach herrschender Auffassung mittelbare Staatsbeamte waren. Erst später bildete sich in Preußen mit der 1850 einsetzenden Verselbständigung der Kirchen allmählich ein eigenes Pfarrerrecht heraus.[77]

Gemäß Art. 140 GG sind die Art. 136 bis 139 und 141 Weimarer Reichsverfassung (WRV) Bestandteil des Grundgesetzes und damit unmittelbar geltendes Recht.

Nach Art. 137 Abs. 5 WRV sind die Religionsgesellschaften in Deutschland Körperschaften des öffentlichen Rechts, soweit sie bei Inkrafttreten der WRV diesen Status innehatten. Anderen Religionsgesellschaften sind auf ihren Antrag gleiche Rechte zu gewähren, wenn sie durch ihre Verfassung und die Zahl ihrer Mitglieder die Gewähr der Dauer bieten. 63

Nachdem die Großkirchen den Charakter von Staatskirchen verloren hatten und auch verfassungsrechtlich die Trennung von Kirche und Staat vollzogen wurde (1918), mussten die Pfarrer aus dem Kreise der Staatsdiener ausscheiden.[78]

Ihre Dienstherrenfähigkeit (s. Rn. 47) haben die Religionsgesellschaften aber behalten.

Noch in den 50er Jahren abgeschlossene Kirchenverträge gehen davon aus, dass der kirchliche Dienst zum öffentlichen Dienst in Deutschland gehört. 64

„Die evangelischen Kirchen ordnen und verwalten ihre Angelegenheiten selbständig innerhalb der Schranken des für alle geltenden Gesetzes. Sie bleiben Körperschaften des öffentlichen Rechts; ihr Dienst bleibt öffentlicher Dienst.“ (so z. B. Art. 1 Abs. 2 des Vertrages des Landes Niedersachsen mit den Evangelischen Landeskirchen – „Loccumer Vertrag“ – vom 19. 3. 1955, Nds. GVBl. S. 159).

---

[76] Creifelds, Rechtswörterbuch, S. 749

[77] Scheven, Ist der kirchliche Dienst öffentlicher Dienst?, ZBR 1964, S. 289 ff.

[78] Hattenhauer, Geschichte des deutschen Beamtentums, S. 348

Erst in den Folgejahren hat sich aufgrund des sich weiterentwickelnden Rechts des Nachkriegsdeutschlands und der entsprechenden Rechtsprechung eine andere Sichtweise der Rechtsstellung der Kirchen herausgebildet. „Man wird auf der Grundlage des heutigen Verhältnisses von Staat und Kirche die Stellung der Kirchen als Körperschaften des öffentlichen Rechts vielmehr dahin verstehen müssen, dass kirchliche Rechtsverhältnisse nur insoweit öffentlich-rechtlicher Natur sind, als sie von der Kirche aufgrund entsprechender staatlicher Anerkennung in dieser Rechtsform geordnet sind".[79]

So hat das BVerwG (Urteil vom 9. Juni 1994 – BVerwG 2 A 3/93 –) im Rahmen einer Überprüfung von Dienstzeiten bei einer privat-rechtlich selbständig organisierten kirchlichen Einrichtung unter Fortführung der bisherigen Rechtsprechung festgestellt, dass „gilt gerade auch im Verhältnis zum kirchlichen Dienst, der schon aufgrund der eigenständigen verfassungsrechtlichen Stellung der Kirchen und die Trennung von Kirche und Staat nicht dem öffentlichen Dienst im Sinne des Art. 33 GG und grundsätzlich auch nicht im Sinne beamtenrechtlicher Vorschriften zuzuordnen ist (vgl. BVerfGE 42, 313 [321 f.]; 55, 207 [230 f.]; Urteil vom 28. November 1991 – BVerwG 2 C 10.90 – [a. a. O.] jeweils m.w.N.).[80]

*65* Das Kirchenrecht, als der Gesamtheit der Rechtnormen, die das Verhältnis des Staates zu Religion und Religionsgemeinschaften (äußeres Kirchenrecht) oder die inneren Verhältnisse der Kirchen (inneres Kirchenrecht; in der kath. Kirche auch kanonisches Recht genannt) regeln, besteht sowohl aus geschriebenem Recht als auch aus ungeschriebenem; dem Gewohnheitsrecht.[81]

Gem. § 135 BRRG findet dieses Gesetz auf die öffentlich-rechtlichen Religionsgesellschaften und ihre Verbände keine Anwendung. Es bleibt ihnen danach überlassen, die Rechtsverhältnisse ihrer Beamten und Seelsorger diesem Gesetz entsprechend zu regeln und die Vorschriften des Kapitels II Abschnitt II (Rechtsweg) für anwendbar zu erklären.

Grundsätzlich ist festzustellen, dass den Kirchen gem. Art. 140 ff. GG i.V.m. Art. 136, 137, 138, 139 und 141 WRV die Verfassungsgarantie des Selbstbestimmungsrechts gegeben ist. Im Rahmen dieses Selbstbestimmungsrechts können die Kirchen sich bei der Ausgestaltung ihrer Dienst- und Arbeitsverhältnisse der jedermann zugänglichen Privatautonomie wie z.B. dem BGB bedienen, aber auch eigene Formen zur Ausgestaltung ent-

[79] Scheven, a.a.O.
[80] ZBR 1994, S. 344
[81] Hattenhauer, a.a.O., S. 659

wickeln. Sie haben hier also eine sehr weitgehende Handlungsfreiheit bei der Ausgestaltung ihrer Dienst- und Arbeitsvertragsverhältnisse.

Hierbei stehen die Kirchen vor der Problematik, dass sie einerseits die vom Gesetzgeber für das kollektive Arbeitsrecht vorgegebenen und von der Mehrheit der Gesellschaft akzeptierten Prämissen (Koalitionsfreiheit, Mitbestimmung usw.) übernehmen möchten, andererseits aber ihr kirchliches Selbstverständnis (Dienst im Namen Gottes für die Menschen) nicht aufgeben können. Vor allem die katholische Kirche hat dies in Bezug auf das Tarifvertragssystem in ihrer bischöflichen Erklärung zum kirchlichen Dienst vom 27. 6. 1983 zum Ausdruck gebracht, da zu diesem System auch der Arbeitskampf mit den Mitteln des Streiks und der Aussperrung gehört. Diese Mittel sind aber mit dem kirchlichen Selbstverständnis nicht zu vereinbaren.

Aus diesem Grund haben die Kirchen ein anderes Beteiligungsmodell entwickelt, das sie als den „Dritten Weg" bezeichnen.[82]

Dieser „Dritte Weg" besteht darin, dass die Dienstverhältnisse der Kirchen- *66*
mitarbeiter und der in den kirchlichen Einrichtungen weitgehend durch die Arbeitsvertragsrichtlinien (AVR) geregelt werden, die dem BAT angenähert sind, wobei aber die üblicherweise bekannten Rechtsnormen des Mitbestimmungs-, Betriebsverfassungs- und Personalvertretungsrechts sowie des Tarifvertragssystems ausgeklammert sind.[83]

Dieser „Sonderweg" der Kirchen ist sowohl durch das Bundesverfassungsgericht (Beschluss zum Krankenhausgesetz des Landes Nordrhein-Westfalen vom 25. 3. 1980) als auch mit Einschränkungen bzw. Klarstellungen vom Bundesarbeitsgericht durchgängig anerkannt.

Grundlage dieses „Sonderweges" ist die dem Beamtenrecht entlehnte „Loyalitätspflicht" (Treuepflicht) des Arbeitnehmers im kirchlichen Dienst, die allerdings durch die (vor allem katholische) Kirche sehr restriktiv ausgelegt und praktiziert wird.

Nachfolgend wird nur auf das innere Kirchenrecht, das autonome Recht der Kirchen, näher eingegangen.

In der Bundesrepublik Deutschland sind neben der „Evangelischen Kirche in Deutschland" (EKD) und der „Römisch-Katholischen Kirche" noch weitere Kirchen/Religionsgemeinschaften als Körperschaften des öffentlichen Rechts anerkannt.

---

[82] Richardi, Die Sonderstellung der Kirche im Arbeits- und Dienstrecht, S. 16

[83] Richardi, a. a. O.

### *4.2 Römisch-Katholische Kirche*

*67* Die Römisch-Katholische Kirche in Deutschland ist hierarchisch in den Stand der Laien (durch Geburt) und der Geistlichen (durch Weihe) und damit grundsätzlich abweichend von der EKD organisiert und strukturiert. Auf diese Struktur soll hier ebenfalls nicht näher eingegangen werden, da im Rahmen dieser Abhandlung nur die Arbeits- und Beschäftigungsverhältnisse der Kirchenmitarbeiter von Interesse sind.

Hinsichtlich der Beschäftigungsverhältnisse unterscheidet sie zwischen dem pastoralen, katechetischen und erzieherischen Dienst (dem sog. verfasst kirchlichen Bereich) dem Priester, Nonnen, Mönche und sonstige geistliche Würdenträger zugeordnet werden und dem Bereich der kirchlichen Arbeitsverhältnisse, dem die übrigen Mitarbeiter der katholischen Kirche in den verschiedensten kirchlichen oder kirchlich getragenen Einrichtungen zugeordnet werden können.

*68* Im „verfasst kirchlichen Bereich“ ist der dem öffentlich-rechtlichen Beamtenverhältnis angeglichene Mitarbeiterstatus vorherrschend. Der Eintritt in den geistlichen Stand erfolgt durch Weihen, die auf verschiedenen Ebenen vollzogen werden. Nachdem der Geistliche einem bestimmten Diözesanverband zugeordnet (inkardiniert) worden ist, wird er mit der ersten höheren Weihe, der Subdiakonatsweihe, endgültig und unwiderruflich in den Dienst des Diözesanverbands gestellt. Mit dem Weihetitel wird der Nachweis erbracht, dass nach Empfang der höheren Weihe der standesgemäße Lebensunterhalt auf Lebenszeit gewährleistet ist. Der Geistliche muss für diesen Weihetitel das eidliche Versprechen abgeben, sich für alle Zeit dem Dienst der Diözese unter der Autorität des jeweiligen Bischofs zu widmen. Der Bischof übernimmt dafür für sich und seine Nachfolger im Amt die Verpflichtung, dem Geistlichen später ein Amt zu übertragen oder eine zum standesgemäßen Unterhalt ausreichende Versorgung zu gewährleisten.

Dieses Dienstverhältnis ist einer staatlichen Beurteilung oder gar Kontrolle nicht zugänglich und ist mit dem „besonderen Gewaltverhältnis“ des Beamtenrechts auch nur entfernt vergleichbar, da der Geistliche im Rahmen der Weihe- und Ämterhierarchie sich vollständig der Autorität des Diözesanbischofs in geistlichen und weltlichen Dingen unterstellt.[84]

Für die kirchlichen Arbeitsverhältnisse ist die „Grundordnung des kirchlichen Dienstes im Rahmen kirchlicher Arbeitsverhältnisse“ maßgebend, die die Deutsche Bischofskonferenz am 22. 9. 1993 verabschiedet hat. Diese Grundordnung ist zum 1. 1. 1994 von den jeweiligen Diözesan-

[84] Scheven, Ist der kirchliche Dienst öffentlicher Dienst?, ZBR 1964, S. 289 ff.

bischöfen für ihren Zuständigkeitsbereich als kirchliches Gesetz in Kraft gesetzt worden und regelt neben den Grundprinzipien und der Begründung der Arbeitsverhältnisse z. B. auch die Rechte und Pflichten (Loyalitätsobliegenheiten) der Mitarbeiter sowie die Beteiligungsrechte und die Aus- und Fortbildung.

### *4.3 Evangelische Kirche (EKD)*

Die EKD ist der Bund von 24 lutherischer, reformierter und unierter Landeskirchen. Ihre Ordnung richtet sich nach der „Grundordnung der Evangelischen Kirche in Deutschland" vom 13. 7. 1948. Neben der EKD haben sich in der Vereinigten Evangelisch-Lutherischen Kirche Deutschlands (VELKD) 8 lutherische Landeskirchen zusammengeschlossen. Auch hier soll auf die innere Struktur nicht näher eingegangen werden. *69*

Hinsichtlich der Beschäftigungsverhältnisse unterscheidet sie zwischen den Angehörigen des geistlichen Standes, denen primär die geistlichen Aufgaben zur Wahrnehmung obliegen, aber auch solche weltlicher Art übertragen werden können, den Kirchenbeamten, die rein weltliche Aufgaben zu erfüllen haben und den privatrechtlich angestellten Mitarbeitern.

Die Rechtsverhältnisse der Kirchenbeamten sind durch das Kirchenbeamtengesetz der EKD vom 18. 3. 1954 i.d.F. vom 1. 1. 2000 geregelt. Diese Vorschriften sind weitgehend dem BRRG angeglichen, das im Übrigen bei fehlender Regelung als Surrogatvorschrift analog herangezogen werden kann. Für die Angehörigen des geistlichen Standes gilt ergänzend noch das Pfarrergesetz der VELKD vom 14. 6. 1963 (ABl. EKD S. 485).

Auch dieses Pfarrerdienstverhältnis ist auf Lebenszeit angelegt und besteht im Bereich der EKU (Evangelische Kirche der Union – 25. Gliedkirche der EKD-) in der Regel zur Kirchengemeinde und im Bereich der VELKD zur Landeskirche.

In der Führung der Verwaltungsgeschäfte und im persönlichen Verhalten untersteht der Pfarrer der kirchlichen Dienstaufsicht und ist disziplinarisch nach Maßgabe der gesamt- und gliedkirchlichen Disziplinarordnungen verantwortlich.[85]

Im Disziplinarrecht, das für Kirchenbeamte und Geistliche gemäß den Vorschriften des Disziplinargesetzes der EKD vom 11. 3. 1955 i.d.F. vom 1. 1. 2001 gilt, ist wie beim Kirchenbeamtengesetz eine Annäherung an das Disziplinarrecht der Beamten festzustellen.

Für die übrigen Mitarbeiter der EKD und VELKD gelten (mit Einschränkungen) über die *Dienstvertragsordnung* die Vorschriften des BAT für Angestelltenverhältnisse und des MTArb – Bund- für Arbeiterverhältnisse.

---

[85] Scheven, a. a. O.

### *4.4 Die übrigen Kirchen und Religionsgesellschaften*

70 Neben den beiden o. g. Religionsgemeinschaften, die den Hauptanteil der Gläubigen in Deutschland auf sich vereinigen, gibt es noch eine Fülle von weiteren Religionsgemeinschaften in Deutschland, die die Rechte einer Körperschaft des öffentlichen Rechts mit der Dienstherrenfähigkeit besitzen, von denen nachstehend nur die „Hauptkirchen" genannt werden sollen:

- Evangelisch-reformierte Kirchen
- Evangelische Freikirchen
- Alt-Katholische Kirche
- Freireligiöse Landesgemeinschaften
- Gemeinschaft der Siebenten-Tags-Adventisten (Baptisten)
- Neuapostolische Kirche
- Russisch-Orthodoxe Kirche
- Griechisch-Orthodoxe Kirche
- Jüdische Gemeinden

Durch das sogen. „Zeugen Jehova Urteil" des Bundesverfassungsgerichts (Urt. v. 19. 12. 2000 – 2 BvR 1500/97) wurde dem Bundesverwaltungsgericht aufgegeben, ihr abschlägiges Urteil zur Anerkennung als Körperschaft des öffentlichen Rechts dahingehend zu überprüfen, ob die staatlichem Schutz anvertrauten Grundrechte Dritter einer Verleihung des Körperschaftsstatus an die Zeugen Jehovas entgegen stehen.

Das OVG Berlin hat in seiner Entscheidung am 24. 3. 2005 (OVG 5 B 12.01) der Klage der Zeugen Jehovas auf Anerkennung als Körperschaft des öffentlichen Rechts stattgegeben. Das Land Berlin will nach Vorlage der schriftlichen Begründung des Urteils prüfen, ob es weitere Rechtsmittel einlegt.

Eine Entscheidung hierzu steht zurzeit noch aus.

Die vollständige Liste der als Körperschaft des öffentlichen Rechts anerkannten Religionsgemeinschaften wird in den Ministerialblättern der Länder veröffentlicht und nach Bedarf aktualisiert.

## 5. Der privatisierte „öffentliche" Dienst

### *5.1 Vorbemerkung*

71 Wie bereits unter Rn. 45 dargelegt, haben Bund, Länder und Kommunen, der Not gehorchend, Teile ihrer öffentlichen Aufgaben „privatisiert". Hierbei haben sich die öffentlichen Arbeitgeber der verschiedensten Modelle bedient, von denen die Wichtigsten hier genannt und der jeweilige Rechts-

status der Mitarbeiter dargestellt werden soll, wobei es hier hauptsächlich um den in diesen Fällen problematischen Beamtenstatus geht.

## *5.2 Eigenbetriebe*

Die Mitarbeiter eines Eigenbetriebes sind weiterhin Angehörige des öffent- 72
lichen Dienstes, da sich an ihrem Rechtsstatus zu ihrem bisherigen Dienstherren (Arbeitgeber) nichts geändert hat. Der Eigenbetrieb ist denn auch weiterhin ein Teil der bisherigen Verwaltungsorganisation (hauptsächlich bei Kommunalverwaltungen), dem lediglich eine bestimmte organisatorische und wirtschaftliche Selbständigkeit eingeräumt wurde. Diese geht aber nicht soweit, dass der Eigenbetrieb eine rechtliche Selbständigkeit (eigene Rechtspersönlichkeit) besitzen würde. Die rechtliche Grundlage für den Eigenbetrieb ergibt sich aus den Kommunalverfassungen der Bundesländer, die hierfür in der Regel eigenständige Normen vorsehen (z. B. *Verordnung über Eigenbetriebe und andere prüfungspflichtige Einrichtungen* (Eigenbetriebsverordnung – EigBetrVO –) vom 15. August 1989, Niedersächsisches GVBl. 1990, S. 30).

Die Mitarbeiter der Eigenbetriebe haben es bei Entscheidungen in Eigenbetrieben mit neuen Leitungsebenen zu tun, nämlich der Werksleitung und dem Werksausschuss, die eine Organstellung innehaben und je nach Verfassungswillen mit umfangreichen Kompetenzen ausgestattet sind. Die Gemeindevertretung (Rat), der Hauptverwaltungsbeamte bzw. (Ober-) Bürgermeister sind hier hauptsächlich nur noch für bestimmte Grundsatzentscheidungen der Eigenbetriebe zuständig.

Die Eigenbetriebe gehören finanziell zum Sondervermögen der Kommune, das gesondert zu verwalten und im kommunalen Haushalt entsprechend auszuweisen ist.

## *5.3 Eigengesellschaften*

### 5.3.1 Gesellschaft mit beschränkter Haftung (GmbH)

Die GmbH ist eine juristische Person des Privatrechts, die zu jedem ge- 73
setzlich zulässigen Zweck gegründet werden kann. In den letzten Jahren sind gerade auf kommunaler Ebene viele städtische Krankenhäuser in GmbH's bzw. gGmbH's (gemeinnützige GmbH) umgewandelt worden, um dem sich verschärfenden Konkurrenzkampf und den Belastungen aus den staatlichen Gesundheitsreformgesetzen besser stellen zu können. Diese GmbH's werden entweder zu 100 % als Tochterunternehmen der jeweiligen Körperschaft des öffentlichen Rechts geführt oder ein in der Regel finanzstarker Gesellschafter als Partner hinzugenommen, der einen Anteil von unter 50 % erhält, dafür aber die Geschäftsführung stellt.

Der oder die Geschäftsführer führt die Geschäfte der GmbH und vertritt sie gerichtlich sowie außergerichtlich. Er (bzw. sie) wird durch die Gesellschafterversammlung, durch den Gesellschaftervertrag oder durch den Aufsichtsrat berufen.

Das oberste Organ einer GmbH ist die Gesellschafterversammlung. Die Zuständigkeiten und Befugnisse können durch den Gesellschaftsvertrag maßgeblich geregelt werden.

Der Aufsichtsrat hat eine Überwachungs- und Kontrollfunktion.

### 5.3.2 Die Aktiengesellschaft (AG)

*74* Die AG ist ebenfalls eine juristische Person des Privatrechts, unabhängig von der Höhe der Anteile, die sich im Besitz der Körperschaft des öffentlichen Rechts befinden.

Organe der AG sind der Vorstand, der Aufsichtsrat und die Hauptversammlung.

Der Vorstand vertritt die AG gerichtlich und außergerichtlich. Er hat die AG unter eigener Verantwortung zu leiten. Insofern kommt ihm eine starke Stellung in der AG zu. Die Vorstandsmitglieder werden vom Aufsichtsrat für die Dauer von höchstens 5 Jahren bestellt.

Der Aufsichtsrat besteht aus mind. drei Mitgliedern, wobei in der Satzung eine höhere, durch drei teilbare Zahl vorgesehen werden kann. Die Mitglieder des Aufsichtsrats werden durch die Hauptversammlung (Anteilseignervertreter) bzw. durch die Belegschaft (Arbeitnehmervertreter) gewählt. Die Zahl der Aufsichtsratsmitglieder wird bestimmt durch die Höhe des Grundkapitals. Die Beteiligung der Arbeitnehmer richtet sich nach der Zahl der Beschäftigten.

Die wesentlichen Aufgaben des Aufsichtsrats sind die Bestellung und Abberufung des Vorstandes und die laufende Überwachung und Kontrolle der Geschäftsführung.

Oberstes Organ der AG ist die Hauptversammlung, da sie die Versammlung der Anteilseigner darstellt. Sie hat somit eine Schlüsselposition mit weit reichenden Vollmachten und Befugnissen wie z.B. Bestellung der Mitglieder des Aufsichtsrats, Entlastung des Vorstandes, Verwendung des Bilanzgewinnes usw. inne.[86]

### 5.3.3 Deutsche Bahn AG

*75* Die Deutsche Bahn AG wurde durch das am 1. Januar 1994 in Kraft getretene Gesetz zur *Neuordnung des Eisenbahnwesens (Eisenbahnneuord-*

---

[86] Schwill, in „Privatisierung im öffentlichen Dienst", GGVöD/DBB-Tarifunion, S. 37 ff.

*nungsgesetz* vom 27. 12. 1993) – ENeuOG – (BGBl. I, S. 2378) gegründet und damit aus dem öffentlichen Dienst in die Privatwirtschaft überführt.

Die Organisationsstruktur der Deutschen Bahn AG hier im Einzelnen darstellen zu wollen, würde ähnlich wie bei den Kirchen den Rahmen dieser Ausführungen sprengen. Deshalb werden hier nur die rechtlichen Möglichkeiten der Statusgestaltung von Beamten in diesem privatisierten Bereich dargestellt.

Durch die Einfügung der Art. 87e und 143a (GG ÄndG 1993; BGBl. I S. 2089) in das Grundgesetz wurde in Verbindung mit § 12 Absatz 2 des *Gesetzes zur Gründung einer Deutschen Bahn AG (Deutsche Bahn-Gründungsgesetz* – DBGrG) vom 27. 12. 1993 (BGBl. I, S. 2386) die Möglichkeit der Zuweisung von Beamten der Deutschen Bundesbahn zur weiteren Dienstleistung der privatrechtlichen Deutschen Bahn AG geschaffen. Danach sind Beamte des Bundeseisenbahnvermögens, die nicht aus dem Beamtenverhältnis ausscheiden oder nicht beurlaubt werden, ab dem Zeitpunkt der Eintragung der Deutschen Bahn AG in das Handelsregister dieser Gesellschaft auf Dauer zugewiesen.[87]

### 5.3.4 Deutsche Post AG, Deutsche Telekom AG und Deutsche Postbank AG

Für den Bereich der früheren Deutschen Bundespost wurde mit der Einfü- *76*
gung des Art. 143b GG (hier: Absatz 3) und dem *Gesetz zur Neuordnung des Postwesens und der Telekommunikation (Postneuordnungsgesetz* – PTNeuOG) vom 14. 9. 1994 (BGBl. I S. 2325) in Verbindung mit dem Art. 4 und dem dort enthaltenen §§ 1 und 2 des *Gesetzes zum Personalrecht der Beschäftigten der früheren Deutschen Bundespost (Postpersonalrechtsgesetz* – PostPersRG) vom 14. 9. 1994 (BGBl. I S. 2353) ebenfalls die Möglichkeit eröffnet, dass die bei der Deutschen Bundespost tätigen Bundesbeamten unter Wahrung ihrer Rechtsstellung und der Verantwortung des Dienstherrn bei den privaten Unternehmen beschäftigt werden, die gemäß dem *Gesetz zur Umwandlung der Unternehmen der Deutschen Bundespost (Postumwandlungsgesetz* – PostUmwG) vom 14. 9. 1994 (BGBl. I S. 2339) in die Rechtsform der Aktiengesellschaft aus den Unternehmen der Deutschen Bundespost hervorgegangen sind: Deutsche Post AG, Deutsche Postbank AG und Deutsche Telekom AG.[88]

Auch hier sind die übergeleiteten Beamten der (öffentlich-rechtlichen) Deutschen Bundespost mit dem Tage der Eintragung der jeweiligen Aktiengesellschaft in das Handelsregister Mitarbeiter einer juristischen Person

---

[87] Lücke in „Privatisierung im öffentlichen Dienst", GGVöD/DBB-Tarifunion, S. 55
[88] Lücke, a. a. O., S. 55 ff.

des Privatrechts (AG). Sie bleiben allerdings unmittelbare Bundesbeamte, auf die die für Bundesbeamte geltenden Vorschriften Anwendung finden.[89]

Der Status dieser Beamten ist unverändert geblieben (BVerwG, Urteil vom 20. 8. 1996; BVerwG 1 D 80.95).[90] (s. hierzu auch Rn. 111 ff.)

### *5.4 Rechtsstellung der Mitarbeiter übriger privatisierter Bereiche*

*77* Während bei den Eigenbetrieben hinsichtlich des Rechtsstatus der Mitarbeiter keine Zweifel bestehen, ist dies bei der Aktiengesellschaft und der GmbH nicht ganz so einfach. Bis vor kurzem war eine umfassende Beschäftigung von Beamten in den vorgenannten privaten Bereichen eines Wirtschaftsbetriebes überhaupt undenkbar und rechtlich auch nicht zulässig.

#### 5.4.1 Zuweisung gegen den Willen des Beamten

*78* Hier hat das *Gesetz zur Reform des öffentlichen Dienstrechts* vom 24. 2. 1997 (BGBl. I, S. 322) das sog. Dienstrechtsreformgesetz mit Wirkung ab 1. 7. 1997 Abhilfe geschaffen. Dieses Gesetz wurde als Bestandteil in das BRRG eingegliedert.

Gem. § 123 a Abs. 2 BRRG besteht die Möglichkeit der „Zuweisung einer vorübergehenden Tätigkeit bei einer privatrechtlich organisierten öffentlichen Einrichtung außerhalb des Geltungsbereichs des BRRG“. Diese Zuweisung kann auch gegen den Willen des Beamten erfolgen, wenn „dringende öffentliche Interessen“ dies erfordern. Dieser unbestimmte Rechtsbegriff des „dringenden öffentlichen Interesses“ liegt vor, wenn nachweisbar öffentliche Bedürfnisse bestehen, den Beamten bei der Einrichtung tätig werden zu lassen. Sie können sich im Einzelnen aus der besonderen Fachkunde des Beamten oder seiner besonderen Zuverlässigkeit ergeben, wenn vergleichbare Mitarbeiter auf dem freien Markt nicht zu gewinnen sind und die Öffentlichkeit ein Interesse am Einsatz des Beamten bei der Einrichtung hat.[91]

Letztlich immer dann, wenn die Privatisierung der Körperschaft des öffentlichen Rechts aus finanziellen Interessen, etwa um Sach- und Personalkosten einzusparen, erfolgt. Deshalb sind die Zuweisungen nach dieser Vorschrift auch meistens bei den sog. „ansonsten überzähligen Beamten“ in den Personalpools der Bahn und den Gesellschaften der Post bzw. Telekom zu finden.

---

[89] Lücke,a. a. O., S. 55 ff.
[90] ZBR, 2/1997, S. 50
[91] Kathke, ZBR 1999, S. 341 ff.

### 5.4.2 Zuweisung mit Zustimmung des Beamten

Bereits mit dem „Fünften Gesetz zur Änderung besoldungsrechtlicher Vorschriften vom 28. 5. 1990 (BGBl. I, S. 967) wurde § 123a Absatz 1 in das BRRG eingefügt. Nach dieser Vorschrift wurde rechtlich erstmals die Möglichkeit geschaffen, im dienstlichen oder öffentlichen Interesse eine vorübergehende Zuweisung von Beamten in eine seinem Amt entsprechende Tätigkeit bei einer öffentlichen Einrichtung außerhalb des Geltungsbereichs des BRRG, hier allerdings nur mit seiner Zustimmung, vorzunehmen (§ 123a Absatz 1 Satz 1). Nach Satz 2 dieser Vorschrift ist auch die Zuweisung zu einer anderen Einrichtung zulässig, wenn dringende dienstliche Erfordernisse dies notwendig machen. Die Entscheidung hierüber trifft die oberste Dienstbehörde. *79*

### 5.4.3 Dienstleistung durch Überlassung

Durch die Rechtsprechung des Bundesverwaltungsgerichts vom 7. 6. 1985 (Az.: 2 C 84.81)[92] wurde erstmals die Möglichkeit eröffnet, durch sog. Dienstleistungsüberlassungsverträge die Arbeitsleistung von Beamten einer privaten Einrichtung zu „überlassen". Da nach Auffassung des BVerwG durch diese Verträge der dienstrechtliche Teil des Beamtenverhältnisses nicht berührt, der Beamte seine Dienstleistung nach wie vor für seinen Dienstherren erbringen und sich nur der Empfänger der Arbeitsleistung ändern würde, war eine solche Überlassung von Beamten zulässig. *80*

Diese Regelung hatte und hat u.a. immer noch gem. Art. 143b Abs. 3 GG Bedeutung im Bereich der Bahn. So gibt es z.B. Dienstleistungsüberlassungsverträge zwischen dem neu gebildeten Bundeseisenbahnvermögensamt als Rechtsnachfolger der Deutschen Bundesbahn und der Deutschen Ostsee-Fährgesellschaft, den Busgesellschaften der Bahn und den Bahnreinigungsgesellschaften.

Beamte, die durch einen solchen Dienstleistungsüberlassungsvertrag ihre Dienste einer privatrechtlichen Organisation bzw. einem privatrechtlichen Arbeitgeber zur Verfügung stellen, behalten ihren Status. Sie sind weiterhin entweder Bundes-, Landes- oder Kommunalbeamte.[93]

### 5.4.4 Dienstleistung durch Beurlaubung

Eine gewisse Bedeutung hat noch die Beschäftigung von Beamten über die Schiene des Sonderurlaubs oder des Urlaubs aus arbeitsmarktpolitischen Gründen. *81*

---

92 Lücke, a.a.O., S. 56

93 Lücke, a.a.O., S. 56 ff.

Hier werden Beamte zum Zwecke der Wahrnehmung einer dienstlichen Tätigkeit bei einem privaten Arbeitgeber über die vorgenannten Urlaubsregelungen beurlaubt.

Die Beurlaubungen sind allerdings zeitlich zu beschränken und sollen zehn Jahre nicht überschreiten, d. h. längere Zeiten sind also nicht ausgeschlossen.[94]

Während der Zeit der Beurlaubung bleibt ihr dienstrechtlicher Status unberührt.

Die vorstehenden Ausführungen zum Dienst- und Arbeitsrecht mögen dem einen oder anderen Leser etwas sehr theoretisch im Rahmen der Alkohol- und Suchtproblematik vorkommen, sie sind aber für das Verständnis der nachfolgenden Abhandlungen im Rahmen der Reaktion von Arbeitgebern/Dienstherren bei Suchtverstößen unabdingbar.

---

[94] Lücke, a. a. O., S. 58

# D. Alkohol- und Drogenmissbrauch im öffentlichen Dienst – Mitarbeiter –

## 1. Vorbemerkung

Unter diesem Kapitel wurden die Suchtprobleme aus der Sicht der Mitarbeiter im öffentlichen Dienst aufgenommen. Durch die unterschiedlichen Statusgruppen bedingt, ist eine übersichtliche, einheitliche Betrachtung leider nicht möglich. Es wurde daher im Zuge der Darstellung der Rechtslage zunächst die Pflichten der jeweiligen Statusgruppe festgestellt, um ihnen anschließend die jeweiligen Rechtsfolgen bei Pflichtverletzungen gegenüber zu stellen. Dabei wurde dem Rahmen dieses Buches entsprechend ein allgemeiner Überblick über die relevanten Vorschriften gegeben. Demjenigen, der eine Vertiefung dieser Problematik wünscht, wird die einschlägige Literatur von *Bieler*[95], *Claussen/Benneke/Schwandt*[96] und *Lepke*[97] empfohlen. *82*

Um einen besseren Praxisbezug zu gewährleisten, wurden zu den jeweiligen dienst- oder arbeitsrechtlichen Problemen die Leitsätze bzw. Überschriften (nicht immer amtlich mitgeteilt) zu ausgewählten Urteilen oder Beschlüssen der erkennenden Gerichte beigefügt.

## 2. Das öffentliche Dienstrecht – Rechtslage und Rechtsfolgen –

### *2.1 Das Beamtenrecht*

#### 2.1.1 Vorbemerkung

Die Mehrheit der für die vorliegende Problematik wesentlichen Rechtsvorschriften wird durch das Landesbeamtenrecht gestellt. Hierzu zählen vor allem das jeweilige Landesbeamtengesetz, die Landesdisziplinarordnung und das Landespersonalvertretungsgesetz. *83*

Die nachfolgenden Darstellungen der Beamtenpflichten beziehen sich aber sowohl auf Bundes- als auch auf Landesrecht.

---

95 Bieler/Lukat, Vorermittlung u. Untersuchungsverfahren im Disziplinarrecht, Erich Schmidt Verlag, Berlin 2000

96 Claussen/Benneke/Schwandt, Das nichtförmliche Disziplinarverfahren, C. Heymanns Verlag, Köln 2000

97 Lepke, Kündigung bei Krankheit, Erich Schmidt Verlag, Berlin 2000

### 2.1.2 Rechtslage (Pflichten des Beamten mit Bezug auf das Amt)

*84* Das Beamtenrecht kennt eine Fülle von Pflichten für den Beamten, die einen Bezug auf das Amt haben und solche, die ohne Bezug auf das Amt sind. Eine Hauptpflicht und damit die alles überstrahlende Pflicht des Beamten ist die Treuepflicht gem. § 35 BRRG/§ 52 BBG[98], weshalb sie auch zu den „hergebrachten Grundsätzen des Berufbeamtentums“ zählt und die Pflicht zur Verfassungstreue beinhaltet (LBG’e: § 55 NW, § 57 M-V, § 70 B-W, § 69 Sachsen, Art. 62 Bayern, § 65 S-H, § 61 NBG).

Die im Rahmen dieser Abhandlung entscheidende und aus der Treuepflicht entwickelte Pflicht des Beamten ist die Pflicht zur vollen Hingabe im Beruf gem. § 36 S. 1 BRRG/§ 54 S. 1 BBG. Diese Pflicht mit Bezug auf das Amt umfasst die Tätigkeit des Beamten im Rahmen der Arbeitszeitverordnung, d.h. je nach Dienstbehörde oder Bundesland 38,5 bzw. 40 Stunden in der Woche (LBG’e: § 57 S. 1 NW, § 58 S. 1 M-V, § 73 S. 1 B-W, § 72 S. 1 Sachsen, Art. 64 S. 1 Bayern, § 66 S. 1 S-H, § 62 NBG).

Der Beamte erfüllt seine Pflicht zur vollen Hingabe im Beruf nicht durch seine bloße Anwesenheit im Dienst. Er muss sich vielmehr seinen Dienstobliegenheiten mit „Eifer und wachem Interesse“ widmen.[99]

Aus dieser Hingabepflicht abgeleitet, erwächst dem Beamten auch die Verpflichtung zur Erhaltung seiner Dienstfähigkeit (Battis, § 54 BBG, Rn. 3), und er muss alles vermeiden, was seiner Leistungsfähigkeit schaden könnte (BVerwGE 32, 241/253).[100]

Diese Verpflichtung zum Erhalt der Dienstfähigkeit beinhaltet die Pflicht des Beamten, sich gesund und leistungsfähig zu erhalten (Pflicht zur Gesunderhaltung) und im Weiteren bzw. daran anknüpfend auch die Pflicht zur Wiederherstellung der Gesundheit.

In den Landesbeamtengesetzen ist diese Pflicht zur Gesunderhaltung (Erhaltung der Arbeitskraft) nicht speziell normiert, sondern wie bereits erwähnt aus der Treuepflicht abgeleitet (s. hierzu z.B. § 66 LBG S-H, § 62 NBG, § 57 NW usw.).

*85* Zwar kennt das Beamtenrecht keine Gesundheitspflicht, da diese Pflicht einen Zustand beschreibt, der objektiv im Einzelfall nicht zu erfüllen wäre, wohl aber die zuvor erwähnte Pflicht zur Gesunderhaltung, die ein Handeln bzw. Verhalten (Tun oder Unterlassen) des Beamten vorschreibt.

---

98 Hinweis: Aufgrund der zersplitterten Rechtslage des Beamtenrechts des Bundes und der Länder wird zum besseren Verständnis und zur Wahrung der Übersicht die Bundesnorm genannt; die jeweilige entsprechende Landesnorm wird anhand von Beispielen ergänzt.

99 Wind/Schimana/Wichmann, Öffentliches Dienstrecht, S. 193

100 ebenda, S. 194

Hieran knüpft die Frage an, welches Verhalten der Beamte seinem Dienstherrn schuldet, um nicht den objektiven Tatbestand der Gesunderhaltungspflicht zu verletzen. Das Bundesverwaltungsgericht hat hierzu in seinem Urteil vom 4. 7. 1990 – ID 23.89 –[101] grundsätzlich festgestellt, dass sich diese Verpflichtung nur auf den dienstlichen Bereich erstreckt.

Da in diesem Urteil einige grundsätzliche Feststellungen zur Frage des Alkoholkonsums von Beamten und der dienstrechtlichen Relevanz dieses Konsums enthalten sind, sind die entsprechenden Passagen nachstehend sinngemäß wiedergegeben:

So hat es u. a. ausgeführt, *dass nicht das erste Glas Alkohol selbst es sei, das von disziplinarischer Relevanz wäre und den Vorwurf der Verletzung beamtenrechtlicher Pflichten begründe. Trotz der gesundheitlichen Gefahren, die regel- oder übermäßiger Alkoholkonsum erfahrungsgemäß mit sich bringe, bleibe es jedem Beamten selbst überlassen ob, wann und in welcher Form er Alkohol zu sich nehme.*

*Dies sei grundsätzlich Sache der eigenen Lebensführung, über die der Dienstherr nicht zu bestimmen habe.*

*Ein Beamter sei dienstrechtlich nicht allgemein verpflichtet, frei von Alkohol oder sonstiger Abhängigkeit zu sein; Alkoholsucht als solche sei vielmehr disziplinarisch grundsätzlich nicht relevant.*

*Dies ändere sich erst, wenn die Abhängigkeit Folgen zeitige, die in den dienstlichen Lebensbereich hineinreichen: Sei es, dass der Beamte im Dienst oder unangemessene Zeit vor Dienstbeginn Alkohol zu sich nimmt, sei es, dass er mit der Folge zeitweiliger oder gar dauernder Dienstunfähigkeit Alkohol trinkt.*

Zusammengefasst kann festgestellt werden, dass der Genuss von Suchtstof- *86*
fen bzw. eine wie auch immer geartete Sucht an sich, dienstrechtlich und damit disziplinarrechtlich nicht von Bedeutung ist, solange dieser Genuss bzw. diese Abhängigkeit keine Auswirkungen auf den Dienstbetrieb hat.

Selbstverständlich ist der Konsum von illegalen Drogen bereits aufgrund des Verstoßes gegen das *Betäubungsmittelgesetz* (BTMG) eine Straftat, die neben der strafrechtlichen Sanktion auch dienstrechtliche Konsequenzen nach sich ziehen kann, ohne dass es dafür der Feststellung von dienstrechtlich relevanten Ausfallerscheinungen oder anderer Beeinträchtigungen des Dienstbetriebes aufgrund des Drogenkonsums bedarf.

Eine mangelnde Hingabe an den (Beamten-) Beruf liegt aber vor, nämlich eine Verletzung der dem Beamten obliegenden Gesunderhaltungspflicht, bei einem Alkoholkonsum, der dergestalt in den Dienst hineinwirkt, dass eine zu beanstandende Diensterfüllung oder gar Fernbleiben

---

[101] DVBl 1990, S. 1240

vom Dienst Folgen dieses die Dienstfähigkeit und Dienstleistung beeinträchtigenden Fehlverhaltens sind.[102]

Die aus der Treuepflicht entwickelte Pflicht des Beamten, die **Pflicht zu würdevollem Verhalten** gem. § 36 S. 3 BRRG/§ 54 S. 3 BBG, nach der das Verhalten des Beamten innerhalb und außerhalb des Dienstes der Achtung und dem Vertrauen gerecht werden muss, die sein Beruf erfordert, ist hierbei ebenfalls stark tangiert. Diese Pflicht mit Bezug auf das Amt umfasst die Tätigkeit des Beamten im Rahmen der Arbeitszeitverordnung, d. h. je nach Dienstbehörde oder Bundesland 38,5 bzw. 40 oder neuerdings auch 42 Stunden in der Woche (LBG'e: § 57 S.1 NW, § 58 S. 1 M-V, § 73 S.1 B-W, § 72 S. 1 Sachsen, Art. 64 S. 1 Bayern, § 66 S. 1 S-H, § 62 NBG). Diese Vorschrift dient im Innenverhältnis der sachgerechten Aufgabenerfüllung, der vertrauensvollen Zusammenarbeit, der Sicherstellung eines geordneten Dienstbetriebes und der Loyalität zum Dienstherrn. Im Außenverhältnis zum Bürger dient sie der Förderung des Vertrauens der Allgemeinheit in die Achtungswürdigkeit und Integrität der Verwaltung sowie der Akzeptanz der Bürger für die staatliche Tätigkeit.[103]

Verletzt ein Beamter die Pflicht zu würdevollem Verhalten, so begeht er gem. §§ 77 Abs. 1 S. 1 BBG, 45 Abs. 1 S. 1 BRRG ein Dienstvergehen mit disziplinarrechtlichen Konsequenzen.

Schließlich ist die Gehorsamspflicht gem. § 37 S. 2 BRRG/§ 55 S. 2 BBG eine Pflicht des Beamten, die in starkem Bezug zur behandelten Thematik steht, da hier die Weisungsgebundenheit des Beamten gegenüber seinem Dienstvorgesetzten enthalten ist (LBG'e: § 58 S. 2 NW, § 59 S. 2 M-V, § 74 S. 2 B-W, § 73 S. 2 Sachsen, Art. 64 Abs. 2 S. 2 Bayern, § 76 S. 1 S-H, § 63 S. 3 NBG). Diese Pflicht spielt gerade in den Betriebsverwaltungen eine große Rolle, da dort wegen der besonderen Gefahrenlage in der Regel ein absolutes Alkoholverbot gilt. Darüber hinaus kann der Dienstherr einem alkoholgefährdeten Beamten gegenüber ein Alkoholverbot als dienstliche Weisung mit der Gehorsamsfolge aussprechen (s. hierzu Rn. 183).

Anders verhält es sich, wenn der Dienstherr einen Beamten durch eine Anordnung mit Sofortvollzug zu einer stationären Entziehungskur „zwingen" will. Der VGH München, Beschluss vom 13. Juni 1997 – 3 CS 96.3804 – (unanfechtbar) hat hierzu festgestellt, dass ein Sofortvollzug der Anordnung wegen der Gefahr der Vorwegnahme in der Hauptsache nur dann angeordnet werden kann, wenn aus Gründen der Gefahrenabwehr für den Dienstbetrieb dies unbedingt erforderlich ist und der Erfolg der an-

[102] Kümmel, Beamtenrecht Niedersachsen und des Bundes, § 62 Ziff. 2.2

[103] Biletzki, Beamtenrechtliche Pflicht zu würdevollem Verhalten?, ZBR 3/1998, S. 84

geordneten Entwöhnungsbehandlung aus medizinischer Sicht zumindest nicht angezweifelt wird.[104]

### 2.1.3 Rechtslage (Pflichten ohne Bezug auf das Amt)

Als Hauptpflicht des Beamten ohne Bezug auf das Amt ist neben der Residenzpflicht die Pflicht zu achtungswürdigem Verhalten außerhalb des Dienstes (auch Wohlverhaltensklausel genannt) gem. § 36 S. 3 BRRG/§ 54 S. 3 BBG; sinngemäß gleichlautend LBG'e: § 57 S. 3 NW, § 58 S. 2 M-V, § 95 Abs. 1 S. 2 B-W, § 72 Abs. 1 S. 2 Sachsen, Art. 64 S. 3 Bayern, § 66 S. 3 S-H, § 62 S. 3 NBG. *87*

Hierunter ist allgemein die Pflicht des Beamten zu einem würdigen und dem Beamtenberuf angemessenes außerdienstliches Verhalten zu verstehen. Diese Verpflichtung erfasst auch einen nicht unerheblichen Kreis von Lebenstatbeständen, wie z. B. die Meinungsfreiheit (Art. 5 Abs. 1 GG), die Koalitionsfreiheit (Art. 9 Abs. 1 GG) und die allgemeine Handlungsfreiheit (Art. 2 Abs. 1 GG), da die Wahrnehmung dieser Grundrechte durch den Beamten immer von der Pflicht zur Mäßigung und Zurückhaltung begleitet wird.[105]

Eine Verletzung dieser beamtenrechtlichen Hauptpflicht zu achtungswürdigem Verhalten außerhalb des Dienstes ist z. B. unkontrollierter Alkoholgenuss in der Öffentlichkeit (OVG Saarlouis, ZBR 75, 159).

### 2.1.4 Rechtsfolgen: Das Disziplinarrecht

Grundsätzlich hat der Beamte bei einem Verstoß gegen die ihm obliegenden Pflichten je nach Schwere des Verstoßes mit vermögens-, beamten- (dienst-) oder/und strafrechtlichen Folgen zu rechnen. *88*

Diese Folgen werden je nach Art und Schwere des Verstoßes durch das Disziplinarrecht und/oder Strafrecht geahndet.

Die vermögensrechtlichen Folgen werden über die Haftungsbestimmungen des Beamtenrechts geregelt.

Die strafrechtlichen Folgen eines Pflichtenverstoßes werden hauptsächlich im 30. Abschnitt des *Strafgesetzbuches* (StGB) unter der Überschrift „Straftaten im Amt" abgehandelt. Hier sind Straftaten wie z. B. Vorteilsnahme, Bestechlichkeit, Vorteilsgewährung, Bestechung, Unterlassen der Diensthandlung, Rechtsbeugung usw. erfasst.

Das materielle Disziplinarrecht regelt die Frage, ob ein Dienstvergehen vorliegt und wird in der Hauptsache durch die Regelungen in § 77 Abs. 1 und 2 BBG gekennzeichnet. Hier wird zwischen den

---

[104] ZBR 1999, S. 68

[105] Wind/Schimana/Wichmann, Öffentliches Dienstrecht, S. 198

- Dienstvergehen in engerem Sinne (Abs. 1), die nur von aktiven Beamten begangen werden können und
- als Dienstvergehen geltende Handlungen (Abs. 2), die von Ruhestandsbeamten und früheren Beamten mit Versorgungsbezügen begangen werden können

unterschieden. Daneben zählen die Vorschriften der LBG'e, in denen Dienstpflichten der Beamten geregelt sind (s. u. Rn. 84 und 87) ebenfalls zum materiellen Disziplinarrecht. Eine einheitliche, umfassende und abschließende Aufzählung des materiellen Rechts wie z. B. im Strafgesetzbuch ist im Disziplinarrecht somit nicht gegeben.

Welche der in § 5 BDG vorgesehenen Disziplinarmaßnahmen für ein festgestelltes Dienstvergehen verhängt wird, entscheidet bei schwerwiegenden Verstößen überwiegend (im förmlichen Verfahren) das Disziplinargericht, so dass man im materiellen Disziplinarrecht im Wesentlichen vom Richterrecht sprechen kann.[106]

*89* Der Begriff des Dienstvergehens ist aufgrund dieser zersplitterten (föderalen) Beamtengesetzgebung, die im Gegensatz zum Strafrecht keine klar umrissenen Einzeltatbestände kennt, nur global zu definieren. Demnach begeht der Beamte ein Dienstvergehen, wenn er schuldhaft die ihm obliegenden Pflichten verletzt (§ 45 Abs. 1 S. 1 BRRG/§ 77 Abs. 1 S. 1 BBG; sinngemäß gleichlautend LBG'e: § 83 Abs. 1 S. 1 NW, § 85 Abs. 1 S. 1 M-V, § 95 Abs. 1 S. 1 B-W, § 96 Abs. 1 S. 1 Sachsen, Art. 84 Abs. 1 S. 1 Bayern, § 93 Abs. 1 S. 1 S-H, § 85 Abs. 1 S. 1 NBG).

Somit gehören zur Erfüllung des Tatbestandes eines Dienstvergehens

- objektiv die Verletzung einer dem Beamten obliegende Dienstpflicht und
- subjektiv ein Verschulden des Beamten.

Ein Dienstvergehen kann demnach nicht festgestellt werden, wenn einer der beiden Tatbestandsvoraussetzungen fehlt.

(s. u. Grafik)

[106] Sträter, Entwicklungstendenzen im Disziplinarrecht des Bundes, ZBR 1992, S. 292

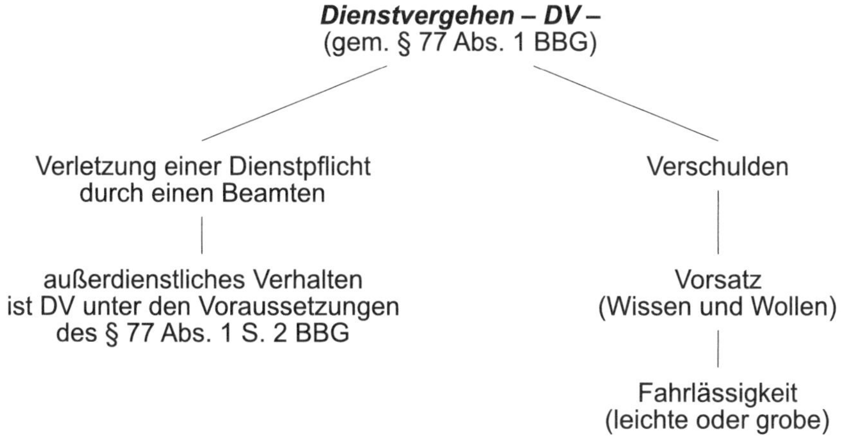


Die Feststellung der objektiven Dienstpflichtverletzung dürfte in der Praxis kaum Schwierigkeiten bereiten, da diese anhand des für den Beamten jeweils maßgeblichen Pflichtenkatalogs festgemacht werden kann. *90*

Hier muss allerdings darauf hingewiesen werden, dass diese Beamtenpflichten weder im BBG oder den LBG'en abschließend aufgeführt sind, weil das aufgrund der Vielschichtigkeit des öffentlichen Dienstes und der dazugehörenden dienstlichen Obliegenheiten kaum darstellbar wäre. Vielmehr handelt es sich dabei um ein Konglomerat von verschiedenen Pflichten, die als generelle Pflicht aus der sogen. Wohlverhaltensklausel des § 54 S. 3 BBG, speziell tatbestandlich jedoch aus der Treuepflicht gem. § 52 BBG, Gehorsamspflicht gem. § 55 S. 2 BBG usw. (s. a. u. Rn. 84 ff.) abgeleitet werden.

Schwieriger ist es da wohl eher, den Grad des subjektiven Verschuldens des Beamten an der jeweiligen Dienstpflichtverletzung festzustellen. So ist es z. B. noch gut nachvollziehbar, dass bei einem Beamten, der durch eine falsche ärztliche Behandlung in eine Medikamentenabhängigkeit gerät, kein subjektives Verschulden vorliegt. Gleiches dürfte auch für den Beamten zutreffen, der durch falsche Dosierung von Opiaten im Rahmen einer Schmerztherapie in eine Morphinsucht gerät. Problematischer wird es dagegen, bei einer Alkoholabhängigkeit eines Beamten den jeweiligen Grad des subjektiven Verschuldens festzustellen.

Wie im Strafrecht so wird auch im Disziplinarrecht die Art des subjektiven *91*
Verschuldens in
- Vorsatz; handeln mit Wissen und Wollen und
- Fahrlässigkeit; die im Rechtsverkehr erforderliche Sorgfalt außer acht lassen,

unterschieden.

Dieser Grad des subjektiven Verschuldens ist zwar für das Vorliegen eines Dienstvergehens rechtlich ohne Belang, kann aber bei der Bemessung der Disziplinarmaßnahme eine gewichtige Rolle spielen (s. a. u. Rn. 101 ff.). Die Rechtsbegriffe des Verbots- oder Tatbestandsirrtums haben im Rahmen der Suchtproblematik kaum praktische Bedeutung, da die Wirkungen der suchtauslösenden Stoffe in der Öffentlichkeit hinlänglich bekannt sind.

Im Übrigen ist das Verhalten des Beamten außerhalb des Dienstes nur dann ein Dienstvergehen, wenn es nach den Umständen des Einzelfalles in besonderem Maße geeignet ist, Achtung und Vertrauen in einer für sein Amt und für das Ansehen des Berufsbeamtentums (im LBG Brdbg und NW „... Ansehen des öffentlichen Dienstes ...“) bedeutsamen Weise zu beeinträchtigen (§ 45 Abs. 1 S. 2 BRRG/§§ 77 Abs. 1 S. 2 und 54 S. 3 BBG; sinngemäß gleichlautend LBG'e: § 83 Abs. 1 S. 2 NW, § 85 Abs. 1 S. 2 MV, § 95 Abs. 1 S. 2 BW, § 96 Abs. 1 S. 2 Sachsen, Art. 84 Abs. 1 S. 2 Bayern, § 93 Abs. 1 S. 2 SH).

Nach ständiger Rechtsprechung des BVerwG, insbesondere das Urteil vom 30. August 2000, ist diese außerdienstliche Pflichtverletzung demnach nur dann ein Dienstvergehen, wenn als weiteres Tatbestandsmerkmal (neben der Pflichtverletzung) die besonderen qualifizierenden Voraussetzungen des § 77 Abs. 1 S. 2 BBG erfüllt sind. Hiernach muss die Dienstpflichtverletzung zu einer allgemein bedeutsamen Beeinträchtigung von Achtung und Vertrauen in Bezug auf das konkrete Amt des Beamten oder das Ansehen des Berufbeamtentums führen, und sie muss hierzu auch nach den Umständen des Einzelfalls in besonderem Maße geeignet sein.[107]

*92* Hier hat das in Auszügen zuvor zitierte Urteil des BVerwG vom 30. August 2000 eine neue Seite im Kapitel des Disziplinarrechts der Beamten aufgeschlagen, da es die Aufgabe der bisherigen Rechtsprechung des BVerwG bedeutet. Durch dieses Urteil, dem eine einmalige Trunkenheitsfahrt und Dienstantritt unter Einfluss von Restalkohol eines Beamten zugrunde lag, wurde ein aktiver Beamter vom Vorwurf des Dienstvergehens freigesprochen, nachdem das Bundesdisziplinargericht eine Gehaltskürzung von einem Zwanzigstel auf die Dauer von 6 Monaten verhängt hatte. Dieser Freispruch liegt nach der Systematik des Rechts und der Argumentationskausalität des BVerwG darin begründet, dass ein einmaliges außerdienstliches Fehlverhalten eines Beamten – selbst wenn es den Tatbestand eines Strafgesetzes erfüllt – nicht ohne besondere qualifizierende Umstände den Rückschluss auf mangelnde Gesetzestreue oder mangelndes Verantwortungsbewusstsein bei der Erfüllung der dem Beamten obliegenden Dienst-

[107] BVerwG, Urteil vom 30. August 2000 – 1 D 37.99 –, DÖV 2001, S. 80

pflichten zulässt.[108] Im Verlauf dieses Urteils hat das BVerwG diesen für das Vorliegen eines Dienstvergehens notwendigen Rückschluss z. B. bei einer außerdienstlichen Trunkenheitsfahrt eines Beamten gezogen, wenn ihm das Führen eines Kraftfahrzeugs als Dienstaufgabe obliegt.

Hierzu lohnt es daher, nachstehend weitere Erläuterungen zu geben und diese zum besseren Verständnis anschließend grafisch aufzuarbeiten.

Dieses Urteil des BVerwG bedeutet nämlich, wie bereits zuvor dargestellt, *93*
eine Abkehr von der bisherigen Rechtsprechung zur außerdienstlichen Trunkenheitsfahrt eines Beamten. Während bisher eine außerdienstliche Trunkenheitsfahrt eines Beamten unter den besonderen Qualifizierungsmerkmalen des § 77 Abs. 1 S. 2 BBG stets ein Verhalten darstellte, dass „Achtung und Vertrauen in einer für sein Amt oder das Ansehen des Beamtentums bedeutsamen Weise beeinträchtigte", so ist nach dem vorliegenden Urteil eine abgestufte Differenzierung und Bewertung des Pflichtenverstoßes des Beamten nach den Umständen des Einzelfalles erforderlich.

Das nachfolgende Prüfschema soll diese Differenzierung verdeutlichen:

108 a. a. O., S. 82

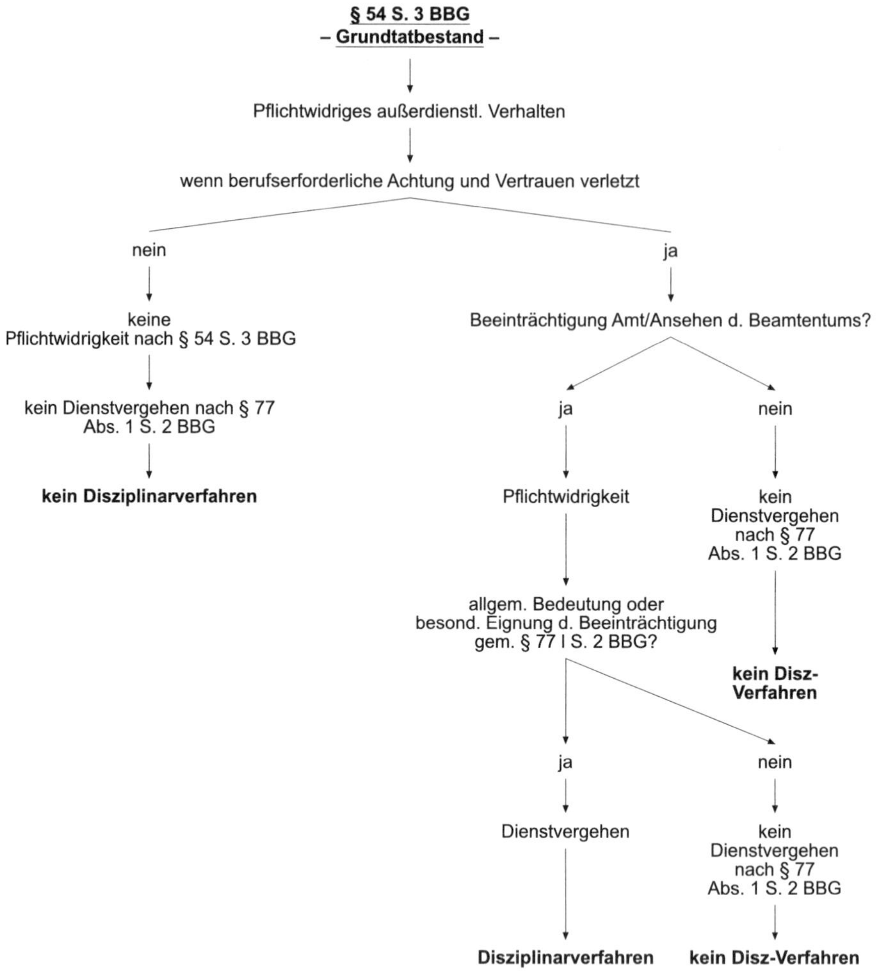


94 Die Normstruktur der §§ 54 S. 3 und 77 Abs. 1 S. 2 BBG stellt sich in den Einzelheiten somit wie folgt dar:

§ 54 S. 3 BBG bildet den Grundtatbestand. Anhand der Merkmale dieser Norm ist im dienstrechtlichen Zusammenhang die Pflichtwidrigkeit eines angeschuldigten außerdienstlichen Verhaltens zu bestimmen. Es ist also zu prüfen, ob das *Verhalten eines Beamten* die Achtung und das Vertrauen beeinträchtigt, die sein Beruf erfordert. Dabei ist das Merkmal *„die sein Beruf erfordert“* durch die später erlassene Vorschrift des § 77 Abs. 1 S. 2 BBG inhaltlich dahin zu konkretisieren, dass sich die Achtungs- und Vertrauensbeeinträchtigung entweder

– auf das Amt des Beamten oder
– auf das Ansehen des Beamtentums zu beziehen hat.

Nur wenn diese Voraussetzungen erfüllt sind, liegt ein pflichtwidriges Verhalten i.S.d. § 54 S. 3 BBG vor. Ist ein pflichtwidriges Verhalten nach § 54 S. 3 BBG als eines von mehreren tatbestandlich vorausgesetzten Merkmalen eines Dienstvergehens zu bejahen, sind weiterhin noch die besonderen Voraussetzungen eines außerdienstlichen Dienstvergehens nach § 77 Abs. 1 S. 2 BBG zu prüfen, nämlich

1. die allgemeine Bedeutsamkeit der Ansehens- und Vertrauensbeeinträchtigung sowie
2. die auf den Einzelfall bezogene, besondere Eignung des Verhaltens zur Ansehens- und Vertrauensbeeinträchtigung.[109]

Diese beiden Voraussetzungen müssen somit zusätzlich erfüllt sein, damit der Tatbestand eines Dienstvergehens gegeben ist und die Voraussetzung für die Einleitung eines Disziplinarverfahrens vorliegt.

Diese Rechtsprechung des Bundesverwaltungsgerichts bedeutet keine Aufgabe der Sanktionierung von außerdienstlichen Dienstvergehen (so auch BVerwG – 1 D 41.00 – vom 11. 7. 2001), sondern entspricht dem Auftrag zur ständigen Anpassung an gesellschaftliche Veränderungen. Rechtsprechung soll ja nicht nur im „Elfenbeinturm der Gerichte" stattfinden; sie soll und muss den Bezug zur realen Welt haben, wenn sie eine breite Akzeptanz in der Bevölkerung finden will.

Der Bundesdisziplinaranwalt hat denn auch in seinem Jahresbericht 2001 (S. 11) eindeutig klargestellt: „Wer sich außerhalb des Dienstes einer schwerwiegenden Straftat, die sich gegen Eigentum oder Vermögen anderer richtet, schuldig macht, erschüttert in der Regel das Vertrauen in seine Integrität nachhaltig und stellt so die Grundlagen des Beamtenverhältnisses in Frage. In derartig schweren Fällen erkennt der Senat daher regelmäßig auf Entfernung aus dem Dienst, während in minderschweren Fällen eine geringere Disziplinarstrafe verwirkt ist."

Bisher ist lediglich in § 85 NBG das alternativ aufgenommene Tatbestandsmerkmal der Beeinträchtigung des Ansehens des Beamtentums aus dem LBG gestrichen worden. Damit soll nach dem Willen des Landesparlaments Niedersachsen die Dienstbezogenheit des außerdienstlichen Fehlverhaltens stärker als bisher betont werden. Es ist zu erwarten dass aufgrund der vorgenannten Urteile des BVerwG vom 30. 8. 2000 und 11. 7. 2001 die übrigen Bundesländer nachziehen werden. *95*

Unter Berücksichtigung des unter Rn. 87 genannten Urteils des OVG Saarlouis ist mithin ergänzend festzuhalten, dass nicht jede außerdienstliche (öffentliche) Trunkenheit eines Beamten dazu geeignet ist, eine Pflichtverletzung zu vermuten. Hier ist stets nach der jeweiligen Situation und

---

[109] BVerwG, Urteil vom 30. August 2000 – 1 D 37.99 –, DÖV 2001, S. 80

Lage des Einzelfalls eine sorgfältige Prüfung der weiteren Tatbestandsmerkmale des § 77 Abs. 1 S. 2 BBG/LBG'e vorzunehmen, wobei die sich ständig im Wandel befindlichen Einstellungen zu Werten und Normen der Gesellschaft angemessen einzubeziehen sind.[110]

*96* Zur Problematik der außerdienstlichen Trunkenheitsfahrt eines Beamten (Soldaten) siehe auch unter Rn. 132.

Das formelle Disziplinarrecht, dem sog. Disziplinarverfahrensrecht, ist gem. § 77 Abs. 3 BBG seit 1. 1. 2002 im *Bundesdisziplinargesetz* (BDG) für die Bundesbeamten (bis 31. 12. 2001 galt die BDO) normiert. Für die übrigen Beamten und Soldaten ist das formelle Disziplinarrecht in den *Disziplinarordnungen der Länder* (LDO; z.B. NDO für Niedersachsen) bzw. in der *Wehrdisziplinarordnung* (WDO) geregelt, deren Vorschriften aber in der Tendenz weitgehend mit dem BDG übereinstimmen. Leider hat der Bundesgesetzgeber von seiner Rahmengesetzgebungskompetenz gem. Art. 75 Nr. 1 GG im Rahmen der Neuordnung ab 1. 1. 2002 immer noch keinen Gebrauch gemacht und damit den überfälligen Schritt zur weiteren Angleichung des Disziplinarrechts unterlassen.

Hier sind somit die dienstrechtlichen Folgen eines beamtenrechtlichen Pflichtenverstoßes, also eines Verstoßes gegen das materielle Beamtenrecht, geregelt (s. Grafik).

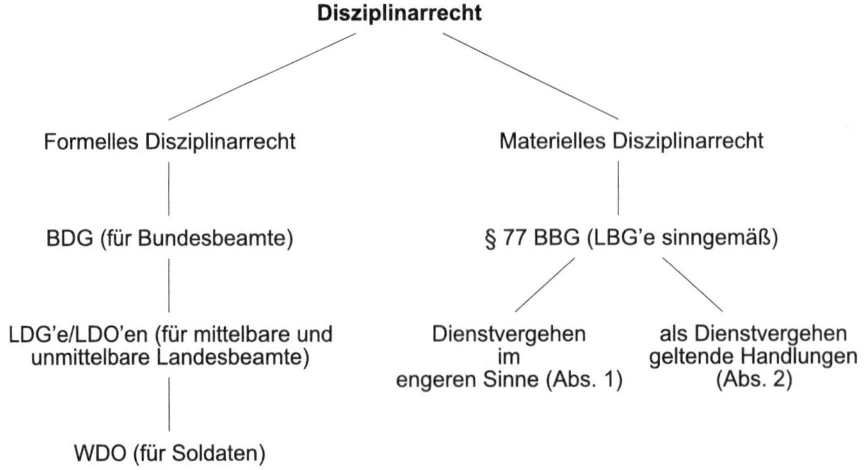


[110] BVerwG, a. a. O., S. 81

Danach sind gem. § 5 BDG (entspricht i.d.R. den LDO'en) nachfolgende disziplinarrechtliche Sanktionen bei suchtbedingtem Fehlverhalten vorgesehen: *97*

- Verweis
- Geldbuße
- Kürzung der Dienstbezüge
- Zurückstufung
- Entfernung aus dem Beamtenverhältnis
- Kürzung des Ruhegehalts
- Aberkennung des Ruhegehalts

Zu beachten ist hierbei, dass das ab 1. 1. 2002 geltende Bundesdisziplinarrecht nicht mehr zwischen nichtförmlichen Disziplinarverfahren und förmlichen Disziplinarverfahren unterscheidet.

Weitere, gewichtige Grundsätze des Disziplinarrechts sind zum einen das *Legalitätsprinzip* gem. § 17 Abs. 1 BDG, wonach der jeweilige Dienstvorgesetzte bei Vorliegen tatsächlicher Anhaltspunkte für den Verdacht eines Dienstvergehens die Dienstpflicht zur Einleitung eines Disziplinarverfahrens hat und zum anderen das *Opportunitätsprinzip*, dass den zuständigen Dienstvorgesetzten zur Ausübung des pflichtgemäßen Ermessens gem. §§ 13 und 19 BDG hinsichtlich der Verhängung einer Disziplinarmaßnahme sowie bei der Ausdehnung oder Beschränkung des Disziplinarverfahrens zwingt. Der Dienstvorgesetzte hat dabei eine umfassende Würdigung der Gesamtpersönlichkeit bzw. der Handlungen und der Rechtsfolgen des Beamten vorzunehmen und diese angemessen zu berücksichtigen.

Gem. § 33 BDG werden der Verweis, die Geldbuße, die Kürzung der Dienstbezüge oder des Ruhegehalts durch *Disziplinarverfügung* ausgesprochen. Für dieses behördliche Disziplinarverfahren ist gem. § 17 BDG der jeweilige Dienstvorgesetzte (ggfls. der höhere Dienstvorgesetzte oder die oberste Dienstbehörde) zuständig.

Gem. § 34 BDG werden die Zurückstufung, die Entfernung aus dem Beamtenverhältnis oder die Aberkennung des Ruhegehalts durch Erhebung der *Disziplinarklage* sanktioniert. Da es sich hierbei um schwere Eingriffe in den Rechtsstatus des Beamten handelt, sind hierfür die Verwaltungsgerichte zuständig (s. Grafik).

98 **Disziplinarmaßnahmen gem. §§ 33, 34 BDG**

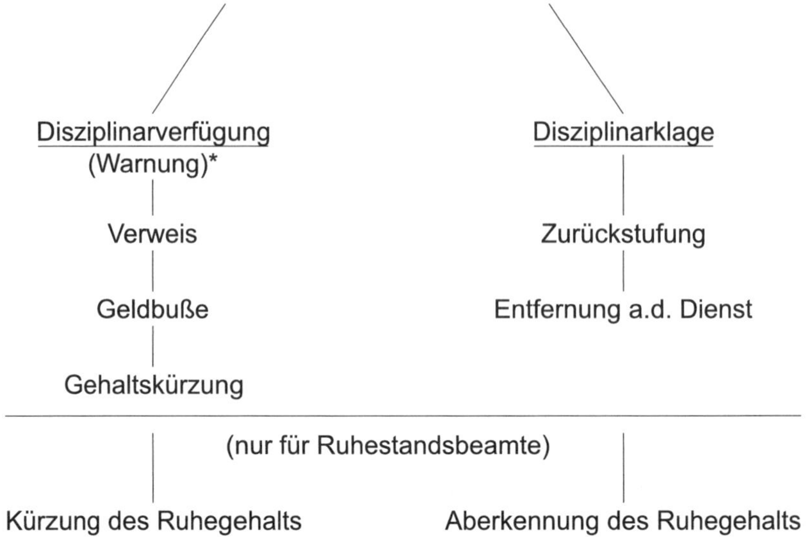


* zählt nicht zum Verfahren gem. § 5 BDO u.a. LDO'en, ist aber z.B. in § 6 Abs. 1 LDO-NW und BW enthalten[111]

Auch wenn unter Rn. 88 zum besseren Verständnis das Strafgesetzbuch als Vergleich herangezogen wurde, so gehört das Disziplinarrecht seinem Wesen nach nicht zum Strafrecht, sondern ist Teil des Beamtenrechts.

Die Aufgabe des Disziplinarrechts ist es, den Beamten bei einem Verstoß gegen die ihm aus dem Beamtenverhältnis obliegenden Pflichten auf sein pflichtwidriges Verhalten durch entsprechende Sanktionen aufmerksam zu machen und ihn dadurch künftig zu pflichtgemäßen Verhalten anzuleiten. Es hat somit einen eindeutigen Erziehungszweck, durch die entsprechende Androhung weiterer, verschärfter Sanktionen aber auch einen Abschreckungszweck, der sowohl den einzelnen Beamten (Spezialprävention), aber auch die Beamtenschaft insgesamt (Generalprävention) erfasst. Das Ziel dieser Regelungen ist die Leistungsfähigkeit der Verwaltung zu sichern und das Ansehen des Beamtentums in der Öffentlichkeit zu wahren.[112]

---

[111] Bieler/Lukat, a. a. O.

[112] Claussen/Benneke/Schwandt, Das nichtförmliche Disziplinarverfahren, S. 2

Es ist somit nicht Zweck des Disziplinarrechts, gegen den Beamten Sanktionen zu verhängen, etwa um ihn für begangenes Unrecht sühnen zu lassen. Es ist vielmehr das einzige Mittel des Staates, das sonst von seiner Seite unlösbare Beamtenverhältnis einseitig zu beenden, wenn der Beamte durch eine schuldhafte Pflichtverletzung eine Persönlichkeit offenbart hat, die ihn als Träger eines öffentlichen Amtes fürderhin ausschließt (BVerwG, Beschl. v. 19. 9. 1977 – I DB 12/77).[113] *99*

Nicht zuletzt besitzt das Disziplinarrecht auch eine Schutzfunktion zu Gunsten des Beamten, da es ihn vor nicht gerechtfertigten Beschuldigungen seiner Vorgesetzten schützen soll. Deshalb darf das Beamtenverhältnis, das ja regelmäßig auf Lebenszeit angelegt ist, nur durch Gerichtsurteil und nur bei Nachweis eines schweren Dienstvergehens gegen den Willen des Beamten beendet werden.[114]

Zusammenfassend festgestellt verfolgen die Gesetzgeber mit dem Disziplinarrecht folgende Zwecke:

- durch den Erziehungszweck soll auf den seine Pflichten verletzenden Beamten eingewirkt werden, um ihn zu mahnen, seinen Pflichten künftig nachzukommen, und ihn zur Ordnung zu rufen, nicht aber, um ihn im strafrechtlichen Sinne zu bestrafen
- die Schutzfunktion dient der Klärung von Vorwürfen, insbesondere auf Antrag des Beamten, inwieweit sie möglicherweise unhaltbar oder unzutreffend sind
- die Reinigungsfunktion dient der Entfernung von Beamten aus dem Dienst, die das Ansehen des Berufsbeamtentums in nicht tragbarer Weise herabsetzen
- schließlich soll durch den Abschreckungszweck (Präventionseffekt) allen anderen Beamten von vornherein deutlich gemacht werden, dass Pflichtverletzungen zu Disziplinarmaßnahmen führen, die für die Karriere und die eigene Person unangenehm und belastend sein können.[115]

Weitere Stichworte zum Disziplinarverfahren sind der Grundsatz der Einheit des Dienstvergehens, wonach auch mehrere, zeitlich voneinander getrennte Dienstpflichtverletzungen nur gemeinsam disziplinarrechtlich geahndet werden dürfen und das Verbot der Doppelbestrafung („ne bis in idem") gem. Art. 103 Abs. 3 GG, der davon ausgeht, dass niemand wegen derselben Tat aufgrund der allgemeinen Strafgesetze mehrmals bestraft werden darf. Da aber das Disziplinarrecht, wie unter Rn. 88 dargestellt, nicht zu den allgemeinen Strafgesetzen gehört, besteht trotz einer *100*

[113] NJW 1978, S. 178
[114] Claussen/Benneke/Schwandt, a. a. O., S. 3
[115] Bieler/Lukat, Vorermittlung und Untersuchungsverfahren im Disziplinarrecht, S. 11

strafrechtlichen Verurteilung oder Maßnahmen nach dem Gesetz über Ordnungswidrigkeiten wegen einer Tat, die gleichzeitig auch ein Dienstvergehen darstellt, auch die Möglichkeit der Verhängung einer (zusätzlichen) Disziplinarmaßnahme. Voraussetzung hierfür ist allerdings, dass die verhängte Strafe oder Ordnungsmaßnahme nicht ausreicht, um die gewünschte erzieherische Wirkung auf den Beamten zu erzielen und das durch das Dienstvergehen beeinträchtigte Ansehen des Berufsbeamtentums in der Öffentlichkeit zu wahren. Auf die Änderung der Rechtslage hierzu in Niedersachsen und des Urteils des BVerwG vom 30. 8. 2000 (s.u. Rn. 95) wird ausdrücklich hingewiesen.

Bei der Maßnahmezumessung sind dem Zweck des Disziplinarrechts entsprechend die Umstände des Einzelfalls umfassend einzubeziehen und sachgerecht zu würdigen. Insbesondere sind der Grad des jeweiligen subjektiven Verschuldens bei der Dienstpflichtverletzung des Beamten festzustellen (s.a.u. Rn. 91), sowie aber auch eventuell vorliegende Milderungsgründe (s.a.u. Rn. 107 ff.) einzubeziehen. So ist nach gefestigter Rechtsprechung des BVerwG stets auf die jeweilige Höchstmaßnahme zu erkennen, wenn nicht die aus der Rechtsprechung entwickelten anerkannten Milderungsgründe dies als Ausnahmetatbestand gerechtfertigt erscheinen lassen.[116]

*101* Hierbei sind drei „klassische Milderungsgründe“ festzustellen:
- die unverschuldete, subjektiv betrachtet unausweichliche und unvorhersehbare wirtschaftliche Notlage, die den Beamten zu einem Fehlverhalten veranlasste
- die persönlichkeitsfremde Augenblickstat, ein kurzschlussartiges Versagen, bei dem der Beamte einer sich bietenden Gelegenheit aus letztlich unerfindlichen Gründen nachgibt oder einer plötzlichen Versuchung erliegt, deren Folgen er nicht bedacht hat
- die psychische Ausnahmesituation, in der der Beamte in einem Schockzustand oder einer besonderen Anspannung des Gemütszustandes unter Druck das Fehlverhalten beging.[117]

*102* Neben diesen „klassischen Milderungsgründen“ hat die Rechtsprechung gelegentlich noch folgende, die Maßnahmezumessung mildernd beeinflussend, Gründe einbezogen:
- die Feststellung einer „abgeschlossenen negativ belastenden Lebensphase“; also gleichsam den definitiven Abschluss der „Sturm- und Drangzeit“ des Beamten

[116] Bieler, Die außergewöhnlichen Milderungsgründe bei der Maßnahmezumessung, ZBR 1996, S. 252

[117] Bieler, a.a.O., S. 253 ff.

- die „Wiedergutmachung vor Entdeckung der Tat“; ähnlich der „Selbstanzeige“ eines reuigen Steuersünders, sowie
- die sog. Bagatellschäden (Geringwertigkeit des Dienstvergehens), die ein Beamter schuldhaft begeht; wie z. B. die Annahme eines Geschenkes unterhalb einer bestimmten Wertgrenze[118] (z. B. 50,– DM jetzt: 50,– €[119]).

Ergänzende Ausführungen zu dieser Problematik sind in der auszugsweise dargestellten Rechtsprechung unter Rn. 109 „Fallbeispiele aus der Praxis“ zu finden. Hier hat z. B. das BVerwG in Bezug auf eine Alkoholsuchtproblematik u. a. folgende Milderungsgründe festgestellt:

- festgestellte Schuldunfähigkeit (verminderte Schuldunfähigkeit reicht nicht aus)
- günstige Zukunftsprognose (Sozial- und Suchtprognose)
- gesicherte Anhaltspunkte für eine dauerhafte Wiedererlangung der Dienstfähigkeit und
- eingeleitetes beamtenrechtliches Reaktivierungsverfahren.

### 2.1.5 Statistiken zum Disziplinarrecht

Um das Suchtproblem im öffentlichen Dienst besser einordnen zu können, *103*
ist eine Übersicht über die durchgeführten Disziplinarmaßnahmen, deren Anlass und das Disziplinarmaß erforderlich.

Hierzu stehen in der Hauptsache die Zahlen des Bundesdisziplinaranwalts mit Dienstsitz in Frankfurt für den Bereich der Bundesverwaltung zur Verfügung. Dieser hatte bis zum 31. 12. 2001 die gesetzliche Aufgabe, die einheitliche Ausübung der Disziplinargewalt zu sichern und das Interesse des öffentlichen Dienstes und der Allgemeinheit in jeder Lage des Verfahrens wahrzunehmen (§ 37 BDO). Da die Behörde des Bundesdisziplinaranwalts gem. § 85 Abs. 4 BDG mit Ablauf des 31. 12. 2003 aufgelöst wurde, ist ihr ab 1. 1. 2002 nur noch die Abwicklung der Altfälle übertragen worden.

Die Länder behandeln die Problematik der Veröffentlichung dieser Daten äußerst unterschiedlich und sehr restriktiv. Meistens werden sie nur aufgrund von parlamentarischen Anfragen herausgegeben.

Nachstehend daher eine Auswahl der durch den Bundesdisziplinaranwalt veröffentlichten Statistiken:

---

118 ebenda

119 BVerwG vom 11. Juni 2002, – 1 D 31.01 –, DÖD 2003, S. 38 ff.

**Rechtskräftige disziplinargerichtliche Entscheidungen 1960 bis 1963**
**(Anträge nach § 30d BDO)**

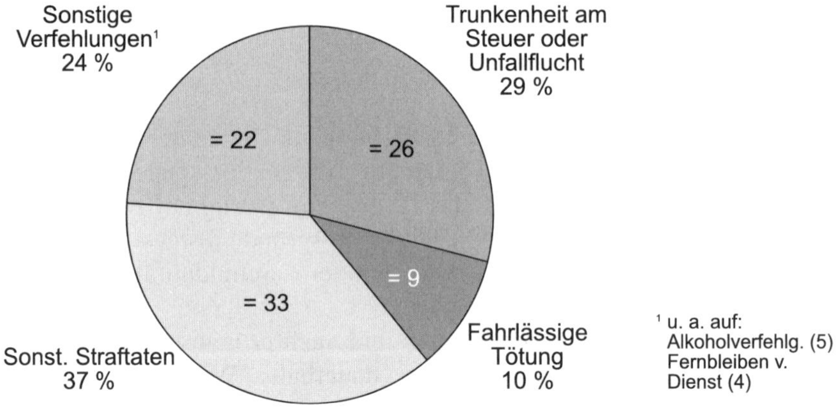


104 Diese Statistik[120] ist die erste zusammenhängende Übersicht über die eingeleiteten und rechtskräftig zum Abschluss gebrachten disziplinar-rechtlichen Entscheidungen nach dem Krieg. In den 50er Jahren wurden, soweit zugänglich, lediglich Einzelurteile oder Übersichten der Rechtsprechung des Bundesdisziplinarhofes bzw. des Disziplinarsenats des Oberverwaltungsgerichts für das Land Nordrhein-Westfalen veröffentlicht. Die anderen Länder haben sich in dieser Hinsicht erst später konstituiert.

Gemäß § 30 d BDO (alt) waren die Einleitungsbehörden verpflichtet, ein förmliches Disziplinarverfahren in die Wege leiten, wenn der Bundesdisziplinaranwalt dies aus Gründen der Vereinheitlichung des Disziplinarrechts für geboten hielt.

Gemessen an den absoluten Zahlen kann man die alkoholbedingten Verfehlungen jener Zeit noch als sehr gering ansehen. Es ist zu vermuten, dass damals eine stillschweigende „Allianz“ zwischen alkoholauffälligen Mitarbeitern und (ebenfalls konsumierenden) Vorgesetzten bestand, die die alkoholbedingten Dienstvergehen entweder verharmlost oder vertuscht bzw. über nichtförmliche Verfahren „geregelt“ haben.

[120] Claussen, Einheitliche Ausübung der Disziplinargewalt, ZBR 1965, S. 205 ff.

## Im nichtförmlichen Verfahren getroffene Entscheidungen der Dienstvorgesetzten

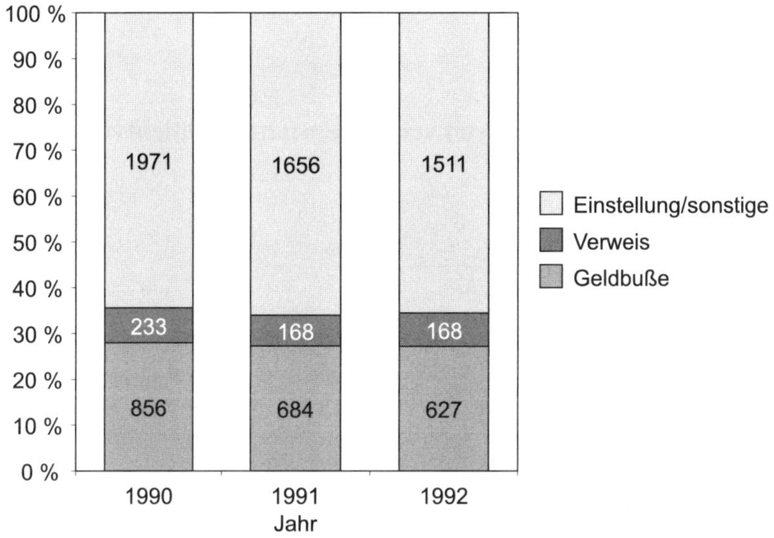


## Im nichtförmlichen Verfahren verfolgte wichtige Pflichtverletzungen

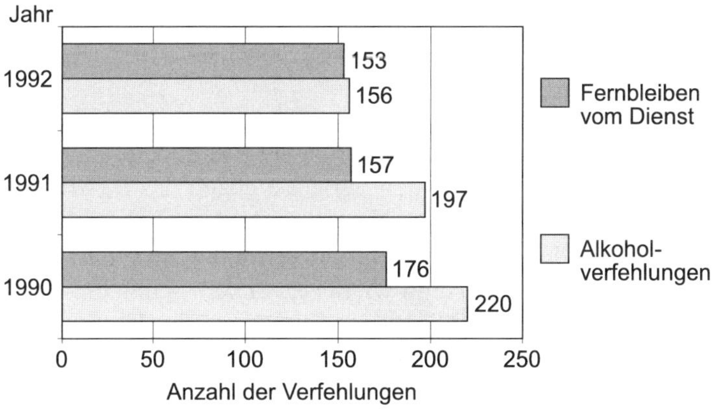


Aus der o. a. Statistik[121] ist die rückläufige Tendenz der Gesamtzahl der Disziplinarverfahren zu erkennen. Die aufgeführte Pflichtverletzung „Fernbleiben vom Dienst“ steht sehr oft im Zusammenhang mit Suchtproblemen und hat daher eine gewisse Indikatorfunktion. *105*

[121] Hertel, Tätigkeitsbericht des Bundesdisziplinaranwalts, ZBR 1993, S. 290 ff.

Die weitergeführte Statistik[122] bis zum Jahre 2001 zeigt, dass diese im Grunde rückläufige Tendenz, bezogen auf konkrete Alkoholverfehlungen, sich bis auf den „Ausreißer" im Jahre 1998 wieder zu stabilisieren scheint.

**Im nichtförmlichen Verfahren verfolgte wichtige Pflichtverletzungen**

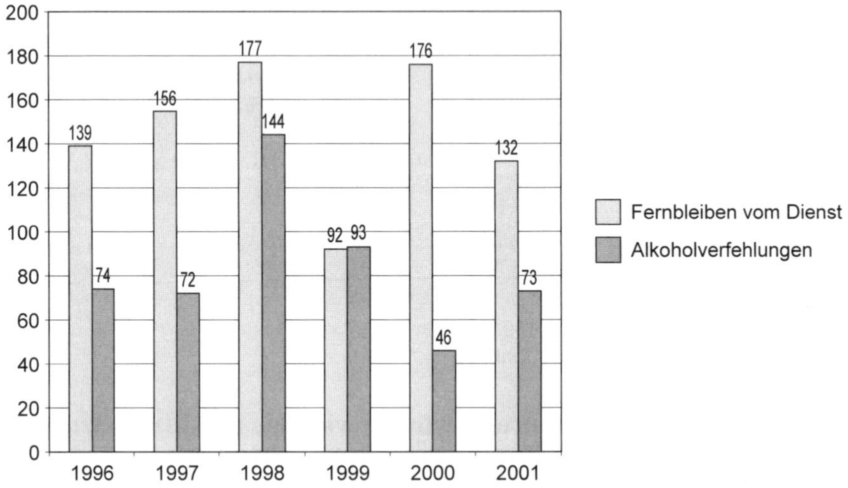


Die o. a. Übersicht[123] über die „Verfehlungen, die ein förmliches Verfahren zur Folge haben" für die Jahre 1995 bis 1999 macht deutlich, dass zumindest die zur Verfolgung gebrachten Verstöße gegen das BTMG im öffentlichen Dienst sich auf niedrigem Niveau stabilisiert haben. Die bis 2001 geführte Statistik zeigt, dass die Alkoholverfehlungen nach einem „Ausreißer" 1998 zumindest im Trend wieder zu sinken scheinen. Bei den dargestellten Verstößen gegen BTMG handelt es sich im Übrigen um außerdienstlich begangene Pflichtverletzungen.[124]

---

[122] Zeisig, Jahresbericht 2001 zur Disziplinarpraxis in den Bundesverwaltungen, ZBR 2002, S. 343 ff.

[123] Jahresbericht 1999 über die Aufgaben des Bundesdisziplinaranwalts und die Disziplinarpraxis, S. 12

[124] ebenda, Jahresbericht 2001, S. 10

**Verfehlungen, die ein förmliches Verfahren zur Folge haben**

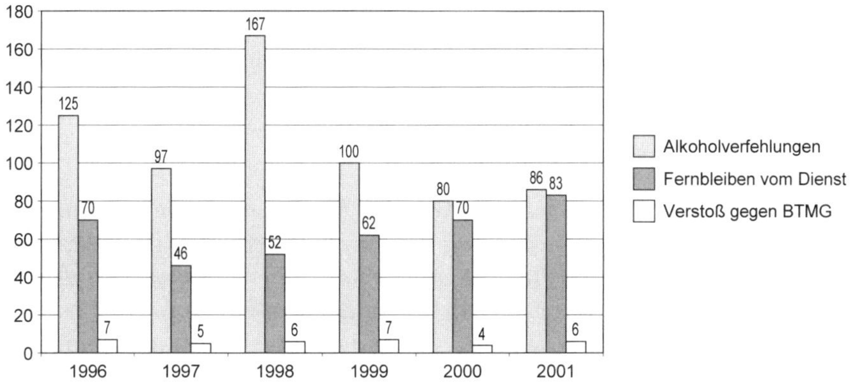


Leider ist für den Bereich der Bundesverwaltung seit der Abschaffung des Bundesdisziplinaranwalts zum 31. 12. 2003 keine zumindest veröffentlichte (das BMI hat es dem Verfasser gegenüber abgelehnt, die vorhandenen Zahlen zur Verfügung zu stellen!) Gesamtstatistik mehr vorhanden, sodass jede Behörde ihre eigene Statistik erstellt. So ist z. B. bei der Bundesfinanzverwaltung (BFV) eine „Zentralstelle Disziplinarrecht bei der OFD Cottbus" mit Dienstsitz in Potsdam eingerichtet worden, die nunmehr für eine einheitliche Disziplinarpraxis sorgen soll. Die dort vorhandenen und im Internet unter www.zoll.de (Zeitschrift „Zoll aktuell", Ausgabe 4/03) als pdf-Datei veröffentlichte Statistik für das Jahr 2002 zeigt, dass die Auffälligkeiten im Grundsatz stabil geblieben sind:

**Anzahl der in der BFV abgeschlossenen gerichtlichen/behördlichen Disziplinarverfahren**

| | |
|---|---|
| Behördliche Verfahren | 110 |
| Gerichtliche Verfahren | 3 |
| insgesamt | 113 |
| davon: | |
| *innerdienstlich* | |
| Alkoholverfehlungen | 16 |
| Fernbleiben vom Dienst | 16 |
| sonstige Delikte | 46 |
| *außerdienstlich* | |
| Trunkenheit am Steuer | 13 |
| Verstoß gegen das BTMG | 1 |
| sonstige Delikte | 31 |
| Gesamt: | 123 |

Zur Erläuterung muss hierzu gesagt werden, dass zum einen nicht alle Pflichtverletzungen aufgeführt sind und zum anderen ein Dienstvergehen aus mehreren Pflichtverletzungen bestehen kann. Die Summe der Verfehlungen ist daher nicht identisch mit der Gesamtzahl der abgeschlossenen Verfahren.

2.1.6 Fallbeispiele aus der Praxis

106 *Aus Gründen der besseren Lesbarkeit und Übersicht ist die zur einzelnen Dienstrechtsproblematik ergangene Rechtsprechung nicht im Volltext abgedruckt. Anhand der regelmäßig angegebenen Fundstellen wird dem juristisch interessierten Leser ein Auffinden der jeweiligen Rechtsprechung sicher leicht fallen. Die Leitsätze der mitgeteilten Rechtsprechung sind nachfolgend tlw. auf die themenbezogenen Aussagen verkürzt dargestellt. Die in diesem Buch zur Orientierung des Lesers der Rechtsprechung vorangestellten Überschriften sind nicht immer amtlich mitgeteilt. Die Anmerkungen des Verfassers hierzu sind kursiv dargestellt, ohne sie im Einzelnen noch einmal als solche zu bezeichnen.*

**Zur disziplinarrechtlichen Bewertung der Alkoholfahrt eines Beamten**

Gegen einen einschlägig vorbestraften Beamten des Bundes war in Folge eines Strafbefehls wegen fahrlässiger Trunkenheit im Straßenverkehr durch den Bundesdisziplinaranwalt disziplinarrechtlich Anklage erhoben worden. Das Bundesdisziplinargericht war der Auffassung, als Disziplinarmaßnahme sei eine Geldbuße ausreichend, die aber wegen des Ablaufs der zweijährigen Verjährungsfrist nicht mehr ausgesprochen werden dürfe. Das BVerwG sah demgegenüber hier die Verhängung einer Gehaltskürzung für notwendig an. Es vertrat die Auffassung, dass bei der Verhängung der Disziplinarmaßnahme auch die im Bundeszentralregister noch nicht getilgte frühere gerichtliche Vorstrafe eine Beamten berücksichtigt werden dürfe, auch wenn die aus Anlass dieser Vorstrafe entstandenen Disziplinarvorgänge bereits getilgt sind.

Es machte ausdrücklich deutlich, dass nach heutiger allgemeiner Auffassung, aufgrund der Gefahren, die von betrunkenen Kraftfahrern für Leib und Leben anderer Verkehrsteilnehmer und oft für bedeutende Sachwerte ausgehen, Trunkenheit am Steuer kein Bagatelldelikt ist und hat dies in die Bemessung der Disziplinarmaßnahme entsprechend einbezogen.

Nach ständiger Rechtsprechung des BVerwG ist bei einer außerdienstlichen Trunkenheitsfahrt selbst eines dienstlich nicht mit dem Führen von Kraftfahrzeugen betrauten Beamten eine dem förmlichen (Anm. d. Verf: gem. § 5 BDO alt) Disziplinarverfahren vorbehaltene Disziplinarmaßnahme, grundsätzlich eine Gehaltskürzung, verwirkt, wenn Umstände vorliegen, die das Ausmaß der Ansehensschädigung besonders erheblich erscheinen lassen. Dies ist der Fall, wenn ein Beamter trotz einschlägiger strafrechtlicher Vorbelastung erneut im Zustand der alkoholbedingten Fahruntüchtigkeit ein Kraftfahrzeug führt. (Wird weiter ausgeführt)

BVerwG vom 3. 3. 1998 – 1 D 13.97 –[125]

**Zum disziplinarischen Gewicht (…) eines Verstoßes gegen ein Alkoholverbot und zur Leitbildfunktion eines Vorgesetzten**

In einem förmlichen (s.o.) Disziplinarverfahren waren einem stellvertretenden Behördenleiter (Amtsrat) zur Last gelegt worden, mit einer Putzfrau seines Amtes, tlw. auch in den Diensträumen, intime Beziehungen gepflegt, ihr gegenüber seine Amtsverschwiegenheitspflicht verletzt, trotz Alkoholverbots Alkohol getrunken und versucht zu haben, unter Einschaltung eines Untergebenen eine Zeugin zu einer falschen Aussage zu veranlassen.

Das BVerwG sah in allen Fällen eine schwere Dienstpflichtverletzung. (…)

Dienstrechtlich nicht unerheblich ist endlich der verbotene Alkoholgenuss während des Dienstes. Der Beamte hat hier gegen ein ihm bekanntes Alkoholverbot verstoßen, das seine innere Rechtfertigung in der mit dem Alkoholeinfluss erfahrungsgemäß verbundenen Minderung des Reaktionsvermögens und der damit einhergehenden Beeinträchtigung des Hemmungsvermögens sowie der Einsicht des Täters in die Grenzen seiner Fähigkeiten findet. Alkoholgenuss während des Dienstes und auf der Dienststelle setzt insbesondere bei Publikumsverkehr den Beamten der Lächerlichkeit preis und stört auch so den ordnungsgemäßen Betriebsablauf. Zudem verletzt ein Beamter während des Alkoholgenusses im Dienst allein schon wegen der damit notwendig verbundenen Unterlassung von Dienstgeschäften seine Pflicht zur vollen Hingabe an den Beruf und zur Dienstleistung… Die Verletzung der auf dieser Einsicht beruhenden Nüchternheitspflicht für Bundesbeamte erweist sich daher als Versagen im Bereich leicht einsehbarer und für den schadlosen Dienstablauf unabdingbarer Pflichten und lässt ein erhebliches Maß an Pflichtvergessenheit erkennen. Im Interesse eines geordneten Dienstablaufs ist mithin, wie der Senat in ständiger Rechtsprechung, zuletzt in seiner Entscheidung vom 25.2.1982 – 1 D 42/81 – zum Ausdruck gebracht hat, bei Alkoholgenuss im Dienst für sich allein bereits grundsätzlich eine fühlbare Reaktion geboten…

---

[125] Fundstelle Nds. 1999, 323/ZBR 1998, S. 427

Disziplinarmaßnahme: Versetzung (Degradierung) in das Amt eines Regierungsamtmanns.

BVerwG, Urteil vom 15.7.1983 – 1 D 114/82 –[126]

**Zur Frage der fristlosen Entlassung aus dem Beamtenverhältnis auf Probe bei erstmaliger außerdienstlicher Trunkenheitsfahrt**

Die Antragsgegnerin ist vom AG Herne mit rechtskräftig gewordenen Strafbefehl wegen fahrlässiger Gefährdung des Straßenverkehrs durch Trunkenheit zu einer Geldstrafe von 40 Tagessätzen zu je 80,– DM verurteilt worden. Sie hatte in den frühen Morgenstunden (...) nach einem Gaststättenbesuch ihren Pkw, in welchem drei weitere Personen mitfuhren, mit einem festgestellten Blutalkoholgehalt von 1,63 Promille gegen einen am Straßenrand befindlichen Lichtmast gefahren. Diese Straftat war in besonderem Maße geeignet, Achtung und Vertrauen in einer für das Ansehen des öffentlichen Dienstes bedeutsamen Weise zu beeinträchtigen (§ 83 Abs. 1 Satz 2 LBG NW). Dies gilt auch unter berücksichtigung der Rechtsprechung des BVerwG (Urteil vom 30. August 2000 – 1 D 37.99 – ), wonach eine einmalige außerdienstliche Trunkenheitsfahrt im Sinne des § 316 StGB bei einem Beamten, der (wie die Antragstellerin) nicht dienstlich mit dem Führen eines Kraftfahrzeuges betraut ist, keine Verletzung der Pflicht bedeute, mit seinem Verhalten auch außerhalb des Dienstes der Achtung und dem Vertrauen gerecht zu werden, die sein Beruf erfordert (§ 54 Satz 3 BBG, wortgleich mit § 57 Satz 3 LBG NW).(...) Auch nach heutigen Anschauungen wird eine von einem Polizeivollzugsbeamten unter Alkoholeinfluss fahrlässig begangene Gefährdung des Straßenverkehrs von der Öffentlichkeit anders beurteilt als die entsprechende Straftat eines Durchschnittsbürgers oder eines anderen Beamten. Diese besonderen Umstände lagen dem vom BVerwG entschiedenen Fall nicht zugrunde.

Jedoch kann nicht mit der erforderlichen Sicherheit davon ausgegangen werden, dass die Straftat der Antragstellerin bei einem Beamten auf Lebenszeit eine Disziplinarmaßnahme zur Folge hätte, die nur im förmlichen Disziplinarverfahren (mindestens eine Gehaltskürzung, §§ 5 Abs. 1, 29 Abs. 1 LDO NW) verhängt werden kann. Eine Gehaltskürzung wird von den Disziplinargerichten bei einer außerdienstlichen Trunkenheitsfahrt eines Beamten, der dienstlich nicht mit dem Führen von Kraftfahrzeugen befasst ist, noch nicht verhängt, wenn es sich – wie hier – um eine Ersttat handelt. Für eine Gehaltskürzung müssen Umstände hinzukommen, die das Ausmaß der Ansehensschädigung als besonders erheblich erscheinen lassen. Solche Umstände sind etwa darin zu sehen, dass der Beamte Rück-

[126] NJW 1984, S. 936 ff.

falltäter ist und/oder zusätzlich zu dem Alkoholdelikt ein weiterer Verstoß gegen Strafnormen, etwa Unfallflucht oder Körperverletzung, gegeben ist. (…) An derartigen erschwerenden Umständen fehlt es hier. (…)

In diesem Zusammenhang ist auf alle für die disziplinare Maßnahmebemessung erheblichen Einzelumstände abzustellen. Bei erzieherischen Disziplinarmaßnahmen – eine Entfernung aus dem Dienst käme bei einem Beamten auf Lebenszeit bei dem vorliegenden Dienstvergehen nicht in Frage – hat eine Gesamtbetrachtung der Tat und der Persönlichkeit des Beamten stattzufinden. Unter Anlegung dieses Maßstabes dürften erschwerende Umstände trotz des größeren Gewichts eines fahrlässig begangenen Delikts nach § 315 c StGB gegenüber einer von § 316 StGB erfassten Trunkenheit im Straßenverkehr zu verneinen sein: In dem von der Antragstellerin zwecks Wiedererlangung der Fahrerlaubnis beigebrachten medizinisch-psychologischen Gutachten vom … wird ausgeführt, nach Untersuchungsbefunden sei nicht zu erwarten, dass sie auch zukünftig ein Kraftfahrzeug unter Alkoholeinfluss führen werde, und ein derzeit bestehender unkontrollierter Alkoholkonsum und/oder die Kraftfahrtauglichkeit ausschließende Beeinträchtigungen als Folge eines solchen Konsums seien nicht nachweisbar. (…) Zudem hat der bei der disziplinaren Untersuchung als Zeuge vernommene Dienststellenleiter der Antragstellerin geäußert, er halte die Gefahr nicht für sehr groß, dass die Antragstellerin noch einmal eine Trunkenheitsfahrt begehe; im Übrigen sei er, auch wenn die Antragstellerin ihre dienstlichen Leistungen steigern müsse, nicht der Meinung, dass sie für den Polizeivollzugsdienst nicht tauglich sei. Schließlich hat die Antragstellerin unter Hinweis auf eine entsprechende Stellungnahme der Gleichstellungsbeauftragten und des Personalrats unwidersprochen vorgetragen, dass bei drei im Jahre abgeschlossenen Disziplinarfällen Probebeamte, die ebenfalls Trunkenheitsfahrten begangen hätten (in einem Fall ebenfalls mit Verursachung von Sachschaden), nicht entlassen worden seien. Auch dies ist in die Gesamtbetrachtung einzubeziehen.

Beschluss: Die aufschiebende Wirkung des Widerspruchs der Antragstellerin gegen die Verfügung des Polizeipräsidiums vom … wird wiederhergestellt.

OVG Nordrhein-Westfalen vom 18. 12. 2001 – 6 B 1326/01 –[127]

[127] Internet: www.justiz.nrw.de/RB/nrwe/, 14. 5. 2005

107 **Zur Frage der Schuldfähigkeit im Zusammenhang mit einer Alkoholabhängigkeit und der Einbeziehung als Milderungsgrund**

1. (...)
2. Eine erhebliche Verminderung der Schuldfähigkeit oder eine Schuldunfähigkeit kommt nur dann in Betracht, wenn die Erkrankung zu schwersten Persönlichkeitsveränderungen geführt hat, wenn der Betreffende Beschaffungstaten unter starken Entzugserscheinungen oder die Tat im Zustand eines akuten Rausches verübt hat. Liegt nur sog. mittelbare Beschaffungskriminalität vor, begründet dies in der Regel nicht den Ausschluss der Schuldfähigkeit.
3. Auch eine erheblich verminderte Schuldfähigkeit kann die Fortsetzung des Beamtenverhältnisses jedenfalls dann nicht rechtfertigen, wenn es sich – wie vorliegend – um die eigennützige Verletzung von leicht einsehbaren Kernpflichten handelt. In diesem Fall kann und muss im Hinblick auf die als selbstverständlich geforderte und ständig eingeübte korrekte Verhaltensweise von dem Beamten erwartet werden, dass er auch bei erheblich verminderter Einsichts- und/oder Steuerungsfähigkeit noch genügend Willenskraft gegen strafbares Verhalten im Dienst aufbietet.
4. Disziplinarmaß: Entfernung aus dem Dienst.

BVerwG, Urteil v. 14. 10. 1997 – 1 D 60/96 –[128]

108 *Zur gleichen Problematik äußert sich das nachfolgende Urteil des BVerwG mit der ergänzenden umfangreichen Prüfung der sog. Milderungsgründe. Diese könnten danach nur dann festgestellt werden, wenn es sich um anerkannte Gründe handele, die ausnahmsweise die Erwartung begründeten, dass sich das Vertrauensverhältnis wieder herstellen lasse. Auch eine erheblich verminderte Schuldfähigkeit würde an der disziplinarrechtlichen Höchstmaßnahme nichts ändern:*

Die Alkoholkrankheit eines Beamten kann bei Zugriff auf dienstlich anvertrautes Geld die Fortsetzung des Beamtenverhältnisses nur ermöglichen, wenn sie die Schuldunfähigkeit des Beamten zur Folge hatte. Verminderte Schuldfähigkeit rechtfertigt es grundsätzlich nicht, von der sonst verwirkten Entfernung aus dem Dienst abzusehen.

BVerwG, Urteil v. 16. 4. 1996 – 1 D 79/95 –[129]

**Weitere Milderungsgründe für das Disziplinarmaß**

109 Selbst häufiger Alkoholmissbrauch eines Kriminalbeamten lässt eine mildere Beurteilung zu, wenn die Neigung hierzu durch den berufs-

[128] Juris, Verwaltungsrecht (CD05V12)

[129] Juris, a. a. O.

bedingten Aufenthalt des Beamten in Gastwirtschaften und das ihm hierfür gewährte Bewegungsgeld gefördert worden ist und der Dienstvorgesetzte trotz Kenntnis der Alkoholanfälligkeit des Beamten weder durch geeignete Disziplinarmaßnahmen noch durch eine mit Lokalbesuch nicht verbundene dienstliche Verwendung einen Riegel vorschiebt.

OVG Nordrhein-Westfalen, Urteil vom 28. 7. 1958 – V 22/56 –.[130]

*Zur Frage der Milderungsgründe nimmt auch das nachfolgende Urteil Stellung. Auslöser ist ein Rückfall in die nasse Phase der Alkoholkrankheit* und Abbruch der Alkoholentziehungstherapie:

1. Der Erfolg einer Alkoholentwöhnungskur ergibt sich nicht aus einer bestimmten, zeitlich festgelegten Dauer alkoholischer Enthaltsamkeit.
2. Die Verletzung der Pflicht zur Erhaltung bzw. zur unverzüglichen Wiederherstellung der Arbeitskraft durch die schuldhafte Weigerung eines alkoholkranken Beamten, die zur Wiederherstellung seiner dienstlichen Verwendbarkeit erforderlichen therapeutischen Maßnahmen vollständig durchzuführen, insbesondere bei vorsätzlichem Verhalten, kann die Verhängung der Höchstmaßnahme zur Folge haben, wenn hierdurch die dauernde Dienstunfähigkeit eintritt. Die disziplinarrechtliche Höchstmaßnahme scheidet in der Regel jedoch dann aus, wenn der Beamte lediglich fahrlässig gehandelt hat. Milderungsgründe (günstige Zukunftsprognose, gesicherte Anhaltspunkte für eine dauerhafte Wiedererlangung der Dienstfähigkeit, Reaktivierungsverfahren).
3. Disziplinarmaß: Ruhegehaltskürzung (ein Zwanzigstel auf die Dauer von 48 Monaten).

BVerwG, Urteil v. 11. 3. 1997 – 1 D 68/95 –[131]

## Versorgungsrecht und Dienstunfall unter Alkoholeinfluss *110*

1. Der Beweis des ersten Anscheins gilt auch im Dienstunfallrecht.
2. Der Anscheinsbeweis ist erschüttert, wenn konkrete Tatsachen erwiesen sind, die die Möglichkeit eines anderen Hergangs oder Sachverhalts dartun und damit den typischen Geschehnisablauf in Frage stellen.
3. Ist ein Beamter bei einer dem Dienstunfallschutz unterliegenden Fahrt infolge des Genusses von Alkohol absolut fahruntauglich und erleidet er einen Verkehrsunfall, dann ist nach dem Beweis des ersten Anscheins die alkoholbedingte Verkehrsuntauglichkeit die rechtlich allein wesentliche Ursache für den Verkehrsunfall.

---

[130] ZBR 1958, S. 372

[131] Juris, Verwaltungsrecht (CD05V12)

Hessischer VGH, Urteil vom 5. Juli 1989 – 1 OE 79/83 – (Revision nicht zugelassen)[132]

### 2.1.7 Das Disziplinarrecht der „privatisierten" Beamten

*111* Wie unter Rn. 71 ff. dargestellt, gibt es verschiedene Modelle, öffentliche Aufgaben in privat-rechtlicher Organisationsstruktur zu gestalten, was sich auf die Rechtsstellung der jeweiligen Beamten entsprechend (s. u. Rn. 77 ff.) auswirkt.

Bei den kaum noch zu überblickenden Sonderregelungen für Bahn und Post bestanden bis vor kurzem in der einschlägigen Literatur noch unterschiedliche Auffassungen hinsichtlich der Zulässigkeit und des Umfangs von Disziplinarmaßnahmen gegen übergeleitete Bahn- und Postbeamte, da vom Gesetzgeber sowohl formell als auch materiell unterschiedliche Arten der Ausgestaltung der Personalüberleitungen gewählt worden sind. Angesichts der Unübersichtlichkeit des Regelungswerks zur Privatisierung wird nachfolgend nur die generelle Problemlage angesprochen und das Ergebnis der derzeitigen Rechtslage dargestellt, ohne auf Einzelheiten vertiefend einzugehen. An weiterführenden Informationen Interessierte werden auf den umfassenden und zugänglichen Aufsatz von *Weiß* (s. u.) verwiesen.

Während bei der Durchführung der Postreform II die Form der „qualifizierten Zuweisung", also Zuweisung von Beamten zur Dienstausübung bei gleichzeitiger Übertragung der Dienstherrenbefugnisse (sogen. „Beleihungsmodell") gem. Art. 143 b Abs. 3 GG („Die bei der Deutschen Bundespost tätigen Bundesbeamten werden unter Wahrung ihrer Rechtsstellung und der Verantwortung des Dienstherrn bei den privaten Unternehmern beschäftigt. Die Unternehmen üben Dienstherrenbefugnisse aus") gewählt wurde, ist die Regelung des Art. 143 a Abs. 1 Satz 3 („Beamte der Bundeseisenbahnen können durch Gesetz unter Wahrung ihrer Rechtsstellung und der Verantwortung des Dienstherrn einer privat-rechtlich organisierten Eisenbahn des Bundes zur Dienstleistung zugewiesen werden") bei der Bahnreform weniger klar gefasst.[133]

Kritikpunkt ist hier die unterschiedliche Formulierung in den Art. 143 a und 143 b GG, was die Ausübung der Dienstherrenbefugnisse betrifft (mit weiteren Ausführungen zur Diskussion im Schrifttum, a. a. O.).

*112* Eine extrem abweichende Meinung vertritt *Hummel*, der aufgrund der Zuweisung von Beamten zu den privatisierten Unternehmen der Bahn und Post zusammenfassend feststellt, dass das Disziplinarrecht auf „privatisier-

---

[132] ZTR 1989, S. 502

[133] Steuck, Zur Beschäftigung von Beamten in einer privaten Einrichtung, ZBR 1999, S. 150

te" Beamte nicht mehr angewendet werden könne, da diese wegen Wegfalls des Dienst- und Treueverhältnisses keine Amtspflichten mehr hätten. Jedenfalls habe das „außerdienstliche" Fehlverhalten von Beamten, das keinen „dienstlichen" Bezug hat, sanktionsfrei zu bleiben, da andernfalls eine unzulässige Benachteiligung vorläge.[134]

Einmal abgesehen davon, dass ein außerdienstliches Fehlverhalten ohne dienstlichen Bezug ohnehin disziplinarrechtlich nicht zu sanktionieren ist,[135] ist die Regelung des Art. 143a Abs. 1 S. 3 GG i.V.m. denen des § 123a BRRG unter verständiger Würdigung der gesetzgeberischen Zielsetzung m.E. eindeutig.

Dies stellt *Weiß* in seiner Abhandlung auch überzeugend dar, in dem er nach chronologischer Darlegung der gesetzlichen Grundlagen das Fazit zieht, dass die der Deutschen Bahn AG gesetzlich zugewiesenen ehemaligen DB-Beamten gem. § 3 Abs. 2 Nr. 3 BE-VermG *(Gesetz zur Zusammenführung und Neugliederung der Bundeseisenbahnen – Bundeseisenbahnvermögensgesetz –)* auch in disziplinarischer Hinsicht dem BEV-Präsident (Bundeseisenbahnvermögensamt) unterliegen.[136]

Gegenüber den Beamten des BEV wird dieses besonders dadurch deutlich, in dem die *Allgemeine Dienstanweisung für die Bundesbahnbeamten* (ADAB) vom 1. 4. 1977, in der neben den allgemeinen dienstrechtlichen Belangen auch das Alkoholverbot im Dienst (§ 27) und das Dienstvergehen (§ 32) geregelt wurde, inhaltlich sinngemäß in die *Allgemeine Dienstanweisung für die der Deutsche Bahn AG zugewiesenen Beamten des Bundeseisenbahnvermögens* (ADAzB) vom 1. 9. 1997 überführt wurde (s. hierzu auch Rn. 250).

Hinsichtlich der Beamten der ehemaligen Deutschen Post ist zwar das Regelungswerk des bundesdeutschen Gesetzgebers allen Bemühungen um eine verständliche Gesetzessprache und den Bitten um Mäßigung in der „Feinsteuerung" (Roman Herzog am 20. 9. 1994 auf dem 60. Deutschen Juristentag in Münster) zum Trotz im Vergleich zum ENeuOG um ein Vielfaches komplizierter („redaktionelle Kompliziertheit und sachlicher Regelungswagemut", Weiß, a. a. O.). Das Ergebnis dieses monströsen Gesetzeswerks ist gleichwohl mit dem der Bahn identisch: *113*

Auch die im Rahmen des „Beleihungsmodells" von der Deutschen Bundespost zur Dienstleistung „übergebenen" Beamten haben ihre dienstrechtliche und damit auch disziplinarrechtliche Stellung behalten.

---

134 Hummel, Disziplinarrechtliche Probleme bei „privatisierten" Beamten, Der Personalrat 1996, S. 18

135 BVerwG, Urteil vom 21. August 1996 – 1 D 66/95 –

136 Weiß, Disziplinarrecht bei den privaten Bahn- und Postunternehmen, ZBR 1996, S. 225

### 2.1.8 Fallbeispiele aus der Praxis

114 *Die nachfolgend abgedruckten Rechtsprechungsleitsätze des BVerwG bestätigen die Auffassung, dass mit der Zuweisung von Beamten der früheren Bundeseisenbahnen an die Deutsche Bahn AG ein Dienstherrenwechsel nicht verbunden ist, so dass die „privatisierten" Beamten sowohl der ehemaligen Deutschen Bundesbahn, aber auch der Deutschen Bundespost weiterhin dem Disziplinarrecht unterworfen sind. Im Übrigen hat sich an der Rechtsprechung zur Alkoholproblematik in Bezug auf Post und Bahn keine rechtsformbedingte Änderung ergeben, so dass auch an dieser Stelle auf den vollständigen Abdruck der Urteile verzichtet werden kann:*

**1. Ehemalige Deutsche Bahn**

115 **Zur Frage, ob mit der Zuweisung von Beamten der ehem. Deutschen Bundesbahn an die Deutsche Bahn AG ein Dienstherrenwechsel verbunden ist**

*Neben der Klärung der Frage des Dienstherrn der zugewiesenen Beamten, ist hier auch die Frage der obersten Dienstbehörde und des Dienstvorgesetzten im Rahmen der Erstellung einer dienstlichen Beurteilung eindeutig geklärt worden. Unter Bezug auf die Problematik der Betriebskultur und der damit zusammenhängenden organisatorischen Präventionsmöglichkeiten hier: Beurteilungsrichtlinien (s. a. Rn. 188 ff.) ist dieses Urteil zur Nachbearbeitung im Wortlaut besonders zu empfehlen:*

1. Mit der Zuweisung von Beamten der früheren Bundeseisenbahnen an die Deutsche Bahn AG ist ein Dienstherrenwechsel nicht verbunden.

2. Passivlegitimiert für Klagen von Beamten gegen dienstliche Beurteilungen durch die Deutsche Bahn AG ist das Bundeseisenbahnvermögen.

3. §§ 40, 41 BLV können durch Beurteilungsrichtlinien der Deutschen Bahn AG modifiziert werden.

4. Im Widerspruchsverfahren hat der Präsident des Bundeseisenbahnvermögens eine von der Deutschen Bahn AG über einen Beamten erstellte dienstliche Beurteilung in vollem Umfang zu überprüfen.

BVerwG, Urteil vom 11. Februar 1999 – 2 C 28.98 –[137]

116 **Zur Frage der Differenzierung in Tätigkeiten des Bahnbetriebsdienstes oder Verwaltungsdienstes bei der Beurteilung des Dienstvergehens**

Bei Verstößen von Beamten der Bahn gegen das Nüchternheitsgebot im Dienst (§ 27 ADAB) hängt die disziplinare Einstufung des Dienstvergehens maßgebend davon ab, ob die wahrzunehmende Tätigkeit dem für

---

[137] ZBR 1999, S. 382

die Sicherheit des Schienenverkehrs verantwortlichen Betriebsdienst oder dem Verwaltungsbereich zuzuordnen ist.

Während bei einem Versagen im Betriebsdienst Ausgangspunkt der Disziplinarerwägungen in der Regel eine dem förmlichen Disziplinarverfahren vorbehaltene Maßnahme ist (stRspr), kommt bei einem erstmaligen Verstoß gegen das Nüchternheitsgebot im Verwaltungsdienst der Bahn eine nichtförmliche Maßnahme in Betracht, sofern erschwerende Umstände fehlen.

BVerwG, Urteil v. 14. 6. 1995 – 1 D 22/95 –[138]

## 2. Ehemalige Deutsche Post

### Zur Frage der Pflichtverletzungen eines beurlaubten Beamten bei der Deutschen Telekom AG durch außerdienstliches Dienstvergehen *117*

*Nachstehendes Urteil bezieht sich zwar nicht auf ein Dienstvergehen, bei dem Alkohol oder Drogen eine Rolle gespielt hätten, es ist aber als Ergänzung des oben abgedruckten Urteils zur Deutschen Bahn AG eine wichtige Entscheidung, da es den Rechtsstatus von beurlaubten Beamten der Deutschen Telekom AG und die Schädigung des „Amtes" durch ein außerdienstliches Dienstvergehen trotz privaten Arbeitsverhältnisses sehr gut deutlich macht. Darüber hinaus setzt es sich sehr dezidiert mit den beamtenrechtlichen Pflichten eines Ruhestandsbeamten und eines bei einem privaten Unternehmen beurlaubten Beamten auseinander. Im Übrigen gelten die hierzu gemachten Ausführungen natürlich auch für ein alkohol- oder drogenbedingtes Dienstvergehen. Es wird daher zur „Nacharbeitung" über die Fundstelle sehr empfohlen:*

Pflichtverletzungen eines von der Deutschen Telekom AG beurlaubten Beamten, die im Rahmen eines privaten Arbeitsverhältnisses bei einer Tochtergesellschaft begangen werden, können ein außerdienstliches Dienstvergehen begründen. Eine Unterschlagung und Urkundenfälschung im privaten Arbeitsverhältnis können Achtung und Vertrauen in einer für das bei der Deutschen Telekom AG übertragene „Amt" bedeutsamen Weise beeinträchtigen (im Anschluss an BVerwGE 103, 375).

BVerwG, Urteil vom 7. Juni 2000 – 1 D 4.99 –[139]

### Zur Ahndung alkoholbedingter außerdienstlicher Verkehrsdelikte von Telekom AG – Beamten und zur disziplinaren Maßnahmezumessung *118*

*Das erste nachfolgende Urteil ist das erste nach dem Rechtsformwechsel der Deutschen Bundespost (Postreform II), das sich in differenzierter Weise mit dem Status der übergeleiteten Beamten, der Anwendung*

[138] ZBR 1996, S. 61
[139] ZBR 2000, S. 387 ff.

*des Disziplinarrechts, der Frage des Verstoßes gegen den Gleichbehandlungsgrundsatz des Art. 3 Abs. 2 GG und der disziplinaren Maßnahmezumessung auseinandersetzt. Beiden Urteilen liegt derselbe Sachverhalt zugrunde, sodass nunmehr durch das BVerfG die dargestellten Rechtsprechungsgrundsätze abschließend bestätigt wurden:*

Die Rechtsprechungsgrundsätze zur disziplinaren Ahndung von außerdienstlichen alkoholbedingten Verkehrsdelikten gelten auch für Beamte, die bei der Deutschen Telekom AG beschäftigt sind.

BVerwG, Urteil vom 20. August 1996 – BVerwG 1 D 80.95 –[140]

Auch ein außerdienstlicher Verstoß gegen Rechtsnormen, die wichtige Gemeinschaftsinteressen schützen, ist geeignet, das Vertrauen in eine ordnungsgemäße Dienstausübung zu erschüttern (hier: Wiederholte Trunkenheitsfahrt)

BVerfG, Beschl. vom 5. Juni 2002 – 2BvR 2257/96 –[141]

### *2.2 Das Richterrecht*

#### 2.2.1 Vorbemerkung

*119* Die Richter in einem demokratischen Rechtsstaat sind unabhängig und nur dem Gesetz unterworfen; sie haben insofern eine besondere Stellung innerhalb des öffentlichen Dienstes. Diese unabhängige Stellung wird durch Art. 97 Abs. 1 GG i.V.m. § 25 *Deutsches Richtergesetz* (DRiG) i.d.F. der Bekanntmachung vom 19. 4. 1972 (BGBl I S. 713) gewährleistet.

Gleichwohl untersteht natürlich auch ein Richter einer Dienstaufsicht, allerdings nur, soweit seine Unabhängigkeit nicht beeinträchtigt wird (§ 25 DRiG).

#### 2.2.2 Rechtslage und Rechtsfolgen

*120* Durch die Vorschriften der §§ 46 und 71 ff. DRiG i.V.m. den Landesbeamtengesetzen gelten für die Rechtsverhältnisse von Bundesrichtern bzw. Landesrichtern weitestgehend die Regelungen für die Bundesbeamten bzw. Landesbeamten, so dass hier eine gewisse Harmonisierung der Rechtsverhältnisse gegeben ist.

Eine ähnliche Regelung ist hinsichtlich des Disziplinarrechts in § 63 DRiG getroffen worden, da hier für Verfahren in Disziplinarsachen die sinngemäße Anwendung der Vorschriften der Bundesdisziplinarordnung festgelegt wurde.

---

[140] ZBR 1997, S. 50

[141] DÖD 2003, S. 37

Soweit es die Disziplinarmaßnahmen angeht, lassen die Richtergesetze den Maßnahmenkatalog der Disziplinarordnungen unberührt, so dass auch hier eine Harmonisierung mit den übrigen Beamten gegeben ist.

Die unter Rn. 88 ff. genannten Disziplinarmaßnahmen gelten somit auch für die Richter.

Ausnahmen: Ausgenommen hiervon sind lediglich die Richter an den obersten Bundesgerichten (z. B. Bundesverwaltungsgericht, Bundesgerichtshof), da gem. § 64 Abs. 2 DRiG gegen sie nur
- ein Verweis
- eine Geldbuße oder
- die Entfernung aus dem Dienst

verhängt werden kann.[142]

Ebenfalls abweichend vom Disziplinargesetz bzw. den Disziplinarordnungen für Beamte (Bund/Länder) kann gem. § 64 Abs. 1 DRiG durch Disziplinarverfügung des Dienstvorgesetzten gegen Richter nur der Verweis ausgesprochen werden. *121*

Der Unterschied zu den „normalen“ Beamten besteht vor allem also darin, dass eine Geldbuße gegen einen Richter bereits im Wege einer Disziplinarklage verhängt werden muss.[143]

### 2.2.3 Fallbeispiel aus der Praxis

*Vorbemerkung des Verfassers:* *122*

*Die Recherchen zu diesem Thema, trotz schriftlicher Anfragen bei den zuständigen Ministerien, Dienstgerichten und Berufsorganisationen, haben in den letzten Jahren nur einen Fall zu dieser Problematik ergeben. Die Antworten der Ministerien, Dienstgerichte und Behörden lauteten überwiegend, dass „geeignete Daten, Statistiken oder ähnliche Materialien zu diesem Themenbereich nicht vorliegen“ würden und deshalb leider „Fehlanzeige“ mitgeteilt werden müsse.*

*Das hierzu ergangene Urteil, Entlassung einer Richterin auf Probe, wird auf die themenbezogenen Aussagen verkürzt wiedergegeben:*

Die Antragstellerin war nach erfolgreich abgeschlossenem Studium der Rechtswissenschaft in der früheren DDR als Richterin an verschiedenen Kreisgerichten tätig. Nach Ernennung zur Richterin auf Probe (1991), konnte im Rahmen einer dienstlichen Beurteilung 1993 eine Bewährung nicht festgestellt werden. Eine Leistungssteigerung wurde aber nicht ausgeschlossen. Nach einer verbesserten Beurteilung sank die Leistung aber

---

[142] Ebert, ÖDH,530 RdNr. 6

[143] Ebert, a. a. O.

wieder rapide ab. Hinzu trat, dass sie zu Kammersitzungen (1994) in alkoholisiertem Zustand erschienen ist und auch zu anderen Dienstzeiten unter Alkoholeinfluss gestanden hat. Die daraufhin erfolgte Entlassung aus dem Beamtenverhältnis auf Probe wurde durch den Dienstgerichtshof bestätigt (BGH, Urteil vom 4. November 1998 – RiZ [R] 2/98 –).[144]

### *2.3 Das Soldatenrecht*

#### 2.3.1 Vorbemerkung

*123* Für die Soldaten der Bundeswehr gelten naturgemäß auch die unter Rn. 83 ff. im Rahmen des Beamtenrechts dargestellten Beamtenpflichten, die allerdings noch zusätzlich durch die besondere Art des Auftrags und der Stellung in der Gesellschaft verschärft werden.

Der verfassungsrechtliche Auftrag der Bundeswehr wird durch das Gebot zur Friedenssicherung des Art. 26 Abs. 1 GG (Verbot des Angriffskrieges) und der Landesverteidigung gem. Art. 87 a Abs. 1 und 2 GG (Aufstellung und Stärke der Streitkräfte) bestimmt. Gem. Art. 24 Abs. 2 GG (Anschluss an kollektives Sicherheitssystem) kann der Bund sich zur Wahrung des Friedens einem System gegenseitiger kollektiver Sicherheit einordnen (...), was durch ein Netz von gegenseitigen Bündnisverpflichtungen wie z. B. der NATO, WEU oder OSZE erfolgt ist.

Das Bundesverwaltungsgericht hat hierzu festgestellt, dass es verfassungsmäßige Aufgabe der Bundeswehr ist, im Verteidigungsfall die äußere Sicherheit der Bundesrepublik Deutschland im Zusammenwirken mit den Verbündeten zu garantieren, sowie ihre politische Handlungsfreiheit in Zeiten politischer Krisen und im Frieden zu gewährleisten.[145]

Dieser besondere Auftrag, eingebettet in einem System internationaler Verpflichtungen, verlangt von den Soldaten der Bundeswehr, gerade vor dem Hintergrund der deutschen Geschichte im 20. Jahrhundert, ein besonderes Maß an Verantwortung, Kompetenz und Selbstdisziplin.

*124* Der besondere hohe Legitimationsbedarf des Soldatenberufes ergibt sich aus der Besonderheit der Streitkräfte als Instrument staatlichen Gewaltmonopols. Heute wird der Soldat gebraucht, der vielfältige Qualifikationen in sich vereinigt und dessen Spannbreite vom soldatischen Profil des Kämpfers bis zum vermittelnden Einsatz des Diplomaten reicht.

---

[144] ZBR 1999, S. 176

[145] Schwandt, Ahndung von Dienstvergehen im Wehrdisziplinarverfahren, ZBR 1997, S. 304 ff.

Dieses Anforderungsprofil an den Soldaten im Rahmen eines neuen, internationalen Aufgabenspektrums fordert neue Qualifikationen, die im Wesentlichen wie folgt definiert werden:
- Fachkompetenz
- soziale Kompetenz
- Wertekompetenz
- physische Belastbarkeit
- psychische Belastbarkeit

(aus: Reader Sicherheitspolitik, Ergänzungslieferung 10/99, BMVg)

Ein Anforderungsprofil also, das in der Praxis kaum zu erreichen sein dürfte und deshalb nur als ein Idealbild, das möglichst erreicht werden sollte, angesehen werden muss.

Nach Ansicht des Verfassers aber auch maßgeblicher Führungskräfte aus *125* Bundeswehr (anlässlich der Kommandeurstagungen geäußert[146]) und Politik, sind ein Großteil der hier behandelten Probleme auf ein Scheitern bei der Erreichung der vorgenannten Anforderungen zurückzuführen, da durch sie ein enorm hoher Leistungsdruck erzeugt wird, dem viele nicht gewachsen sind. Allein die gem. § 7 SG geforderte „Tapferkeit“ des Soldaten, also das mutige und unerschrockene Verhalten im Einsatz (trotz vorhandener Angst), ist für ein Teil der (wehrpflichtigen) Soldaten eine nicht zu überwindende Hürde. Der signifikante Anstieg der Verweigerungsanträge aus der Truppe bei Ausbruch der jeweiligen Konflikte (Golf-Krieg, Jugoslawien-Krieg usw.) belegt dies sehr deutlich.

Dies soll aber nicht bedeuten, dass die formulierten Anforderungsprofile als falsch oder überzogen zu bewerten sind. Sie sollten nur als das angesehen werden, was sie eigentlich sind; nämlich eine Vision, Zielvorstellung und Leitlinie, die von Menschen unterschiedlichster Natur und Ausstattung angestrebt werden soll, in dem Bewusstsein, dass Menschen unvollkommen sind.

### 2.3.2 Rechtslage: Die (besonderen) Dienstpflichten der Soldaten

Aufgrund des vorgenannten Anforderungsprofils für Soldaten und ihres *126* besonderen Grundgesetzauftrags sind auch dementsprechend ihre (besonderen) Dienstpflichten normiert.

§ 7 des *Gesetzes über die Rechtsstellung des Soldaten (Soldatengesetz* – SG) vom 19. 3. 1956 (BGBl. I, S. 114) i. d. F. der Bekanntmachung vom 15. 12. 1995 (BGBl. I S. 1737) beinhaltet die als Grundpflicht des Soldaten bezeichnete Pflicht, der Bundesrepublik Deutschland treu zu dienen

[146] „Zögernd folgt dem General die Truppe“, loyal 12/2000

und das Recht und die Freiheit des deutschen Volkes tapfer zu verteidigen.

Diese, auch als Treuepflicht bekannte Pflicht des Soldaten, ist allein schon aufgrund der Gesetzesformulierung weit umfassender als die Treuepflicht der übrigen Beamten, da sie neben der Loyalität zum demokratischen Rechtsstaat und seiner Grundordnung (§ 8 SG politische Treuepflicht), auch den möglichen Einsatz des eigenen Lebens beinhaltet. In der täglichen Arbeit wird dies u. a. auch dadurch deutlich, dass es im Gegensatz zu anderen Beschäftigten des öffentlichen Dienstes keine gesetzlich festgelegte Dienstzeit für Soldaten gibt, sodass sie bei Vorliegen von dienstlichen Gründen verpflichtet sind, ihren Dienst bis an die Grenze ihrer Leistungsfähigkeit verrichten zu müssen.

Diese Dienstleistungsabforderung findet ihren Rahmen lediglich in der Fürsorgepflicht des Dienstherrn, der für eine „angemessene" Freizeit des Soldaten Sorge tragen muss.[147]

*127* Eine der Treuepflicht immanente Pflicht ist die Pflicht zur Gesunderhaltung, die hier mit den übrigen Beamten vergleichbar ist (s. u. Rn. 84 ff.).

Weitere Pflichten des *Soldatengesetzes*, die einen direkten Bezug zur Alkohol- und Drogenproblematik haben können sind u. a.

- § 10 Pflichten des Vorgesetzten
- § 11 Gehorsamspflicht
- § 12 Kameradschaftspflicht
- § 13 Wahrheitspflicht
- § 16 Verhalten in anderen Staaten
- § 17 Verhalten im und außer Dienst
- § 23 Dienstvergehen
- § 31 Fürsorgepflicht des Bundes

### 2.3.3 Rechtsfolgen: Das Wehr-Disziplinarrecht

*128* Die grundsätzlichen Ausführungen zum Disziplinarrecht von Beamten unter Rn. 88 ff. gelten ebenso für das nachfolgend behandelte Wehrdisziplinarrecht.

Wenn auch Tatbestand (Dienstvergehen) und Rechtsfolge (Disziplinarmaßnahme) mit dem BDG weitestgehend übereinstimmen, so beinhaltet die *Wehrdisziplinarordnung* (WDO) in der Fassung der Bekanntmachung vom 16. 8. 2001 (BGBl. I S. 2093), zuletzt geändert durch Art. 14 des *Streitkräftereserve-Neuordnungsgesetzes* vom 22. 4. 2005 (BGBl. I S. 1125) doch einige Abweichungen und Besonderheiten.

---

[147] BVerwG, Urteil vom 5. November 1998 – BVerwG 2 A 2.98 –, ZBR 5/99, S. 171

So ist z. B. im ersten Teil der WDO ein Abschnitt mit dem Titel „Würdigung besonderer Leistungen durch förmliche Anerkennungen" enthalten, der quasi das Pendant zu den im zweiten Teil vorgesehenen Disziplinarmaßnahmen bildet.

Durch diese, von der BDO grundsätzlich abweichende Systematik, wird der „Erziehungscharakter" der WDO besonders deutlich und unterstreicht damit auch eindrucksvoll die „Schutzfunktion" (Schwandt, Die Schutzfunktion des Beamtendisziplinarrechts)[148], die die WDO beinhaltet.

Die WDO unterscheidet hierbei zwischen *129*
- einfachen Disziplinarmaßnahmen des Dienstvorgesetzten gem. §§ 22 ff. und
- gerichtliche Disziplinarmaßnahmen gem. §§ 58 ff.,

wobei festzustellen ist, dass die WDO (im Verhältnis zum BDG) aufgrund ihres besonderen militärischen Bezugs eine wesentlich stärkere Differenzierung der Disziplinarmaßnahmen und damit auch der Handlungsmöglichkeiten der militärischen Dienstvorgesetzten zulässt.

Danach sind folgende wehrdisziplinarrechtliche Sanktionen bei Dienstvergehen möglich:
- Verweis
- strenger Verweis
- Disziplinarbuße (Geldbuße)
- Ausgangsbeschränkung
- Disziplinararrest
- Kürzung der Dienstbezüge
- Beförderungsverbot
- Herabsetzung in der Besoldungsgruppe
- Dienstgradherabsetzung (Degradierung)
- Entfernung aus dem Dienst
- Kürzung des Ruhegehalts und
- Aberkennung des Ruhegehalts. (s. Grafik)

*Hinweis:* Gegen Soldaten im Ruhestand sind gem. § 59 Abs. 1 WDO nur die Ruhegehaltskürzung, Dienstgradherabsetzung und die Aberkennung des Ruhegehalts zulässig.

Die weiteren Unterschiede zum BDG für die Beamten betreffen in der Hauptsache Verfahrensvorschriften, die vorliegend nicht von weiterem Interesse sind. *130*

---

[148] DÖD 1998, S. 1

**Wehrdisziplinarmaßnahmen nach der WDO**

| einfache Disziplinarmaßnahmen (§ 22 ff.) (durch den Disziplinarvorgesetzten) | gerichtliche Disziplinarmaßnahmen (§ 58 ff.) (durch das zuständige Truppendienstgericht) |
|---|---|
| Verweis | Kürzung der Dienstbezüge |
| strenger Verweis | Beförderungsverbot |
| Disziplinarbuße | Dienstgradherabsetzung |
| Ausgangsbeschränkung | Herabsetzung in der Besoldungsgruppe |
| Disziplinararrest | Entfernung aus dem Dienstverhältnis |
| | Kürzung des Ruhegehalts |
| | Aberkennung des Ruhegehalts |

Nur der Vollständigkeit halber wird noch darauf hingewiesen, dass im Rahmen der Einzelerlasse zur WDO „Abgabe an die Staatsanwaltschaft“ (hier: ZDv 14/3 B 115) bei Feststellung eines Dienstvergehens von den jeweiligen Dienstvorgesetzten die Notwendigkeit der Abgabe an die Staatsanwaltschaft zu prüfen ist. Bei Verstößen gegen § 316 StGB (Trunkenheit im Straßenverkehr – schwere Straftat –) ist in der Regel abzugeben und bei Verstößen gegen das BTMG (bes. schwere Straftat) ist stets an die Staatsanwaltschaft abzugeben.

Schließlich dient noch der Einzelerlass zur WDO „Trunkenheit am Steuer“ (ZDv 14/3 B 171) zur Klarstellung über die Tatsache, dass Alkohol am Steuer stets ein Dienstvergehen mit entsprechenden disziplinaren Sanktionen darstellt.

### 2.3.4 Fallbeispiele aus der Praxis

*131* *Aus Gründen der besseren Lesbarkeit und Übersicht ist auch hier nicht der vollständige Text der zur einzelnen Dienstrechtsproblematik ergangenen Rechtsprechung abgedruckt.*

*Die Leitsätze dieser mitgeteilten Rechtsprechung sind nachfolgend auf die themenbezogenen Aussagen verkürzt dargestellt. Die in diesem Buch zur Orientierung des Lesers den Urteilen vorangestellten Überschriften sind nicht immer amtlich mitgeteilt. Anmerkungen des Verfassers hierzu sind kursiv dargestellt.*

*Die Fallbeispiele der Dienstvergehen werden in Alkoholdelikte und in Drogendelikte unterteilt. Zunächst:*

**Alkoholdelikte:**

**Zum Begriff der Trunkenheitsfahrt im Disziplinarrecht der Soldaten** *132*

*In diesem Verfahren ist die Vorinstanz von einer „wiederholten außerdienstlichen Trunkenheitsfahrt“ ausgegangen, da sie den Begriff „Trunkenheitsfahrt“ verkannt hat. Diese ist in Einbeziehung des nachstehenden Leitsatzes und nach stRspr. des BVerwG erst bei einer Verkehrsteilnahme mit einer Blutalkoholkonzentration von mehr als 1,3 ‰ der Fall. Dies war vorliegend mit 1,22 ‰ nicht der Fall.*

Eine „Trunkenheitsfahrt“ liegt im Disziplinarrecht begrifflich dann vor, wenn ein Soldat infolge des Genusses alkoholischer Getränke oder anderer berauschender Mittel nicht in der Lage ist, ein Kraftfahrzeug sicher zu führen, mithin im Zustand rauschbedingter absoluter oder relativer Fahruntüchtigkeit mit einem Kraftfahrzeug am öffentlichen Straßenverkehr teilnimmt. Dies schließt aber nicht aus, dass eine unter Alkoholeinfluss von 0,8 bis 1,29 ‰ vorgenommene Fahrt eine Dienstpflichtverletzung darstellen kann.

BVerwG, Urt. v. 28. 9. 1989 – 2 WD 7/89[149]

**Zu den Voraussetzungen der fristlosen Entlassung eines Soldaten auf Zeit wegen eines außerhalb des Dienstes begangenen Rauschtat**

Ein Soldat auf Zeit im Dienstrang eines Hauptgefreiten ließ sich morgens in erheblich betrunkenen Zustand von einem Taxi nach Hause fahren. In der Nähe seiner damaligen Wohnung forderte er von dem Fahrer Geld und hielt dabei eine Gaspistole in Anschlag. Nach einem Handgemenge mit dem Taxifahrer flüchtete er, wurde aber kurz danach von der Polizei festgenommen.

Das Schöffengericht verurteilte ihn wegen Vergehens einer fahrlässigen Rauschtat nach § 330a Abs. 1 StGB zu einer Freiheitsstrafe von sechs Monaten, deren Vollstreckung zur Bewährung ausgesetzt wurde. Das Heeresamt entließ den Soldaten gem. § 55 Abs. 5 SoldG fristlos aus der Bundeswehr, weil er sich eines versuchten Verbrechens des schweren Raubes schuldig gemacht und dadurch die militärische Ordnung ernstlich gefährdet sowie das Ansehen der Bundeswehr in der Öffentlichkeit in schwerwiegender Weise geschädigt habe. Die hiergegen erhobene Beschwerde wies das BMVg zurück. Die Klage des Klägers hatte in allen Instanzen Erfolg.

Die Rechtmäßigkeit der angefochtenen Entlassungsverfügung ist nach § 55 Abs. 5 SoldG zu beurteilen, wonach ein Soldat auf Zeit während der ersten vier Dienstjahre fristlos entlassen werden kann, wenn er seine Dienstpflichten verletzt hat und sein Verbleiben in seinem Dienstverhältnis

[149] NVwZ-RR 1990, S. 265 ff.

die militärisch Ordnung oder das Ansehen der Bundeswehr ernstlich gefährden würde. Diese Voraussetzungen sind entgegen der Auffassung der Revision im vorliegenden Fall nicht gegeben.

Der VGH ist zu Recht davon ausgegangen, dass der Kläger seine Dienstpflichten dadurch verletzt hat, dass er sich in einen volltrunkenen Zustand versetzt und in diesem Zustand einen Taxifahrer zu berauben versucht hat. Dem steht nicht entgegen, dass er die strafbare Handlung (…) außerhalb des Dienstes begangen hat. (…) Hiernach kann es nicht zweifelhaft sein, dass die Rauschtat des Klägers eine Dienstpflichtverletzung war, auch wenn sich das strafrechtlich vorwerfbare Verschulden auf das Versetzen in den Rauschzustand und damit auf das Herbeiführen eines gefährlichen Zustandes beschränkt. (…) Die im Rausch begangene Tat kann von der Persönlichkeit des Täters nicht gelöst werden. Sie kann daher durchaus geeignet sein, die Achtung und das Vertrauen, die die dienstliche Stellung des Soldaten erfordert, zu beeinträchtigen. Der Kläger hat somit durch sein außerdienstliches Verhalten seine Dienstpflichten nach § 17 Abs. 2 SoldG verletzt.

Die weiteren gesetzlichen Voraussetzungen der fristlosen Entlassung gem. § 55 Abs. 5 SoldG sind jedoch nicht gegeben. Durch das Verbleiben des Klägers in seinem Dienstverhältnis wären die militärische Ordnung oder das Ansehen der Bundeswehr nicht ernstlich gefährdet worden. (…)

BVerwG, Urteil vom 20.6.1983 – 6 C 2/81 –[150]

*133* Zur Maßnahmebemessung bei wiederholter eigenmächtiger Abwesenheit des Soldaten von der Truppe und fahrlässiger außerdienstlicher Trunkenheitsfahrt.

BVerwG, Urteil vom 22. Juli 1998 – 2 WD 6.98 –[151]

*134* Zur Maßnahmebemessung bei wiederholter alkoholbedingter Verletzung von Dienstpflichten.

BVerwG, Urteil v. 6. 10. 1993 – 2 WD 4/93 (Truppendienstgericht Nord)[152]

*135* *In allen Armeen der Welt und zu allen Zeiten ist der Alkoholgenuss ein fester Bestandteil des militärischen Lebens zumindest außerhalb der Dienstzeiten gewesen. Die Bundeswehr macht hierbei keine Ausnahme. Es ist daher eine besondere Verpflichtung der jeweiligen Vorgesetzten, bei ausufernden Trinkgelagen in geeigneter und angemessener Form auf die teil-*

---

150 NJW 1984, S. 938 ff.
151 ZBR 2000, S. 279
152 NVwZ 1994, S. 785

*nehmenden Soldaten erzieherisch einzuwirken und zumindest die Begehung von Straftaten zu verhindern. Dass dies im Einzelfall nicht immer möglich ist, zeigt der nachstehende Fall, der zwar bereits in den 70ern verhandelt wurde, der aber einige Parallelen zu Vorgängen aus der jüngsten Zeit der Bundeswehr aufweist. Wie der zweite Fall zeigt, begehen Vorgesetzte auch Dienstvergehen, indem sie zu Initiatoren von Pflichtverstößen werden:*

**Zur Dienstaufsichtspflicht und den Anforderungen beim Verbot der Dienstausübung** *136*

1. Die dem Vorgesetzten obliegende Pflicht zur Dienstaufsicht (§ 10 Abs. 2 SG) umfasst auch die Verpflichtung, gegen das Ansehen der Bundeswehr schädigende Maßnahmen und Handlungen Untergebener mit geeigneten Mitteln einzuschreiten.

2. Für eine Anordnung nach § 22 SG ist keine zeitaufwendige erschöpfende Aufklärung erforderlich. Es genügt, wenn der entscheidende Vorgesetzte auf Grund der vorliegenden Aussagen zu der Überzeugung kommt, dass dienstliche Gründe ein sofortiges Handeln erfordern und das Verbot der Dienstausübung als vorläufige Maßnahme zwingend geboten ist.

BVerwG, Beschluss des 1. Wehrdienstsenats vom 17. Juli 1979 – 1 WB 67.78 –[153]

**Modifizierung der bisherigen Rechtsprechung zur körperlichen Misshandlung oder unwürdigen Behandlung gegenüber Untergebenen durch einen Soldaten in Vorgesetztenstellung**

Der Soldat, Leutnant und Zugführer, verleitete während eines Zugabends Rekruten seines Zuges zum Genuss erheblicher Mengen Alkohols, indem er sie hierzu durch wettkampfähnliches Trinken animierte, wodurch sich erhebliche alkoholbedingte Ausfälle einstellten (Anschuldigungspunkt 1). *(… drei weitere Anschuldigungspunkte ohne Alkoholbezug)*

Die Truppendienstkammer entfernte den Soldaten wegen eines Dienstvergehens aus dem Dienstverhältnis und erkannte auf einen Unterhaltsbeitrag in Höhe von 50 % der erdienten Dienstbezüge auf die Dauer von zwölf Monaten. Auf die Berufung des Soldaten hob der Senat das Urteil der Truppendienstkammer auf und verhängte gegen den Soldaten wegen des Dienstvergehens ein Beförderungsverbot für die Dauer von achtzehn Monaten.

Aus den Gründen:

Das Verhalten des Soldaten ist disziplinarrechtlich wie folgt zu würdigen: In Anschuldigungspunkt 1 (Trinkspiel „Captain Hook“) hat der Soldat

---

[153] ZBR 1980, S. 324

durch das Verleiten der mitspielenden Rekruten zum Genuss erheblicher Mengen Alkohols vorsätzlich gegen seine Kameradschaftspflicht (§ 12 Satz 2 SG) verstoßen. Denn er trug durch sein Verhalten während des Zugabends wesentlich dazu bei, dass seine Kameraden durch das wettkampfähnliche Trinken unter seiner Duldung und aktiven Mitwirkung zum Alkoholgenuss animiert und veranlasst wurden. Vor den damit verbundenen Nachteilen und Risiken hat sie der Soldat – obwohl ihr Zugführer – nicht bewahrt. Erhebliche alkoholbedingte Ausfälle stellten sich ein und beeinträchtigten die körperliche Unversehrtheit. Die davon betroffenen Soldaten gelangten so in einen menschenunwürdigen Zustand, in dem sie ihr Verhalten nicht mehr oder jedenfalls nur noch sehr bedingt überblicken und steuern konnten. Soweit die Soldaten im Einzelfall damit einverstanden gewesen sein sollten, ändert dies nichts daran, dass sie durch den Soldaten zu einem solchen – mit der unverzichtbaren Menschenwürde (vgl. Urteil vom 17. Oktober 2000 – BVerwG 2 WD 12.00, 13.00 – [Buchholz 236.1 § 10 SG Nr. 44 = NJW 2001, 2343 = ZBR 2001, 254 = DokBer B 2001, 16]) unvereinbaren – Fehlverhalten im Rahmen einer dienstlichen Veranstaltung verleitet wurden. Zugleich verletzte der Soldat damit seine Fürsorgepflicht gemäß § 10 Abs. 3 SG, da er als Zugführer unmittelbarer Vorgesetzter nach § 1 VorgV war. Denn nach Nr. 403 ZDv 10/5 ist die Vermeidung von Alkoholmissbrauch in der militärischen Gemeinschaft Aufgabe aller Vorgesetzten. Für die Feststellung eines Dienstvergehens kommt es im Übrigen nicht darauf an, in welcher Form ein Soldat den Tatbestand der unwürdigen oder ehrverletzenden Behandlung Dritter verwirklicht hat (vgl. Urteile vom 10. November 1998 – BVerwG 2 WD 4.98 – [BVerwGE 113, 279 = Buchholz 236.1 § 10 SG Nr. 33 = NZWehrr 1999, 78 [f.] = NVwZ 1999, 659 [ff] = ZBR 1999, 343 [f.]] und vom 13. Februar 2003 – BVerwG 2 WD 33.02 – Buchholz 235.01 § 38 WDO Nr. 1, ZBR 2004, 207) insoweit nicht veröffentlicht, entscheidend ist, ob er hierzu einen wesentlichen Tatbeitrag geleistet hat. Dies ist hier der Fall. Ferner hat der Soldat damit auch seine Pflicht zu achtungs- und vertrauenswürdigen Verhalten im dienstlichen Bereich (§ 17 Abs. 2 Satz 1 SG) verletzt. (…)

Das Dienstvergehen wiegt nach seiner Eigenart, seinen Auswirkungen und dem Maß der Schuld nicht leicht.

Nach ständiger Rechtsprechung des Senats ist bei einer durch einen Vorgesetzten begangenen körperlichen Misshandlung oder ehrverletzenden oder entwürdigenden Behandlung von Untergebenen eine „reinigende Maßnahme", also im Regelfall die Dienstgradherabsetzung, in schweren Fällen sogar die Höchstmaßnahme verwirkt (vgl. u. a. Urteile vom 29. April 1981 – BVerwG 2 WD 17.81 –, vom 9. April 1986 – BVerwG 2 WD 52.85 – [BVerwGE 83, 183 [f.], vom 12. Juli 1990 – BVerwG 2 WD 4.90 – [BVerwGE 86, 305[306 f.]], vom 18. März 1997 – BVerwG 2 WD 29.95 –

[BVerwGE 113, 70 = Buchholz 235.0 § 34 WDO Nr. 28 = NZWehrr 1997, 212 = ZBR 1998, 38 = NVwZ-RR 1998, 320, insoweit nicht veröffentlicht], vom 17. März 1999 – BVerwG 2 WD 28.98 – [BVerwGE 113,311 [312] = Buchholz 236.1 § 7 SG Nr. 27 = NZWehrr 1999, 169] und vom 19. Juli 2000 – BVerwG 2 WD 6.00 –jeweils m.w.N).

Im vorliegenden Falle handelt es sich nach den vom Senat getroffenen Feststellungen allerdings um Fehlverhaltensweisen des Soldaten, die keine gravierenden Gesundheitsverletzungen oder sonstigen nachhaltigen Schäden beim Opfer verursachten; zudem erfolgte die Tat ohne eine böswillige oder gar menschenverachtende Zielrichtung. Das Dienstvergehen hat daher schon nach seiner Schwere und Eigenart, nach den Auswirkungen und – im Hinblick auf die Beweggründe des Soldaten – nach dem Maß der Schuld ein gegenüber dem „Durchschnittsfall" geringeres Gewicht und erfordert daher lediglich ein Beförderungsverbot. (…)

Auch nach dem persönlichen Eindruck, den der Senat vom Soldaten in der Berufungshauptverhandlung hat gewinnen können, erscheint ein Beförderungsverbot für die Dauer von 18 Monaten ausreichend. (…)

BVerwG, Urteil vom 17. März 2004 – 2 WD 17.03 –[154]

**Zu den Milderungsgründen bei nicht hinreichender Dienstaufsicht**

Mangelnde Dienstaufsicht kann als Ursache einer dienstlichen Verfehlung bei der Bemessung der Disziplinarmaßnahme dann mildernd berücksichtigt werden, wenn Kontrollmaßnahmen durch Vorgesetzte aufgrund besonderer Umstände unerlässlich waren und pflichtwidrig unterlassen wurden. In einem solchen Fall kann dem Soldaten eine Minderung der Eigenverantwortung zugebilligt werden *(Im Fall eines früheren Feldwebels – wegen Dienstunfähigkeit zwischenzeitlich i.d. Ruhestand versetzt –, der aufgrund einer schweren Persönlickeitsstörung über einen längeren Zeitraum erhebliche Mengen Alkohol konsumiert und wiederholt Vermögensdelikte begangen hat. Maßnahme: Kürzung des Ruhegehalts um ein Fünftel auf die Dauer von fünf Jahren)*

BVerwG, Urteil vom 17. September 2003 – 2 WD 49.02 –[155]

**Zur weiteren Verdeutlichung insbesondere zum Alkoholverbot sind folgende Einzelfälle zu nennen:** *137*

Wer als Soldat im Dienst Alkohol trinkt, verstößt gegen das grundsätzliche Alkoholverbot im Dienst gemäß ZDV 10/5 Nr. 414. Soweit er entgegen dem ihm bekannten Verbot für Kraftfahrer von Dienst-Kraftfahrzeugen gemäß der dritten Strichaufzählung der Nr. 2 ZDv 14/3 B 171 innerhalb ei-

---

[154] ZBR 2005, S. 133

[155] ZBR 2004, S. 262 ff.

ner Zeit von zwölf Stunden vor Antritt der Fahrt Alkohol zu sich nimmt, verstößt er ebenfalls gegen seine Pflicht zum Gehorsam (§ 11 Abs. 1 Sätze 1 und 2 SG).
BVerwGE 83, 384 [390]).[156]

Ein Befehl des Bundesministers der Verteidigung, der Führern und Besatzungsangehörigen von Luftfahrzeugen der Bundeswehr verbietet, zwölf Stunden vor Flugbeginn Alkohol zu sich zu nehmen, ist rechtmäßig.
BVerwG, Beschluss vom 8. November 1990 – 1 WB 86/89 –[157]

Soweit ein Soldat durch eigenen Alkoholgenuss und die Duldung des Alkoholkonsums durch Untergebene innerhalb eines Zeitabstandes von zwölf Stunden vor Antritt eines Fluges gegen die einschlägigen Befehle und Flugsicherheitsbestimmungen verstößt, versagt er nicht nur als Stabsoffizier und Disziplinarvorgesetzter in eigener Person, sondern verletzt er auch seine Dienstaufsichtspflicht gegenüber Untergebenen.
BVerwG, Urteil vom 3. 8. 1994 – 2 WD 18.94 –[158]

Die Hinterbliebenen eines bei einem Hubschrauberabsturz ums Leben gekommenen Piloten, der Alkohol im Blut hatte, haben keinen Anspruch auf Unfallfürsorge nach den für Beamte und Soldaten geltenden Regelungen. So entschied das Oberverwaltungsgericht Rheinland-Pfalz in Koblenz.

Kläger des vorliegenden Rechtsstreits sind die Witwe, der Sohn und die Tochter des verunglückten Offiziers. Nach dem Unfallbericht hatte der als Pilot eines Rettungshubschraubers eingesetzte Hauptmann der Bundeswehr ein riskantes Flugmanöver durchgeführt, in dessen Verlauf der Hubschrauber abstürzte. Bei der dem Unfall unmittelbar nachfolgenden Obduktion wurde festgestellt, dass der Pilot eine Blutalkoholkonzentration von 1,5 ‰ aufwies. Die weiteren Ermittlungen ergaben, dass das Fluggerät keine technischen Mängel hatte und ein unfallursächliches Verhalten des Wartungspersonals oder anderer Personen auszuschließen war. Daraufhin gewährte die Bundeswehr den Hinterbliebenen zwar Witwen- und Waisengeld, versagte ihnen aber eine darüber hinausgehende Unfallversorgung. Zur Begründung hieß es, ein Dienstunfall liege infolge des starken Alkoholgenusses und der sich daraus ergebenden Fluguntüchtigkeit nicht vor. Die dagegen gerichtete Klage der Hinterbliebenen blieb schon vor dem

[156] ZBR 1997, S. 309
[157] ZBR 1991, S. 152
[158] ZBR 1997, S. 309

Verwaltungsgericht Koblenz ohne Erfolg, und das Oberverwaltungsgericht bestätigte jetzt dieses Urteil.

„Ein Unfall infolge alkoholbedingter Fluguntüchtigkeit gehört nicht zu den Gefahren, die mit dem Dienst zusammenhängen und für die der Dienstherr eines Soldaten aufzukommen hat", befand das Oberverwaltungsgericht. Da es sich in solchen Fällen nicht um einen Dienstunfall handele, entfalle der Anspruch auf Unfall-Hinterbliebenenversorgung. Nach den Feststellungen der Bundeswehr, der zuständigen Staatsanwaltschaft und des Verwaltungsgerichts erster Instanz bestehe kein Zweifel daran, dass hier die alkoholbedingte absolute Fluguntüchtigkeit des Piloten die „rechtlich allein wesentliche Ursache" für den tödlichen Unfall gewesen sei.

Gegen die die Witwe sowie die beiden Kinder des Piloten betreffenden Entscheidungen des Oberverwaltungsgerichts sind weitere Rechtsmittel nicht gegeben.

OVG Rheinland-Pfalz vom 18. März 2005 – 10 A 11915/04, 10 A 11916/04 und 10 A 11917/04 –[159]

**Weitere Einzelfragen:** 138

**Zur Zulässigkeit der Verhängung von Laufbahnstrafen neben einer Kriminalstrafe**

*Dieser Beschluss des BVerfG stellte erstmals eindeutig klar, dass die nach dem früheren § 43 Abs. 1 WDO (jetzt § 58 Abs. 1 WDO) verhängten Laufbahnstrafen (z. B. Beförderungsverbot) typische Disziplinarstrafen sind und nicht gegen das Verbot der Doppelbestrafung („ne bis in idem") gem. Art. 103 Abs. 3 GG verstoßen. Die weiteren Ausführungen hierzu, vor allem auch die zeitgeschichtlichen Hinweise und die Darstellung der Diskussionen hierum, sind für den zeitgeschichtlich interessierten Leser sicher von grundsätzlichem Interesse, so dass dieser Grundsatzbeschluss insgesamt im Original nachgelesen werden sollte. Zu achten ist dabei auf die inzwischen erfolgten Gesetzesänderungen der WDO und die damit veränderten Rechtsquellen.*

Die Laufbahnstrafen der Wehrdisziplinarordnung (§ 43 Abs. 1) sind typische Disziplinarstrafen. Es verstößt nicht gegen das Verbot der „Doppelbestrafung" (Art. 103 Abs. 3 GG), wenn neben einer Kriminalstrafe eine Laufbahnstrafe verhängt wird. 139

BVerfG, Beschl. v. 2. 5. 1967 – 2 BvL 1/661)[160]

---

[159] Pressemeldung OVG Rhl-Pfalz vom 23. 3. 2005

[160] NJW 1967, S. 1654

Zur Frage, ob die auf Alkoholismus beruhende Dienstunfähigkeit eines Soldaten auf Zeit „auf eigenes grobes Verschulden" im Sinne der §§ 11 Abs. 1 und 12 Abs. 1 SVG zurückzuführen ist

VGH Bad.-Württ., Urteil vom 20. November 1978 – XI 476/77 – (rechtskräftig)[161]

*140* **Drogendelikte:**

*Hierzu gilt es zunächst festzustellen, dass der Konsum von Drogen (Cannabis-Produkte, Amphetamine usw.) in militärischen Unterkünften generell eine Dienstpflichtverletzung (Verstoß gegen die Treuepflicht) darstellt. Wie aus der nachfolgend dargestellten Rechtsprechung zu dieser Problematik zu ersehen ist, hat das BVerwG in ständiger Rechtsprechung schon den einmaligen Genuss von Drogen (hier: Haschisch) als eine Dienstpflichtverletzung (§ 7 SG Treuepflicht) bewertet. Es hat dies damit begründet, dass die Einsatzbereitschaft des Soldaten bei jeder Art von Rauschgiftkonsum in Frage gestellt sei, und zwar nicht nur während der Wirkung des einzelnen Rausches, weil der Soldat auch außerhalb der Dienststunden mit seinem Einsatz rechnen müsse. Außerdem sei der Konsum einer Cannabis-Droge wegen seiner nicht vorhersehbaren und damit nicht berechenbaren Wirkungen anders und schwerer zu bewerten als ein Rausch, der auf übermäßigem Alkoholkonsum zurückzuführen sei. Umso schwerwiegender ist der Genuss von anderen Rauschmitteln wie Kokain, Speed oder Ecstasy im Dienst zu bewerten, weil deren Auswirkungen noch weit größer sind als die des Konsums von Haschisch oder Marihuana.*[162]

*141* **Zur Frage der Ahndung von außerdienstlichem Handel mit Betäubungsmitteln**

Ein Soldat, der außer Dienst wiederholt Betäubungsmittel wie „Speed" (Amphetaminderivat) und „Kokain", erwirbt und an Dritte weitergibt, begeht ein schwerwiegendes Dienstvergehen, das – aus Gründen der Generalprävention – grundsätzlich mit einer Dienstgradherabsetzung zu ahnden ist; hat er sich dadurch als Vorgesetzter disqualifiziert, so muss er bis in einen Mannschaftsdienstgrad degradiert werden.

BVerwG, Urteil vom 1. Juli 1997 – 2 WD 11.97 –[163]

---

[161] ZBR 1981, S. 74

[162] GKÖD Bd I: BR Lfg. 2/00, Yk § 7, S. 29

[163] ZBR 1998, S. 182

**Zur Frage des Erwerbs und Besitzes von Haschisch sowie dessen Auswirkungen auf die Psyche des Konsumenten** *142*

*Dieses Urteil ist von wesentlicher Bedeutung wegen seiner ausführlichen Auseinandersetzung mit der oft als harmlos bezeichneten Modedroge Haschisch und ihrer teils doch erheblich negativen Auswirkungen u. a. auf die Psyche, der Frage der Gesunderhaltungspflicht des Soldaten und möglicher Milderungsgründe.*

1. Der strafbare Besitz oder Erwerb von Cannabisprodukten stellt für Soldaten ebenso wie deren einmaliger Genuss oder Weitergabe an Dritte wegen der erheblichen Gefahren für die Gesundheit der Betroffenen und die Einsatzbereitschaft der Truppe stets einen Verstoß gegen die Pflicht zum treuen Dienen nach § 7 SG und damit eine schwerwiegende Pflichtwidrigkeit dar (im Anschluss an den Beschluss des BVerfG vom 9. März 1994 – NJW 1994, 1577 [ff.]).

2. Soldaten haben als Angehörige der vollziehenden Gewalt, zu deren Aufgaben unter anderem die Beachtung der Vorschriften des Betäubungsmittelgesetzes im dienstlichen Bereich gehört, auch bei Erwerb und Besitz von Drogen zum Eigenverbrauch in geringer Menge wegen der Möglichkeit einer Fremdgefährdung in der Kaserne besondere Anforderungen zu erfüllen.

BVerwG, Urteil vom 10. August 1994 – 2 WD 24.94 –[164]

**Fristlose Entlassung aus der Bundeswehr wegen Haschischkonsums** *143*

OVG Lüneburg, Beschluss v. 12. Juni 1998 – 5 M 2241/98 (6 B 198/98) –[165]

*Der folgende Beschluss des VG Oldenburg vermittelt einen kleinen Einblick über den Gebrauch von Drogen bei der Bundeswehr, hier überwiegend Haschisch (als der Hauptdroge in Deutschland). Er setzt sich darüber hinaus auseinander mit der Problematik der Drogeneinnahme in Verbindung mit der Erfüllung des dienstlichen Auftrages der Soldaten der Bundeswehr. Leider hat er hier nur andeutungsweise den Beschluss des BVerfG vom 9. 3. 1994 („Kleinstmengen-Beschluss") einbezogen. Da dieser in weiten Teilen der Bevölkerung irrtümlich als quasi Freigabe der persönlichen Konsummengen von Cannabis-Produkten verstanden worden ist (s. hierzu auch unter Rn. 29), wäre eine Aufarbeitung an dieser Stelle im Sinne der Rechtsklarheit gewesen.*

*Diese Rechtsklarheit vermittelt dagegen der darauf folgende Beschluss des OVG NW, der sich mit dem Konsum der sog. „weichen Drogen" beschäftigt und deren Konsum auch außerhalb des Dienstes als Entlassungs-*

---

164 ZBR 1995, S. 199

165 Pressestelle OVG Lüneburg

*grund ansieht. Mit diesem Beschluss aus jüngster Zeit reagiert die Justiz auf den angestiegenen Drogenkonsum in der betroffenen Altersgruppe :*

Fristlose Entlassung aus der Bundeswehr wegen Verstoßes gegen das Betäubungsmittelgesetz (Haschischkonsum).

Verwaltungsgericht Oldenburg, Beschluss vom 8. April 1998 – 6 B 198/98 – (Veröffentlichung konnte nicht festgestellt werden)[166]

Die Entlassungsverfügung der Antragsgegnerin in der Gestalt des (ihre Begründung ergänzenden und vertiefenden) Beschwerdebescheides ist voraussichtlich rechtmäßig.

Gem. § 55 Abs. 5 SG kann ein Soldat auf Zeit während der ersten vier Dienstjahre fristlos entlassen werden, wenn er seine Dienstpflichten schuldhaft verletzt hat und sein Verbleiben in seinem Dienstverhältnis die militärische Ordnung oder das Ansehen der Bundeswehr ernstlich gefährden würde. (…) Weiter ist in der Rechtsprechung allgemein anerkannt, dass ein Soldat, der – sei es wiederholt oder auch nur einmalig und sei es innerhalb oder außerhalb des Dienstes – Cannabis-Produkte konsumiert (und überdies in diesem Zustand ein Kraftfahrzeug führt), seine Dienstpflichten in welchem Umfang auch immer verletzt. Wegen der einem solchen Verhalten entgegenstehenden ZDv 10/5 Nr. 404 liegt bereits in dem betreffenden Rauschmitttelkonsum zum einen ein Verstoß gegen die in § 10 SG bestimmte Gehorsamspflicht, zum anderen wird hierdurch zumindest regelmäßig die nach § 17 Abs. 2 SG bestehende Pflicht des Soldaten verletzt, sich innerhalb und außerhalb des Dienstes so zu verhalten, dass er die Achtung und dem Vertrauen gerecht wird, die sein Dienst als Soldat erfordert. Hinzukommen kann schließlich auch noch eine Verletzung der Pflicht zum treuen Dienen gemäß § 7 SG, was allerdings letztlich mit davon abhängt, wie die (allgemeinen) Wirkungen auch eines ggf. nur geringen bzw. einmaligen Cannabis-Konsums in Richtung auf etwaige Beeinträchtigungen der militärischen Einsatzbereitschaft des jeweils betroffenen Soldaten wissenschaftlich zu bewerten sind. (…)

Der Antragsteller hat die angeführten Dienstpflichten auch schuldhaft verletzt. Da die bestehenden Verbotsvorschriften und die rechtlichen Folgen eines Verstoßes im Falle des Missbrauchs von Betäubungsmitteln bei den Soldaten als allgemein bekannt vorauszusetzen sind und auch der Antragsteller entsprechend belehrt wurde, hat er bei dem ihm vorgeworfenen außerdienstlichen Konsum von Marihuana vorsätzlich gehandelt.

Auch die übrigen gesetzlichen Voraussetzungen für die seitens der Antragsgegnerin verfügte fristlose Entlassung liegen hier vor. Das weitere Verbleiben des Antragstellers in der Bundeswehr hätte nämlich aller

[166] Pressestelle VG Oldenburg

Voraussicht nach sowohl die militärische Ordnung als auch das Ansehen der Bundeswehr ernstlich gefährdet. (...) Eine ernstliche Gefährdung der militärischen Ordnung ist regelmäßig zu bejahen, wenn die Einsatzbereitschaft der Soldaten erheblich vermindert und im Gefolge dessen die Verteidigungsbereitschaft der Truppe, d.h. der einzelnen betroffenen Einheit bzw. letztlich auch der Bundeswehr im Ganzen, in Frage gestellt wird. Dabei ist anerkannt, dass gerade auch ein sich in der Bundeswehr unkontrolliert verbreitender Rauschmittelkonsum (auch von Cannabis-Produkten) geeignet ist, diese Gefährdung in dem gesetzlich geforderten Gefährdungsgrad herbeizuführen. (...) Die Qualifizierung des wie hier in einem Einzelfall nachgewiesenen Rauschmittelkonsums eines bestimmten Soldaten und dessen Auswirkungen auf das Verhalten und die innere Einstellung anderer Soldaten als die militärische Ordnung der Bundeswehr ernstlich gefährdend steht im Einklang mit der in bisherigen Verfahren vergleichbaren Thematik vorgenommenen Bewertung des jeweils beschließenden Gerichts, dass nach allgemein bekannter Tatsachenlage auch aktuell die Tendenz zu einem steigenden oder jedenfalls sich auf Besorgnis erregenden Niveau stabilisierenden Rauschmittelkonsum (insbesondere von Cannabis-Produkten als sog. „weiche Drogen") unter Jugendlichen und jungen Erwachsenen zu verzeichnen ist. Dieser Befund spiegelt sich auch in der Bundeswehr. Er ist trotz fortbestehender Verbote jedenfalls im Kern nach wie vor ungebrochen. Vor diesem Hintergrund muss grundsätzlich auch aus Anlass des vorliegenden Falles mit einem deutlich zunehmenden Nachahmungsverhalten gerechnet werden, würde die Ausbreitung dieser Erscheinung in der Bundeswehr lediglich disziplinarisch und nicht auch mit dem (in der Regel „schärferen") Mittel der fristlosen Entlassung bekämpft. (...) Eine bloße Affekthandlung mit geringer Vorbildwirkung (...) liegt augenscheinlich nicht vor. Immerhin hat der Antragsteller sich zur Verteidigung seines außerdienstlichen Fehlverhaltens – er hatte anlässlich einer Feier bei Freunden immerhin zwei „Joints" mitgeraucht, und ein bei der Feier nicht verbrauchter „Joint" wurde zudem später in seinem Fahrzeug aufgefunden – auf einen angeblichen „Gruppenzwang" berufen. Auch ein von Dritten völlig unbeobachteter Eigenkonsum lag in seinem Falle nicht vor. Der Umstand, dass sich das Fehlverhalten auf einer privaten Feier im Freundeskreis und nicht in einem militärischen Bereich unter Soldaten zugetragen hat, lässt ebenfalls – namentlich in Anbetracht der Vorgesetztenstellung des Antragstellers als Unteroffizier – für sich genommen die für die Annahme des in Rede stehenden Tatbestandsmerkmals insgesamt erforderliche – negative – Vorbildwirkung nicht entfallen. (...)

Beim Vorliegen der tatbestandlichen Voraussetzungen des § 55 Abs. 5 SG steht die Entscheidung im pflichtgemäßen Ermessen der für die Entlassung zuständigen Behörde. Es bestehen indes entgegen der Auffassung des

Verwaltungsgerichts keine durchgreifenden Bedenken daran, dass dieses Ermessen hier fehlerfrei ausgeübt worden ist.

OVG NW vom 20. Januar 2005 – 1 B 2009/04 – unanfechtbar[167]

*144* **Weitere Einzelfälle zur Verdeutlichung in Leitsätzen:**

Der Genuss von Rauschgift an Bord eines Schiffes rechtfertigt bei einem Marinesoldaten auf Zeit die fristlose Entlassung.

BVerwG, Urteil vom 24. September 1992 – BVerwG 2 C 17.91 –[168]

Ein Soldat, der einer Zivilbediensteten der Bundeswehr heimlich Ecstasy in den Kaffe gibt, begeht ein so schwerwiegendes Dienstvergehen, dass er grundsätzlich aus dem Dienstverhältnis entfernt werden muss (im Anschluss an BVerwGE 103, 295 ff.).

BVerwG, Urteil vom 10. Dezember 1997 – 2 WD 1.97 –[169]

Die Verabreichung von Betäubungsmitteln an einen Vorgesetzten und Kameraden ohne dessen Wissen stellt ein Fehlverhalten dar, das das gegenseitige Vertrauen unter den Angehörigen der Bundeswehr in gravierender Weise untergräbt. Für ein solches Fehlverhalten ist deshalb Ausgangspunkt der Zumessungserwägungen regelmäßig die Entfernung aus dem Dienstverhältnis.

BVerwG, Urteil vom 2. Juli 1997 – 2 WD 12.97 –[170]

## 3. Das privat-rechtliche Arbeitsverhältnis

### *3.1 Vorbemerkung*

*145* Waren zu Zeiten der absoluten Herrscher in den Amtsstuben ausschließlich Beamte (die Ursprünge dieser „Spezies“ lassen sich bis auf den Zeitraum vom 12. bis 14. Jahrhundert zurückverfolgen)[171] anzutreffen, so fanden zu Beginn des 19. Jahrhunderts zum ersten Mal Arbeiter und ab Mitte des 19. Jh. Angestellte als Hilfskräfte von Beamten den Weg in den öffentlichen Dienst.[172] In Folge dieser Entwicklung verschob sich dieses Bild im Laufe der letzten Jahrzehnte immer mehr zu Gunsten der Arbeitnehmer;

---

[167] Internet: www.justiz.nrw.de/RB/nrwe/, 14. 5. 2005

[168] ZBR 1993, S. 95

[169] ZBR 1998, S. 219

[170] ZBR 1997, S. 403

[171] Hübener/Hübscher, Ursprünge u. Entwicklungen des preuß. Beamtentums bis i.d. Neuzeit, ZBR 1998, S. 407

[172] H. Minz/P. Conze, Recht des öffentlichen Dienstes, S. 195

also der Angestellten und Arbeiter. Gründe hierfür waren zum einen nach dem 2. Weltkrieg die dem „preußischen Beamtentum" misstrauisch gegenüberstehenden Siegermächte, zum anderen aber auch die „Liberalisierung" des öffentlichen Lebens mit dem qualitativen Wandel vom hoheitlichen Obrigkeitsstaat zum Daseinsvorsorge- und Dienstleistungsstaat.

Hierzu ein paar interessante Zahlen zum Status der Beschäftigten (ohne Soldaten):

| | |
|---|---|
| – **1950:** 2,2 Mio. insgesamt, davon: | 0,786 Mio. Beamte/Richter |
| | 0,557 Mio. Angestellte |
| | 0,835 Mio. Arbeiter |
| – **1982:** 4,3 Mio. insgesamt, davon: | 1,803 Mio. Beamte/Richter |
| | 1,433 Mio. Angestellte |
| | 1,062 Mio. Arbeiter |
| – **1992:** 6,3 Mio. insgesamt, davon: | 1,867 Mio. Beamte/Richter |
| | 2,702 Mio. Angestellte |
| | 1,491 Mio. Arbeiter |

(Quelle: Statistisches Bundesamt)

Die Zahlen für 2003 sind unter Rn. 49 bereits dargestellt.

Hieraus ist der o. a. Wandel zum Tarifpersonal in der Staatsverwaltung sehr deutlich und anhand der absoluten Zahlen auch anschaulich ablesbar. *146*

Gleichwohl ist festzustellen, dass sich mit dem verstärkten Eindringen der Arbeitnehmer in den öffentlichen Dienst die Tarifnormen fast zwangsläufig an die bereits seit Jahrzehnten bestehenden beamtenrechtlichen Regelungen angelehnt haben.[173]

Durch den Wortlaut der Art. 33 Abs. 4 und 74a Abs. 1 GG („... Angehörige des öffentlichen Dienstes, die in einem öffentlich-rechtlichen Dienst- und Treueverhältnis stehen"), folgt im Umkehrschluss, dass es neben diesem Personenkreis der Beamten auch andere Personen geben muss, die nicht in einem öffentlich-rechtlichen Dienst- und Treueverhältnis stehen; nämlich die Angestellten und Arbeiter, die in einem privatrechtlichen Arbeitsverhältnis stehen.[174]

Somit ist das Recht der Angestellten und Arbeiter nicht öffentlich-rechtlich geregelt, sondern Teil des Arbeitsrechts.

### *3.2 Das Angestelltenrecht – Rechtslage –*

Das heutige Angestelltenrecht wird z. Zt. noch geprägt durch den *Bundes-Angestelltentarifvertrag* (BAT/BAT-O) vom 23. Februar 1961 i. d. F. des *147*

[173] Conze, Pflichtverstöße bei Beamten und Arbeitnehmern, ZTR 1989, S. 4
[174] H. Minz/P. Conze, Recht des öffentlichen Dienstes, S. 196

78. Änderungstarifvertrages vom 31. 1. 2003, der aber zum 30. 9. 2005 ausläuft (s. a. unter Rn. 55). Die nachfolgenden Vorschriften beziehen sich insoweit noch auf die des BAT, da bei Überarbeitung dieser Auflage die Einzelbestimmungen des TvöD nicht vorlagen.

Nach diesem Tarifvertrag sind die arbeitsvertraglichen Pflichten des Angestellten in § 8 festgelegt. Er beinhaltet in Abs. 1 S. 1 eine dem Beamtenrecht ähnliche Formulierung (sog. mittelbare Verweisung auf das Beamtenrecht) und wird deshalb auch als die „Treuepflicht des Angestellten" bezeichnet. Aber auch der ab dem 1. 10. 2005 geltende TvöD wird eine in der Wirkung gleiche Pflicht, dann für das gesamte Tarifpersonal insgesamt enthalten, da die Unterscheidung zwischen Angestellten und Arbeitern abgeschafft wurde.

Aus dieser Pflicht heraus ist auch das außerdienstliche Verhalten eines Angestellten nach herrschender Meinung sanktionsfähig bis hin zur Kündigung, wenn dieses Verhalten Auswirkungen in den dienstlichen Bereich zeigt. Bei einer Trunkenheitsfahrt mit anschließendem Entzug der Fahrerlaubnis eines Angestellten mit dienstlicher Verpflichtung zur Kfz-Führung kann dies z. B. der Fall sein. Das BAG hat hierzu höchst unterschiedliche Urteile gefällt:

In seiner Entscheidung vom 22. 8. 1963 (s. a. Rn. 171) wurde die fristlose (außerordentliche) Kündigung eines Postomnibusfahrers bestätigt, der sich in seinem Urlaub betrunken an das Steuer seines Privatwagens gesetzt hatte.

Dagegen wurde in der Entscheidung des BAG vom 4. 6. 1997 – 2 AZR 526/96 einem außerordentlich gekündigten U-Bahn-Zugführer, der außerdienstlich trotz eines BAK-Wertes von 2,37 Promille ein Kraftfahrzeug geführt hatte zugebilligt, in Bezug auf seine Beschäftigung als U-Bahn-Zugführer noch nicht als derart unzuverlässig zu beurteilen sei, dass er kein Vertrauen mehr verdiene. Insofern sei vor einer Kündigung eine Abmahnung erforderlich gewesen. Im Schrifttum[175] ist zu diesem Urteil des BAG auch heftig und teilweise kontrovers diskutiert worden. Überwiegend ist hier Kritik an dem Abmahnerfordernis laut geworden, da den zu schützenden Rechtsgütern (das Leben und die Gesundheit der Fahrgäste des U-Bahn-Zugführers) der absolute Vorrang einzuräumen sei.

§ 8 BAT Allgemeine Pflichten:

Abs. 1: Der Angestellte hat sich so zu verhalten, wie es von Angehörigen des öffentlichen Dienstes erwartet wird. Er muss sich durch sein ge-

[175] Adam, Außerdienstliches Verhalten des Arbeitnehmers als Kündigungsgrund, ZTR 1999, S. 292 ff.

samtes Verhalten zur freiheitlich demokratischen Grundordnung im Sinne des Grundgesetzes bekennen.

Abs. 2: Der Angestellte ist verpflichtet, den dienstlichen Anordnungen nachzukommen. Beim Vollzug einer dienstlichen Anordnung trifft die Verantwortung denjenigen, der die Anordnung gegeben hat. Der Angestellte hat Anordnungen, deren Ausführung für ihn erkennbar den Strafgesetzen zuwiderlaufen würde, nicht zu befolgen.

§ 14 BAT Haftung:

Für die Schadenshaftung des Angestellten finden die für die Beamten jeweils geltenden landesrechtlichen Vorschriften entsprechende Anwendung.

(s. a. Rn. 60)

Hinzu kommt, dass der Angestellte bei Antritt seines Arbeitsverhältnisses gem. § 6 BAT dem Arbeitgeber im Rahmen des Gelöbnisses, sich zur gewissenhaften Diensterfüllung und zur Wahrung der Gesetze verpflichtet hat.

Auch wenn in dieser tarifvertraglichen Regelung die vom Beamten erwartete „Pflicht zur vollen Hingabe an den Beruf" nicht im gleichen Wortlaut erscheint, so hat der Dienstherr/Arbeitgeber doch den Anspruch darauf, dass der Angestellte seinen arbeitsvertraglichen Pflichten in vollem Umfang nachkommt. Deshalb sind in § 11 BAT in Bezug auf eine Nebentätigkeit des Angestellten auch die jeweils geltenden Bestimmungen des Beamtenrechts für sinngemäß anwendbar erklart worden.

Somit ergeben sich in Bezug auf die Suchtproblematik im Rahmen des Arbeitsverhältnisses für den Angestellten folgende Verpflichtungen: *148*

Er muss

- sich so verhalten, wie es von Angehörigen des öffentlichen Dienstes erwartet wird
- den dienstlichen Anordnungen nachkommen
- seine Arbeitskraft gemäß dem abgeschlossenen Arbeitsvertrag innerhalb der tarifvertraglich vereinbarten regelmäßigen Arbeitszeit zur Verfügung stellen
- seinen Dienst gewissenhaft erfüllen und
- das Grundgesetz sowie die Gesetze der Bundesrepublik Deutschland wahren.

Anders als beim Beamten ist das „außerdienstliche Verhalten" des Angestellten, solange es nicht in den dienstlichen Bereich hineinreicht (s. Rn. 147), aus arbeitsrechtlicher Sicht kaum von Belang.[176]

---

[176] Conze, a. a. O., S. 8

Hier muss im Gegensatz zum Beamtenrecht („...in besonderem Maße geeignet ist, Achtung und Vertrauen (...) zu beeinträchtigen") keine abstrakte sondern eine konkrete Störung des Amtes oder der Dienststelle vorliegen und nachgewiesen werden.

Durch das Gelöbnis zur gewissenhaften Diensterfüllung und zur Wahrung der Gesetze, das nach Unterzeichnung des Arbeitsvertrages zu erfolgen hat, soll dem Angestellten verdeutlicht werden, dass er die ihm übertragenen Tätigkeiten zum Wohle der Allgemeinheit wahrnimmt. So erhält das Arbeitsverhältnis des Angestellten nicht nur inhaltlich eine dem Beamtenrecht angenäherte Stellung.

### 3.3 Das Arbeiterrecht – Rechtslage –

*149* Der rechtliche Rahmen des z.Z. noch geltenden Arbeiterrechts wird durch den Bundesmanteltarifvertrag, bezogen auf den Bund und die Länder der MTArb und die Gemeinden der BMT-G II- bzw. BMT-G-O gebildet (s. a. Rn. 57), der aber ebenfalls zum 30. 9. 2005 ausläuft. Die nachfolgenden Vorschriften beziehen sich insoweit ebenfalls noch auf die des MTArb/ BMT-G II/O, da bei Überarbeitung dieser Auflage die Einzelbestimmungen des TvöD noch nicht vorlagen. Es ist davon auszugehen, dass die Bestimmungen des TvöD in Hinsicht auf die Suchtproblematik und das Verhalten am Arbeitsplatz in der Wirkung gleiche Vorschriften beinhaltet.

Hier werden die für die Suchtproblematik relevanten arbeitsvertraglichen Pflichten des Arbeiters im III. Abschnitt unter § 9 Allgemeine Pflichten festgelegt.

§ 9 Allgemeine Pflichten:

(1) Der Arbeiter hat die ihm übertragenen Arbeiten gewissenhaft und ordnungsmäßig auszuführen.

(2) Diese Arbeiten haben sich ihrer Art nach grundsätzlich in dem Rahmen zu halten, der bei Abschluss des Arbeitsvertrages ausdrücklich oder stillschweigend vereinbart worden ist. Sofern es ihm billigerweise zugemutet werden kann und sein allgemeiner Lohnstand dadurch nicht verschlechtert wird, hat der Arbeiter auch jede andere, seinen Kräften und Fähigkeiten entsprechende Arbeit auszuführen. In Notfällen sowie aus dringenden Gründen des Gemeinwohls hat er vorübergehend jede ihm übertragene Arbeit zu verrichten, auch wenn sie nicht in sein Arbeitsgebiet fällt.

(3) bis (6) (...)

(7) Der Arbeiter ist verpflichtet, einen wahrgenommenen Sachverhalt, der zu einer Schädigung der Verwaltung oder des Betriebes führen kann, dem Arbeitgeber unverzüglich zur Kenntnis zu bringen.

§ 9 a Haftung:

Für die Schadenshaftung des Arbeiters finden die für die Beamten jeweils geltenden landesrechtlichen Vorschriften entsprechende Anwendung (s. a. Rn. 60).

Wie aus den vorstehenden Bestimmungen des BMT-G II (entspricht sinngemäß MTArb und BMT-G-O) ersichtlich ist, sind die Pflichten des Arbeiters von den beamtenrechtlichen Vorschriften am Weitesten entfernt. Lediglich in § 9 a findet sich in der Haftungsfrage noch ein Hinweis auf beamtenrechtliche Bestimmungen.

Auch im Arbeiterrecht ist eine aus dem Angestelltenrecht entwickelte und damit dem Beamtenrecht nachempfundene Regelung der sog. „Unkündbarkeit" vorgesehen.

Denn nach § 52 Abs. 1 BMT-G-II (sinngemäß MTArb; gilt nicht nach BMT-G-O) können Arbeitgeber das Arbeitsverhältnis nach mehr als 15 Jahren Beschäftigungszeit nur aus einem „wichtigen Grund" kündigen.

Wann und in welchen Fällen ein „wichtiger Grund" für eine Kündigung gegeben ist, hat die Rechtsprechung der Arbeitsgerichte im Rahmen des Grundsatzes der Verhältnismäßigkeit im Laufe der Jahre entwickelt.

### *3.4 Rechtsfolgen*

Die Rechtsfolgen bei Verstößen gegen die arbeitsvertraglichen Pflichten *150*
sind im Wesentlichen bei Angestellten und Arbeitern identisch, so dass sie hier zusammen abgehandelt werden können.

Der Arbeitnehmer (AN), Angestellter oder Arbeiter, schuldet dem Arbeitgeber (AG) die sich aus dem Arbeitsvertrag ergebende Arbeitsleistung (die Arbeitspflicht als Hauptpflicht des AN). Dagegen steht als Hauptpflicht des AG die Verpflichtung zur Zahlung des Arbeitsentgelts (Vergütungspflicht). Erfüllt der AN diese Arbeitsleistung aus einem von ihm zu vertretenen Grund nicht oder verstößt er gegen seine arbeitsvertraglichen Pflichten, so kann der Arbeitgeber je nach Einzelfall

- Minderung des Arbeitsentgelts (Vergütung, Lohn) vornehmen, z. B. bei unentschuldigtem Fernbleiben vom Dienst z. B. wegen alkoholbedingter Arbeitsunfähigkeit
- eine Abmahnung aussprechen, z. B. bei erstmaligem Verstoß gegen ein betriebliches Alkoholverbot
- eine ordentliche Kündigung (ggf. auch Änderungskündigung) aussprechen, z. B. nach vorausgegangener Abmahnung, wenn der AN weiterhin seine arbeitsvertraglichen Pflichten (z. B. wiederholtem Verstoß gegen das betriebliche Alkoholverbot) verletzt oder
- eine außerordentliche Kündigung (sog. fristlose Kündigung) innerhalb der Ausschlussfrist von zwei Wochen (§ 626 Abs. 2 BGB) aussprechen,

wenn dem AG die Fortsetzung des Arbeitsverhältnisses bis zum Ablauf der Kündigungsfrist nicht weiter zugemutet werden kann, z. B. wenn das Vertrauensverhältnis zwischen AG und AN grundsätzlich (etwa bei schwerwiegendem suchtbedingtem Fehlverhalten) zerstört ist und damit ein „wichtiger Grund" i. S. des § 53 Abs. 1 BAT/BMT-G II vorliegt.

*151* Bei diesen arbeitsrechtlichen Sanktionsmöglichkeiten des AG ist stets der Grundsatz der Verhältnismäßigkeit (Übermaßverbot) zu berücksichtigen, d. h., dass der AG vor der Durchführung einer Kündigung zunächst alle anderen, den Umständen des Einzelfalls angemessenen Sanktionsmöglichkeiten ausschöpfen muss (ultima ratio Prinzip), um seine personalrechtliche Entscheidung gerichtsfest zu gestalten.

Hiervon unabhängig liegt es im Rahmen des Direktionsrechts des AG, über Umsetzungen im Betrieb, Zielvereinbarungsgesprächen und Ermahnungen eine Verhaltensänderung bzw. eine Hebung der Arbeitsleistung des AN zu erreichen. Erst wenn diese Möglichkeiten des AG versagen, sollte bei einer auf Vertrauen aufbauende Personalverwaltung (s. a. Rn. 194 ff.) eine ordentliche Kündigung in Betracht kommen.

Arbeitsrechtlich zwingend vorgeschrieben ist dieser Weg nicht.

*152* Die häufigste arbeitsrechtliche Maßnahme ist die Abmahnung, die einen dreifachen Zweck zu erfüllen hat:

1. Sie soll das beanstandete Fehlverhalten tatbestandsmäßig festhalten (Dokumentationsfunktion).
2. Sie soll den AN darauf hinweisen, dass der AG ein bestimmtes Verhalten als vertragswidrig ansieht (Hinweisfunktion).
3. Sie soll ihn davor warnen, dass im Wiederholungsfall eine Gefährdung des Arbeitsverhältnisses droht (Warnfunktion).

Im Allgemeinen rechtfertigt ein pflichtwidriges Verhalten des AN nur dann eine (ordentliche) Kündigung, wenn der AG ihm vorher Gelegenheit gegeben hat, sein Verhalten zu korrigieren.[177] Diese Selbstkorrekturmöglichkeit soll dem AN durch die Abmahnung gegeben werden.

Es ergibt sich von selbst, dass bei erkennbarer Alkohol- oder anderer Abhängigkeit eine Abmahnung wenig Sinn macht, da dem Abhängigen/ Kranken diese Selbstkorrektur nicht möglich ist. In diesen Fällen ist eine Abmahnung i.d. R. sinnlos und daher nicht erforderlich. Erst muss dem AN seine Situation bewusst (einsichtig) gemacht und eine Therapie durchgeführt werden, bevor ihm weitere arbeitsrechtliche Schritte angedroht werden. Hier geht „Hilfe vor Sanktion".

---

[177] Becker-Schaffner, Rechtsfragen zur Abmahnung, ZTR 1999, S. 105 ff.

Bei der Beurteilung einer im Zusammenhang mit alkoholbedingtem Fehl- 153
verhalten des AN beabsichtigten ordentlichen Kündigung ist deshalb auch zunächst eindeutig, ggf. durch eine amtsärztliche Untersuchung, festzustellen, ob verhaltensbedingte Kündigungsgründe (s. u. Grafik) oder ob die strengen Maßstäbe einer personenbedingten Kündigung aus krankheitsbedingten Gründen anzuwenden sind.[178]

Die zuvor erwähnte beamtenähnliche Stellung des Angestellten und in ähnlicher Form auch des Arbeiters wird insbesondere durch die Regelungen der §§ 53 Abs. 3 i.V.m. § 55 BAT bzw. § 52 Abs. 1 MTArb/BMT-GII- deutlich (gilt nicht für BAT-O bzw. BMT-G-O), in dem das Rechtsverhältnis des „unkündbaren Angestellten bzw. Arbeiters" (mind. 15 Dienstjahre, frühestens nach Vollendung des 40. Lebensjahres, mind. die Hälfte der regelmäßigen Arbeitszeit einer Vollzeitkraft) festgelegt ist. Hier kann lediglich eine außerordentliche (fristlose) Kündigung aus in seiner Person oder in seinem Verhalten liegenden Gründen erfolgen. Die ordentliche Kündigung ist damit quasi ausgeschlossen. Nach bisher vorliegenden Erkenntnissen soll diese Bestimmung ab 1. 10. 2005 auch in den TvöD übernommen werden.

*Grundsätzlich kennt das Arbeitsrecht folgende Kündigungsgründe:* 154

***Kündigungsgründe***

| *personenbedingte Gründe* | *verhaltensbedingte Gründe* | *betrieblich bedingte Gründe* |
|---|---|---|
| bei Fehlen einer persönlichen Eigenschaft | persönliches Fehlverhalten | bei dringendem betrieblichem Erfordernis |
| z.B. mangelnde Leistungsfähigkeit (geistig/körperlich)<br>– längere Krankheit, auch Alkohol- und Drogenabhängigkeit | z.B. Alkoholkonsum am Arbeitsplatz ohne dass Alkoholismus vorliegt, da sonst krankheitsbedingt, wenn Alkoholverbot angeordnet | z.B. „Outsourcing" |

Die betrieblich bedingten Kündigungsgründe sind für das vorliegende Thema nicht von Bedeutung und sind daher nur der Vollständigkeit halber aufgezählt worden.

[178] Becker-Schaffner, a. a. O.

**Personenbedingte Kündigung:**

*155* Die krankheitsbedingte (personenbedingte) Kündigung wirft in der Praxis immer wieder Fragen auf, da klare gesetzliche Vorgaben hierzu fehlen. Im Zweifel muss sich der Personalsachbearbeiter durch eine Fülle von Arbeitsrechtsurteilen arbeiten, um eine auf den vorliegenden Einzelfall zutreffende Kündigungsbegründung zu finden. Die Rechtsprechung hat daher seit Ende der 80er Jahre ein Prüfschema entwickelt, nachdem die Voraussetzungen für eine personenbedingte Kündigung abzuklopfen sind.

Bei der krankheitsbedingten außerordentlichen Kündigung sind folgende Prüfungsstufen zu durchlaufen und positiv abzuhaken, um einen „wichtigen Grund" festzustellen:

- hinsichtlich des voraussichtlichen Gesundheitszustandes muss eine negative Prognose (auch künftig durch die Fortdauer der Krankheit längere Personalausfallzeiten) vorliegen (diese Prognose ist anhand der vorliegenden Fakten / Daten, aber z. B. auch durch den Amtsarzt feststellbar)
- durch die Suchterkrankung des AN muss eine erhebliche Beeinträchtigung betrieblicher Interessen (z. B. hohe Lohnfortzahlungskosten, zusätzliche Kosten durch Personalersatzkräfte) vorliegen (der AG muss in einem Arbeitsgerichtsverfahren den Nachweis hierüber führen) und
- es muss eine sorgfältige Interessenabwägung zwischen dem dienstlichen bzw. betrieblichen Interesse an einem störungsfreien Dienstbetrieb und dem persönlichen Interesse des AN an der Aufrechterhaltung des Arbeitsverhältnisses stattgefunden haben, die zu Gunsten des AG ausgefallen sein muss, d. h. dass dem AG eine Weiterbeschäftigung des AN wegen der finanziellen Belastung des AG und der Störung des betrieblichen Ablaufs unzumutbar ist.

Dieses Prüfschema wird von der Rechtsprechung auch für eine ordentliche personenbedingte (krankheitsbedingte) Kündigung zugrunde gelegt.

*156* Bei der außerordentlichen Kündigung ist zu unterscheiden zwischen

- dem Arbeitnehmer, der den Schutz der §§ 55 BAT bzw. 58 MTArb, 52 BMT-G II (sogen. Unkündbarkeit) noch nicht genießt und
- dem Arbeitnehmer, der diesen Schutz durch eine Beschäftigungszeit von mehr als 15 Jahren (frühestens nach Vollendung des 40. Lebensjahres) genießt.

Bei den „kündbaren" Arbeitnehmern ist eine außerordentliche Kündigung aus personenbedingten (Sucht-)Gründen jederzeit möglich, wenn

- lang andauernde Arbeitsausfallzeiten (länger als 6 Wochen/p.a.),
- häufige Kurzerkrankungen (überdurchschnittliche Ausfallzeiten in den letzten drei Jahren) oder

- krankheitsbedingte deutliche Minderungen der Arbeitsleistung (ggfls. durch Sachverständigen feststellbar)

vorliegen und der AG zweifelsfrei festgestellt hat, dass die Erkrankungen nicht betriebsbedingt sind und aufgrund einer amtsärztlichen Untersuchung eine ungünstige Sozial- bzw. Krankheitsprognose (keine Verhaltens- bzw. Gesundheitsänderung innerhalb eines überschaubaren Zeitraums) abgegeben wird. Entscheidend sind dabei nicht unbedingt der zukünftige Krankheitsverlauf, sondern die voraussichtlichen Personalausfalltage (sog. Fehlzeitenprognose).[179] Das Prüfschema entspricht im Übrigen dem der krankheitsbedingten außerordentlichen Kündigung (s.o.).

Bei den „unkündbaren" Arbeitnehmern ist eine außerordentliche Kündigung aufgrund der tarifvertraglichen Situation nur noch aus personenbedingten oder verhaltensbedingten Gründen möglich, wenn ein „wichtiger Grund" im Sinne des § 626 BGB vorliegt. Bei diesem „wichtigen Grund" handelt es sich um einen unbestimmten Rechtsbegriff, der vom AG im Kündigungsschreiben substantiiert dargelegt werden muss. *157*

**Verhaltensbedingte Kündigung:**

Bei der verhaltensbedingten ordentlichen Kündigung muss ein schuldhaftes (i.d.R. steuerbares) Fehlverhalten des AN vorliegen. Diese liegt insbesondere vor, wenn *158*

- ein vorwerfbares, damit schuldhaftes (außer-) dienstliches Verhalten nachgewiesen wird
- eine Minderung der Arbeitsleistung aufgrund des (böswilligen) Verhaltens des AN, wie z. B. Alkoholgenuss während der Arbeitszeit trotz vorausgegangener Abmahnung oder
- die Verletzung einer vertraglichen (Neben-) Pflicht, wie z. B. Alkoholverbot im Dienst oder ständiger Verstoß (z. B. schlampige, schmutzige Kleidung) gegen eine bestehende „Kleiderordnung" etwa im Bürger-Center einer Gemeinde oder an der Rezeption eines Klinikums, vorliegt und
- eine Änderung des Verhaltens des AN in der Zukunft nicht zu erwarten ist.

Hierbei ist zu beachten, dass vor einer verhaltensbedingten Kündigung grundsätzlich eine Abmahnung zu erfolgen hat. Ausnahme: Wenn vor- *159*

[179] LAG Hamm, Urteil vom 24. 6. 1999, 9 Sa 2071/98, Juris Arbeitsrecht Premium (CD04V15)

herzusehen ist, dass eine Abmahnung keine Verhaltensänderung bewirken würde. Die Beweispflicht liegt in diesem Fall beim Arbeitgeber.

Des Weiteren muss der Grundsatz der Verhältnismäßigkeit, d.h. erreichen niederschwelligere Maßnahmen den gleichen Zweck berücksichtigt werden.

Eine außerordentliche Kündigung aus verhaltensbedingten Gründen ist z.B. dann zulässig, wenn trotz vorheriger Abmahnung weiterhin gegen ein bestehendes Alkoholverbot verstoßen wird, ohne dass eine Alkoholkrankheit vorliegt.

**Wiedereinstellungsanspruch:**

*160* In der unter Rn. 245 als Muster abgedruckten Dienstvereinbarung mit Stufenplan ist ein Wiedereinstellungsanspruch bzw. Einstellungszusage des AN aufgenommen worden für den Fall, dass er nach erfolgreich abgeschlossener Therapie innerhalb eines bestimmten Zeitraums (vorliegend ein Jahr) den Nachweis der Abstinenz führt. Dieser Wiedereinstellungsanspruch unter den vorgenannten Voraussetzungen (Entkräftung der Fehlzeitenprognose) ist inzwischen durch die Rechtsprechung des BAG, Urteil vom 17. 6. 1999 – 2 AZR 639/98 – ausdrücklich sanktioniert worden.[180]

### *3.5 Fallbeispiele aus der Praxis*

*161* *Die Leitsätze der mitgeteilten Rechtsprechung sind nachfolgend auf die themenbezogenen Aussagen verkürzt dargestellt. Die in diesem Buch zur Orientierung des Lesers den Urteilen vorangestellten Überschriften sind nicht immer amtlich mitgeteilt. Anmerkungen des Verfassers hierzu sind kursiv dargestellt.*

*Zur besseren Übersicht werden die Fallbeispiele der Verstöße gegen arbeitsvertragliche Pflichten in Alkoholdelikte und in Drogendelikte unterteilt. Zunächst:*

*162* **Alkoholdelikte:**

**Personenbedingte Kündigung wegen Alkoholerkrankung**

1. Zur Beurteilung der Wirksamkeit einer auf Alkoholerkrankung gestützten Kündigung sind die Grundsätze anzuwenden, die von der Rechtsprechung zur sog. krankheitsbedingten Kündigung entwickelt worden sind.

---

[180] Juris, Arbeitsrecht Premium (CD04V15)

2. Ist der alkoholkranke Arbeitnehmer zum Zeitpunkt der Kündigung nicht bereit, sich einer Entziehungskur zu unterziehen, so ist mit der Wiederherstellung der Arbeitskraft in absehbarer Zeit objektiv nicht zu rechnen.

LArbG Hamm, Urteil vom 30. August 1985 – 16 (11) Sa 920/84[181]

**Außerordentliche Kündigung wegen Alkoholismus; Zur Frage des Alkoholtests** *163*

*Das vorliegende Urteil beschäftigt sich mit einem Angestellten einer Kommune, der in einem Eigenbetrieb dieser Kommune beschäftigt ist und dem Kreis der „unkündbaren" Angestellten zuzurechnen ist. Es setzt sich hier mit der Problematik der krankheitsbedingten außerordentlichen Kündigung, insbesondere mit dem unbestimmten Rechtsbegriff des „wichtigen Grundes" aus dem Kündigungsrecht auseinander.*

1. Eine krankheitsbedingte Beeinträchtigung infolge Alkoholismus kommt im Falle sog. Unkündbarkeit (§ 54, § 55 Abs. 1 BAT) je nach den Umständen auch als wichtiger Grund im Sinne von § 54 BAT, § 626 BGB in Betracht.
2. Will sich der Arbeitnehmer bei einem aufgrund objektiver Anhaltspunkte bestehenden Verdachts einer Alkoholisierung im Dienst mit Hilfe eines Alkoholtests entlasten, muss er in der Regel einen entsprechenden Wunsch von sich aus – schon wegen des damit verbundenen Eingriffs in sein Persönlichkeitsrecht – an den Arbeitgeber herantragen (im Anschluss an BAG Urteil vom 26. Januar 1995 – 2 AZR 649/94 – AP Nr. 34 zu § 1 KSchG 1969 Verhaltensbedingte Kündigung).

BAG, Urteil vom 16. September 1999 – 2 AZR 123/99[182]

**Gehaltsfortzahlung bei Alkoholabhängigkeit (Rückfall)** *164*

Hat der an Alkoholabhängigkeit (Alkoholismus) erkrankte Arbeitnehmer sich einer stationären Entziehungskur unterzogen, ist er dabei über die Gefahren des Alkohols für sich aufgeklärt worden und ist es ihm anschließend gelungen, für längere Zeit (mehrere Monate) abstinent zu bleiben, dann kann ein schuldhaftes Verhalten im Sinne des Entgeltfortzahlungsrechts vorliegen, wenn der Arbeitnehmer sich wiederum dem Alkohol zuwendet und dadurch erneut arbeitsunfähig krank wird (Fortsetzung von BAGE 43, 54 = AP Nr. 52 zu § 1 LohnFG).

BAG, Urteil vom 11. November 1987 – 5 AZR 497/86 –[183]

---

[181] Juris, Arbeitsrecht Premium (CD04V13)

[182] Juris, Arbeitsrecht Premium (CD04V13)

[183] ZTR 1988, S. 146

*165* **Außerordentliche Änderungskündigung gegenüber trunksüchtigem Dienststellenleiter**

Alkoholbedingte Pflichtverletzungen eines rückfällig gewordenen trunksüchtigen Dienststellenleiters als verhaltensbedingter Kündigungsgrund nach § 55 Abs. 1 BAT.

BAG, Urteil vom 7. Dezember 1989 – 2 AZR 134/89[184]

*166* **Verhaltens- bzw. personenbedingte Kündigung bei Verweigerung routinemäßiger Blutuntersuchung**

*Das nachfolgend dargestellte Urteil stellt klar, dass ein Eingriff in das Grundrecht auf körperliche Unversehrtheit (Blutentnahme) nur aufgrund eines Gesetzes, eines (Tarif-)Vertrages oder bei Vorliegen von Tatsachen, die den konkreten Verdacht auf das Vorliegen einer Alkohol- oder Drogenabhängigkeit rechtfertigen, erfolgen darf. Hierzu und zur Frage der Kündigungsgründe sind weitere interessante Ausführungen gemacht worden.*

Ein Arbeitnehmer ist regelmäßig nicht verpflichtet, im laufenden Arbeitsverhältnis routinemäßigen Blutuntersuchungen zur Klärung, ob er alkohol- oder drogenabhängig ist, zuzustimmen.

BAG, Urteil vom 12. August 1999 – 2 AZR 55/99 – (Vorinstanz: LAG Hamm, Urt. vom 2. 11. 1998 – 19 Sa 853/98 –)[185]

*167* **Zur weiteren Verdeutlichung der Problematik folgende Einzelfälle in Leitsätzen:**

**Krankheitsbedingte Kündigung bei Alkoholabhängigkeit; Wiedereinstellungsanspruch?**

1. Eine krankheitsbedingte Kündigung ist nicht schon dann sozial ungerechtfertigt, wenn die bei Zugang der Kündigung negative Prognose durch spätere Ereignisse in Frage gestellt wird (vgl. Senatsurteil vom 29. April 1999 – 2 AZR 431/98 –, zur Veröffentlichung vorgesehen).

2. Für die Begründung der Voraussetzungen eines Wiedereinstellungsanspruchs nach einer wirksamen krankheitsbedingten Kündigung genügt es nicht, dass der darlegungs- und beweispflichtige Arbeitnehmer Tatsachen vorträgt, die die negative Gesundheitsprognose erschüttern; vielmehr kommt ein Wiedereinstellungsanspruch allenfalls dann in Betracht, wenn nach dem Vorbringen des Arbeitnehmers von einer positiven Gesundheitsprognose auszugehen ist.

BAG, Urteil vom 17. Juni 1999, 2 AZR 639/98 – (Vorinstanz: LAG Hamburg, Urt. vom 10. 2. 1998 – 3 Sa 40/97 –)[186]

---

[184] Juris, Arbeitsrecht Premium (CD04V13)

[185] ZTR 2000, S. 39

[186] ZTR 2000, S. 84

**Verschulden bei Alkoholerkrankung im Rückfall** *168*

Bei Alkoholerkrankung im Rückfall ist anzunehmen, dass den Arbeitnehmer ein Verschulden an der Erkrankung trifft, das den Lohnfortzahlungsanspruch ausschließt, wenn der Arbeitnehmer nicht besondere Umstände darlegt, aus denen sich ergibt, dass ihn kein Verschulden an der wiederholten Alkoholerkrankung trifft.

LArbG Frankfurt, Urteil vom 28. April 1986 – 1 Sa 521/85[187]

**Krankengeld-Rückforderungsrecht bei Alkoholgenuss** *169*

Eine Behörde, die einem Angestellten nach einem Verkehrsunfall Krankengeld gezahlt hat, kann dieses zurückfordern, wenn der Angestellte schon bei seiner ersten Vernehmung zugegeben hat, vor dem Unfall Alkohol genossen zu haben.

ArbG Celle, Urteil vom 28. November 1974 – 1 Ca 805/74[188]

**Lohnfortzahlung für Alkoholiker nach Kfz-Unfall** *170*

Bundesarbeitsgericht, Urteil vom 30. 3. 1988 – 5 AZR 42/87[189]

**Fristlose Entlassung bei privater Trunkenheitsfahrt** *171*

Trunkenheit am Steuer kann auch dann ein Grund zur fristlosen Entlassung eines im Postomnibusverkehr tätigen Arbeiters sein, wenn der Arbeiter sich in seinem Urlaub im angetrunkenen Zustand ans Steuer seines Privatwagens gesetzt hat.

BAG, Urteil vom 22. August 1963 – 2 AZR 114/63[190]

**Wegeunfall durch Alkoholgenuss** *172*

Urteil des BSG vom 6. April 1989 – 2 RU 69/87 –

Nach der ständigen Rechtsprechung des Bundessozialgerichts (BSG) schließt die auf Alkoholgenuss zurückzuführende Fahruntüchtigkeit eines Kraftfahrers den Schutz der gesetzlichen Unfallversicherung aus. Dabei muss mit an Gewissheit grenzender Wahrscheinlichkeit nachgewiesen sein, dass die alkoholbedingte Fahruntüchtigkeit die allein wesentliche Unfallursache gewesen ist. Ein Gutachten zur Bestimmung der Blutalkoholkonzentration kann durch konkrete Feststellungen soweit entkräftet werden, dass die alkoholbedingte Fahruntüchtigkeit nicht als die allein wesentliche Ursache für den Unfall anzusehen ist.

---

[187] Juris a. a. O.

[188] Juris a. a. O.

[189] Betriebs-Berater 1988, S. 1464

[190] Juris a. a. O.

Die Grenze für die absolute Fahruntüchtigkeit eines Kraftfahrers hat das BSG bisher in Übereinstimmung mit der strafrichterlichen Rechtsprechung bei einem Blutalkoholgehalt von 1,3 Promille angenommen. Der vierte Strafsenat des Bundesgerichtshofs (BGH) hat nunmehr am 28. Juni 1990 – 4 StR 297/90 – entschieden, dass ein Kraftfahrer bereits mit einem Blutalkoholgehalt von 1,1 Promille absolut fahruntüchtig ist. Der früheren Rechtsprechung des BGH lagen ein Grundwert von 1,1 Promille und ein Sicherheitszuschlag von 0,2 Promille für nicht zu vermeidende Ungenauigkeiten beim Messen des Alkoholgehalts im Blut zugrunde. Die Herabsetzung des Grenzwertes wurde damit begründet, dass die bisherigen Ergebnisse der Alkoholforschung neu bewertet würden und auf Grund eines aktuellen Gutachtens des Bundesgesundheitsamtes zur Messgenauigkeit der Sicherheitszuschlag auf 0,1 Promille zu reduzieren sei.[191]

*173* **Drogendelikte:**

**Die Drogensucht eines Arztes rechtfertigt ein Berufverbot**

*Der vorliegende Fall behandelt einen besonders schwerwiegenden Fall des Missbrauchs einer Vertrauensstellung hier: Not- und Bereitschaftsarzt sowie Anästhesist in einem Kreiskrankenhaus, der den Diebstahl von Opiaten in 16 Fällen beging, um seine Rauschmittelsucht zu befriedigen. Dabei verließ er mehrmals den Operationssaal und den sterilen Bereich, um sich die Opiate zu injizieren. Ohne die Kleidung und Schuhe zu wechseln, kehrte er in den sterilen Bereich und Operationssaal zurück, um weiter zu assistieren (Urteil abgedruckt in NStZ-RR 2001, S. 16).*

OLG Frankfurt a. M., Urteil vom 7. Dezember 1999 – 2 Ss 259/99 –

Die Voraussetzungen für das Anordnen eines Berufverbots gem. § 70 StGB liegen vor, wenn ein an einem Krankenhaus angestellter Anästhesist für die Behandlung von Patienten bereitgehaltene Opiate stiehlt, sie sich während der Dienstzeit injiziert und unter dem Einfluss dieser Opiate seinen Dienst versieht.[192]

*174* **Drogen am Arbeitsplatz sind Grund zur fristlosen Kündigung**

Arbeitsgericht Frankfurt am Main, Urteil vom 31. August 2000, – 9 Ca 9441/99 –

Wird ein Arbeitnehmer an seinem Arbeitsplatz mit Drogen angetroffen, so kann er fristlos gekündigt werden, weil sich der Mitarbeiter durch den Besitz der Drogen strafbar macht. Nach Ansicht des Arbeitsgerichts spielt es keine Rolle, ob die Drogen für den Eigenkonsum mit in den Betrieb ge-

---

[191] SiöD 1990, S. 13

[192] NJW 2001, S. 908

bracht wurden oder damit gedealt werden sollte. Allein der Umstand, dass der Mitarbeiter durch den Drogenbesitz eine Straftat am Arbeitsplatz begeht, rechtfertigt, dass der Arbeitgeber mit der sofortigen Beendigung des Arbeitsverhältnisses durch eine fristlose Kündigung reagieren darf.[193]

Der Genuss von Betäubungsmitteln (Cannabis) eines Heimerziehers gemeinsam mit einem ihm anvertrauten Heiminsassen trotz Drogenverbot kann eine schwerwiegende Pflichtverletzung darstellen (auch bei nur zweimaligen Rauchen), wenn die Pflichtwidrigkeit für den AN ohne weiteres erkennbar war, die als wichtiger Grund für eine außerordentliche Kündigung anzusehen ist (BAG, NZA 2001, S. 383)[194]

## 4. Das Schwerbehindertenrecht

Im Rahmen dieser Abhandlung darf auch das Problem Sucht und Schwer- 175
behinderung nicht ausgeklammert werden, da gerade der öffentliche Dienst und die „angeglichenen" Betriebe und Verwaltungen hier eine Vorbildrolle bei der Beschäftigung von Schwerbehinderten besitzen, obwohl einige Verwaltungen ihre gesetzliche Pflichtquote von 5 % nach den §§ 71–78 SGB IX nicht (ein Drittel der beschäftigungpflichtigen Unternehmen haben noch immer keinen einzigen schwerbehinderten Menschen eingestellt![195]) nicht erfüllen.

Da es sich bei den Schwerbehinderten ebenfalls um einen Kollegenkreis handelt, der von diesem Suchtproblem nicht unberührt bleibt, soll diese Thematik an dieser Stelle auch erwähnt werden. Alkohol und Schwerbehinderung können deshalb hier auf zweierlei Weise zusammenhängen: Zum einen, wenn eine Alkoholkrankheit zur Schwerbehinderung führt, zum anderen, wenn Schwerbehinderte alkoholkrank sind.

Mit in Kraft treten des *Sozialgesetzbuches IX* (SGB IX) zum 1. 7. 2001 ist das bis dahin geltende *Schwerbehindertengesetz* (SchwbG) abgelöst worden (s. hierzu auch die Ausführungen zur ICF unter Rn. 32). Dieses 9. Buch (SGB IX) trägt den Titel „Rehabilitation und Teilhabe behinderter Menschen" und gliedert sich in zwei Teile. Im ersten Teil dieses Buches sind die Leistungen zur medizinischen Rehabilitation und zur Teilhabe am Arbeitsleben bzw. dem Leben in der Gemeinschaft sowie die unterhaltssichernden und ergänzenden Leistungen geregelt. Im zweiten Teil sind die Regelungen enthalten, die früher im *Schwerbehindertengesetz* enthalten waren.

---

[193] Die Welt vom 17. 3. 2001

[194] Schwab, Aktuelle Fragen des Kündigungsrechts, DÖD 2003, S. 127 ff.

[195] Das Parlament Nr. 3/4 vom 19./26.1.2004

Es beinhaltet einige Verbesserungen der Rechtstellung Behinderter aber auch eine Erleichterung der Geltendmachung ihrer Rechte wie z.B. das neue bzw. erweiterte Klagerecht für die Verbände behinderter Menschen. Damit verknüpft sind aber auch eine Reihe von sprachlichen Änderungen bzw. Begriffsänderungen. So ist z.B. der Begriff „Hauptfürsorgestelle" ersetzt worden durch das „Integrationsamt", der „Schwerbehinderte" wurde zum „schwerbehinderten Menschen" und die „psychische Behinderung" wurde zur „seelischen Behinderung". Der wichtigste Aspekt scheint aber ein psychologischer zu sein, nämlich die Einbettung in das Gesamtwerk der sozialen Sicherung in Deutschland, damit Aufgabe der bisherigen „sondergesetzlichen" Rolle.

Allerdings sind durch das am 1. 5. 2004 in Kraft getretene *Gesetz zur Förderung der Ausbildung und Beschäftigung von schwerbehinderten Menschen* (BGBl. I S. 606) die im SGB IX enthaltenen Vorschriften für schwerbehinderte Menschen in Bezug auf ihre Sicherheit in der Arbeitswelt tlw. z.B. durch Einschränkungen im Kündigungsschutz bei Betriebsstilllegungen (§ 89 Abs. 1 S. 1 SGB IX) und Insolvenzverfahren (§ 89 Abs. 3 SGB IX) verschlechtert worden. Eine Verbesserung hat andererseits die Neuregelung des besonderen Kündigungsschutzes ergeben, so z.B. die Änderung des § 84 Abs. 2 SGB IX, da die Dauer der Erkrankung innerhalb eines Jahres, die für das Eingliederungsmanagement entscheidend ist, von zwei Monaten auf sechs Wochen gesenkt wurde (näheres s.u. Rn 184/185). Die im Rahmen dieses Eingliederungsmanagements getroffenen Maßnahmen sind im Übrigen auch durch die Integrationsämter förderungsfähig.

*(Anm. d. Verf.: Bei der Darstellung dieser speziellen Problematik wird mit freundlicher Genehmigung des Herausgebers tlw. aus dem Arbeitsheft Nr. 15, „Alkoholprobleme am Arbeitsplatz" mit grundsätzlichen Anmerkungen zu: (...) – Alkoholerkrankung und Schwerbehinderung – des Landschaftsverbandes Rheinland, Hauptfürsorgestelle, Landeshaus, 50679 Köln zitiert, ohne jeweils die konkreten Zitate im Einzelnen zu benennen. Diese Schrift ist durch die zwischenzeitlich eingetretenen Rechtsänderungen (s.o.) in dieser Hinsicht nicht mehr aktuell. Eine überarbeitete Neuauflage ist z.Zt. leider nicht vorgesehen. )*

### *4.1 Alkohol- und Drogenabhängigkeit als Schwerbehinderung*

*176* Es gehört zum gesicherten Allgemeinwissen, dass Alkoholmissbrauch zu gesundheitlichen Schädigungen führt (s. hierzu auch unter Rn. 237).

Erfolgt dieser Missbrauch über einen Zeitraum, der von dem jeweiligen Organismus nicht mehr toleriert werden kann, entstehen Organschäden mit entsprechenden Folgen für den Körper.

Diese Organschäden mit den einhergehenden körperlichen Folgen werden von dem jeweils zuständigen Versorgungsamt hinsichtlich ihres Grades der Behinderung (GdB) unter Einbeziehung der „Anhaltspunkte für die ärztliche Gutachtertätigkeit“ des Bundesministeriums für Gesundheit und Soziale Sicherung (Stand: April 2004)) bewertet und qualifiziert.

In dieser Richtlinie (S. 48) wird die Alkoholkrankheit wie folgt definiert:

„Eine Alkoholkrankheit liegt vor, wenn ein chronischer Alkoholkonsum zu körperlichen oder psychischen Schäden geführt hat.“

In der gleichen Richtlinie (S. 48/49) gilt für die Drogenabhängigkeit folgende Definition: „Eine Drogenabhängigkeit liegt vor, wenn ein chronischer Gebrauch von Rauschmitteln zu einer körperlichen und/oder psychischen Abhängigkeit mit entsprechender psychischer Veränderung und sozialen Einordnungsschwierigkeiten geführt hat.“

In der vorgenannten Richtlinie wird „Behinderung“ wie folgt definiert und *177*
erläutert:

„Menschen sind behindert, wenn ihre körperlichen Funktion, geistige Fähigkeit oder seelische Gesundheit mit hoher Wahrscheinlichkeit länger als sechs Monate von dem für das Lebensalter typischen Zustand abweichen und daher ihre Teilhabe am Leben in der Gemeinschaft beeinträchtigt ist.

Die Auswirkungen auf die Teilhabe am Leben in der Gemeinschaft werden als Grad der Behinderung (GdB) nach Zehnergraden abgestuft festgestellt. Eine Feststellung ist nur zu treffen, wenn ein GdB von wenigstens 20 vorliegt.“

Ergänzend dazu heißt es:

Die Versorgungsämter stellen über den GdB die jeweilige Minderung der Erwerbsfähigkeit (MdE) fest. Beide Begriffe werden nach den gleichen Grundsätzen bemessen. Sie unterscheiden sich nur dadurch, dass die MdE kausal (nur auf Schädigungsfolgen) und der GdB final (auf alle Gesundheitsstörungen unabhängig von ihrer Ursache) bezogen sind. Beide Begriffe haben die Auswirkungen von Funktionsbeeinträchtigungen in allen Lebensbereichen und nicht nur die Einschränkungen im allgemeinen Erwerbsleben zum Inhalt.

Liegen mehrere Funktionsbeeinträchtigungen vor, so sind zwar (...) Einzel-GdB/MdE-Grade anzugeben; bei der Ermittlung des Gesamt-GdB/MdE-Grades durch alle Funktionsbeeinträchtigungen dürfen jedoch die einzelnen Werte nicht addiert werden. Auch andere Rechenmethoden sind für die Bildung eines Gesamt-GdB/MdE-Grades ungeeignet. Maßgebend sind die Auswirkungen der einzelnen Funktionsbeeinträchtigungen in ihrer Gesamtheit unter Berücksichtigung ihrer wechselseitigen Beziehungen zueinander.

Beim Vorliegen einer *Alkoholkrankheit* ist eine MdE-Bewertung vor allem von dem Organschaden und seinen Folgen (z.B. Leberschaden, Polyneuropathie, organisch-psychische Veränderungen, hirnorganische Anfälle) abhängig. So ist z.B. bei nachgewiesener Alkoholabhängigkeit mit Kontrollverlust und erheblicher Einschränkung der Willensfreiheit der Gesamt-GdB/MdE-Grad aufgrund der Folgen des chronischen Alkoholkonsums nicht niedriger als 50 v.H. zu bewerten.

Ist bei nachgewiesener Abhängigkeit eine Entziehungsbehandlung durchgeführt worden, muss eine Heilungsbewährung abgewartet werden (im allgemeinen zwei Jahre). Während dieser Zeit ist in der Regel ein GdB/MdE-Grad von 30 anzunehmen, es sei denn, dass der Organschaden noch einen höheren GdB/MdE-Grad bedingt.

Wenn nun eine sorgfältige Prüfung der Umstände des Einzelfalls ergibt, dass etwa die Missachtung des Alkoholverbots oder die alkoholbedingten Arbeitsfehler Auswirkungen dieser Behinderung sind, ist der Schutzzweck des SGB IX in gleicher Weise zu beachten, wie es bei Arbeitseinschränkungen infolge einer Körperbehinderung oder bei Kommunikationsproblemen mit einem Gehörlosen geboten ist.[196]

Beim Vorliegen einer *Drogenabhängigkeit* ist der GdB/MdE-Grad je nach psychischer Veränderung und sozialen Anpassungsschwierigkeiten auf mindestens 50 einzuschätzen.

### *4.2 Schwerbehinderung und Alkohol*

*178* Wie bereits wiederholt dargestellt, ist jeder Verstoß gegen ein Alkoholverbot ein Verstoß gegen die arbeitsvertraglichen Pflichten. Aber auch ohne ausdrückliches Alkoholverbot darf der Arbeitnehmer keinen Alkohol (gleiches gilt natürlich auch für Drogen) zu sich nehmen, wenn er dadurch seine arbeitsvertraglichen Aufgaben nicht mehr ordnungsgemäß erfüllen kann. Dies gilt selbstverständlich und besonders auch für schwerbehinderte Arbeitnehmer und Beamte.

Dies vorausgeschickt muss weiterhin auf die besondere Problematik der Eingliederung von schwerbehinderten Menschen hingewiesen werden.

Die Eingliederung schwerbehinderter Menschen in das Arbeitsleben hängt oft davon ab, wie weit es gelingt, die mit der Behinderung verbundenen Beeinträchtigungen und Nachteile auszugleichen. Es bedarf daher einer sorgfältigen Prüfung, wo die Beeinträchtigungen liegen und welche Auswirkungen sie für den konkreten Arbeitsplatz haben. Besteht zwischen

---

196 Alkoholprobleme am Arbeitsplatz, Hrsg. LV Rheinland (1996)

einem Problem am Arbeitsplatz und der Behinderung kein Zusammenhang, bedeutet dies nicht, dass sich der schwerbehinderte Mensch auf Lösungsmöglichkeiten außerhalb des SGB IX verweisen lassen muss. Mit der begleitenden Hilfe im Arbeits- und Berufsleben sollen generelle Schwierigkeiten bei der Beschäftigung verhindert oder beseitigt werden (§ 33 ff. SGB IX – Leistungen zur Teilhabe am Arbeitsleben –).

Gleichwohl ist die Unterscheidung, ob es sich um behinderungsbedingte Nachteile oder sonstige Probleme handelt, von Bedeutung. Gerade die behinderungsbedingten Wettbewerbsnachteile (im beruflichen Wettbewerb) sollen nach dem Willen des Gesetzgebers ausgeglichen werden. Den Arbeitgeber trifft hier somit eine gesteigerte Fürsorgepflicht.

Der Staat hat diesen Ausgleich durch die Bestimmungen des allgemeinen Kündigungsschutzes nach dem KSchG und den des besonderen Kündigungsschutzes nach den §§ 85 bis 92 SGB IX versucht darzustellen. Grundsätzlich lässt sich hierzu feststellen, dass im Rahmen der *personenbedingten Kündigung* auch schwerbehinderten Menschen bei häufigen (Kurz-) Erkrankungen oder auch bei langandauernder Krankheit ordentlich gekündigt werden kann, wobei ähnlich wie bei den übrigen AN u. a. eine negative Gesundheitsprognose (s. Rn 155) festgestellt worden sein muss, die zu einer erheblichen Beeinträchtigung der betrieblichen Interessen führen muss. Die Anforderungen an die erheblichen betrieblichen Interessen sind hier natürlich höher gesetzt (z. B. unzumutbare betriebliche oder wirtschaftliche Belastung) als bei den übrigen AN.

So fordert der Schutzzweck des SGB IX auch bei der Alkoholproblematik *179*
die Unterscheidung, ob es einen behinderungsbedingten Zusammenhang gibt oder ob der Sachverhalt losgelöst von einer Behinderung ist.

Verstößt eine schwerbehinderter Mensch gegen das Alkoholverbot oder liefert er unter Alkoholeinfluss ein schlechtes Arbeitergebnis ab, ohne dass dieses Verhalten mit einer Behinderung im Zusammenhang steht, so ist der Schutz des SGB IX nicht mehr gegeben und der Arbeitgeber wird ihn genauso behandeln wie einen nichtbehinderten Arbeitnehmer in der gleichen Situation. Das Gleiche gilt für die Interessenvertretung durch Personalrat bzw. Betriebsrat. Auch die rechtlichen Möglichkeiten der Schwerbehindertenvertretung sowie des Integrationsamtes sind dann stark eingeschränkt.

In der Praxis ist immer wieder zu beobachten, dass schwerbehinderte Menschen besonderen Wert darauf legen, in der Arbeitswelt mit den nichtbehinderten Kollegen in vollem Umfang gleichgestellt zu werden. Dies führt oft dazu, dass schwerbehinderte Menschen ihre behinderungsbedingten Minderleistungen durch erhöhte Arbeitsanstrengungen ausgleichen oder zumindest auszugleichen versuchen, so dass in diesen Fällen die Schwerbehindertenvertretung „regelnd“ eingreifen muss oder zumindest sollte, um den schwerbehinderten Menschen vor gesundheitlichen Schäden zu bewahren.

Bei der zuvor geschilderten Alkoholproblematik ist dann vielfach ein ernstes, aufklärendes Gespräch der Schwerbehindertenvertretung mit dem schwerbehinderten Menschen eine gute Möglichkeit, ihn „bei der Ehre zu packen" und auf die möglichen rechtlichen Konsequenzen hinzuweisen.

### *4.3 Fallbeispiel aus der Praxis*

*180* Außerordentliche Kündigung eines schwerbehinderten Arbeiters im öffentlichen Dienst – Zusammenhang zwischen Behinderung und Kündigungsgrund

*Dieses Urteil des VGH beschäftigt sich mit der außerordentlichen Kündigung eines schwerbehinderten Arbeiters bei der Deutschen Bundesbahn, der wegen wiederholter Verstöße gegen seine arbeitsvertraglichen Pflichten (u. a. Einbruch, Scheckdiebstahl aus dem Spind eines Kollegen) außerordentlich gekündigt wurde und dem wegen einer im Verfahren offenbar gewordenen Alkoholabhängigkeit Milderungsgründe zuerkannt werden sollten.*

*Bei weitergehendem Interesse ist das Urteil anhand der Fundstelle in der Fußnote leicht aufzufinden.*

1. Der Senat neigt gegen OVG Münster, Urteil vom 15. 5. 1986 – 10 A 760/84 – der Auffassung zu, dass im Sinne von § 18 Abs. 4 SchwbG F: 1979 (= § 21 Abs. 4 SchwbG nF) nur amtlich festgestellte Behinderungen mit einem Kündigungsgrund in Zusammenhang stehen können (hier letztlich offengelassen).

2. Zum atypischen Fall, der ausnahmsweise eine pflichtgemäße Ermessensentscheidung der Hauptfürsorgestelle über die Erteilung der Zustimmung zur außerordentlichen Kündigung eines Schwerbehinderten gebietet.

Verwaltungsgerichtshof Baden-Württemberg, Urteil vom 3. Mai 1993 – 7 S 2773/92[197]

---

[197] Juris, Arbeitsrecht Premium (CD04V13)

## E. Alkohol- und Drogenmissbrauch im öffentlichen Dienst – Dienstherr/Arbeitgeber –

### 1. Vorbemerkung

Unter diesem Kapitel werden die Suchtprobleme aus der Sicht des Dienstherrn/Arbeitgebers dargestellt. Die wirtschaftlichen Auswirkungen der Sucht am „öffentlichen Arbeitsplatz" sind bereits unter Rn. 39 dargelegt worden, so dass nachfolgend die sozialen Verpflichtungen des Dienstherrn/Arbeitgebers (auch bekannt als die sog. Fürsorgepflicht) und seine verschiedenen Präventionsmöglichkeiten beleuchtet werden sollen. Dabei werden die Präventions- und Hilfsprogramme der Verwaltung/des Betriebes nicht unter dem finanztechnischen Kostengesichtspunkt betrachtet, sondern als ein humanes, motivationsförderndes und leistungssteigerndes Instrument eines modernen Personal- und Führungsmanagements angesehen. Aus rechtssystematischen Gründen ist der Bereich der Personalvertretungen ebenfalls hier untergebracht. 181

### 2. Die Fürsorgepflicht des Dienstherrn

Wie bereits unter Rn. 84 dargestellt ist die Treuepflicht (§ 35 BRRG/§ 52 BBG) die Hauptpflicht des Beamten. Ihr gegenüber steht als Pendant die Fürsorgepflicht des Dienstherrn (§ 79 BBG). 182

Danach hat der Dienstherr im Rahmen des Dienst- und Treueverhältnisses für das Wohl des Beamten und seiner Familie, auch für die Zeit nach der Beendigung des Beamtenverhältnisses, zu sorgen. Er schützt ihn bei seiner amtlichen Tätigkeit und in seiner Stellung.

Dieser Text des BBG ist von den Ländern in seiner Grundsubstanz in die LBG'e übernommen worden. Abweichungen stellen nur Marginalien wie z. B. die Verpflichtung des Dienstherrn für die Fortbildung der Beamten zu sorgen (NW) oder Schutz vor politischer Einflussnahme (B-W) dar.

Die Fürsorgepflicht des Dienstherrn ist somit keine „Wohltat des Dienstherrn" oder eine der in den Medien oft zitierten „Beamtenprivilegien" sondern

– sie stellt den Ausgleich zur Pflicht des Beamten zum Einsatz seiner gesamten Persönlichkeit im Dienst (um nicht den etwas antiquiert wirkenden Begriff der „vollen Hingabe an den Beruf" zu gebrauchen) dar und geht deshalb auch über jede Fürsorgepflicht in einem privatrechtlichen Arbeitsverhältnis (vgl. dazu § 618 BGB) hinaus

- sie stellt als Kernverpflichtung des Dienstherrn die Grundlage für alle Vorschriften dar, die sich mit der rechtlichen Stellung des Beamten befassen
- sie ist zur Auslegung des Inhalts der beamtenrechtlichen Bestimmungen im Einzelfall heranzuziehen und
- sie ist insbesondere auch bei Ermessensentscheidungen als Richtlinie für die Ermessensausübung zu beachten (vgl. dazu § 40 VwVfG).[198]

Diese recht umfassende Pflicht des Dienstherrn gehört, ebenso wie die Treuepflicht des Beamten, zu den „hergebrachten Grundsätzen des Berufsbeamtentums" aus Art. 33 Abs. 5 GG und ist daher auch als Generalklausel ausgelegt. Insofern dient sie als sog. Auffangvorschrift bei der Anwendung des Beamtenrechts im Einzelfall, wenn unbestimmte Rechtsbegriffe ausgelegt werden oder Ermessen ausgeübt werden soll.

*183* Im Bereich der Suchtprävention oder -intervention bedeutet diese Pflicht (die ja neben der Fürsorge- auch eine Schutzpflicht darstellt), dem Beamten mit Rat und Tat zur Seite zu stehen und bei medizinisch indizierten Behandlungen auf der Grundlage der Beihilfevorschriften die notwendigen Kosten zu übernehmen.

Dabei kann es durchaus zur Tat im Rahmen der Schutzpflicht gehören, dem Beamten gegenüber ein *Alkoholverbot* und die Aufnahme einer stationären Entzugsbehandlung, den Besuch einer ambulanten Therapie oder einer Alkoholiker- bzw. Suchtselbsthilfegruppe auszusprechen oder sogar durch dienstliche Weisung, nicht durch *Verwaltungsakt*, anzuordnen. Hintergrund dieser Regelung durch innerdienstliche Weisung ist die Auffassung der Verwaltungsgerichte, dass der Dienstherr bei einer Konkretisierung der allgemeinen Beamtenpflichten (Gehorsamspflicht) prinzipiell auf das Mittel der dienstlichen Weisung beschränkt bleibe. Diese sei ohnehin mit dem „Sofortvollzug" ausgestattet.[199]

*184* Auch ist ein behördenintern ausgesprochenes Alkoholverbot gegenüber einem als alkoholgefährdet erscheinenden Beamten (der sich mehrmals nur für einen Tag krank gemeldet und einige Male nach Dienstbeginn telefonisch Urlaub für den betreffenden Tag erbeten hatte sowie an der Erstellung eines ärztlichen Gutachtens nicht mitwirkte) nicht als diskriminierend anzusehen. An der nachträglichen Feststellung der Rechtswidrigkeit des erledigten Verbots bestand kein berechtigtes Interesse des Beamten, da der

[198] Minz/Conze, Recht des öffentlichen Dienstes, S. 127
[199] NVwZ 2000, S. 222

Verdacht und das Alkoholverbot vom Dienstherrn lediglich in einem vertraulichen Personalgespräch geäußert wurden und somit keine Diskriminierung erfolgt ist. Das Gericht bestätigte ausdrücklich die Verpflichtung des Dienstherrn in solchen Fällen im Rahmen der Fürsorge tätig zu werden (BVerwG, Urteil vom 11. 11. 1999 – 2 A 5.98 –).[200]

In der Praxis ist zu beobachten, dass vielfach noch nicht der „richtige Weg“ im Umgang mit Suchtkranken gefunden wurde. Die Maßnahmen bzw. Handlungsweisen der Behörden schwanken oft zwischen Verleugnung des Problems, damit Co-Verhalten, und der vollen Härte des Beamten- und Disziplinarrechts, damit Verzicht auf Unterstützung und letztlich der Fürsorge.

Dass es einen „Königsweg“ bei der Behandlung und im Umgang mit Suchtkranken nicht gibt und aufgrund der Einzelfallproblematik auch nicht geben kann, ist heute in der Fachwelt sicher unbestritten. Eine verständige Auslegung des Fürsorge- und Schutzprinzips des Dienstherrn einerseits und eine gradlinige, konsequente Anwendung des Beamten- und Disziplinarrechts andererseits bilden aber ein gutes Gerüst, um das herum ein effektives „Suchtmanagement“ mit all seinen Möglichkeiten aufgebaut werden kann.

Im Übrigen ist durch das *Gesetz zur Förderung der Ausbildung und Beschäftigung schwerbehinderter Menschen* (BGBl. I S. 606), das Teile des SGB IX geändert hat, seit dem 1. 5. 2004 ein sog. Eingliederungsmanagement vorgeschrieben. Gemäß § 84 Abs. 2 SGB IX gilt diese Vorschrift für alle *Beschäftigten*, damit auch für die Beamten (näheres s. u. Rn 185).

## 3. Die Fürsorgepflicht des Arbeitgebers

Die Fürsorgepflicht des Arbeitgebers (privates Recht) gegenüber seinen *185*
Arbeitnehmern unterscheidet sich nicht nur durch die Rechtssphäre von der Fürsorgepflicht des Dienstherrn (öffentliches Recht), sondern auch inhaltlich ist sie grundlegend anders strukturiert.

Sie basiert auf der Grundlage des privatrechtlichen Arbeitsvertrages und ist Ausfluss des Grundsatzes von Treu und Glauben der §§ 157 und 242 BGB. Die Fürsorgepflicht des Arbeitgebers bildet das Gegenstück zur Treuepflicht des Arbeitnehmers aus dem Arbeitsvertragsverhältnis und stellt ebenso eine Generalklausel mit Verpflichtungscharakter für alle gesetzlichen Pflichten des Arbeitgebers und eine Reihe von Einzelpflichten dar. In der Hauptsache und in Bezug auf die Suchtproblematik gilt sie als Pflicht zur Fürsorge für Leben und Gesundheit des Arbeitnehmers. Diese

[200] Fundstelle Nds 2001/80

wiederum äußert sich in dem Gebot für den Arbeitgeber durch die Erfüllung von Aufklärungs- und Schutzpflichten vermeidbare Schäden vom Arbeitnehmer abzuwenden. Bei allen Maßnahmen des Arbeitgebers sind somit die Interessen des Arbeitnehmers angemessen zu berücksichtigen.

Die Einhaltung der zum Schutz der Arbeitnehmer erlassenen Gesetze und Verordnungen wie z. B. Arbeits- und Betriebsschutzgesetze und -Verordnungen, Mutterschutzgesetz, Jugendarbeitsschutzgesetz wird zwar als öffentlich-rechtliche Verpflichtung des Arbeitgebers angesehen und auch von staatlichen Stellen wie z. B. dem Gewerbeaufsichtsamt überwacht, ist aber auch aus Gründen der Fürsorgepflicht des Arbeitgebers geboten.

So hat auch das LAG Schleswig-Holstein (Urteil vom 28. 11. 1988; DB 1989, S. 630) festgestellt, dass Mitarbeiter, die infolge des Alkoholkonsums nicht mehr in der Lage sind, ihre Arbeit ohne Gefahr für sich oder andere auszuführen, nach § 38 Abs. 2 VBG 1 nicht mehr zu beschäftigen sind. Es handelt sich um ein *absolutes Beschäftigungsverbot.*[201]

Durch das *Gesetz zur Förderung der Ausbildung und Beschäftigung schwerbehinderter Menschen* vom 23. 4. 2004 (BGBl. I S. 606) ist seit dem 1. 5. 2004 ein sog. Eingliederungsmanagement vorgeschrieben. Gemäß § 84 Abs. 2 SGB IX gilt diese Vorschrift für alle Beschäftigten, damit auch für die nichtbehinderten Beschäftigten eines Betriebes oder einer Dienststelle. Diese Vorschrift mit der Überschrift „Prävention" erweitert die Fürsorgepflicht des Arbeitgebers dahingehend, dass Mitarbeitern, die innerhalb eines Jahres länger als sechs Wochen ununterbrochen oder wiederholt arbeitsunfähig sind, mit einem betrieblichen Eingliederungsmanagement geholfen werden muss. Dadurch soll möglichst rechtzeitig durch geeignete Maßnahmen verhindert werden, dass sich Krankheiten manifestieren, chronisch werden und AN möglicherweise invalide bzw. gänzlich arbeitsunfähig werden. Diese Vorschrift ist sicher nicht nur in Bezug auf eine Suchterkrankung sinnvoll, da durch ein frühzeitiges erkennen der Krankheitsursachen und ihrer möglichst raschen Beseitigung (z. B. durch einen leidensgerechten Arbeitsplatz) natürlich auch ein Heilerfolg eher zu erwarten ist.

*186* Hinsichtlich der Suchtprävention kann im Wesentlichen der Inhalt der Verpflichtung des Dienstherrn (s. u. Rn. 182) auch auf den Arbeitgeber übertragen werden. Die Verpflichtung des Arbeitnehmers, einer Weisung seines Arbeitgebers etwa zum Alkoholverbot zu folgen, entspringt dann nicht dem Dienstrecht sondern dem Direktionsrecht des Arbeitgebers. Die verbindliche Wirkung für den Betroffenen allerdings ist identisch.

---

[201] Alkohol am Arbeitsplatz, Heft Nr. 24 LV Westfalen-Lippe (Herausg.), S. 38

Aus dieser Fürsorgepflicht heraus, aber auch aufgrund der gesetzlichen Regelung hat der Arbeitgeber die Verpflichtung, unter Alkoholeinfluss stehende Mitarbeiter entweder von der Arbeitsstelle fernzuhalten bzw. sie von der Arbeitsstelle ohne Eigengefährdung oder Drittgefährdung nach Hause zu „geleiten“. Diese Verpflichtung hat auch der Dienstherr.

Eventuell anstehende Kosten für den „Heimtransport“ sowie der Arbeitsausfall gehen zu Lasten des Arbeitnehmers.

Die Freistellung des Arbeitnehmers (von den tariflichen Regelungen des Sonderurlaubs und der Arbeitsbefreiung einmal abgesehen) für eine ehrenamtliche Tätigkeit, die der Interessenswahrung der Mitarbeiter des Betriebes dient, wie z.B. Arbeit im Suchthelferkreis, ist ebenfalls Ausfluss dieses Fürsorgeprinzips. Das Gleiche gilt natürlich für die Lohnfortzahlung im Krankheitsfall einschließlich eventuell anstehender ärztlich angeordneter Therapien bzw. Kuren.

## 4. Organisatorische Präventions- und Bekämpfungsstrategien

Die Fürsorge des Dienstherrn/Arbeitgebers ist ein wichtiger Baustein bei *187*
der Hilfe für Suchtgefährdete oder -abhängige. Diese Fürsorge tritt aber meistens erst dann ein, wenn der Mitarbeiter schon gefährdet oder sogar schon abhängig ist. Der Volksmund hat auch hier ein Mittel parat, um diese Situation einer Lösung zuzuführen: „Vorbeugen ist besser als heilen“.

Dies ist leichter gesagt als getan. Wie kann aber eine Behörde/ein Betrieb verhindern, dass ein Mitarbeiter suchtabhängig wird?

Im Zweifel kann sie/er es natürlich nicht verhindern. Derjenige Mitarbeiter, der (aus welchen Gründen auch immer) Suchtstoffe konsumieren möchte, wird dies tun, ohne dass dies von Dritten verhindert werden könnte. Wer also etwa aus Kummer und Schmerz über den Tod eines geliebten Menschen abends zu Hause „zur Flasche“ greift, den wird auch der verständnisvollste Vorgesetzte letztlich nicht daran hindern können. Er wird aber die Anzeichen einer Depression und die einhergehenden Symptome eines Suchtverhaltens eher feststellen und entsprechend „gegensteuern“ können, als dies ein desinteressierter Vorgesetzter vermag.

Es gibt aber wesentliche außerhalb der Person des Mitarbeiters liegende, betriebliche Gründe, die stressauslösend sind, krankmachenden Wert besitzen und damit ein erhöhtes Suchtpotenzial bedeuten. Hier ist die Behörden- bzw. Firmenkultur ein bestimmender Faktor bei der Bewertung der betrieblichen Suchtgründe.

Im Rahmen dieser Behörden- bzw. Firmenkultur ist eine Fülle von Mög- *188*
lichkeiten gegeben, ein Klima der Arbeitszufriedenheit herzustellen, das Mitarbeiter und Dienstherrn/Arbeitgeber gleichermaßen zufrieden stellt.

Nachfolgend einige Beispiele dafür:

- Coaching, Mentoring und Mediation als spezielle Hilfsangebote
- ausreichend flexible und auf Vertrauen aufgebaute Arbeitszeitregelung, die auch berufstätige Alleinerziehende entsprechend berücksichtigt
- ständig weiterentwickeltes Aus- und Weiterbildungskonzept
- ein objektiviertes, auf Mitarbeitergruppen zugeschnittenes Beurteilungssystem
- anonymes Vorgesetztenbeurteilungssystem
- Dienstvereinbarung über „Mobbing im Betrieb“ mit entsprechenden Maßnahmestufen und Sanktionsandrohungen sowie institutionalisierten Ansprechpartnern wie z. B. „Konfliktlotsen“ oder Mobbingbeauftragtem
- Einrichtung eines betrieblichen „Arbeitskreises Mobbingprävention“ als betriebliches „Frühwarnsystem“ und zur Erarbeitung von Ausbildungsinitiativen
- verbindliche Leitlinien zur Konfliktbewältigung und über die Zusammenarbeit und Führung im Betrieb
- Dienstvereinbarung über „Sucht im Betrieb“ mit entsprechendem Stufenplan
- Einrichtung eines betrieblichen „Arbeitskreises Sucht“ mit Suchthelferkreis
- umfassendes und aktuelles Mitarbeiterinformationssystem (Intranet, Zeitung, Schwarzes Brett)
- Mitarbeitergespräche zur Erreichung gemeinsamer Ziele
- betriebliches Vorschlagswesen
- Dienstvereinbarung „Gesundheit am Arbeitsplatz“ unter besonderer Berücksichtigung des Schichtdienstes und der schwerbehinderten Menschen
- Einarbeitungs- und Rückkehrerprogramme (z. B. bei längerer Krankheit, Erziehungsurlaub, Entziehungskuren, Dienstunfähigkeit usw.)
- Rotationsmöglichkeit zumindest für Stressjobs (z. B. großer Publikumsandrang mit schwieriger Klientel, Korruptionsgefährdung usw.)
- Supervisionsangebote für spezielle, besonders stressanfällige Berufsgruppen oder Arbeitsfelder (z. B. Rettungssanitäter, Feuerwehrleute, Asylsachbearbeiter, Sozialarbeiter bzw. -pädagogen)
- objektivierte und transparente Leistungsentgelte und -anreize (kein „Nasenfaktor“)
- transparente Personalentwicklungsplanung mit Stärken/Schwächen – Berücksichtigung (z. B. Förderung des Führungsnachwuchses aber auch die Absicherung älterer Mitarbeiter insbesondere in besonders stressanfälligen Berufsgruppen wie z. B. dem EDV/IT-Bereich) ...

Aus dieser beispielhaften Aufzählung wird deutlich, dass es sich hierbei um keine abschließende Liste handelt, sondern dass je nach besonderer Behörden- oder Mitarbeitersituation weitere Maßnahmen denkbar und sicher auch notwendig sind. Auch sollte dabei beachtet werden, dass die meisten dieser Beispiele auf einander aufbauen und sich tlw. sogar gegenseitig bedingen.

Das Institut für Betriebliche Gesundheitsförderung (BGF) hat anlässlich *189*
ihrer Untersuchungen (s. a. u. Rn. 198) immer wieder feststellen können, das Ämter mit einem ausgeprägten „Wir-Gefühl", das durch eine offene und direkte Kommunikation gekennzeichnet ist, sehr niedrige Fehlzeitenquoten haben. Wo jedoch Misstrauen und nicht ausgetragene Konfliktsituationen das Mit- bzw. Gegeneinander kennzeichnen, sind die Fehlzeiten fast immer sehr hoch. Insofern bestätigen sich die Feststellungen der Bertelsmann-Stiftung (1998), wonach Zufriedenheit und Wohlbefinden am Arbeitsplatz entscheidende Faktoren für ein „Gesundes Rathaus" sind (s. a. unter Rn. 23 u. 197).[202]

Zu den präventiven organisatorischen Maßnahmen gehört auf jeden Fall das Alkoholverbot für Betriebe und Verwaltungen, bei denen aufgrund der vorhandenen Arbeitsmittel (z. B. Maschinen, Werkzeuge, Waffen) eine große Verletzungsgefahr besteht oder deren Tätigkeit sich auch auf eine Teilnahme am Straßen-, Schienen-, oder Luftverkehr erstreckt (s. a. unter Rn. 183 und 185). Dazu gehören neben den typischen Betriebshöfen der Straßenreinigungs- und Straßenunterhaltungsbetriebe (Straßenmeistereien) u.ä. Einrichtungen auch und im Besonderen die Verkehrsbetriebe des ÖPNV oder des Fernverkehrs.

In den Betriebsverwaltungen der Deutschen Bahn AG und der ehem. Deut- *190*
schen Bundespost, hier in der Hauptsache Deutsche Post AG und Deutsche Telekom AG, sind die bei der jeweiligen Rechtsvorgängerin in Kraft gesetzten Dienst- und Arbeitsordnungen, was den Bereich der Arbeitssicherheit, insbesondere das Alkoholverbot angeht, weiterhin rechtsgültig. So sind z. B. die ADAB (Allgemeine Dienstanweisung für die Bundesbahnbeamten), die Arbeitsordnungen für Angestellte und Arbeiter (AO/Ang und AO/Arb) für den Bereich der Deutschen Bahn AG und die Tarifverträge der Deutschen Bundespost für Angestellte und Arbeiter, die ebenfalls Bestimmungen über die Arbeitssicherheit, der Unfallverhütung und damit einhergehend ein Alkoholverbot enthalten, ebenfalls noch verbindlich anzuwenden. Zusätzlich ist eine Konzernbetriebsvereinbarung der Deutschen

[202] faktor Arbeitsschutz 2/2000, S. 13

Bahn AG zum Suchtmittelumgang, zum Umgang mit Suchtmittelgefährdung und -abhängigkeit im Unternehmen abgeschlossen worden die

1. allgemeine Hinweise zum Geltungsbereich, dem absoluten Suchtmittelverbot sowie der Ahndung von Verstößen gegen das Gebot und
2. betriebliche Hilfen und Fürsorgemaßnahmen zum Umgang mit suchtgefährdeten bzw. -abhängigen Mitarbeitern

beinhaltet. In diese Regelungen sind auch die zugewiesenen Beamten einbezogen.

(s. hierzu auch unter Dokumentation Rn. 250)

### *4.1 Das betriebliche Suchtkonzept*

*191* Jede Behörde bzw. jeder Betrieb, der sich aktiv der Bekämpfung der Suchtproblematik widmen will, ist gut beraten, wenn sie sich ein, auf die jeweiligen Bedürfnisse und Gegebenheiten zugeschnittenes Konzept, erstellt. Von einem Erlass von Dienstanordnungen oder dem Abschluss von Dienstvereinbarungen ohne vorherige Konzeptfestlegung wird an dieser Stelle ausdrücklich gewarnt, da diese „Regelungen" in ein später notwendig werdendes Konzept sehr schwer zu integrieren wären.

Nachfolgend der Vorschlag für die Initiierung eines betrieblichen Suchtprogramms. Diese Erläuterungen orientieren sich tlw. an den Ausführungen in dem sehr zu empfehlenden Buch „Alkohol und Arbeit" von Dietze[203], ohne dass im Einzelnen darauf noch einmal Bezug genommen wird:

*192* Prämissen:

- Jedem Konzept muss ein Ziel zugrunde liegen, sonst verläuft es planlos und wird letztlich scheitern.
- Die Findung und Formulierung von unternehmerischen Zielen (ist eine klare Aufgabe der Betriebs- bzw. Behördenleitung [Managementaufgabe]).
- Das „unternehmerische" (Behörden-) Ziel der „Reduzierung der betriebsbedingten Suchtauslöser" oder „Abschluss einer Dienstvereinbarung über Suchtprävention und -bekämpfung im Betrieb" sowie der „Gründung eines Suchthelferkreises" ist eine Daueraufgabe, die deshalb auch zur „Chefsache" erklärt werden sollte.
- Um nicht in die psychologische „Routinefalle" zu geraten, müssen kontinuierliche Besprechungen der „Präventionsentscheider" vereinbart und durchgeführt werden. Dabei sollte nicht unbedingt die dienstliche

---

203 nach Dietze, Alkohol und Arbeit, S. 74

Funktion, sondern das persönliche Engagement für die Sache entscheidend sein. Im Zweifel: „Klasse statt Masse".
– Regelmäßige Berichte über Stand und Fortgang an den Behördenchef.

Ablauf: 193

1. Der Behörden- bzw. Betriebsleiter stellt eine Initiativgruppe (sog. Kick-off-Gruppe) aus Teilnehmern aus den sog. Querschnittsämtern (z. B. Personal- und Organisationsamt), dem Personal- bzw. Betriebsrat, dem Amts- oder Betriebsarzt und weiteren engagierten Mitarbeitern (evtl. bekannte trockene Alkoholiker!) zusammen. Zumindest in der Anfangsphase sollte der Behörden-/Betriebsleiter als Mitglied in dieser Gruppe anwesend sein. Ob er später diese Funktion delegieren kann, hängt von seiner selbstkritischen Einschätzung der dann bestehenden Situation und seiner Vertretung ab.

2. Diese Gruppe hat zunächst die schwierige Aufgabe, die Ziele des betrieblichen Suchtprogramms zu definieren. Dazu sollte zunächst, ausgehend von dem Firmen-/Behördenleitbild, eine Zukunftsvision entwickelt werden, der die angestrebten Ziele (Richtziele, Grobziele und Feinziele) untergeordnet werden können. Schwierig ist die Zieldefinition deshalb, da hier bereits die ersten Fehler gemacht werden können, die große Auswirkungen auf die nachfolgende Arbeit haben können:
– Ziele sind angestrebte Zustände, keine konkreten Maßnahmen (z. B. „Reduzierung des Krankenstandes um 10 %", statt: „Verbesserung der Personalsituation durch mehr Aufklärung")
– Ziele müssen präzise und verständlich formuliert sein (Inhalt, Umfang und Zeitpunkt sind klar und unmissverständlich zu definieren: z. B. „Reduzierung des Krankenstandes um 10 % bis zum 31. 12. 2007")
– Ziele müssen objektiv erreichbar und überprüfbar sein (bei o. g. Beispiel ist der Krankenstand messbar und damit überprüfbar; das Ziel „Förderung der Gesundheit der Mitarbeiter" wäre demgegenüber nicht messbar, da das Kriterium „Gesundheit" keine messbare Größe darstellt)
– Ziele müssen durch die Mitarbeiter beeinflussbar sein (Ziele, die nicht beeinflussbar sind demotivieren die Mitarbeiter; z. B. „Verbesserung der Luftqualität durch Verringerung des Schadstoffausstoßes der Dienstfahrzeuge")
– Hinweis: Je exakter und konkreter das Ziel formuliert wurde, desto größer ist die Chance der Realisierung!

3. Beispiele für Zielformulierungen (Grobziele):
– Integration in die Betriebs-/Behördenkultur
– Hilfe für Betroffene
– Unterstützung der Vorgesetzten
– Aus- / Weiterbildung der Beteiligten (Vorgesetzte, Personalrat usw.)

- Überprüfung der Arbeitsorganisation
- Aufbau eines Suchthelferkreises
- Präventionsmaßnahmen
- Evaluation (Überwachung) des Programms
- ausreichendes (eigenständiges) Budget
- Betriebsvereinbarung mit Stufenplan

4. Ist-Zustand ermitteln: Das bedeutet, eine Bestandsaufnahme über die innere Verfassung des Betriebes und seiner Mitarbeiter zu fertigen. Grundlage dürfte die Kranken- und Unfallstatistik sein. Weitere Fragen: Wo gibt es sog. Nasszellen? Welche Betriebsteile sind besonders gefährdet? Wo gibt es eventuell bereits Ansätze einer Suchthilfe? Welche Unterstützung von anderen Trägern kann erwartet werden? Bei welchen Mitarbeitern gibt es Verdachtsmomente? z. B. Kurzkrankmeldungen nach Wochenenden und Feiertagen, häufiges Ausnutzen der 3-Tage-Regel, kurzfristige oder nachträgliche beantragte Kurzurlaube (1–3 Tage), Erkrankungen werden häufig vom Lebenspartner gemeldet, Auffälligkeiten am Arbeitsplatz usw.

Bereits hier wird deutlich, dass ohne eine ausreichend tragfähige Vertrauenskultur im Betrieb das gesamte Projekt schon bei der „Datenerfassung" scheitern wird. Wenn nicht jeder Beteiligte die Gewissheit hat, dass die Daten nicht missbräuchlich verwendet werden, wird er bei der Zusammenstellung nicht ehrlich und offen arbeiten. Auch die Belegschaft wird bei der „Erfassung" mauern. Bedenken und Ängste, die im Vorfeld geäußert werden, sollten daher ernst genommen werden. Eine rechtzeitige, sachliche und offene Informationspolitik der Betriebs-/Behördenleitung in enger Absprache mit der Personalvertretung ist daher unabdingbar. Auch muss der mit der Projektleitung Beauftragte eine von der Mehrheit der Belegschaft akzeptierte Persönlichkeit sein.

5. Nach der Datenerfassung muss ein „Soll/Ist-Abgleich", also der Unterschied zwischen der Vision, den Zielen des Betriebes und den tatsächlichen Verhältnissen im Betrieb, erfolgen. Diese Tätigkeit sollte nunmehr von der Initiativgruppe an den Arbeitskreis oder Steuerungsgruppe (oder auch Projektgruppe) übergeben werden, da nach der „Initialzündung" nun ein gleichmäßiges, kontinuierliches Laufen der Suchtarbeit erforderlich ist. Hierzu sollte die Notwendigkeit der bisherigen Mitglieder der Initiativgruppe auf ein „Überwechseln" in den Arbeitskreis und die Hinzunahme weiterer engagierter Fachleute offen geprüft und abgeklärt werden. Bei der Besetzung dieses Gremiums sollte weiterhin darauf geachtet werden, dass auf jeden Fall

- je ein Vertreter der Behörden- bzw. Betriebsleitung, der Personalvertretung, des Pressebüros und des Personalbüros,
- je ein Meinungsführer als Vertreter von etwaigen Gruppeninteressen (z. B. Handwerker, Raumpfleger, Hausmeister, Angestellte, Beamte

usw.; zumindest wenn im Vorfeld Widerstände oder Probleme aus einer Gruppe bekannt werden),
- ein Vertreter des Gesundheitsdienstes (Amtsarzt, Betriebsarzt, Sozialdienst, Psychologischer Dienst usw.) und
- falls vorhanden ein Betroffener (mind. zwei Jahre trockener Alkoholiker), Suchthelfer o. ä. Betroffener

als Mitglied dabei ist.

Den Vorsitz dieses Gremiums sollte eine von allen Gruppierungen im Betrieb anerkannte und akzeptierte Persönlichkeit übernehmen, die nach Möglichkeit noch über eine gewisse Begeisterungs- und Durchsetzungsfähigkeit und Hartnäckigkeit verfügt.

Zur Vermeidung von Missverständnissen sollte zur Arbeitsaufnahme dieses Gremiums eine Geschäftsordnung mit der Regelung der wichtigsten Sitzungsformalien gemeinsam erarbeitet und installiert werden.

Nach dem „Soll/Ist-Abgleich" ist anhand der daraus resultierenden Daten die weitere Planung voranzutreiben, die sich an den von der Initiativgruppe herausgearbeiteten Zielen orientieren muss.

6. Eine eminente Bedeutung kommt der internen Öffentlichkeitsarbeit zu. Hier muss von Anfang an mit offenen Karten gespielt werden, damit Fehlinterpretationen, Missverständnisse oder gar Gerüchte, denen dann nur sehr schwer entgegenzutreten wäre, von vornherein der Boden entzogen wird. Auch lohnt es sich, eine „psychologische" Bestandsaufnahme zu erstellen, um die Gruppenbefindlichkeiten im Betrieb abzuklären, vermutete Freunde und Gegner des Programms einzugrenzen, die jeweiligen Vorteile des Programms aufzulisten, aber auch die vorhandenen Probleme sachlich zu bewerten und aufzuarbeiten. Gerade erkannte Schwächen und Anwendungsprobleme sollten offen und breit diskutiert werden, damit jeder Mitarbeiter seinen Lösungsbeitrag dazu liefern kann, wenn er es denn will. Nur so entsteht das nötige Vertrauen in der Belegschaft, um ein solches Programm effektiv umsetzen zu können. Wer glaubt, Mängel vertuschen zu können, irrt gewaltig. Diese werden spätestens bei der Umsetzung von der Belegschaft aufgedeckt mit der Folge, dass die Glaubwürdigkeit verspielt ist.

Die Öffentlichkeitsarbeit sollte daher von einem versierten Fachmann begleitet werden.

7. Nach Implementierung des Suchthelferkreises (s. a. unter Rn. 202), der Schulung und Vorbereitung der Führungskräfte (s. a. unter Rn. 205) und der Abklärung der organisatorischen und finanziellen Rahmenbedingungen, sollte zum Abschluss die Dienstvereinbarung stehen, die aber ebenfalls aus einer breiten Diskussionsbasis entstanden sein sollte (s. a. unter Rn. 204 und 245). Es lohnt sich, diese auf einer betrieblichen Großveranstaltung (Betriebsfest, Jubiläum o. ä.) im Rahmen einer Podiumsdis-

kussion der Belegschaft vorzustellen und so Raum für persönliche Anmerkungen zu geben. Widerstand und Unmut sollten einkalkuliert werden, da jede betriebliche Veränderung zunächst auf inneren Widerstand stößt. Hier gilt es, Nerven und die Übersicht zu bewahren sowie Toleranz zu zeigen.

8. Als Zeitachse sollte man nicht zu knapp rechnen. Ein solches Programm, mit den begleitenden Maßnahmen (evtl. Leitlinien installieren, Dienstvereinbarungen über Konfliktlösungen o. ä. abschließen) benötigt Zeit. Von der Erstplanung bis zur Umsetzung des Programms sollten drei Jahre einkalkuliert werden. Bis das Programm überall eingeführt und ohne Reibungsverluste läuft, werden wohl vier bis fünf Jahre (Erfahrungswerte) vergehen, da auch hier mit Rückschlägen gerechnet werden muss.

Das Ziel sollte dabei immer im Auge behalten werden:

„Ein Betrieb, der zu mir Vertrauen hat, zu dem habe auch ich Vertrauen und in dem arbeite ich gern!"

### *4.2 Behörden- bzw. Firmenkultur*

*194* Die Effizienz einer Verwaltung wird u. a. daran gemessen, wie leistungsfähig ihre Mitarbeiter sind. Diese Leistungsfähigkeit lässt sich neben der Art und Weise der Problembewältigung, in der Qualität der Be- und Verarbeitung des „Input" sowie des „Output" aber auch in der Anzahl der anwesenden Mitarbeiter oder anders herum gesagt, anhand der Fehlzeitenstatistik festmachen.

Eine „gesunde Verwaltung" und damit auch eine leistungsfähige Verwaltung weist deshalb folgende Indikatoren auf:

- Hohe Anwesenheitsquote
- Niedrige Fluktuationsrate
- Hohe Flexibilität und Innovationsbereitschaft
- Teamgeist
- hohe Leistungsbereitschaft / Motivation
- geringer Genussmittelkonsum
- Gesundheitsförderlicher Lebensstil (Betriebssport, bewusste Ernährung usw.)

Eine Verwaltung mit einer hohen Sucht-Quote wird demzufolge starke Defizite bei den vorgenannten Indikatoren aufweisen!

Hierzu lohnt es, die Absentismusraten in Deutschland kurz zu untersuchen. Nach Feststellungen des Bundesministeriums für Gesundheit und Soziales[204] ist die Absentismusrate, also die Zeit der Abwesenheit vom Arbeitsplatz durch Krankheit, im Jahre 2003 mit 3,6 % auf den niedrigsten

[204] Internet: www.eurofound.eu.int/cgi-bm/pf/pfewco.cgi, 4. 4. 2004

Stand seit Einführung des Lohnfortzahlungsgesetzes im Jahre 1974 gefallen. Noch 1995 lag diese Rate bei 5,1 %.

Demgegenüber musste für den gleichen Zeitraum eine bedeutende Zunahme der psychischen Erkrankungen registriert werden! (1994 = 100 %):

| Art der Krankheit | 1995 | 1996 | 1997 | 1998 | 1999 | 2000 | 2001 | 2002 |
|---|---|---|---|---|---|---|---|---|
| psych. Erkrankung | 104,7 | 97,7 | 102,3 | 111,6 | 123,3 | 146,5 | 165,1 | 174,4 |

Wie aus dieser Tabelle (hier beschränkt auf die psychischen Erkrankungen) zu ersehen ist, nahm die Zahl der psychischen Erkrankungen seit 1994 um 74,4 % und die Zahl der daraus resultierenden Krankheitstage um 36,7 % zu!

Sicherlich sind diese Zahlen noch zu untersuchen, auszuwerten und zu interpretieren, aber ein Zusammenhang zwischen dem Abbau von Arbeitsplätzen, der Angst um den Arbeitsplatz also, der Verdichtung von Arbeit insgesamt und dem hierdurch entstandenen raueren Arbeitsklima wird mit Sicherheit hergestellt werden.

Diese These wird unterstützt durch die repräsentative Studie des Wirtschafts- und Sozialwissenschaftlichen Institut (WSI) in Düsseldorf aufgrund einer Befragung bei 2.200 Betrieben und 1.400 Personalräten. Das Fazit der Forscher: Seit fast zehn Jahren (!) wird in neun von zehn Betrieben das Arbeiten in Deutschland ungesünder. Der Stress nimmt zu, die Arbeit wird mehr, und die Zeit, sie zu erledigen, kürzer. Des Weiteren weisen sie darauf hin, dass sich gerade einmal die Hälfte aller Betriebe überhaupt um die Gesundheit ihrer Arbeitnehmer kümmert. Je kleiner die Firma, desto geringer das Interesse daran. Nur jede achte Firma hat von sich aus vorbeugende Maßnahmen gegen die Überlastung ihrer Mitarbeiter ergriffen (newsletter personal, vnr-verlag, 30. 7. 2004). Dabei zahlt sich nach einer Studie des BKK Bundesverbandes und des Hauptverbandes der gewerblichen Berufsgenossenschaften jeder in den Gesundheitsschutz investierte Euro aus. Das Kosten-Nutzen-Verhältnis für die Betriebe liegt bei einer präventiven Fehlzeitenverringerung um 12 bis 36 % bei 2,5 bis 4,9 € pro investierten Euro (newsletter personal, vnr-verlag, 2. 9. 2004).

In diesem Zusammenhang müssen auch die Ergebnisse der aktuellen Studie der Prognos AG im Auftrag des Bundesfamilienministeriums gesehen werden. Danach übersteigen die Fluktuationskosten von Mitarbeitern, die ihre Arbeit familienbedingt aufgeben, die Kosten familienfreundlicher Arbeitsbedingungen im Durchschnitt um 25 %. Immerhin kehren derzeit 40 % der Frauen, die nach der Geburt eines Kindes pausieren, nach drei *194 a*

Jahre nicht mehr an ihren Arbeitsplatz zurück. Die Einarbeitung kostet nach dieser Zeit mit 75 % fast soviel wie eine Neueinstellung. Dauert die Unterbrechung nur sechs Monate, fünfteln sich die Kosten!

Familienfreundliche Arbeitsbedingungen senken somit die Betriebskosten mindestens um 25 %!

Hinweise zur Abkürzung der Unterbrechungszeit:

- Halten Sie Kontakt zu Mitarbeitern in der Elternzeit und planen Sie den Wiedereinstieg
- Ermöglichen Sie Teilzeitarbeit und Arbeitszeitsouveränität für Eltern, evtl. auch Telearbeit
- Unterstützen Sie Ihre Mitarbeiter bei der Organisation der Kinderbetreuung – auch wenn die reguläre Betreuung ausfällt
- Schaffen Sie zumindest Betreuungseinrichtungen für Notfälle wie z. B. Eltern-Kind-Zimmer, in denen die Mitarbeiter in Notfällen mit dem Nachwuchs arbeiten können, wenn ein Betriebskindergarten nicht eingerichtet werden kann
- Beratungsangebote für Mitarbeiter in schwierigen Lebenssituationen, die oft auch familiär bedingt sind
- Weiterbildungsangebote für Mitarbeiter mit Kinderbetreuungsmöglichkeiten (auch während der Kindererziehungszeit)

Es gehört heute zum Standard eines jeden Behördenleiters oder Firmenchefs, bei offiziellen Anlässen vom „Humankapital" oder von „Human-Ressourcen" zu sprechen, wenn von den Betriebs- oder Behördenmitarbeitern gesprochen wird. Wenn sich auch die Sprache von „Amtsdeutsch" zu „Neusprech" gewandelt hat, so hat sich in den meisten Amtsstuben oder Firmenkontoren hinsichtlich der Personalführung nichts Wesentliches geändert.

Die in den einschlägigen Fachblättern abgedruckten Urteile oder Berichte zeigen, dass trotz einer kaum noch zu überschauenden Flut von Managementliteratur und diversen Seminaren, der autoritäre Führungsstil und eine von Konkurrenzdenken und Angst geprägte Firmen- und Behördenkultur gang und gäbe ist.

Nach einer Untersuchung der Universität Hamburg im Auftrag der Frankfurter Personalberatung *Dieter Strametz & Partner* besteht eine große Diskrepanz zwischen Anspruch und Wirklichkeit.[205]

Die Hamburger Wissenschaftler befragten 637 Fach- und Führungskräfte nach dem Gruppenverhalten ihrer Vorgesetzten und kamen dabei zu erschreckenden Ergebnissen:

[205] wirtschaft & weiterbildung 1/2000, S. 8

- knapp 40 % der Teamleiter wirken unglaubwürdig
- rd. 50 % ist unpersönlich und argumentiert in Konfliktsituationen unsachlich
- rd. 75 % der Vorgesetzten kann nicht motivieren, obwohl dies eine der Hauptaufgaben des Chefs wäre.

Die Mehrzahl der Befragten monierte, dass ihre Chefs sie bei Entscheidungsprozessen kaum einbeziehen würde, keine Kritik zuließe und Ideen abblocken würden. Kurz gesagt, sie „schwören" auf Teamarbeit – und verhalten sich wie Monarchen.

Als Gründe für dieses Verhalten vermutet Andreas von Studnitz, Hamburger Niederlassungsleiter der Personalberatungsfirma, eine in Deutschland unterentwickelte Unternehmenskultur, mangelnde Ablaufstrukturen, fehlende Vorbilder fürs mittlere Management und unzureichendes Training. 195

Zu ähnlichen Ergebnissen kommt eine Untersuchung der Fachhochschule Mainz, die „mangelnde Mitarbeiter-Information" als häufigsten Grund für eine „innere Kündigung" von Mitarbeitern ansieht.[206]

Diese Untersuchung, die sich auf die interne Informationspolitik deutscher Unternehmen mit mehr als 500 Mitarbeitern erstreckte, wies nach, dass fehlende Mitarbeiterinformationen zu Isolation, Demotivation, und Desinteresse mit fatalen finanziellen Folgen für die Unternehmen führen:

- Identifikation zwischen eigenem Leistungsvermögen und den Firmeninteressen geht verloren
- Potenziale (Kreativität, Engagement usw.) bleiben ungenutzt
- Rückzug in die „innere Kündigung" mit der Folge:
  - die Effektivität des gesamten Unternehmens erleidet Einbußen.

Da die hierdurch entstehenden Kosten und Verluste in keiner Bilanz erscheinen, wird von der Firmenleitung nicht entsprechend gegengesteuert.

Die Mainzer Studie weist Prozentzahlen „innerer Kündigung" auf, die von

- 4 % beim Top-Management über
- 13 % bei Facharbeitern und unterem Management bis zu
- 23 % bei Ungelernten reichen.

Eine der Hauptursachen dieser Zahlen:

„Mangelnde Kommunikation und Information!"

Die Ergebnisse dieser Untersuchungen lassen sich, wenn auch teilweise mit Einschränkungen, auch auf den öffentlichen Dienst übertragen, denn die Bedürfnisse der Menschen sind überall gleich (siehe „Bedürfnispyramide" unter Rn. 15). Ob in privatwirtschaftlichen Betrieben oder in Be-

[206] Der persönliche Organisationsberater 10–11/97, S. 12

hörden ist dabei sekundär. Lediglich der organisatorische Rahmen und das „Firmenziel" (eine Behörde wird nicht das Ziel der Gewinnmaximierung haben, sondern sich bereits mit einem ausgeglichenen Haushalt oder einer kleinen Budgetunterschreitung zufrieden geben) weichen hier stark voneinander ab.

*196* Die Unternehmenskultur:

Was verbirgt sich also hinter dem Zauberwort der Management-Gurus, der „Unternehmenskultur"?

Dieser Begriff ist in der letzten Zeit häufig gebraucht und teilweise auch missbraucht worden; er ist ein etwas schillernder Begriff, der viele Facetten aufweist und der in der englischen Sprache als „corporate identity" bezeichnet wird. Dieser Begriff wird übersetzt mit „strategisches Konzept zur Positionierung der Identität oder auch eines klar strukturierten, einheitlichen Selbstverständnisses eines Unternehmens"[207].

Nun wäre es verfehlt zu denken, dass nur (wirtschaftliche) Unternehmen eine Unternehmenskultur benötigten. Auch Behörden und Verwaltungen sind „Unternehmen", die eine entsprechende Kultur brauchen, wenn sie denn erfolgreich arbeiten wollen. Wobei sich auch Behörden immer öfter einem Vergleich mit anderen Behörden und der Beurteilung durch den Bürger/Kunden im Rahmen eines „Vergleichsrings" stellen, um ihren Erfolg zu messen.

Die *Bertelsmann Stiftung* ist eine Institution, die sich u. a. der Initiierung und Betreuung solcher „Vergleichsringe" (auch „Benchmarking" genannt) widmet. Unter dem Motto „Vorteil: Unternehmenskultur" präsentierten Personalexperten der *Bertelsmann Stiftung* und *Hans-Böckler-Stiftung* auf einem Symposium in Hannover ihre Erkenntnisse aus einer Reihe von Gemeinschaftsprojekten.

*197* Fazit dieser Präsentation:

Betriebe mit mitarbeiterorientierten Führungsstrategien sind wirtschaftlich weitaus erfolgreicher als hierarchisch organisierte Unternehmen mit einsamen Entscheidern an der Spitze.

„Wir brauchen die Kreativität aller Mitarbeiter, in deren Köpfen ein enormes Kapital schlummert", so Bertelsmann-Gründer Reinhard Mohn auf dieser Veranstaltung. Voraussetzung für die Leistungsfähigkeit des Unternehmens im globalen Wettbewerb sei die Identifikation der Mitarbeiter mit dem, was sie tun. Aufgabe der Führungskräfte sei es, die Belegschaft entsprechend ihrer Fähigkeiten zu fordern und zu fördern. „Der moderne Chef ist eher ein geistiger Lenker, ein Coach" (Projektleiter Briam, Bertelsmann

---

[207] Fremdwörterbuch-Wirtschaft, Seehamer-Verlag GmbH, Weyarn 1998, S. 41

Stiftung). Führungskräfte seien künftig weniger als Vorgesetzte, sondern vielmehr als Partner und Berater gefragt. Mitarbeiter brauchen Freiräume für eigenverantwortliches Handeln, um sich als Unternehmer im Unternehmen fühlen und verhalten zu können. Wirtschaftlicher Erfolg gründet sich in erster Linie auf Vertrauen, gegenseitigem Respekt, Partnerschaft und Mitbestimmung. Unternehmenskultur ist somit nicht nur human, sondern vor allem „ökonomisch vernünftig".[208]

Der *Gallup-Mitarbeiter-Studie* vom 21. 10. 2004 zufolge, sind lediglich 13 % (!) der Mitarbeiter in Deutschland (zum Vergleich: USA 29 %, Großbritannien 19 %) wirklich engagiert. Die Gallup-Organisation erhebt seit 2001 in Deutschland wie in anderen Ländern Daten zum Mitarbeiterverhalten in Unternehmen. Dabei werden die Ergebnisse drei typischen Gruppen zugeordnet:

- engagierte Mitarbeiter = loyal, sehr produktiv, empfinden ihre Arbeit als befriedigend.
- unengagierte Mitarbeiter = machen „Dienst nach Vorschrift" und fühlen sich ihrem Arbeitgeber gegenüber nicht wirklich verpflichtet.
- aktiv unengagierte Mitarbeiter = zeigen ihre negative Einstellung zu ihrer Arbeit und ihrem Arbeitgeber oftmals sehr deutlich. Sie können schlicht unproduktive Angestellte sein und haben ihre Kündigung bereits vollzogen. Sie machen Produkte oder Leistungen des Unternehmens vor anderen schlecht und zeichnen ein negatives Bild ihres Arbeitgebers. Sie stören den Betriebsfrieden.

Nur 13 % der deutschen Mitarbeiter können so als wirklich engagiert eingestuft werden. 69 % sind „unengagiert", während 16 % – drei Prozent mehr als 2001 – „aktiv unengagiert" sind und ihrem Arbeitgeber sogar Schaden zufügen! Befragt wurden 1.822 zufällig ausgewählte Arbeitnehmer aus unterschiedlichen Betriebsgrößen. Die vorliegenden Ergebnisse sind repräsentativ für die Arbeitnehmerschaft in der Bundesrepublik Deutschland. Frauen sind danach engagierter als Männer. Menschen mit Abitur und Studium sind weniger engagiert als Mitarbeiter mit Haupt- und Realschulbildung. Hauptschüler stellen jedoch auch den größten Anteil „aktiv Unengagierter".

Die Folgen dieser deprimierenden Ergebnisse:

- hohe Fluktuation
- fehlerhafte Arbeit
- geringe Produktivität
- mangelnde Bereitschaft zum Mitdenken und zur Mitverantwortung
- Desinteresse am Kunden

---

[208] Die Welt vom 26. 10. 1996, BW 1

- Kostenschätzung des gesamtwirtschaftlichen Schadens: **234 bis 245 Mrd. € pro Jahr** (fast der gesamte Bundeshaushalt!) aufgrund dieses Mitarbeiterverhaltens.

Den Grund für diese alarmierende Situation sehen die Gallup-Experten in **mangelnder Führungsfähigkeit**!

So spüren nur rd. 20 % der Beschäftigten, dass man an ihrem Arbeitsplatz aktives Interesse an ihren Talenten und Fähigkeiten hat, während rd. 80 % glauben, dass diese von ihren Vorgesetzten nicht nur ignoriert werden, sondern eher die Schwächen in den Vordergrund geschoben werden. Ein Großteil der Arbeitnehmer (sechs von Zehn) bemängelt, dass es an Lob und Anerkennung für gute Arbeit mangelt, wobei dies ein entscheidender Motivationsfaktor für Mitarbeiter ist. Nahezu jeder zweite Deutsche berichtet von Glückserlebnissen, wenn er gelobt wird oder eine Würdigung erfährt (49 %). Dabei sollte es sich nur um ein berechtigtes und ernst gemeintes Lob handeln, denn die Mitarbeiter nehmen es durchaus wahr, wenn nur die „Schulterklopfmaschine" um des Lobes willen angeworfen wird. Auch wird von den Beschäftigten u. a. bemängelt, dass sich niemand im Unternehmen für sie als Mensch interessiert, die Förderung der individuellen Entwicklung auf der Strecke bleibt und es kein regelmäßiges Feedback über persönlich Fortschritte gibt (sechs von zehn).

Viele Führungsseminare beschäftigen sich zwar mit Symptomen, verändern jedoch nicht die inneren Einstellungen der Führungskräfte, so das Fazit der Untersucher.[209]

Untermauert werden diese Ergebnisse durch die Studie „Managing for Mediocrity – how six barriers impact produktivity globally"[210] (2004) der *Proudfoot Consulting* Unternehmensberatung, die sie im Rahmen von 1.668 Einzelstudien unter Einbeziehung der vorgenannten *Gallup-Studie* in neun Ländern hinsichtlich der Gründe für vergeudete Arbeitszeit durchgeführt hat. Danach sind Ursache der Verschwendung von Arbeitszeit mangelnde Planung und Steuerung sowie mangelhafte Führung und Aufsicht vor allem auf Seiten des mittleren Managements. Somit sind in erster Linie die Führungskräfte schuld daran, dass in deutschen Unternehmen immer noch 36 % der Arbeitszeit vergeudet werden:

*Gründe für vergeudete Arbeitszeit in deutsche Firmen*

- 43 % mangelnde Planung und Steuerung
- 26 % mangelnde Führung und Aufsicht
- 11 % mangelhafte Arbeitsmoral
- 8 ineffektive Kommunikation
- IT-Probleme

---

[209] Internet: www.gallup.de/, 2. 5. 2005

[210] Internet: www.proudfoodconsulting.com,28. 5. 2005

– Mangelnde Qualifikation der Beschäftigten

Diese Erkenntnisse aus der Wirtschaft, sind ohne weiteres auf die Situation im öffentlichen Dienst übertragbar.[211]

Aber auch für den öffentlichen Dienst gibt es spezielle Untersuchungen, die sich im Ergebnis mit denen aus der Wirtschaft decken. So hat die Bertelsmann Stiftung im Rahmen eines „Interkommunalen Leistungsvergleichs“ als Ursache für die besonders hohe Krankenquote im öffentlichen Dienst 1998 als Ergebnis festgestellt: *198*

„Defizite im Führungsverhalten demotivieren Mitarbeiter“.[212]

Das *Institut für Betriebliche Gesundheitsförderung GmbH (BGF)*, Köln, hat im Auftrag der AOK Rheinland über 30 Stadtverwaltungen, Kreisverwaltungen und städt. Eigenbetriebe analysiert und beraten. Im Erftkreis beteiligten sich z. B. die Kreisverwaltung und alle 10 Städte und Gemeinden an dieser Aktion. Bei dieser Befragung gab es relativ häufig Kritik am Kommunikationsverhalten der Führungskräfte. Mehr als die Hälfte gab an, selten oder nie ein Lob für gute Arbeit zu hören. Dementsprechend wurden als Störfaktoren für das eigene Wohlbefinden besonders mangelnde Organisation und Kommunikation sowie fehlendes Wir-Gefühl genannt.[213]

Wie zu Beginn dieses Abschnitts bereits erwähnt, sind in einer Vielzahl der Behörden noch veraltete, hierarchische und verkrustete Strukturen anzutreffen. Hinzu kommt, dass im Gegensatz zur Wirtschaft in manchen Verwaltungen (nicht nur in Ministerien) Beförderungsstellen noch nach „Gutsherrenart“ (sprich: nach Parteibuch) und nicht nach Qualifikation besetzt werden. Diese Vergabepraxis lässt sich mit einer transparenten Personalwirtschaft und dem Partizipationsgedanken (von dem Verfassungsauftrag nach Art. 33 Abs. 2 GG ...Eignung, Befähigung und fachliche Leistung...einmal abgesehen) natürlich nicht in Einklang bringen, denn die „Günstlingswirtschaft“ baut geradezu auf eine hierarchische Struktur auf. Deshalb muss hier der Hebel angesetzt werden, wenn etwas in den Verwaltungen verändert werden soll. Denn allzu oft ist zu beobachten, dass zwar formal Selbstverständlichkeiten wie z. B. Leistungsbeurteilung, Leistungsbezahlung, partnerorientierte Kommunikation, Mitbestimmung, Vertrauenskultur usw. „per Erlass“ eingeführt werden, in der täglichen Praxis sich aber nichts ändert. Getreu dem Motto: „Die Todesstrafe ist abgeschafft; wer's nicht glaubt wird erschossen!“

---

211 Internet: www.proudfoodconsulting.com, 28. 5. 2005

212 faktor Arbeitsschutz 2/2000, S. 12

213 faktor Arbeitsschutz 2/2000, S. 13

Als Beleg für diese These mag als Beispiel ein Erfahrungsbericht aus einigen Personalratsseminaren dienen:

*199* Ende der 90 er Jahre ist im Rahmen der Einführung der „Neuen Steuerungsmodelle" (NSM) in den Kommunen u. a. auch über neue Managementtechniken, so z. B. auch über das Führen von Mitarbeitern anhand des Konzepts „Management by Objectives" kurz MbO genannt. Dieses MbO-Konzept bedeutet das Führen von Mitarbeitern durch „Zielvereinbarungen". Ein Management-Konzept, dass von Peter F. Drucker erstmals 1954 in seinem Buch „Die Praxis des Managements" vorgestellt wurde und sich leider erst in den letzten zehn Jahren weitgehend durchgesetzt hat.

Dieses Konzept hat einige Bausteine, die unbedingt eingesetzt werden müssen, um das Konzept mit Leben zu erfüllen und zum Erfolg zu führen. Ein Hauptbaustein, wenn nicht sogar *der* Baustein, ist die Vereinbarung zwischen Führungskraft und Mitarbeiter. Zielvereinbarungen, die von der Führungskraft vorgegeben werden, wirken demotivierend, also kontraproduktiv.

Der Verfasser ist seit über 30 Jahren Personalratsmitglied und hat gerade in den letzten Jahren bei Fortbildungsveranstaltungen mit Personalräten immer wieder bestätigt bekommen, dass die meisten Führungskräfte Ziele „setzen", anstatt sie zu vereinbaren. Es ist sogar vielfach so, dass „Zielvereinbarungsgespräche" als Mittel zur Disziplinierung von „renitenten" Mitarbeitern eingesetzt werden. In diesen Fällen wird dann im Rahmen des „Zielvereinbarungsgesprächs" von der Führungskraft ein Ziel gesetzt, bei dem von vornherein klar ist, dass dies von dem betreffenden Mitarbeiter nicht erreicht werden kann. Der Mitarbeiter wird zur Unterschrift unter diese „Vereinbarung" genötigt und nach Ablauf des vereinbarten Zeitraums und Feststellung des (negativen) Arbeitsergebnisses mit dienst- bzw. arbeitsrechtlichen Maßnahmen belegt. Man kann dieses Führungsverhalten auch durchaus Mobbing nennen.

In Betrieben und Verwaltungen, in denen solches Verhalten geduldet wird, ist natürlich jeder Ansatz zur Schaffung einer positiven „Firmenkultur" von vornherein zum Scheitern verurteilt.

Abhilfe kann hier nur eine „Revolution von oben" schaffen!

### *4.3 Leitbild – Menschenbild*

*200* Eine solche „Firmenkultur" kann in Form eines „Leitbildes", von „Leitlinien" o. ä. formulierten Grundsätzen zur Ausgestaltung eines Rahmens für die Firmenkultur installiert werden.

Nachfolgendes Beispiel einer Leitlinie ist in dieser Form seit Anfang 1999 bei der Stadt Salzgitter in der Erprobung und seit dem 5. 10. 2000 als verbindlicher Verhaltenskodex für Führung und Geführte in Kraft, so dass jeder Mitarbeiter die Beachtung der Leitlinie einfordern kann.

Vorausgegangen war eine intensive Diskussion und gegenseitige Befruchtung in einer quasi paritätisch besetzten Projektgruppe zur Erarbeitung eines auf breiter Mitarbeiterbasis zu diskutierenden Leitlinienentwurfs. Nach einer ersten Bekanntmachung der Leitsätze anlässlich eines Betriebsfestes, wurde der Entwurf im internen Mitteilungsblatt veröffentlicht und auf Amts- und Sachgebietsebene mit den Mitarbeitern erörtert. Anregungen und Ergänzungen bzw. Streichungswünsche wurden an die Projektgruppe zurückgemeldet, die diese wiederum nach Überprüfung und Abstimmung in der Gruppe annahm oder verwarf. Dabei verdient es festgehalten zu werden, dass nach anfänglichem Misstrauen zwischen den „Dienststellenvertretern" und den Vertretern des Personals, eine sehr gute und von gegenseitigem Vertrauen getragene Sacharbeit geleistet wurde.

Wie jede Vereinbarung oder Absichtserklärung ist es natürlich immens wichtig, diese von Zeit zu Zeit auf ihre Praktikabilität und Akzeptanz in der täglichen Praxis zu überprüfen und gegebenenfalls entsprechend den Bedürfnissen anzupassen.

Weiterhin muss eine Entscheidungs- oder Schiedsinstanz bei Streitigkeiten aus dieser Vereinbarung eingerichtet oder ein Schlichtungsritual zumindest festgelegt werden.

Schließlich sollten Anspruch und Wirklichkeit durch anonyme Fragebogenaktionen unter den Mitarbeitern überprüft werden, sonst wird der angestrebte Effekt der Akzeptanz durch die Mitarbeiter und damit der Identifikation ausbleiben bzw. abklingen.

Die nachstehend abgedruckte „Checkliste für Vorgesetzte" und die „Leitlinien" sollen nur ein Beispiel dafür sein, wie solche „Richtziele" in der Praxis aussehen können. Inzwischen gibt es eine Vielzahl von Firmen und Behörden, die sich eine solche Richtschnur gegeben haben. Entscheidend ist aber immer, was daraus gemacht wird:

201 *Entwurf einer*

**Checkliste**
**für Vorgesetzte**

**zur effektiven Einführung der Leitlinien „Zusammenarbeit und Führung"**

Die Funktionen und Ziele dieser Leitlinien sind von der Projektgruppe in aller Prägnanz festgehalten worden; die **wesentliche** Ausrichtung dieser Leitlinie ist der Anlage zu entnehmen.

Wie kann nun erreicht werden, dass wir zufrieden und erfolgreich unsere Aufgaben erledigen können.

**Eine Leitlinie muss gelebt werden, es genügt nicht, diese nur kurz zu diskutieren.**

„Gelebt", auch im Sinne von Vorleben und aktivem Handeln, kann die „Idee „ einer Zusammenarbeit und Führung natürlich erst dann, wenn die Grundlagen, die **gemeinsamen** Grundlagen des Handelns, allen Beteiligten ausreichend bekannt sind.

Daher ist es wichtig, dass alle Mitarbeiterinnen und Mitarbeiter ausreichend Zeit und Gelegenheit haben, diesen Entwurf der Leitlinien zu lesen, zu verstehen und mit Anerkennung oder Kritik zu versehen.

**Seien Sie stark und ertragen Sie ruhig den Unmut Ihrer Mitarbeiterinnen und Mitarbeiter!**

- Erarbeiten Sie gemeinsam, welche Ziele bzw. Leitsätze Ihnen und Ihren Mitarbeiterinnen und Mitarbeitern am wichtigsten sind!
- Fragen Sie Ihre Mitarbeiterinnen und Mitarbeiter, wie die Durchsetzung dieser Leitsätze am besten erreicht werden kann!
- Fragen Sie, was geändert, was gänzlich gestrichen und was beibehalten werden soll! Haben Sie den Mut, zusammen mit Ihren Mitarbeiterinnen und Mitarbeitern etwas Neues auszuprobieren!
- Lassen Sie Veränderungen zu, vertrauen Sie Ihren Mitarbeiterinnen und Mitarbeitern!

Geben Sie als Führungskraft diesem Entwurf eine reelle Chance, von den Mitarbeiterinnen und Mitarbeitern diskutiert zu werden.

Zum guten Schluss:

Vielleicht kommen Sie und Ihre Mitarbeiterinnen und Mitarbeiter ja zum Ergebnis, dass dieser Entwurf der Leitlinie „Zusammenarbeit und Führung" in Ihrem Bereich im Großen und Ganzen bereits verwirklicht ist.

Dann, ja dann, lassen Sie es die anderen Kollegen und Kolleginnen im Hause wissen.

Diese sind sicherlich sehr interessiert, wie Sie das mit Ihrer „Mannschaft“ hingekriegt haben.

Nachfolgend die:

**Leitlinien**
**für die Zusammenarbeit und Führung**
**in der Stadtverwaltung Salzgitter**

## I. Vorwort, Ansprache, Einführung

„Wenn Du ein Schiff bauen willst, so trommle nicht Männer zusammen um Holz zu beschaffen, Werkzeuge vorzubereiten, Aufgaben zu vergeben und die Arbeit einzuteilen, sondern lehre die Männer die Sehnsucht nach dem weiten, endlosen Meer.“

*Antoine de Saint Excupéry*

Da es sich um ein historisches Zitat handelt, sind nur die Männer genannt, selbstverständlich arbeiten in unserer Verwaltung Frauen und Männer gleichberechtigt miteinander.

Die Bürgerinnen und Bürger unserer Stadt erwarten von ihrer Verwaltung, dass sie kostengünstig, leistungsfähig und effizient ihre Dienstleistungen anbietet.

In diesem Sinne muss sich die Verwaltung von einer Behörde klassischer Art zu einem modernen, kundenorientierten Dienstleistungsunternehmen entwickeln.

Dieses Ziel wird nur mit motivierten und zufriedenen Mitarbeiterinnen und Mitarbeitern erreichbar sein.

Alle Mitarbeiterinnen und Mitarbeiter müssen daher in das Unternehmensgeschehen einbezogen und in ihrer beruflichen und persönlichen Entwicklung gefördert werden.

Die notwendigen Veränderungen, die von uns erwartet werden, verstehen wir als Chance und Herausforderung.

Dazu bedarf es eines verbindlichen Rahmens als Orientierung.

## II. Funktionen und Ziele dieser Leitlinie

Sicherlich werden sich einige von Ihnen fragen, ob das Erstellen und Veröffentlichen eines Orientierungsrahmen für das tägliche Handeln und Gestalten in unserer Stadtverwaltung, überhaupt die Kraft besitzen kann, entscheidende Veränderungen in Worten und Taten zu bewirken, wenn doch die bisherige Papierflut dies offensichtlich nicht zu erreichen vermochte.

Auch die in dieser Projektgruppe (ursprünglich nur mit dem Arbeitsauftrag „Führungsleitlinien“ versehen) engagierten Beteiligten haben sich diese Frage gestellt.

Das war dann auch die Grundlage, um in intensiven, kritischen und schonungslosen Diskussionen, in der zu Anfang eine Ist-Analyse der bestehenden Verwaltungskultur vorgenommen wurde, festzustellen:

Die bislang in Jahrzehnten gepflegte Verfahrensweise, jeden Verwaltungsschritt möglichst bis ins Detail festlegen zu wollen, hat teilweise zu einer Überregulierung der Arbeitsabläufe geführt.

Deshalb:

die schriftliche Festlegung in dieser Leitlinie soll nur die wesentliche Zielrichtung enthalten.

Weiterhin wurde in der aus allen Dezernaten und unterschiedlichen Hierarchieebenen zusammengesetzten Projektgruppe (selbstverständlich auch dabei: Personalrat und Frauenbeauftragte) festgehalten, dass innerhalb der Stadtverwaltung einiges verbesserungsbedürftig ist.

Hier sind schwerpunktmäßig zu nennen:

- Personalführung
  (z. B. fehlende Führungskompetenzen und Zivilcourage)
- Zusammenarbeit
  (z. B. Misstrauenskultur, keine gegenseitige Anerkennung, zu verbessernder Informationsfluss zwischen Verwaltung und Politik und umgekehrt)
- Aufgabenerledigung
  (z. B. teilweise nicht ausreichende räumliche und technische Ausstattung)
- Rahmenbedingungen
  (z. B. Stellenabbau, Leistungsverdichtung, auf die Bürgerinnen und Bürger „bürokratisch“ wirkende, aber zu beachtende Gesetzes- und sonstige Regelwerke)

Es wäre nicht sachgerecht, die gesamten Feststellungen aufzuführen, da diese letztendlich alle unter den vorgenannten Schwerpunkten wiederzufinden sind.

Eine ausführliche Dokumentation ist aber im Personalamt oder im Personalratsbüro einsehbar.

Es ist erklärte Absicht, diese Leitlinie zur verbindlichen Richtschnur des Handelns in der Stadtverwaltung Salzgitter zu machen und sie verantwortungsvoll mit Leben zu erfüllen.

Insbesondere ist diese Leitlinie zu verstehen

- für
  **Führungskräfte**
  als Verpflichtung und Handlungsaufforderung zu kooperativem Führungsverhalten
- für
  **Mitarbeiterinnen und Mitarbeiter**
  als Verpflichtung und Handlungsaufforderung zu kooperativer Zusammenarbeit mit der Führungskraft und den Kolleginnen und Kollegen.

Ein offenes Wort zum Schluss.

Auch mit dieser Leitlinie werden in der Zukunft Probleme und Konflikte entstehen, die gemeistert werden müssen.

Fest steht aber auch:

Da nur das Zusammenwirken aller Menschen im Unternehmen · Stadt Salzgitter · zum Erfolg führt, haben Zusammenarbeit, Führungsbefähigung und Führungsverhalten entscheidenden Einfluss auf die Verwirklichung der Ziele in unserer Stadtverwaltung.

**III. Nachfolgend sind die Leitsätze für die Bereiche**

**Kommunikation und Information**

**Führen durch Zielvereinbarung**

**Delegieren**

**Arbeitsergebnisse sichern**

**Entscheidungen treffen**

**Motivieren**

**Fördern und Fortbilden**

im einzelnen ausgeführt.

**Kommunikation und Information**

Grundlage einer partnerschaftlichen Zusammenarbeit ist offene und ehrliche Kommunikation; sie schafft Vertrauen, lässt Verständnis für die Probleme anderer entstehen,

dient der gemeinsamen Konfliktlösung, und muss daher regelmäßig und gegenseitig stattfinden.

Ständige Gesprächsbereitschaft, die Fähigkeit, zuhören zu können, aber auch zur Selbstkritik und der offene Umgang miteinander sind hierbei wichtige Elemente.

Die Qualität jedes Arbeitsergebnisses hängt wesentlich von der Qualität der zugrundeliegenden Informationen ab. Von besonderer Bedeutung ist dabei die zweckentsprechende und kritische Auswahl der Informationen. Sowohl ein Zuviel als auch ein Zuwenig an Information beeinträchtigt die Qualität des Arbeitsergebnisses.

Deshalb hat jeder das Recht auf

- rechtzeitige,
- umfassende,
- klare und
- aufgabenbezogene

Informationen.

Gleichzeitig besteht auch die Pflicht, sich um diese Informationen zu bemühen und vorhandenes Wissen aktiv und zielgerichtet weiterzugeben. Dadurch werden Fehlentscheidungen, Missverständnisse und zwischenmenschliche Spannungen vermindert.

### Führen durch Zielvereinbarungen

Partnerschaftliche Zusammenarbeit bedingt gemeinsame Ziele. Dazu muss jede Führungskraft auch das Instrument der Zielvereinbarung beherrschen und gezielt einsetzen.

Die Zielvereinbarungen werden partnerschaftlich mit den unmittelbaren Mitarbeiterinnen und Mitarbeitern im Rahmen der hierzu erlassenen Richtlinien erarbeitet. Sie werden bei veränderten Bedingungen überprüft und gemeinsam neu festgelegt.

Alle Zielvereinbarungen fügen sich in die Zielstruktur der Stadtverwaltung ein.

Alle Zielvereinbarungen werden regelmäßig auf ihre Zielerreichung überprüft. Die betroffenen Mitarbeiterinnen und Mitarbeiter erhalten unterstützende Informationen über den Zielerreichungsgrad. Wo erforderlich, wirkt die Führungskraft steuernd ein.

### Delegieren

Ein hoher Leistungsstand der Verwaltung setzt selbständig denkende, verantwortungsbereite und entscheidungsfreudige Mitarbeiterinnen und Mitarbeiter voraus.

Dieses Ziel kann nur erreicht werden, wenn Ihnen Aufgaben zur selbständigen, eigenverantwortlichen Bearbeitung und Entscheidung übertragen werden (Delegation von Verantwortung).

Aufgaben, Befugnisse und Verantwortung sollen sich weitgehend decken und sind möglichst weit auf die Mitarbeiterinnen und Mitarbeiter zu verlagern.

Delegation bedeutet nicht die Verlagerung der gesamten Verantwortung für bestimmte Aufgabenbereiche auf die Mitarbeiterin oder den Mitarbeiter. Diese tragen insoweit lediglich die **Handlungsverantwortung** (Verantwortung für richtige, zweckmäßige und zeitgerechte Entscheidungen).

Dabei bleibt die **organisatorische und fachliche Führungsverantwortung** bei der Führungskraft; sie wird – soweit möglich – von den Mitarbeiterinnen und Mitarbeitern unterstützt.

**Organisatorische Führungsaufgaben** sind vor allem:
die Arbeitsplanung und die Arbeitsaufteilung
die Auswahl und der Einsatz der Mitarbeiterinnen und Mitarbeiter
die Personalführung

**Fachliche Führungsaufgaben** sind vor allem:
die Erarbeitung grundsätzlicher Konzeptionen,
die Einleitung neuer Entwicklungen,
die Vorgabe bzw. Vereinbarung fachlicher Ziele für die Mitarbeiterinnen und Mitarbeiter.

**Arbeitsergebnisse sichern**

Die anzustrebenden Arbeitsergebnisse werden im Wesentlichen durch Zielvereinbarungen festgelegt. Dabei werden innerhalb des grundsätzlich übertragenen Arbeitsgebietes für einen bestimmten Zeitraum

- Prioritäten bestimmt,
- Qualitätsstandards festgelegt und
- Termine gesetzt.

Zielverfolgung und Zielerreichung erfordern Kontrolle und Kommunikation.

**Vorrangig** ist *Selbstkontrolle* der Mitarbeiterin und des Mitarbeiters zu Ablauf und Arbeitsergebnissen.

**Ergänzend** ist Vorgesetztenkontrolle erforderlich, insbesondere die Erfolgskontrolle.

Sie gibt Vorgesetzten sowie Mitarbeiterinnen und Mitarbeitern Sicherheit über Einhalten festgelegter Ziele. Zugleich ermöglicht sie die sachgerechte Fortschreibung der Zielsetzungen sowie die Überprüfung der Rechtmäßigkeit und Zweckmäßigkeit des Handelns im Sinne eines optimalen Einsatzes von Personal und Sachmitteln.

Erfolgskontrolle ist Grundlage und Voraussetzung für Anerkennung und weiterführende konstruktive Kritik sowie für eine – den Fähigkeiten entsprechende – Beschäftigung ohne Über- oder Unterforderung.

Kontrollen durch die Führungskräfte müssen als notwendig akzeptiert und ihre Durchführung aktiv unterstützt werden.

Insbesondere bei neuen Mitarbeiterinnen und Mitarbeitern oder neuen Aufgaben ist Hilfe zur Sicherung der Arbeitsergebnisse durch andere Fachkräfte einschließlich Führungskräfte (Einführungsverantwortung) gefragt.

Kritik Dritter kann ein wichtiger Hinweis zur Überprüfung des Arbeitsergebnisses sein.

Die Kritikfähigkeit innerhalb der Stadtverwaltung ist zu verbessern.

Die konstruktive kritische Auseinandersetzung der Mitarbeiterinnen und Mitarbeiter muss als positiver Beitrag zur Erreichung der gemeinsamen Ziele/Arbeitsergebnisse gewertet werden.

Entscheidungen treffen

Führungskräfte sowie Mitarbeiterinnen und Mitarbeiter arbeiten auf

- klare,
- verbindliche und
- zielgerichtete Entscheidungen

hin.

In dem den Beschäftigten übertragenen Aufgabenbereich treffen diese die erforderlichen Entscheidungen in eigener Verantwortung.

Führungskräfte dürfen nur in Ausnahmefällen im Verantwortungsbereich anderer entscheiden. Sie sollen eine solche Entscheidung möglichst abstimmen; sie müssen die Mitarbeiterinnen und Mitarbeiter jedoch in jedem Fall über die getroffene Entscheidung unterrichten.

Die Mitarbeiterinnen und Mitarbeiter sollen sich insbesondere in Situationen, die in einem konfliktträchtigen Gesamtzusammenhang mit anderen Aufgabenbereichen stehen könnten, rechtzeitig mit ihren Führungskräften beraten. Hierdurch darf jedoch nicht die Handlungsverantwortung auf die Führungskräfte zurückübertragen werden.

**Motivieren**

Nur motivierte Mitarbeiterinnen und Mitarbeiter werden die in den Leitlinien enthaltenen oder auch aktuelle Verwaltungsziele dauerhaft umsetzen.

Die Motivation für die Leistungsbereitschaft, bestehende und neue Aufgaben wahrzunehmen, ergibt sich aus vielfältigen Anreizen.

Eine leistungsgerechte Besoldung/Vergütung und eine Perspektive auf eine berufliche und persönliche Weiterentwicklung (z. B. durch Wechsel des Aufgabengebietes oder des Arbeitsplatzes mit gleich- oder höherwertiger Bezahlung) sind dabei ebenso wichtige Faktoren wie ein gutes Binnenklima und ein inhaltlich interessanter und abwechslungsreicher Arbeitsplatz. Dazu gehört insbesondere auch eine funktionsgerechte und ergonomische Ausstattung aller Arbeitsplätze in angemessenen Räumen sowie ausreichende Arbeitsmittel in allen Arbeitsbereichen. Vorgenannte arbeitsplatzbezogene Motivationsfaktoren müssen feststehendes Ziel sein und zumindest mittelfristig überall erreicht werden.

Das Motivieren ihrer Mitarbeiterinnen und Mitarbeitern ist vor allem Aufgabe von Führungskräften, deren positive Einstellungen (persönliche Achtung und Anerkennung, konstruktive Kritik) und Leistungen sowie ihr konsequentes Verhalten Vorbildfunktionen haben müssen. Aber auch die MitarbeiterInnen sind für ein Arbeitsklima mitverantwortlich, in dem gegenseitige Motivation erreicht werden kann.

**Fördern und Fortbilden**

Mitarbeiterinnen und Mitarbeiter sollen ihren Fähigkeiten und Kenntnissen gemäß eingesetzt und in ihrer beruflichen Entwicklung entsprechend gefördert werden. Das gilt sowohl für Teilzeit- als auch für Vollzeitkräfte. Durch Fort- und Weiterbildung werden sie ihre Aufgaben noch besser erfüllen oder andere Tätigkeiten übernehmen können. Dies stärkt die Arbeits- und Führungsfreude sowie die Leistungskraft.

Führungskräfte haben Mitarbeiterinnen und Mitarbeiter in Hinblick auf geeignete Fortbildungsmaßnahmen zu beraten und die Teilnahme an entsprechenden Veranstaltungen zu unterstützen. Bedürfnissen aus gleichzeitiger Erziehungs- oder Pflegetätigkeit sollte, soweit dienstlich vertretbar, einvernehmlich Rechnung getragen werden.

Gleichzeitig sind alle Beschäftigten aufgerufen, sich selbständig um die für ihre berufliche Fortentwicklung notwendigen Fähigkeiten und Kenntnisse zu bemühen, Angebote zur dienstlichen Fortbildung und damit zur persönlichen Qualifizierung zu nutzen.

Förderung kann auch durch die Übertragung schwierigerer Aufgaben erfolgen.

Stehen für zu fördernde Mitarbeiterinnen und Mitarbeiter keine Positionen im eigenen Bereich zur Verfügung, ist ihnen ein Wechsel in einen anderen Bereich zu ermöglichen.

Grundlage für die Weiterbildung und Förderung ist im Wesentlichen die Beurteilung, die entsprechend der Beurteilungsrichtlinien als Bedarfs- oder Regelbeurteilung zu erstellen ist.

Mitarbeiterinnen und Mitarbeiter nach unklaren oder emotionalen Gesichtspunkten zu führen, zu beurteilen und zu bewerten ist nicht nur ungerecht, sondern auch leistungsmindernd. Unzutreffende Beurteilungen, vergleichsweise zu gute oder zu schlechte, schaden nicht nur der Verwaltung oder einzelnen Bediensteten, sondern auch dem Binnenklima im jeweiligen Amtsbereich. Daher haben Mitarbeiterinnen und Mitarbeiter Anspruch auf eine objektiv sachgerechte, unvoreingenommene und widerspruchsfreie Beurteilung.

### *4.4 Suchthelferkreis*

Ein Betrieb oder eine Verwaltung, die es mit der Bekämpfung der Sucht ernst meint, kann neben einer entsprechenden Dienstvereinbarung auf einen „Suchthelferkreis“, der sich aus dem Kreis des Personals rekrutieren sollte, nicht verzichten. *202*

Kollegen, die entweder selbst Betroffene (z.B. trockene Alkoholiker) sind oder aber zumindest eine gute Unterweisung in die Thematik bekommen haben, sind als erste Ansprechpartner für Suchtabhängige oder -gefährdete besser als externe „Suchtprofis“ einer Unternehmensberaterfirma. Gerade das Vertrauensmoment sollte hier Ausschlag für diese Regelung geben. Es versteht sich von selbst, dass dieser Kreis von der Verwaltungsspitze abgesegnet sein muss, damit er effektiv arbeiten kann. Dazu gehört neben der Akzeptanz, während der Arbeitszeit Beratungsgespräche zu führen, auch die Weiterqualifizierung der Helfer und eine Mindestausstattung des „Gruppenleiters“ mit den üblichen Büromaterialien einschließlich des nicht kontrollierbaren (Vertrauenskultur!) Telefonanschlusses für telefonische Beratungsgespräche.

*203* Nachfolgend ein Muster (Stadt Salzgitter) einer Richtlinie für Suchthelfer:

## Richtlinie für den Einsatz von betrieblichen Suchtkrankenhelferinnen und Suchtkrankenhelfern

### 1. Vorbemerkungen

Am 29. 11. 1990 wurde im Mitteilungsblatt Nr. 14 der Stadt Salzgitter die „Dienstanweisung über die Vorgehensweise bei Leistungs- und/oder Verhaltensmängeln alkoholkranker oder alkoholgefährdeter Mitarbeiterinnen bzw. Mitarbeiter“ veröffentlicht. Anlass hierfür war, dass es auch bei der Stadt Salzgitter – wie bei anderen Behörden und Betrieben – eine nicht unerhebliche Anzahl von Mitarbeiterinnen und Mitarbeitern gibt, deren dienstliche Leistungen und deren Verhalten infolge einer Alkoholerkrankung oder Alkoholgefährdung beeinträchtigt sind. Neben den damit einhergehenden Verstößen gegen arbeitsvertragliche bzw. beamtenrechtliche Pflichten kommt es zu Verletzungen von Unfallverhütungsvorschriften mit den damit verbundenen Gefahren. Die alkoholkranken bzw. alkoholgefährdeten Mitarbeiterinnen und Mitarbeiter fügen nicht nur der Stadt Salzgitter Schäden zu: es entstehen ihnen auch selbst regelmäßig schwerwiegende Schäden in gesundheitlicher, familiärer und sozialer Hinsicht.

Um solchen Schäden vorzubeugen und insbesondere den alkoholkranken oder alkoholgefährdeten Mitarbeiterinnen und Mitarbeitern zu helfen, wurde mit der o. a. Dienstanweisung eine Regelung getroffen, wie bei alkoholbedingten Leistungs- und/oder Verhaltensmängeln vorzugehen ist. Die Dienstanweisung folgt dem Grundsatz „Helfen statt Kündigen“ und trägt somit der Erkenntnis Rechnung, dass Alkoholismus eine Krankheit ist. Die Hilfsangebote und Maßnahmen ergeben sich aus dem Stufenplan.

Um den betroffenen Mitarbeiterinnen und Mitarbeitern zu helfen sowie ihre Leistungsfähigkeit und Gesundheit wiederherzustellen, wird ein weiteres Hilfsangebot in Form eines betrieblichen Suchtkrankenhelferkreises unterbreitet. Die Einrichtung dieses Kreises stellt ein niederschwelliges Hilfsangebot im innerstädtischen Hilfesystem dar und betrifft nicht nur – wegen der zunehmenden Bedeutung anderer Suchtmittel – alkoholkranke bzw. alkoholgefährdete Mitarbeiterinnen und Mitarbeiter. Die Aufgaben und der Einsatz der freiwillig tätigen Suchtkrankenhelferinnen und Suchtkrankenhelfer (SKH) sind in der Richtlinie geregelt. Die Organisation des Helferkreises ist z. Z. noch nicht abschließend festgelegt worden. Eine etwaige ergänzende Regelung ist nach einem Erfahrungszeitraum von ca. einem Jahr vorgesehen.

Der Kontakt zu den SKH ist in jedem Fall für die Betroffenen freiwillig.

### 2. Aufgaben

Die SKH stellen sich als Ansprechpartnerinnen/-partner sowie zur Beratung suchterkrankter bzw. suchtgefährdeter Mitarbeiterinnen und Mitarbeiter zur Verfügung, um deren Behandlungsbereitschaft zu wecken bzw. zu fördern.

Die SKH sollten nach Absprache mit der/dem Betroffenen Kontakt zu deren Familien aufnehmen und Hilfe anbieten.

Auf Wunsch halten die SKH zu der/dem Betroffenen während der Behandlungszeit Kontakt.

Die SKH sollten an Nachsorgeaktivitäten beteiligt werden (z.B. Förderung der Motivation zum Besuch einer Selbsthilfegruppe, Hilfe bei der Wiedereingliederung in den Beruf).

Die SKH können auch Mitarbeiterinnen und Mitarbeitern Hilfe anbieten, deren Gesundheit bzw. deren Dienst-/Arbeitsverhältnis durch suchtkranke Angehörige stark beeinträchtigt ist.

Die SKH können bei präventiven Maßnahmen der Stadt Salzgitter beteiligt werden.

### 3. Ausbildung

Interessierte Mitarbeiterinnen und Mitarbeiter sollen in einem unbefristeten Dienst- bzw. Arbeitsverhältnis zur Stadt Salzgitter stehen. Sie werden in einem gemeinsamen Verfahren vom Personalamt und Personalrat ausgewählt. Das Einverständnis des jeweiligen Fachamtes/der Organisationseinheit muss vorliegen. Die Ausbildung erfolgt bei einem anerkannten Ausbildungsträger (z.B. Diakonisches Werk).

### 4. Beginn der Helfertätigkeit

Die SKH werden nach erfolgreicher Beendigung ihrer Ausbildung vom Personalamt bestellt; der Personalrat, der Helferkreis und das jeweilige Fachamt/die Organisationseinheit werden informiert.

### 5. Einsatz und Vorgehensweise

Die SKH werden aktiv, wenn eine Betroffene/ein Betroffener um Rat und Hilfe bittet.

Die SKH entscheiden im Einzelfall selbst, ob sie die Betreuung der/des Betroffenen übernehmen wollen.

Sie koordinieren ihre Vorgehensweise zunächst im Helferkreis, wenn

– ihnen eine Mitarbeiterin/ein Mitarbeiter auffällt, bei der/dem sie eine Suchtgefährdung vermuten,

– sie von Vorgesetzten, Kolleginnen/Kollegen, Bekannten wegen einer Suchtproblematik einer Mitarbeiterin/eines Mitarbeiters angesprochen werden.

Die Tätigkeit der SKH sollte im Jahresdurchschnitt nicht mehr als ca. 10 Stunden pro Monat umfassen.

Es sollten von einer/einem SKH nicht mehr als 2–3 betroffene Mitarbeiterinnen/Mitarbeiter kontinuierlich betreut werden.

Gespräche mit Betroffenen können innerhalb und außerhalb des Fachamtes/der Organisationseinheit stattfinden.

Innerhalb der Arbeitszeit erfolgt eine Abmeldung im üblichen Rahmen bei der/dem Vorgesetzten.

Es ist dafür Sorge zu tragen, dass die Vertraulichkeit der Gespräche gewährleistet ist.

### 6. Helferkreis

Der Helferkreis soll sich aus einem möglichst heterogenen Personenkreis zusammensetzen. Sinnvoll ist aus derzeitiger Sicht für die Stadt Salzgitter eine Gruppe von 10–12 Personen, bestehend aus

– mindestens zwei Jahre abstinent lebenden suchtkranken Beschäftigten der Stadt Salzgitter, Angehörigen von suchtkranken Personen oder aber sozial besonders engagierten Personen ohne eigene Suchtmittelabhängigkeit,

– männlichen und weiblichen Personen verschiedener Alters- und Berufsgruppen.

Treffen des Helferkreises sollen nach Bedarf, mindestens aber einmal im Quartal stattfinden.

Ein Mitglied des Helferkreises ist Mitglied des Arbeitskreises „Sucht am Arbeitsplatz“.

### 7. Ende der Helfertätigkeit

Die Helfertätigkeit endet

– auf persönlichen Wunsch der Betreffenden durch eine entsprechende Mitteilung an das Personalamt,

– wenn Mitglieder des Helferkreises selbst Suchtmittelmissbrauch treiben,

– durch eine Rücknahme der Bestellung von Seiten des Personalamtes unter Angabe von Gründen,

– durch Beendigung des Dienst-/Arbeitsverhältnisses bei der Stadt Salzgitter.

Das Personalamt informiert den Personalrat, den Helferkreis und das jeweilige Fachamt/die Organisationseinheit über die Beendigung der Helfertätigkeit.

### 8. Allgemeine Bedingungen

Freiwilligkeit
– Die Tätigkeit der SKH ist freiwillig.

Freistellung
– Die SKH werden von ihrer beruflichen Tätigkeit ohne Minderung der Bezüge befreit, wenn es die Durchführung ihrer Aufgaben erfordert. Auf betriebliche Notwendigkeiten ist Rücksicht zu nehmen. Werden SKH im Einzelfall außerhalb der Arbeitszeit beansprucht, erfolgt ein Zeitausgleich.

Versicherung
– Auch die Tätigkeit außerhalb der Arbeitszeit gilt für die SKH als Dienst-/Arbeitszeit.

Schweigepflicht
– Die SKH sind über ihnen bekannt gewordene persönliche Verhältnisse und Angelegenheiten von Suchtkranken/-gefährdeten zur Verschwiegenheit verpflichtet. Die Schweigepflicht besteht auch nach Beendigung der Tätigkeit bei der Stadt Salzgitter.

Klärung und Vermittlung
– Ergeben sich für die SKH aufgrund der Helfertätigkeit Probleme mit Vorgesetzten, so stehen Personalamt und Personalrat zur Klärung und Vermittlung zur Verfügung.

Aus- und Fortbildung
– Kosten für die notwendigen Aus- und Fortbildungen einschließlich Fahrtkosten trägt die Stadt Salzgitter. Die Entscheidung über die Teilnahme an den Veranstaltungen trifft das Personalamt.

Bericht über die Arbeit des Helferkreises
– Die SKH informieren das Personalamt im Januar eines jeden Jahres über ihre Helfertätigkeit –
nicht fallbezogen – im abgelaufenen Jahr; erstmals im Jahr 1997.

**9. Geltungsbereich**

Diese Richtlinie gilt für alle Mitarbeiterinnen und Mitarbeiter der Stadt Salzgitter.

Für den Bereich des städtischen Krankenhauses gilt die Richtlinie sinngemäß entsprechend der getroffenen Zuständigkeitsabgrenzungen.

Mitarbeiterinnen und Mitarbeiter im Sinne dieser Richtlinie sind auch diejenigen, die in einem Berufsausbildungsverhältnis zur Stadt Salzgitter stehen, sowie Praktikantinnen/Praktikanten.

## *4.5 Dienstvereinbarung und Stufenplan*

Wie bereits unter Rn. 188 ff. dargestellt, gehört eine Dienstvereinbarung/ *204*
Dienstanweisung „Sucht am Arbeitsplatz“ (der Charakter der „Richtlinie“ als Vereinbarung oder Anweisung ist dann sekundär, wenn die Personalvertretung bei der Anweisung angemessen beteiligt wurde, was aus Gründen der Akzeptanz stets empfohlen wird. s. hierzu auch den Aufsatz „Suchterkrankung am Arbeitsplatz – ein Fall auch für die Personalvertretung“[214]) zum Standard organisatorischer Präventionsmöglichkeiten. Diese Dienstvereinbarung bzw. -anweisung bleibt aber nur Stückwerk, wenn nicht gleichzeitig ein Stufenplan, der die einzelnen Schritte (Stufen) in der Behandlung eines suchtauffälligen Mitarbeiters festlegt, vereinbart und hin-

[214] Der Personalrat 5/1996, S. 190 ff.

zugefügt wird. Unter Rn. 245 ff. sind einige Muster solcher Dienstvereinbarungen mit Stufenplänen abgedruckt.

Bei der Abfassung solcher Stufenpläne sollten grundsätzlich folgende Hinweise (ohne Rangfolge) berücksichtigt werden:

- die Dienstvereinbarung/Dienstanweisung (DV) sollte sich auf Suchterkrankungen aller Art beziehen, also stoffgebundene (z. B. Alkohol, Drogen, Medikamente) sowie stoffungebundene (z. B. Spielsucht, Arbeitssucht, Eß- und Brechsucht, Internetsucht). Diese Kategorisierung erleichtert die Anwendung auf eventuell neu entstandene Süchte, die sonst bei Bezogenheit auf einzelne Stoffe „unter den Tisch" fallen würden. Insgesamt ist sie so etwas flexibler.
- eine DV sollte knapp, transparent, konkret und auf die Fälle der täglichen Suchthilfepraxis zugeschnitten sein. Amts- bzw. Juristendeutsch sollte tabu sein. Jegliche Überfrachtung mit zusätzlichen Informationen, die zwar im Einzelfall notwendig sein können (z. B. Ausführungen zu Kommunikationstechniken bei Gesprächen mit Suchtauffälligen), sollte vermieden werden. Lieber einen gesonderten Leitfaden oder einen Anhang zur DV herausgeben.
- klare Verteilung der Rollen und Verantwortlichkeiten der jeweils Handelnden ist unabdingbare Voraussetzung für ein einheitliches und zielorientiertes Vorgehen auf allen Ebenen im Betrieb.
- außer dem ersten „Vier-Augen-Gespräch" zwischen dem unmittelbaren Vorgesetzten und dem Mitarbeiter, ist bei jedem weiteren Gespräch eine Vertrauensperson des Mitarbeiters (Personalrat, Suchthelfer o. ä.) hinzuzuziehen. Diese Person sollte Bestandteil der betrieblichen Therapie werden.
- Bei Durchführung von ambulanten oder stationären Therapien ist zu berücksichtigen und entsprechend einzukalkulieren, dass ein Rückfall z. B. in die nasse Phase (bei Alkohol) Teil des Krankheitsbildes ist und eine moralisierende Bewertung deshalb zu unterbleiben hat. Hier muss der Druck nochmals erhöht und das Hilfeangebot eventuell erweitert werden.
- Das Problem des Co-Alkoholismus (s. a. hierzu nachfolgend) im Betrieb muss neben der DV, am besten vor Verabschiedung der DV, im Betrieb insgesamt erörtert und einheitlich angegangen werden.

In der Broschüre „Substanzbezogene Störungen am Arbeitsplatz" – Eine Praxishilfe für Personalverantwortliche – der DHS (Hrsg.) ist die Rahmenempfehlung des Landes Niedersachsen hierzu als gutes Beispiel abgedruckt. Da die in der Dokumentation (Rn. 245 und 246) abgedruckten Dienstvereinbarungen mit Stufenplänen sich an diese Rahmenempfehlung anlehnen, wurde auf ein Abdruck an dieser Stelle verzichtet. Interessierte können diese Broschüre über die DHS bestellen. Näheres siehe „Broschürenhinweise" im Anhang.

### *4.6 Bekämpfung des Co-Alkoholismus*

Ein ebenso wichtiger Baustein in der Bekämpfung der Suchtmittelabhängigkeit ist die Bekämpfung des Co-Alkoholismus (gilt auch als Synonym für andere Suchtstoffe). *205*

**Definition des Begriffs:**

Der Begriff des Co-Alkoholikers ist eine aus dem Sprachgebrauch der Anonymen Alkoholiker – AA – (nach dem 2. Weltkrieg durch US-amerikanische Soldaten in Europa etablierte Selbsthilfegemeinschaft zur Bekämpfung des persönlichen Alkoholismus) entlehnte Bezeichnung für Verhaltensweisen von Bezugspersonen des Alkoholkranken, die damit gewollt oder ungewollt seine Abhängigkeit unterstützen und eine rechtzeitige Behandlung verhindern. Sie helfen durch dieses (unterstützende) Verhalten den Betroffenen, sich selbst zu täuschen, so dass ihr Trinkverhalten zunächst kein Problem darstellt.

Nach Dietze sollte dieser Begriff besser in „Co-Abhängigkeit" umbenannt werden (so auch *Ziegler*[215]), da nach Erkenntnissen aus ganzheitlichen und systemischen Betrachtungsweisen aus der Psychotherapie, in angelsächsischen Ländern (Co-Dependency) diese Verhaltensweise als eigenständige Verhaltens- oder Persönlichkeitsstörung, in schweren Fällen sogar regelrecht als Krankheitsbild, betrachtet wird.[216]190 Diese Betrachtungsweise rührt aus der festgestellten Veränderung des Rollenverhaltens (aus der Systemtheorie) von Bezugspersonen des Alkoholikers, das sich aus einer eher neutralen Statistenrolle zu einer aktiven und in die Therapie einzubeziehende Neben-(Haupt-)rolle entwickelt hat.

Zusammengefasst kann gesagt werden, dass sowohl der Suchtabhängige (Alkoholiker) als auch der Co-Abhängige (Co-Alkoholiker) krank sind und therapiert werden müssen.

**Entwicklung des Co-Verhaltens** *206*

Im Vordergrund stehen die gemeinschaftlichen, kollegialen Erlebnisse. Man hat oft zusammen gefeiert, viel Spaß gehabt und auch mit „Brummschädel" den nächsten Arbeitstag zusammen überstanden. Diese Gemeinschaftserlebnisse bilden das Fundament des Co-Abhängigen in der Arbeits-

215 Ziegler, Co-Abhängigkeit am Arbeitsplatz, Guttempler 4/1991, S. 4

216 Dietze, Alkohol und Arbeit, S. 45

welt. Dass der Betroffene nach einer gewissen Zeit beim „Spaß haben" kein Ende mehr findet und am nächsten Tag, der alten „Volksweisheit" entsprechend beim „Hundebiss Hundehaare aufzulegen" schon am Morgen eine Flasche Bier „gegen die Kopfschmerzen" trinkt, fällt zunächst nicht weiter auf bzw. wird als „rustikales" Verhalten akzeptiert („hat doch jeder schon mal erlebt").

Solange die gesellschaftlich akzeptierten Grenzen eingehalten werden, gibt es zunächst „kein Problem".

Auffällig wird es erst dann, wenn bei der nächsten Feier der Betroffene im Rauschzustand ausfällig wird, andere Personen bedroht oder beleidigt, den „Tisch abräumt" oder sich auf der Tanzfläche übergibt. Dann „wird es Zeit", mit dem Betroffenen „'mal ein ernstes Wörtchen" zu reden, denn das ginge ja nicht, auch wenn er sonst ja ein netter und hilfsbereiter Kollege sei.

Der Betroffene verspricht Besserung und fällt bei der nächsten Feier wieder auf. Das Ritual von Verhaltenskritik, Gespräche, Versprechungen, Kontrolle des Vorgesetzten und erneute Auffälligkeit wiederholt sich, wobei die Intervalle im Laufe der Zeit immer kürzer werden. Der Co-Abhängige merkt nicht, dass er Teil des „Krankheitssystems" des Betroffenen ist, da seine Wahrnehmungsfähigkeit und Selbstreflektion ebenfalls gestört sind.

Schließlich werden erste Stimmen laut, dass der Betroffene „möglicherweise ein Alkoholproblem habe..."!

*207* Diese Darstellung einer fiktiven Co-Abhängigkeits-Karriere ist typisch für betriebsbedingte Co-Abhängigkeiten. Durch die emotionale Nähe und das gemeinsame „Fundament" fällt es den Kollegen/Führungskräften schwer, den Betroffenen mit seinem Verhalten zu konfrontieren. Nicht zu Unrecht befürchten viele, bei einem solche Gespräch von dem Betroffenen auf ihr eigenes Verhalten in der Vergangenheit angesprochen zu werden („Du hast doch früher selbst ordentlich zugelangt"; „Wenn ich Dich damals nicht nach Hause gebracht hätte, würdest Du heute noch vor der Kneipe liegen!"). Die Scheu vor einer solchen Auseinandersetzung ist also nachvollziehbar und sehr menschlich. Irgendwann beruhigen sich die Kollegen mit der Feststellung, „dass es ja auch noch andere Personen gäbe, die hier etwas machen könnten und im Übrigen sei der Betroffene ja alt genug".

Durch diesen Verdrängungsmechanismus werden die Möglichkeiten zu einer rechtzeitigen Intervention und Hilfe für den Betroffenen immer weiter hinausgeschoben, bis es durch die ständigen Störungen im Arbeitsprozess und die externen Beschwerden nicht mehr länger geht. Die Krise und damit das Suchtproblem ist da! Nun geht es eigentlich nur noch darum, den „Störenfried" des gesellschaftlichen Trinkens so schnell wie möglich loszuwerden und wundert sich, dass „die Chefetage" dieses Problem noch nicht gelöst hat!

Aus den vorgenannten Schilderungen der Co-Abhängigkeit lassen sich drei Phasen[217] ableiten: *208*

1. Beschützer- oder Erklärungsphase
2. Kontrollphase
3. Anklagephase

Zu 1.: In dieser Phase neigen die betrieblichen Bezugspersonen dazu, das auffällige Verhalten des Betroffenen zu entschuldigen und Erklärungen dafür zu suchen. Sie sind vielfach bereit, den Betroffenen vor den unangenehmen Folgen seiner Abhängigkeit zu schützen und ihn zu decken. (Angehörige von Suchtkranken geraten naturgemäß noch stärker in diese Bezugsabhängigkeit und sollten deshalb auch im Falle einer Therapiewilligkeit des Abhängigen ebenfalls an einer Therapie teilnehmen. Bei Alkoholkranken empfiehlt sich nach der Therapie eine Mitarbeit in der „Al-Anon", der Angehörigengruppe der Anonymen Alkoholiker). Durch die selektive Wahrnehmung der Vorgesetzten schleicht sich oft eine Verringerung der Arbeitsanforderungen an den Betroffenen ein. Die eigentlich notwendige Konfrontation wird zugunsten der oberflächlichen Harmonie geopfert. Erst wenn es nicht mehr anders geht, wird ein „klärendes" Gespräch geführt, in dem der Betroffene Besserung gelobt. Nach kurzer Zeit der Abstinenz ist der alte Zustand bald wieder erreicht.

Hier ist oft in der Praxis auch ein Co-Verhalten von Betriebs- und Personalräten zu beobachten, die aus falsch verstandener Kollegialität und in Verkennung der Situation dem Betroffenen noch „Rückendeckung" gegenüber dem Vorgesetzten geben und somit dem Betroffenen das falsche Signal senden. Hier muss der Personal- bzw. Betriebsrat nach Möglichkeit vor dem Mitarbeitergespräch mit dem Vorgesetzten über die Auffälligkeiten sprechen, diese auf Richtigkeit (über die Kollegen) überprüfen und anschließend mit dem Vorgesetzten eine Hilfsstrategie unter Einbeziehung eines „Suchtfachmanns" absprechen. Für die Puristen unter den Personal-/Betriebsratkollegen: „Diese Vorgehensweise bedeutet keine ‚Fraternisierung', sondern echte Hilfe für den Betroffenen." Hierzu haben *Rainer/Fuchs* noch sehr zu empfehlende Anmerkungen gemacht.[218]

Nach wiederholten Rückfällen und unangenehmen Zwischenfällen kreiden sich viele Vorgesetzte die negative Entwicklung als Führungsschwä-

---

[217] nach: Alkohol im Betrieb geht jeden an – Leitfaden für Führungskräfte –, Bayerische Landesstelle gegen die Suchtgefahren (Hrsg.), S. 17 ff.

[218] Rainer/Fuchs, Betriebliche Alkoholprävention – eine Aufgabe für Betriebsräte, Der Betriebsrat 6/1994, S. 125

che an. Sie haben das Gefühl, versagt zu haben und greifen nunmehr zu vermeintlich objektivierbareren, d. h. kontrollierbareren Maßnahmen. Dies führt dann zur nächsten Phase:

Zu 2.: Hier versucht der Vorgesetzte mittels Auflagen und Kontrollen, das Verhalten des Betroffenen zu beeinflussen und zu reglementieren. Er achtet verstärkt auf einen pünktlichen Arbeitsbeginn, überprüft den Abteilungskühlschrank auf Alkohol und schafft die bisher feucht-fröhlichen Betriebsfeiern ab. Ein großer Teil der Zeit und Energie wird darauf verwendet, den Betroffenen abstinent zu halten. Der Betroffene selbst reagiert auf diesen Druck durch einen erhöhten Alkoholkonsum und durch ein Ausweichen auf andere Trinkzeiten und -anlässe sowie auf eine Kaschierung des Konsums. Auch hier werden die festgestellten „Rückfälle" als persönliche Niederlage des Vorgesetzten empfunden, so dass er sich verstärkt engagiert. Der Ausgang ist vorgezeichnet. Irgendwann läuft das „Fass" über. Das oft jahrelange Auf und Ab von Hoffnungen, Enttäuschungen, Frustrationen und Selbstanklagen bzw. -zweifel entlädt sich urplötzlich und mündet in Phase drei, der Anklagephase:

Zu 3.: Die lange Zeit zugunsten der „Bekehrung" des Betroffenen zurückgestellten eigenen Bedürfnisse des Vorgesetzten brechen nun hervor. Die permanente „Betreuung", Kontrolle und Motivierung der anderen Mitarbeiter fordert ihren Tribut. Der lange Zeit aufgestaute Frust konzentriert sich nun auf den Betroffenen, den jetzt die ganze Härte des arbeits- bzw. dienstrechtlichen Instrumentariums treffen soll. Unter dem Eindruck dieser geballten Macht, verspricht der Betroffene wiederum „hoch und heilig", künftig abstinent zu bleiben. Mitunter schafft er das auch eine ganze Zeit. Dies geht längstens bis zu dem Tag, an dem sich alle Beteiligten auf die Schulter klopfen und sich zu ihrer Strategie im Umgang mit Suchtabhängigen beglückwünschen. Spätestens dann, wenn der bis dahin spürbare Druck und die im Hintergrund stehende Drohung der arbeits- bzw. dienstrechtlichen Maßnahme nachlässt, wird der Betroffene sein Suchtverhalten wieder aufnehmen, da die dahinter stehenden Ursachen und Probleme nicht aufgearbeitet und anschließend einer angemessenen Lösung zugeführt wurden.

*209* Zur besseren Übersicht sind diese Phasen in dem nachfolgenden Schaubild[219] zusammengefasst:

[219] nach: Alkohol im Betrieb geht jeden an – Leitfaden für Führungskräfte –, Bayerische Landesstelle gegen die Suchtgefahren (Hrsg.), S. 17 ff.

| | Der Co-Abhängige | Der Abhängige |
|---|---|---|
| Beschützerphase | – deckt ab<br>– schafft Schonraum<br>– verharmlost<br>– übersieht<br>– erklärt | – passt sich an<br>– streitet ab<br>– vermeidet<br>– bagatellisiert<br>– wird kurzfristig abstinent |
| | **1. RÜCKFALL** | |
| Kontrollphase | – tabuisiert<br>– vermeidet Trinksituationen<br>– kontrolliert<br>– schränkt ein | – projiziert<br>– trinkt heimlich<br>– entwickelt Schuldgefühle<br>– zieht sich zurück<br>– wird kurzfristig abstinent |
| | **2. RÜCKFALL** | |
| Anklagephase | – beschuldigt<br>– wird aggressiv<br>– lehnt ab<br>– kündigt | – fühlt sich beschuldigt<br>– geht in die Defensive<br>– verpflichtet sich zur Abstinenz |
| | **3. RÜCKFALL** | |

Einer adäquaten Lösung dieser Problematik stehen folgende Hindernisse bei der Führungskraft entgegen:

- Hemmungen vor einem Konfliktgespräch
- Angst vor Disharmonie und Konflikten in der Arbeitsgruppe
- Fehlende Kompetenz in der Vorbereitung und Durchführung einer konsequenten Intervention[220]

Aufgabe einer konzeptionellen betrieblichen Suchtprävention muss es daher sein, die Mechanismen und Auswirkungen dieser Co-Abhängigkeit, ihre Gefahren und ihre Bekämpfung offen zu legen und über geeignete Multiplikatoren weiterzutransportieren. Dies kann auf Dauer nur durch ein

[220] Ziegler, a. a. O.

umfassendes, auf ganzheitlicher Basis beruhendes betriebliches Hilfsprogramm geleistet werden.

Da auch Co-Abhängigkeit sehr viel Geld kostet, muss dies als eine ständige Aufgabe des Betriebes begriffen werden!

### *4.7 Konzept für eine offensive Bekämpfungsstrategie*

*210* Die nachfolgenden Ausführungen sollen eine praxisnahe Unterweisung im Umgang mit Abhängigen darstellen. Sie sind gedacht als eine Ergänzung des unter Rn. 252 abgedruckten „Leitfaden für Vorgesetzte im Umgang mit alkoholkranken Mitarbeitern" und als Appell an die betroffenen Kolleginnen und Kollegen, sich der Suchtbekämpfung offensiv zu stellen.

Aus der zuvor dargestellten Problematik zur Co-Abhängigkeit ist zu ersehen, dass jede Verzögerung in der professionellen Behandlung des Abhängigen eine Verfestigung der suchtbedingten Verhaltensweisen und damit eine Verschlechterung der Chancen auf eine dauerhafte Abstinenz bedeutet. Gleichzeitig ist aber auch deutlich geworden, dass die Scheu vor der ersten Kontaktaufnahme mit dem Betroffenen, die ja oft eine unangenehme Konfrontation bedeutet, sehr groß ist. Aus diesem Grund soll nachstehend versucht werden, diese Angst vor der ersten „Kontaktaufnahme" zu mindern, damit nicht zu viel Zeit nutzlos verstreicht, die sinnvollerweise in eine Therapie investiert wäre. Dabei sollen auch die persönlichen Erfahrungen des Verfassers aus langjähriger Personalratstätigkeit einfließen, da diese in der konkreten Situation am ehesten eine Hilfe bedeuten können.

Der Begriff des Konzeptes für eine „offensive Bekämpfungsstrategie" soll hierbei signalisieren, dass im Gegensatz zu einem eher „defensiven Verhalten" (Merkmale: Passivität, Verschleierung, Defizite, Inkonsequenz) das Gesetz des Handelns und Steuerns nicht dem Abhängigen überlassen werden soll. Wir warten deshalb nicht darauf, bis es durch das Verhalten des Abhängigen für Jedermann offenbar wird, dass wir ein „Suchtproblem" in unserer Abteilung haben, sondern wir versuchen bereits im Anfangsstadium uns dieses Problems anzunehmen. Anfangsstadium bedeutet in diesem Zusammenhang, gleich nach Feststellung der ersten „untrüglichen" Anzeichen einer Suchtproblematik (s. hierzu Rn. 252 „Leitfaden für Vorgesetzte im Umgang mit alkoholkranken Mitarbeitern" unter „Wann ist es Zeit für ein Gespräch?").

Aus Gesprächen mit Kolleginnen und Kollegen zu dieser Problematik des Ansprechens ist dem Verfasser bekannt, dass eine sehr große Angst davor besteht, möglicherweise etwas „Falsches" zu dem Betroffenen zu sagen, ihn dadurch zu verletzen und zu „enttäuschen".

*Diese Angst ist unbegründet!*

Sie ist dann unbegründet, wenn wir einfach nur „wir selbst“ sind und nicht irgendein „Fachmann für Suchttherapie“ oder „ für Psychologie“. Dies bedeutet, dass wir den Betroffenen als Kollege ansprechen, dem „in der letzten Zeit einiges aufgefallen ist und der sich deshalb große Sorgen um ihn macht“. Dies sind die Rolle und die Aufgabe, die betroffene Kollegen, Freunde oder auch Verwandte in Bezug auf ein Suchtverhalten haben. Erst wenn wir versuchen, uns „akademische“ Gedanken zu machen, wie wir es denn „am Besten und schonendsten machen“ sollten, wird es schwer und kaum zu bewältigen sein.

Wenn wir also lediglich unsere Beobachtungen und Gefühle mitteilen, diese in eine echte Besorgnis kleiden und mit einem konkreten Hilfsangebot versehen, kann eigentlich nichts „schief gehen“!

Falls ein betrieblicher Suchthelferkreis (s. u. Rn. 202) vorhanden sein sollte, reicht es auch schon aus, den zuständigen Ansprechpartner dieses Kreises über das beobachtete Suchtverhalten des Kollegen zu informieren. Dieser wird dann die notwendigen Schritte unternehmen, um mit dem Betroffenen in ein Gespräch zu kommen.

Hierzu eine kleine „Weisheit“ des römischen Philosophen *Seneca* (4 v. Chr.–65 n. Chr.): „Nicht weil es schwer ist, wagen wir es nicht, sondern weil wir es nicht wagen, ist es schwer“!

Bei den anschließenden Beispielen handelt es sich um selbst erlebte Situationen (daher in der „Ich“-Form), die aus Gründen des Persönlichkeitsschutzes etwas verfremdet worden sind. Sie zeigen, dass ein erstes Gespräch möglich ist und dass dieses Gespräch so früh wie möglich erfolgen muss. Sie zeigen aber auch, dass man nicht immer Erfolg haben kann und dass sich niemand dafür schuldig fühlen muss, wenn er im Rahmen seiner Möglichkeiten aktiv gehandelt hat. Es muss uns bewusst werden, dass man als Außenstehender jeweils nur den Anstoß und begleitende Hilfestellungen geben kann. Zur Therapie gehen und trocken bleiben muss immer der Abhängige selbst:

Eine Kollegin (Mitte 30) erkundigte sich bei mir nach den Vergütungen bei einer Bundesbehörde. Nach der Auskunftserteilung befragte ich sie zu den Gründen, da mir ein Wechsel „offiziell“ nicht bekannt war. Es stellte sich heraus, dass sie bei der Gemeindeverwaltung gekündigt hatte, um einer von ihr befürchteten fristlosen Kündigung wegen Abbruchs einer Alkohol-Entwöhnungskur, die mir bis dahin nicht bekannt war, zuvorzukommen („Macht sich besser im Zeugnis“). Da sie zurzeit wegen dieser Krankheit zu Hause war, bat ich sie in die Dienststelle, damit diese Kündigung wieder rückgängig gemacht werden konnte.

In der Zwischenzeit hat mir die personalverwaltende Stelle auf Anfrage bestätigt, dass die Kollegin eine Kündigung eingereicht hat, obwohl ihr davon abgeraten wurde. Eine Weitergabe der Kündigung sei aber noch nicht erfolgt, so dass sie noch zurückgenommen werden könne.

Nach einem eingehenden Gespräch mit der Kollegin stellt sich folgender Sachverhalt dar: Es bestand bereits seit Jahren eine Alkoholproblematik, die bis dahin „offiziell“ nicht zur Kenntnis genommen wurde. Im Sinne einer Co-Abhängigkeit wurden Fehler, Versäumnisse und Ausfälle durch andere Kollegen kompensiert. Die Amtsleitung hat dann eine organisatorische Umgliederung genutzt, um die Kollegin „abzugeben“. Eine entsprechende Mitteilung an die neue Amtsleitung unterblieb. Nach einiger Zeit traten in diesem Bereich die gleichen Probleme auf. Foetor alcoholicus (Alkoholfahne), kurzfristige Krankheitsausfälle, unkonzentrierte Arbeitsweise usw., ohne dass dies der neuen Amtsleitung zunächst bekannt wurde. Erst nach massiven Streitgesprächen in der Kollegenschaft, die ein „Mitschleppen“ nicht mehr besorgen wollte, wurde es „offiziell“. Nach mehreren fruchtlosen Gesprächen und nicht eingehaltenen Versprechungen, wurde ihr „die Pistole auf die Brust gesetzt“. Therapie oder Kündigung. Diese Therapie habe sie angetreten, aber aufgrund der äußeren Umstände vor Ort (Mehrbettzimmer, Unverträglichkeit und Spannungen mit Mitbewohnern) nach einiger Zeit auf eigenen Wunsch abgebrochen. Sie sei es jetzt leid, habe eine „Präventivkündigung“ abgegeben und wolle sich nun nach einer anderen Stelle umsehen.

Zunächst konnte ich sie dahingehend überzeugen, ihre Kündigung zurückzunehmen, da dadurch ihre (auch von ihr) erkennbare Alkoholabhängigkeit am ehesten bekämpft werden könnte. Es war auch für sie einsichtig, dass sie aus einem noch bestehenden Arbeitsverhältnis heraus leichter in eine Entwöhnung und Rehabilitation kommen würde, als dies aus einer Arbeitslosigkeit heraus möglich wäre. Hinzu kommt, dass die instabile Lebenssituation eine Wiederaufnahme der alten Trinkgewohnheiten begünstigen würde. Ich konnte sie auch davon überzeugen, dass eine zweite Kur möglich wäre und diese dann auch in heimatnaher Umgebung durchgeführt werden könne. Aus dem Gespräch wurde auch deutlich, dass es sich hier um eine sehr einsame Frau handelte, die nur sehr schwer soziale Kontakte fand und deshalb diese über das Medium Alkohol in Gaststätten zu knüpfen versuchte. Mit ihrem Einverständnis habe ich dann den Kontakt zu den Anonymen Alkoholikern (AA) hergestellt und habe sie auch zum ersten Gespräch mit dem Gruppenleiter der AA begleitet. In diesem Gespräch konnte die bereits in Anfängen vorhandene Einsicht auf eine konsequente Entgiftung und Rehabilitation bei begleitender Unterstützung durch die AA verstärkt werden, so dass sie eine regelmäßige Gruppenteilnahme zusagte. Zu diesem Entschluss dürfte auch der Hinweis auf das rege (familiäre) Gruppenleben der AA außerhalb der sog. Meetings geführt haben.

Hier endete zunächst meine aktive Betreuung. Zur späteren stationären Entgiftungsbehandlung, die erfolgreich absolviert wurde, konnte ich zwar noch einige bürokratische Hürden beseitigen, der Kontakt an sich war aber abgebrochen. Erst einige Zeit später erfuhr ich, dass die unmittelbar nach der Entgiftungsbehandlung vorgesehene und notwendige Rehabilitationsbehandlung sich um ca. 3 Monate verzögerte, da der Leistungsträger nicht in der Lage war, die erforderliche Bewilligung früher schriftlich abzusetzen. Kollegen haben mir später berichtet, dass sie sich nach der erfolgreich absolvierten Entgiftung in einer geradezu euphorischen Stimmung befand und auf die Reha-Maßnahme gefreut habe. Sie sei sicher gewesen, es nun zu schaffen. Kurz vor Eintreffen des Bewilligungsbescheides wurde sie in ihrer Wohnung tot aufgefunden. Zwei Flaschen Alkohol lagen leer daneben.

Dieses tragische Beispiel zeigt sehr gut das übliche „Schwarzer-Peter-Spiel" auf. Es zeigt weiterhin, dass das Problembewusstsein hinsichtlich der Co-Abhängigkeit noch nicht in ausreichendem Maß vorhanden war und das Suchtverhalten immer noch nicht als eine ernste Krankheit begriffen wurde. Statt Hilfe durch konsequenten Druck, mobbingähnliches Verhalten. Statt Hilfsangebot unter Fristsetzung mit Androhung arbeitsrechtlicher Konsequenzen, falsch verstandene Kollegialität und Übernahme des Suchtverhaltens (Co-Abhängigkeit).

Diese Kritik soll keine „Verurteilung" der Handelnden bedeuten, sondern die falschen Verhaltensweisen und Schwachstellen offen legen, damit ein solcher Fall künftig verhindert werden kann!

Das nächste Beispiel zeigt, dass ein „rechtzeitiges" intervenieren durch ein abgestimmtes Handeln auch Erfolg haben kann:

Durch einen Hinweis eines Kollegen wurde ich auf eine vermutete Suchtproblematik eines anderen Kollegen aufmerksam gemacht. Er habe des Öfteren eine Alkoholfahne sowie Versuche der Beseitigung dieser Fahne durch Pfefferminzpastillen usw. festgestellt. Durch gezielte dienstliche Kontakte habe ich versucht, einen eigenen Eindruck von diesem Kollegen zu gewinnen und fand eine Bestätigung dieser Hinweise. Daraufhin habe ich ihn in die Kantine zu einer Tasse Kaffee eingeladen und mich in einer hinteren Ecke mit ihm zusammengesetzt. In der Einladung habe ich ein „vertrauliches und persönliches Anliegen" als Grund angegeben.

Um ihm die Möglichkeit von Ausflüchten („reiner Zufall", „subjektives Empfinden" usw.) zu nehmen, habe ich zu Beginn des Gesprächs davon berichtet, dass mich mehrere Kollegen unabhängig voneinander auf ihre diesbezüglichen Wahrnehmungen und damit ihre Vermutungen hingewiesen hätten. Diese hätte ich nun aufgrund eigener Feststellungen bestätigt gesehen und ihn deshalb zu diesem Gespräch gebeten. Da ich ihn als hilfsbereiten und langjährigen Kollegen schätzen gelernt hätte, sei mir dieses persönliche Gespräch auch wichtig gewesen, um die Hintergründe für dieses Verhalten zu erfahren. Er wurde von mir ausdrücklich auf die Vertraulichkeit und die Bedeutung diese Gesprächs als freundschaftlich kollegiales Hilfsangebot hingewiesen.

Da die Feststellung der Alkoholanzeichen von „mehreren Personen" getroffen wurde, hat er auch nicht versucht, diese zu leugnen, sondern eine „zeitlich begrenzte persönliche Krise" dafür verantwortlich gemacht, die aber nun vorbei ginge.

Nach einem längeren Gespräch über die „persönliche Krise" bat ich ihn, mir seine Meinung über meine „Vorgehensweise" (Hätte ich mich aufgrund dieser Hinweise nun darum kümmern oder ihn mit diesem Problem allein lassen sollen?) mitzuteilen. Da diese Frage bewusst ein wenig suggestiv war, wurde sie von ihm auch zustimmend beantwortet, sodass ich mir anschließend gleich sein Einverständnis dazu geben ließ, ihn bei Gelegenheit nach der Bewältigung seiner Krise befragen zu dürfen.

Nach kurzer Zeit (ca. 4 Wochen), in dem ich über persönliche Verbindungen unauffällig die „häuslichen Rahmenbedingungen" abgeklärt hatte, habe ich erneut Kontakt aufgenommen. In der Zwischenzeit hatten mir Kollegen berichtet, dass eine bestehende Fahrgemeinschaft mit dem Betroffenen zerbrochen sei, da er bereits morgens unter Alkoholeinfluss stand; als Vorwand für sein „nicht fahren können" aber ein defektes Auto angab. Auf meine diesbezüglichen Hinweise erklärte er, dass sich seine „Krise eben etwas hinauszögere", er aber „alles im Griff" habe. Meine Hinweise auf seine familiären Probleme musste er bestätigen. Seine Alkoholprobleme als Grund dafür konnte er nicht akzeptieren. Anhand der „Alkoholkarriere" eines anonymisierten Negativbeispiels eines Kollegen, der aufgrund der Co-Abhängigkeit seines Arbeitsumfeldes nicht mehr zu retten gewesen war, habe ich ihm mein Verständnis von Hilfe mitgeteilt und ihn vor die Wahl gestellt: Entweder offizielle Mitteilung an die personalverwaltende Stelle mit den entsprechenden Konsequenzen nach dem Stufenplan (s. u. Rn. 245) oder freiwilliger Besuch einer Beratungsstelle gemeinsam mit einem Suchthelfer des Betriebes! Nachdem ich ihm die jeweiligen Folgen ungeschminkt dargestellt hatte, entschied er sich für den zweiten Weg.

Nach mehreren Gesprächen mit dem Suchthelfer (trockener Alkoholiker) besuchte er die Beratungsstelle des ortsansässigen Lukas-Werkes. Nach zwei weiteren „nassen Episoden" nimmt er seit geraumer Zeit regelmäßig an den „Meetings" der AA teil und ist seit dieser Zeit trocken. Seine „persönliche Krise", auch im häuslichen Bereich, ist nun (Scheidung) beendet.

Was hier im „Zeitraffer" ansatzweise darzustellen versucht wurde, lief in der Praxis natürlich nicht ganz so glatt ab, wie es hier den Anschein hat. Es bedurfte zeitweise schon einigen „Druckes" und einiger kleiner „Manipulationen", um das gewünschte Ergebnis zu erhalten. Unter den gegebenen Umständen ist dies aber m.E. im Sinne des Betroffenen wohl auch nachträglich als gerechtfertigt anzusehen.

Die einzelnen Phasen des Konzeptes für eine „offensive Bekämpfungsstrategie" durch die Dienststelle können wie folgt zusammengefasst werden: *211*
- Kontinuierliche Weiterbildung und -qualifizierung
- Transparenz in der betrieblichen Suchtarbeit
- Konsequente Handlungsvorgabe durch Dienstvereinbarung o. ä.
- Einzelfallbezogene und abgestimmte Aktivitäten; eingeleitet durch:
  - Sensible Wahrnehmung von Persönlichkeits- oder Verhaltensveränderungen
  - Abklärung der Wahrnehmungen durch gezielte persönliche Ansprache oder Hinweis an den betrieblichen Suchthelfer
  - keine Akzeptanz von „Sonderregelungen" für den Betroffenen (kein Co-Verhalten); daher:
    - keine Kompensation von alkoholbedingten Leistungsminderungen
    - keine kurzfristigen Urlaubsanträge
    - ärztliche Bescheinigung ab dem ersten Tag der Krankmeldung
    - Heimtransport bei Alkoholfahne mit Kostenerstattung durch den Betroffenen
    - Überprüfung der Atemluft nach „Dienstgängen" außer Haus o. ä.
- keine Vertuschung der Alkoholproblematik; sondern:
  - setzen von Zielen und Terminen
  - konsequente Überwachung der Einhaltung dieser Ziele und Termine
  - konsequente Anwendung der „vereinbarten" Maßnahmen
  - konsequente Anwendung des Arbeits- und Dienstrechts im Rahmen der Dienstanweisung und des Stufenplans
  - enge und abgestimmte Zusammenarbeit zwischen Suchthelfer und Dienststelle.

Auf eine prägnante Formel gebracht:

*„Der Druck des Betriebes muss so allgegenwärtig und so hoch sein, dass der Betroffene sich nach der ausgestreckten Hand des Suchthelfers sehnt"!*

## *4.8 Suchtbekämpfung und -prävention bei der Bundeswehr*

### Vorbemerkung *212*

Der besondere Status des Soldaten (s. u. Rn. 123 ff.) und die vom üblichen Rahmen abweichende Organisationsform (in ähnlicher Form nur noch Bundesgrenzschutz und Bereitschaftspolizei der Länder) gebieten es, die Suchtbekämpfung und die Suchtprävention der Bundeswehr gesondert darzustellen. Im Rahmen dieses Buches kann aufgrund der vorliegenden Materialfülle allerdings nur ein grober Überblick über die Anstrengungen der Bundeswehrführung zu diesem Themenbereich gegeben werden. Dieser beschränkt sich auch auf den Teil, der von den allgemein gültigen Bekämpfungs- und Präventionsmöglichkeiten abweicht. Es ist sicher nachvollziehbar, dass ein Teil der unter Rn. 194 ff. und 200 ff. genannten Vorschläge und Möglichkeiten zur Verbesserung der „Firmenkultur“ und des „Leitbildes“ in der hierarchisch strukturierten und auf „Befehl und Gehorsam“ aufgebauten Bundeswehr nicht oder nur eingeschränkt umsetzbar sind. Andererseits könnte auch das Leitbild des „Bürgers in Uniform“ im Konzept der „Inneren Führung“ in diesem Licht einmal neu überdacht werden.

*213* Die Jahresberichte der Wehrbeauftragten (Problembeschreibung):

Die Berichte der *Wehrbeauftragten* geben erfahrungsgemäß einen Überblick über die Befindlichkeitslage und den inneren Zustand der Streitkräfte. Der Deutsche Bundestag hat dieses Amt am 27. 6. 1957 (In Kraft treten) durch das *Gesetz über den Wehrbeauftragten des Bundestages* zur Ausübung der parlamentarischen Kontrolle über die Streitkräfte eingeführt und am 3. 4. 1959 mit Helmut von Grolmann personell besetzt. Am 12. 5. 2005 hat Reinhold Robbe (SPD) als neuer gewählter Wehrbeauftragter das Amt von dem bis dahin amtierenden Willfried Penner (SPD) übernommen.

Es entsteht in den letzten Jahren der Eindruck, als wenn die Jahresberichte hinsichtlich der themenbezogenen Problematik von dem früher recht umfassenden Überblick mit entsprechendem Jahreszahlenwerk über die einzelnen Problemfelder der Bundeswehr, zu einer eher Einzelfallbetrachtung übergegangen sind. Eine zusammenhängende Betrachtung und eine Beobachtung der Entwicklung ist damit nicht mehr bzw. nur erschwert möglich. So werden z.B. in den Jahresberichten für 2002 und 2003 zu Alkoholverfehlungen nur noch exemplarische Einzelfälle geschildert, im Jahresbericht 2004 ist die Alkoholproblematik überhaupt nicht mehr erwähnt. Dies wird sicherlich nicht daran liegen, dass die Soldaten der Bundeswehr im Berichtsjahr 2004 keinen oder nur im unkritischen Maß Alkohol getrunken haben. Um dennoch einen kleinen Einblick in das Problem Alkohol und Bundeswehr zu bekommen, sind die Ergebnisse der Jahresberichte ab 1999 mit einbezogen worden.

Die Wehrbeauftragte (Frau Marienfeld) weist in ihrem Jahresbericht für das Jahr 1999 (unter 3.3) ausdrücklich darauf hin, dass der missbräuchliche Umgang mit Alkohol und Drogen in der Bundeswehr bereits Gegenstand der Jahresberichte 1995–1998 gewesen ist und sie auch für 1999 Anlass hat, auf diese Problematik hinzuweisen.

Bei einer Stärke von rd. 190.000 Soldaten zuzüglich der rd. 135.000 Grundwehrdienstleistenden pro Jahr kann es m.E. auch nicht anders sein, da diese Soldaten einen Querschnitt der Bevölkerung darstellen.

In ihrem Bericht (unter 3.3.1) führt die Wehrbeauftragte des Weiteren aus, dass sich der Missbrauch von Alkohol nicht nur auf die Mannschaftsdienstgrade beschränkt; „auch bei höheren Dienstgraden hat übermäßiger Alkoholkonsum in einer Reihe von Fällen zu erheblich undiszipliniertem Verhalten geführt".

Sie weist in diesem Zusammenhang darauf hin, dass gerade bei jungen, „unfertigen" Soldaten die Vorgesetzten besonders gefordert sind und ihrer Vorbildfunktion und Aufsichtspflicht auch nach Dienstschluss nachkommen müssen. Die Pflicht zur Kameradschaft beinhalte auch und gerade für Soldaten mit Vorgesetztenfunktion, sowohl ihr eigenes Trinkverhalten zu kontrollieren und zu beherrschen als auch mit anderen Betroffenen darüber ein offenes Wort zu sprechen und rechtzeitig Unterstützung zu gewähren.

Hinsichtlich der Drogenproblematik stellt sie trotz einer Zunahme der Akzeptanz sog. weicher Drogen und „Partydrogen" in der Gesellschaft einen leichten Rückgang der absoluten Zahl der Verdachtsfälle von Verstößen gegen das BTMG fest. Die für 1999 insgesamt gemeldeten 1529 einschlägigen „Besonderen Vorkommnisse" bedeuten gegenüber 1998 einen Rückgang um 8,4 % (3.3.2). Von dieser Zahl sind allein 90 % dem Kreis der Grundwehrdienstleistenden zuzuordnen.

Zum Abschluss mahnt die Wehrbeauftragte noch weitere diesbezügliche Unterrichtsmaterialien für die Truppe an, die bis zur Berichtsabgabe noch nicht ausgeliefert waren.

Dies ist zwischenzeitlich weitestgehend erfolgt (s. u.).

Der seit Mai 2000 als Nachfolger von Claire Marienfeld im Amt des Wehrbeauftragten eingeführte Willfried Penner hat in seinem Bericht für das Jahr 2000 zur Alkohol- und Vorgesetztenproblematik als Beispiel einen Oberstleutnant angeführt, der sich während einer Kompaniefeier in stark angetrunkenem Zustand von Mannschaftssoldaten mit Bier übergießen ließ.[221] In Folge dieser Alkohol-Missbrauchshandlungen kommt es dann meist zu weiteren Verstößen gegen Vorschriften der Bundeswehr aber auch gegen Strafgesetze. So ist z. B. aus Medienberichten und aus Urteilen von Truppendienstgerichten bekannt, dass gerade rechtsextremistische Straftaten sehr oft unter Alkoholeinfluss verübt werden.[222]

---

[221] loyal 4/2001, S. 18

[222] So auch lt. einer Entscheidung des BVerwG vom 20. 10. 1999 – 2 WD 9.99 – (Beschimpfung des früheren Bundespräsidenten v. Weizsäcker u. BM für Verteidigung Rühe als „Vaterlandsverräter" sowie der Leugnung des Holocaust nach einer dienstlichen Veranstaltung unter dem Einfluss von Alkohol), ZBR 2000, S. 349

Aus Gründen der Objektivität soll hier darauf hingewiesen werden, dass der vorgenannte Fall eines Stabsoffiziers eine absolute Ausnahme darstellt.

Insgesamt gesehen wird der festgestellte Zustand als „Stagnation auf hohem Niveau“ angesehen, der sorgfältig zu beobachten sei. Gerade bei den jungen Unteroffizieren (natürlich auch bei den Grundwehrdienstleistenden) sei das Unrechtsbewusstsein für den Konsum von sog. weichen Drogen nicht hinreichend ausgeprägt, so dass sie ihren Pflichten als Vorgesetzte in der gebotenen Umsicht und Konsequenz kaum nachzukommen in der Lage seien. Hier hat nach Ansicht des Verfassers das „Haschisch-Urteil“ des Bundesverfassungsgerichts vom 9. März 1994 (NJW 1994, 1577 ff.) eine nicht zu unterschätzende negative Auswirkung auf das öffentliche Bewusstsein und damit auch auf den vorgenannten Personenkreis (s. a. unter Rn. 29, 142, 143).

Aus den Jahresberichten 2001 bis 2004 ergibt sich folgendes Bild hinsichtlich der „Besonderen Vorkommnisse“ – Verdacht auf Verstoß gegen das Betäubungsmittelgesetz –:

2001: 1.445 Fälle

2002: 1.537 Fälle

2003: 1.399 Fälle

2004: 1.202 Fälle

In den meisten dieser Fälle wurden Cannabinoide (Haschisch) durch Wehrdienstleistende konsumiert, wobei der Anteil der „Mode-Drogen Speed und Ecstasy zunimmt. Hinsichtlich der Folgen dieser Dienstpflichtverletzungen wird auf die Rn. 126 ff. hingewiesen. Der Rückgang der gemeldeten Verdachtsfälle dürfte nicht allein ein Erfolg der Präventionsmaßnahmen sondern auch auf die Verringerung der Truppenstärke zurückzuführen sein. Ergänzend hierzu noch der Hinweis aus dem Jahresbericht 2004 (S. 41) das eine Soldatin (Fahnenjunker) fristlos aus der Bundeswehr entlassen wurde, da sie über einen Zeitraum von vier Monaten an den Wochenenden *Haschisch* konsumiert hatte.

Ein besonders heikles Kapitel auch unter Suchtgesichtspunkten ist der Bundeswehr-Auslandseinsatz. Nach einem „Jahresbericht über aktuelle Erkenntnisse und Tendenzen in der Sozialarbeit der Bundeswehr“ der Wehrbereichsverwaltung Süd in München leiden viele Bundeswehrsoldaten im Auslandseinsatz unter Alkoholproblemen. Wörtlich heißt es hierzu: „Während bei Vorfällen im Zusammenhang mit Verstößen gegen das BTMG ein hartes und konsequentes Vorgehen mit allen Mitteln des Disziplinarrechts zu beobachten ist, bleibt das Thema Alkoholmissbrauch/-gefährdung weit gehend tabu. Besonders häufig ist zu hören, dass quer durch alle Dienstgradgruppen im Auslandseinsatz regelmäßig und/oder übermäßig Alkohol konsumiert wird." Auf die Folgen im dienstlichen Bereich sei bereits häufiger hingewiesen worden, heißt es in dem Bericht.

Während in der Bundeswehrführung von einer stark übertriebenen Darstellung die Rede ist, berichtet das Amt des Wehrbeauftragten von Einzelfällen im Auslandseinsatz. Eingaben von Soldaten und Besuche in Auslandsstandorten (z.B. beim 7. Sfor-Kontingent in Bosnien-Herzegowina) hätten ergeben, dass es einige Vorfälle gegeben habe. So seien einige Wehrübende mit Alkoholproblemen aus dem Auslandseinsatz zurückgeschickt worden. Aber Vorwürfe, im Auslandseinsatz werde „auf Teufel komm raus gesoffen" könnten nicht bestätigt werden, heißt es beim Wehrbeauftragten. In dem Sozialbericht heißt es weiter, es habe sich der Eindruck verstärkt, „dass posttraumatische Belastungsstörungen als Folge der Auslandsverwendung von Soldaten deutlich zugenommen habe". Verstärkt durch persönliche Lebenskrisen, könnten diese Störungen zu gesundheitlichen Einbrüchen bis hin zur Dienstunfähigkeit führen. Soldaten, die von Auslandseinsätzen zurückkehren, würden immer häufiger die Menschenführung bei der Bundeswehr kritisieren. Bei der Auswahl von Vorgesetzten würden mehr funktionale Aspekte als die Fähigkeit zur Führung eine Rolle spielen.[223]

Diese besondere Problematik der Auslandseinsätze darf von der militärischen Führung nicht unterschätzt werden. Mit der Bereitstellung von psychologischer Betreuung von Soldaten mit posttraumatischen Belastungsstörungen ist sie zunächst ihrer Fürsorgepflicht nachgekommen. Nun muss sie aber auch die politische Führung überzeugen, dass eine Ausweitung der Auslandseinsätze bei Beibehaltung der personellen und vor allen Dingen finanziellen Ausstattung der Bundeswehr nicht zu verantworten ist!

### Drogen & AIDS Prävention in der Bundeswehr *214*

Unter diesem Titel ist seit Ende 1999 eine CD-ROM an die Truppe ausgeliefert worden, in der u. a. die Neukonzeption der zur Suchtprävention und -bekämpfung vom Bundesministerium der Verteidigung (BMVg) erlassenen „Richtlinien zur Koordinierung und Steuerung von Maßnahmen der Suchtprävention und -bekämpfung für Soldaten" vom 8. 7. 1999 (DSK: FF14-32-20011), eine umfangreiche und anschauliche Darstellung der Alkohol- und Drogengefahren sowie Anleitungen für die Vorgesetzten zur Unterrichtsgestaltung mit Fallbeispielen, Videofilmaufarbeitung enthalten sind. Eine gut strukturierte und zielgruppenorientierte Foliensammlung zu allen Themenbereichen rundet den Inhalt ab. Sämtliche Wort- und Bild-

[223] Die Welt, 17. 5. 2004

beiträge können ausgedruckt werden und sind somit für die Praxis gut einsetzbar. Diese CD-Rom ist durch das BMVg herausgegeben und durch den Oberstarzt Wolfgang Lawicki, der auch im Internet unter www.lawicki.de auf seiner hervorragenden Webseite zu erreichen ist, maßgeblich gestaltet worden. Weitere Informationen zur Suchtprävention der Bundeswehr können unter www.suchtpraevention-bundeswehr.de abgerufen werden.

Ein weiterer wichtiger Baustein der Suchtprävention ist die aus einem Kreis von Sozialarbeitern, Ärzten, Seelsorgern und freiwilligen Mitarbeitern bestehende *Soldatenselbsthilfe gegen Sucht (SSGS)*, die unter dem Motto „ Beraten, Begleiten, Betreuen" Hilfe zur Selbsthilfe, sowie Unterstützung bei der Führung eines zufriedenen suchtfreien Lebens anbietet. Hier wird ein niederschwelliges Angebot der Suchtprävention, insbesondere auch der Unterstützung von Betroffenen aber auch von Vorgesetzten z. B. bei der Umsetzung der „Führungshilfe für Kommandeurinnen / Kommandeure und Einheitsführerinnen / Einheitsführer – Suchtproblematik" –, Oktober 1994 (DSK: FF14-33-20037) angeboten. Ein dichtes Netz von persönlichen Ansprechpartnern in den Wehrbereichen, sowie eine enge Zusammenarbeit der SSGS-Mitglieder mit Truppenärzten, Vorgesetzten, Fachkliniken und anderen Beratungsstellen bilden eine effektive Präventionshilfe. Die SSGS ist im Internet unter www.soldatenselbsthilfe-sucht-bundeswehr.de zu erreichen.

So professionell diese Materialien auch gestaltet sind: Eine der Hauptursachen der „hausgemachten" Suchtprobleme, nämlich die seit Jahren andauernde (chronische) Unterfinanzierung der Bundeswehr mit den daraus resultierenden „Stauerscheinungen" (wie z. B. Reformstau, Verwendungs- und Beförderungsstau, Sanierungsstau, Reparaturstau, Ausrüstungsstau, Vertrauensstau), können dadurch nicht beseitigt werden.

Ein Leserbrief in der Monatszeitschrift „loyal"[224] des Reservistenverbandes der Deutschen Bundeswehr weist in diesem Zusammenhang auf einen weiteren wichtigen Teilaspekt der Gesamtproblematik hin:

*215* Unter der Überschrift „Mit Bier übergossen" („loyal" 4/2001) schreibt ein Detlef Straube, Oberstleutnant d. R., Koblenz:

*„In seinem Jahresbericht äußert sich der Wehrbeauftragte besorgt über Frust, Attraktivitätsverlust und zunehmende rechtsextreme Vorfälle in der Bundeswehr. Auch wenn sich diese von den Medien so überdimensioniert aufgemachten Vorfälle überwiegend als Toilettenschmierereien entpuppen, sind sie doch weitgehend aus besagtem Frust, weniger aus Gesinnung entstanden.*

224 loyal 5/2001, S. 39

*Dass unser Staatswesen mit seinen vollmundig beschworenen freiheitlich-demokratischen Grundwerten bisher nicht in der Lage war, diese glaubwürdig und sinngebend zu vermitteln, scheint mir das eigentliche Besorgniserregende dieser Entwicklung zu sein.*

*Die Ursachen sind eben nicht nur materieller, sondern primär, wie gern unterschlagen, ideeller Natur. Eine soldatische Gemeinschaft ist eben kein Industrieunternehmen, sondern funktioniert nach anderen Prämissen wie militärischen Traditionen, Vorbildern, Fahnen, Symbolen, Kameradschaft und Corpsgeist.*

*Leider hat die Truppe hier wenig zu bieten, im Gegenteil: Schon die christdemokratische Führung „säuberte" und entfernte Traditionszimmer, benannte Kasernen um, suchte Nachwuchs in Blättern des linken Spektrums und ermunterte zu Gesinnungsschnüffeleien bei Kameraden nach der DDR-Methode „Horch und Guck"...*

*Es ist gewiss nicht die Schuld der Bundeswehrsoldaten, wenn das einst so hoch angesehene deutsche Soldatentum auf einem gesellschaftlichen Stellenwert unterster Stufe anlangt."*

Bei der Bewältigung dieser Gesamtproblematik ist offensichtlich eine von einem breiten Konsens in der Truppe getragene, verantwortungsvolle Politik mit Mut und Entschlossenheit zu visionären Entscheidungen gefragt. Nur dann können die institutionellen Suchtgründe entscheidend minimiert werden.

## 5. Medizinische Präventionsmöglichkeiten

Die medizinischen Präventionsmöglichkeiten sind naturgemäß eingeschränkt, da mit Ausnahme von Polizeivollzugsbeamten, Feuerwehrbeamten, Soldaten und Berufskraftfahrern (eingeschränkt noch das Krankenhauspersonal), nach der Einstellungsuntersuchung bzw. vor der Übernahme in das Beamtenverhältnis auf Lebenszeit amtlicherseits keine ärztliche Untersuchung mehr vorgesehen ist. *216*

Erst bei Vorliegen von Anhaltspunkten, die auf eine Suchtabhängigkeit im Zusammenhang mit Minderleistungen deuten, kann eine amtsärztliche Untersuchung zur Abklärung angeordnet werden.

Eine weitere Möglichkeit wäre die Erstellung einer anonymen Fehlzeitenstatistik, um mögliche Schwerpunkte einer arbeitsbedingten Überbeanspruchung (die auch immer das Risiko einer Flucht in die Sucht in sich birgt) rechtzeitig zu erkennen und nach weiteren Abklärungen auf der Grundlage von (vertraulichen) Mitarbeitergesprächen entsprechend zu reagieren. Hier wäre dann der Arbeitsmedizinische Dienst (AMD) gefragt und soweit vorhanden auch der „Arbeitskreis Gesundheit im Betrieb".

Ein anderer interessanter Ansatz kommt aus der Wirtschaft und soll hier nur als Diskussionsbeitrag dargestellt werden:

Die Personalmanager des VW-Konzerns erfassen nicht mehr die Fehlzeiten der Mitarbeiter sondern die Anwesenheitszeiten. Statt Krankenstand wird nunmehr der Gesundheitsstand registriert und ausgewertet. Diese Umkehrung des Betrachtungsansatzes erscheint nicht nur aus der Sicht von Wirtschaftsmanagern revolutionär wie überzeugend. Weg von der Negativbetrachtungsweise (Krankenstand, Fehlzeiten, Ausfallzeiten usw.), hin zur Positivbetrachtung (Gesundheitsstand, Anwesenheitszeiten, Produktivitätszeiten usw.).

Irgendwie erscheint es auch logischer, wenn in der Wirtschaft im Zusammenhang mit Produktionszahlen immer von einer Erhöhung gesprochen wird (Erhöhung der Produktivität, der Dividende usw.), dass dann auch im Bereich der Personalwirtschaft von einer Erhöhung des Gesundheitsstandes, der Anwesenheitszeiten, der Produktivität usw. gesprochen wird. Es ist zumindest ein interessanter Denkansatz, der nicht einfach als reine „Kosmetik“ beiseite geschoben werden sollte.

*217* Einige Behörden haben zwischenzeitlich begonnen, ein Gesundheitsmanagement-Programm zu entwickeln. In Arbeitsgruppen unter der Moderation von Fachleuten werden die Eckpunkte für ein solches Programm festgelegt. Zumeist handelt es sich um folgende fünf Module:

- Leitbild „Gesundes Rathaus“
- Förderung persönlicher Gesundheitspotenziale
- Gesundheitsorientierte Arbeitsplatzgestaltung
- Gesundheitsgerechte Mitarbeiterführung und Organisation
- Integration des Gesundheitsmanagement-Programms in vorhandene Strukturen der jeweiligen Behörde[225]

Ein gutes Beispiel für einen solchen ganzheitlichen Präventionsansatz bietet die Stadt Wolfsburg, die die aktuellen Herausforderungen der städt. Mitarbeiter wie Verwaltungsumbau, Arbeitsverdichtung usw. zum Anlass nahm, um eine Vision zum „gesunden Betrieb“ zu entwickeln. Die nach mehreren Schritten erarbeitete DV „ARGUS“ (Arbeitsschutz, Gesundheitsförderung, Schwerbehindertenförderung) führt den größten Teil gesundheitlicher, arbeitsplatzbedingter und persönlicher Probleme einer Lösung oder zumindest einer sachgerechten Behandlung zu. Die Suchtberatung und -betreuung ist ein wichtiger Baustein in diesem Konzept.[226]

---

[225] faktor Arbeitsschutz 2/2000, S. 13

[226] Der Personalrat 2001, S. 109

### *5.1 Gesundheitskontrollen; Alkoholkontrollen*

Wie schon unter Rn. 216 erwähnt, sind die direkten Gesundheitskontrollen auf die dort erwähnten gesetzlich oder tarifvertraglich geregelten Fälle bzw. im Einzelfall bei konkretem Suchtverdacht beschränkt. Eine tariflich oder gesetzlich nicht geregelte Verdachtsuntersuchung als Präventionsmaßnahme ist rechtlich nicht zulässig, da nach ständiger Rechtsprechung der Arbeitsgerichte „Routineuntersuchungen im laufenden Arbeitsverhältnis, die vorbeugend klären sollen, ob der Arbeitnehmer alkohol- oder drogenabhängig ist, regelmäßig unzulässig sind“.[227] *218*

Ebenfalls unzulässig sind dienstlich angeordnete Alkoholtests am Arbeitsplatz, da der Arbeitnehmer wegen der verfassungsmäßig garantierten Grundrechte auf körperliche Integrität vom Arbeitgeber weder zu einer Untersuchung seines Blutalkoholwertes noch zur Mitwirkung an einer Atemalkoholanalyse gezwungen werden darf. Hier bedarf es der Einwilligung des Arbeitnehmers.[228]

Der Arbeitnehmer kann aber z. B. einen solchen Alcomat-Test oder eine Blutprobe durch den Amtsarzt zu seiner Entlastung durchführen lassen, um den Verdacht einer Alkoholisierung auszuschließen. Aus Gründen der Fürsorgepflicht hat der Arbeitgeber diesem Wunsch nachzukommen, wenn er über entsprechende Möglichkeiten verfügt. Ein solcher Test ist aber überflüssig, wenn die Alkoholisierung offensichtlich ist, z. B. bei erkennbarer Volltrunkenheit.[229]

Im Übrigen darf der Vorgesetzte aufgrund seiner Arbeits- und Lebenserfahrung die Alkoholisierung aus Art und Weise des (Arbeits-) Verhaltens des Mitarbeiters und von Alkoholanzeichen ableiten, z. B. Alkoholfahne, lallende Sprache, Rededrang, schwankender Gang, Ausbalancieren des Gewichts, verquollenes Gesicht, gerötete Augen, aggressives Verhalten gegenüber dem Vorgesetzten, Lethargie (LAG Schleswig-Holstein 28. 11. 1988 DB 1989, 630; LAG Hamm 11. 11. 1996 LAGE § 1 KSchG Verhaltensbedingte Kündigung Nr. 56; BAG 26. 1. 1995 NZA 1995, S. 517).[230] *219*

Der Vorgesetzte hat ebenfalls in eigener Verantwortung zu entscheiden, ob der Mitarbeiter einen gefährlich hohen Alkoholisierungsgrad erreicht hat. Angesichts der alkoholbedingten Ausfälle und damit der Gefährdungen am Arbeitsplatz (s. a. unter Rn. 23 ff.) sollte jeder festgestellte

---

[227] BAG, Urteil vom 12. 8. 1999 – 2 AZR 55/99 –, ZTR 2000, S. 39

[228] BAG, Urteil vom 26. 1. 1995 – 2 AZR 649/94 –, zit. n. faktor Arbeitsschutz 6/2000, S. 18

[229] faktor Arbeitsschutz 6/2000, S. 18

[230] Suchtmittel und ihre Auswirkungen im Arbeitsleben, Landschaftsverband Westfalen-Lippe (Hrsg,), S. 95 ff.

Alkoholkonsum im Zweifel zum Ausspruch eines Beschäftigungsverbots ausreichen. Dies gilt insbesondere für Mitarbeiter auf alkoholsensiblen, gefahrträchtigen Arbeitplätzen.[231]

Ein gegenüber einem als alkoholgefährdet erscheinenden Beamten behördenintern ausgesprochenes Alkoholverbot im Dienst ist nicht diskriminierend. An der nachträglichen Feststellung der Rechtswidrigkeit des erledigten Verbots besteht kein berechtigtes Interesse (BVerwG v. 11. 11. 1999 – 2 A 5.98 –)[232]

Besteht ein absolutes Alkoholverbot im Betrieb, ist dessen Einhaltung am leichtesten zu kontrollieren. Hier kann die Feststellung genügen, dass der Mitarbeiter beim Alkoholkonsum beobachtet worden ist oder dass er eine „Fahne" hat. Dessen Weigerung, den Verdacht der Verletzung des betrieblichen Alkoholverbots durch eine amtsärztliche Blutalkoholuntersuchung zu widerlegen, stellt gleichfalls ein erhebliches Indiz für das Vorliegen einer Pflichtverletzung dar (LAG Hamm 11. 11. 1996 LAGE § 1 KSchG Verhaltensbedingte Kündigung Nr. 56).[233]

## 6. Mitbestimmungsrechte und Mitwirkungsmöglichkeiten des Personal- und Betriebsrates

*220* Die Vertretungskörperschaft des Personals (Personalvertretung) in den Verwaltungen ist der Personalrat; in den Betrieben der Betriebsrat. Die Personalvertretung hat die Aufgabe, die Interessen der Beschäftigten gegenüber der Dienststelle bzw. der Betriebsleitung unter Ausübung ihrer rechtlichen Möglichkeiten und durch eine vertrauensvolle Zusammenarbeit wahrzunehmen. Die rechtlichen Möglichkeiten von Personal- und Betriebsrat sind im Bereich der Suchthilfe und -prävention im Wesentlichen gleich. Während die Rechtsgrundlage der Personalräte der Bundesbehörden das Bundespersonalvertretungsgesetz (BPersVG) ist, in den Ländern die jeweiligen Landespersonalvertretungsgesetze (LPersVG) gelten, arbeitet der Betriebsrat der privatisierten Bereiche auf der Grundlage des Betriebsverfassungsgesetzes (BetrVG). Nachfolgend wird lediglich die Bundesnorm genannt.

Der Personalrat (öffentlicher Dienst) hat folgende Möglichkeiten der Beteiligung:

- die formlose Beteiligung (Anhörung)
- die Mitwirkung (in einigen LPersVG'en ist statt der Anhörung und der Mitwirkung die Benehmensherstellung eingeführt worden) und
- die Mitbestimmung.

---

[231] a. a. O., S. 96

[232] ZfPR 12/2000, S. 334

[233] a. a. O., S. 96

Die formlose Beteiligung (Anhörung) ist die schwächste Beteiligungsform. In diesen Fällen wird die Personalvertretung über eine beabsichtigte Maßnahme durch den Arbeitgeber rechtzeitig unterrichtet. Diese hat nun die Möglichkeit, hierzu eine Stellungnahme abzugeben, die allerdings keine rechtlich verpflichtende Wirkung besitzt. So ist z. B. gem. § 78 Abs. 5 BPersVG vor grundlegenden Änderungen von Arbeitsverfahren und Arbeitsabläufen der Personalrat anzuhören.

Im Rahmen der Mitwirkung (z. B. gem. § 78 BPersVG) ist die beabsichtigte Maßnahme vor der Durchführung mit dem Ziele einer Verständigung rechtzeitig und eingehend mit dem Personalrat zu erörtern (§ 72 Abs. 1 BPersVG). Innerhalb einer Frist von zehn Arbeitstagen hat der Personalrat nun die Möglichkeit, Einwendungen oder Vorschläge dazu einzureichen. Diese sind zu begründen (Abs. 2). Falls die Dienststelle den Einwendungen nicht oder nicht in vollem Umfang entspricht, hat sie dem Personalrat die Gründe hierfür mitzuteilen (Abs. 3). Die Dienststelle entscheidet endgültig (Abs. 5). *221*

In den Fällen der Benehmensherstellung (z. B. § 75 und 76 NPersVG) ist dem Personalrat vor Durchführung der Maßnahme Gelegenheit zur Stellungnahme zu geben. Wenn dieser sich nicht innerhalb einer bestimmten Frist (zwei Wochen, die in bestimmten Einzelfällen bis auf drei Tage verkürzt werden kann) schriftlich unter Angabe von Gründen hierzu äußert, gilt die Maßnahme als gebilligt. Im Falle der Ablehnung der Einwendungen durch die Dienststelle, kann der Personalrat innerhalb von zwei Wochen die Entscheidung der übergeordneten Dienststelle beantragen. Dieser steht dann nach erneuter Beteiligung des zuständigen Personalrats ein Letztentscheidungsrecht zu.

Die stärkste Form der Beteiligung ist die Mitbestimmung, d. h., soweit eine Maßnahme der Dienststelle bzw. der Betriebsleitung der Mitbestimmung unterliegt, kann sie nur mit Zustimmung der Personalvertretung getroffen werden (§ 69 Abs. 1 BPersVG). Bei Nichteinigung zwischen Dienststelle und Personalrat kann die übergeordnete Dienststelle bzw. oberste Bundesbehörde angerufen werden (Abs. 3). Sollte sich auf dieser Ebene ebenfalls keine Einigung ergeben, entscheidet letztlich die Einigungsstelle, die aus Vertretern der obersten Dienstbehörde, des zuständigen Personalrats und eines neutralen Vorsitzenden, auf den sich beide Parteien einigen müssen (§ 71 BPersVG), besteht.

Darüber hinaus hat der Personalrat noch das sog. Initiativrecht, dass in *222*
- das einfache Antragsrecht gem. § 68 Abs. 1 Nr. 1 BPersVG
- das Antragsrecht im Rahmen der eingeschränkten Mitbestimmung gem. § 77 BPersVG und in

– das förmliche Antragsrecht in Mitbestimmungsangelegenheiten gem. § 70 BPersVG

unterteilt wird.

Das einfache Antragsrecht des Personalrats hat eine große praktische Bedeutung, da nach dem Gesetzeswortlaut hier alle Maßnahmen, die der Dienststelle und ihren Angehörigen dienen, beantragt werden können. Der Rahmen ist also sehr umfassend, da hiervon nur solche Gegenstände ausgeschlossen sind, die in keiner Beziehung zu der innerdienstlichen Beschäftigungssituation der Angehörigen der Dienststelle stehen. Die Personalvertretung kann von sich aus (Initiativrecht) eine bestimmte Gestaltung anregen oder eine bestimmte Regelung vorschlagen und ist somit nicht darauf beschränkt, immer nur zu Vorschlägen und Absichten der Dienststelle Stellung zu nehmen. Die Anträge und Vorschläge sind an keine Form oder Frist gebunden; es genügt, wenn sie z. B. in den monatlichen Besprechungen mit dem Leiter der Dienststelle (§ 66 Abs. 1 BPersVG) vorgebracht werden.[234]

So können auf diesem Wege z. B. auch die Einrichtung eines Suchthelferkreises, der Abschluss einer Dienstvereinbarung über „Suchtprävention und -bekämpfung im Betrieb", Einführung von Richtlinien über eine bessere Kommunikation und Zusammenarbeit usw. angeregt werden.

Die Personalvertretungen sollten also im konkreten Bedarfsfall nicht auf die Initiative der Dienststelle warten, sondern selbst aktiv und initiativ tätig werden, da der Leiter der Dienststelle durch den *Grundsatz der vertrauensvollen Zusammenarbeit* verpflichtet ist, sich mit jedem dieser Anträge zu befassen und über ihn notfalls mit dem Ziel der Einigung gemeinsam mit der Personalvertretung zu verhandeln (§ 66 Abs. 1 S. 3 BPersVG). Lehnt der Dienststellenleiter es ab, sich überhaupt mit diesem Antrag zu beschäftigen, rechtfertigt dieses Verhalten eine Dienstaufsichtsbeschwerde. Zweifelt er die Zuständigkeit der Personalvertretung an, so kann das Verwaltungsgericht gem. § 83 Abs. 1 Buchst. c BPersVG zur Klärung angerufen werden.[235]

Das Antragsrecht im Rahmen der eingeschränkten Mitbestimmung gem. § 77 BPersVG geht im Falle der Nichteinigung den gleichen Weg zur Einigungsstelle wie beim nachfolgend beschriebenen förmlichen Antragsrecht, nur dass diese nicht abschließend entscheidet, sondern gem. § 69 Abs. 4 BPersVG lediglich eine Empfehlung an die oberste Dienstbehörde zur endgültigen Entscheidung abgibt. Diese Möglichkeit ist z. B. bei einem Großteil der organisatorischen Sucht-Präventionsmöglichkeiten gem. § 76 Abs. 2 BPersVG gegeben.

234 Ebert, ÖDH, 850 S. 34a

235 a. a. O., S. 35

Bei dem förmlichen Antragsrecht gem. § 70 BPersVG handelt es sich um ein Vorschlagsrecht der Personalvertretung im Bereich der Mitbestimmung gem. § 75 Abs. 3 Nr. 1 bis 6 und 11 bis 17 BPersVG. Im Falle der Nichteinigung mit der Dienststelle können gem. § 69 Abs. 3 BPersVG sowohl der Dienststellenleiter als auch der Personalrat die übergeordnete Dienststelle dazu einschalten. Sollten sich der dort etablierte Personalrat und die oberste Bundesbehörde ebenfalls nicht einigen können, entscheidet abschließend gem. § 69 Abs. 4 BPersVG die nach § 71 BPersVG einzurichtende Einigungsstelle. Diese Möglichkeit ist ebenfalls bei einem Großteil der organisatorischen Sucht-Präventionsmöglichkeiten gem. § 75 Abs. 2 und 3 BPersVG (zu den organisatorischen Sucht-Präventionsmöglichkeiten siehe auch unter Rn. 187 ff.) sowie bei der Bekämpfung von Unfall- und Gesundheitsgefahren (u.a. Alkoholverbot) z.B. gem. § 81 BPersVG/§§ 87 Abs. 1 und 88 BetrVG gegeben.

Bei Entlassungen von Beamten auf Probe oder auf Widerruf hat der Personalrat gem. § 78 Abs. 1 Nr. 4 BPersVG ein Mitwirkungsrecht.

Im Gegensatz zum Disziplinarrecht der Beamten, bei dem eine Beteiligung der Personalvertretung (gem. § 78 Abs. 1 Nr. 3 BPersVG hat der Personalrat lediglich ein Mitwirkungsrecht bei der Einleitung eines förmlichen Disziplinarverfahrens) nicht vorgesehen und auch nicht zulässig ist, sind im Arbeitsrecht Beteiligungsrechte vorgesehen. So ist z.B. in einigen LPersVG'en eine Anhörung des Personalrats bei Abmahnungen von Arbeitnehmern vorgesehen. Das BetrVG sieht diese Möglichkeit nicht vor. Die Beteiligungsrechte nach dem BPersVG (Mitwirkungsrechte) sind im Übrigen weitestgehend dem BetrVG nachempfunden worden.

Der Betriebsrat (privatisierter Bereich) hat nach dem BetrVG folgende *223*
Möglichkeiten der Beteiligung:

- Annahme von Beschwerden der AN und Abhilfe beim AG (bei Nichteinigung: Einigungsstelle) gem. § 85
- Mitbestimmungsrechte in (umfangreichen) sozialen Angelegenheiten gem. § 87, bei der Änderung von Arbeitsplätzen, des -ablaufs und der -umgebung gem. § 90 sowie bei der Durchführung betrieblicher Bildungsmaßnahmen gem. § 98 (bei Nichteinigung: Einigungsstelle)
- Freiwillige Betriebsvereinbarungen; insbesondere auf dem Gebiet der Arbeitssicherheit und Sozialeinrichtungen gem. § 88
- Umfangreiches Überwachungsrecht und selbständige Überwachungspflicht bei der Bekämpfung von Gefahren für Leib und Gesundheit (Unfall- und Gesundheitsgefahren) des AN gem. § 89
- Umfangreiche Unterrichtungs-, Beratungs- und Vorschlagsrechte durch den AG bei der Gestaltung von Arbeitsplätzen, des -ablaufs und der -umgebung gem. §§ 90 und 110 ff. bei der Personal (bedarfs-) planung

und anderen organisatorischen Personal- und Bildungsmaßnahmen gem. § 92 bis 97
- Der Betriebsrat kann gem. § 104 die Entfernung eines AN (Entlassung oder Versetzung) vom AG verlangen, wenn dieser durch gesetzwidriges Verhalten den Betriebsfrieden wiederholt ernstlich gestört hat (Arbeitsgericht kann Zwangsgeld gegen AG verhängen)

*224* Hinsichtlich der Kündigungen kann zusammenfassend folgendes festgestellt werden:
- Gem. § 102 Abs. 1 BetrVG muss der Betriebrat vor jeder Kündigung (auch Änderungskündigung) gehört werden; er kann gem. Abs. 2 bei ordentlichen Kündigungen innerhalb einer Woche, bei außerordentlichen Kündigungen innerhalb von drei Tagen widersprechen (Bedenken äußern). Gem. § 102 Abs. 6 weitere Gestaltungsmöglichkeiten (Einigungsstelle)
- Gem. § 79 Abs. 1 BPersVG hat der Personalrat ein Mitwirkungsrecht bei ordentlichen Kündigungen (z. B. bei betriebsbedingten Kündigungen, bei dem Erlass von Richtlinien über Kündigungen, bei Änderungskündigungen); der Personalrat kann hier Einwendungen erheben, wenn die Sozialauswahl unzutreffend erfolgt ist oder der AN auf einem anderen Arbeitsplatz weiterbeschäftigt werden könnte o. ä.,
- gem. § 79 Abs. 3 BPersVG hat der Personalrat ein Anhörungsrecht bei fristlosen Entlassungen und außerordentlichen Kündigungen mit der Möglichkeit der Stellungnahme innerhalb von drei Tagen mit der Folge, dass
- gem. §§ 79 Abs. 4 BPersVG/102 Abs. 1 S. 3 BetrVG die Maßnahme des AG unwirksam ist, wenn der Personalrat/Betriebsrat nicht beteiligt (gilt für Mitwirkung und Anhörung) worden ist. Diese Rechtsfolge entspricht der stRspr des BVerwG und ist durch das Urteil des LAG Köln vom 5. 6. 2000 – 8 (11) Sa 1545/99 – in Bezug auf § 72a LPersVG NW (vgl. § 79 BPersVG) – erneut bestätigt worden.[236]

Durch das Anhörungsverfahren bei Kündigungen soll der Betriebs- oder Personalrat in die Lage versetzt werden, eigenverantwortlich zu prüfen, ob z. B. die beabsichtigte ordentliche Kündigung gerechtfertigt erscheint oder ihr widersprochen (§ 102 Abs. 3 BetrVG/§ 79 Abs. 1 BPersVG) werden muss. Hierzu ist der Betriebs- oder Personalrat umfassend und wahrheitsgemäß vom Arbeitgeber zu informieren. Dies gebietet schon der Grundsatz der vertrauensvollen Zusammenarbeit (§§ 2 Abs. 1 und 74 BetrVG/BPersVG). Bei einer auf Alkohol- oder Drogensucht gestützten Kündigung sind gegenüber dem Betriebs- oder Personalrat auch Angaben darüber zu ma-

[236] Der Personalrat 5/2001, S. 94

chen, ob der Arbeitnehmer bereit ist, sich Entwöhnungsmaßnahmen zu unterziehen. Bei derartigen Entlassungen sollte der Arbeitgeber auch darüber informieren, dass die personelle Einzelmaßnahme wegen einer Alkohol- bzw. Drogenabhängigkeit erfolgen soll und sowohl die möglichen verhaltens- als auch die personenbedingten Kündigungsgründe zum Gegenstand der Mitteilung machen.[237]

Nachstehend einige Entscheidungen zu Fragen der Suchtprävention und hilfe, wobei die Maßnahmen des Arbeitgebers/Dienstherrn zur Gestaltung des Arbeitsumfeldes eine erhebliche Auswirkung auf die Suchtanfälligkeit eines Betriebes haben (s. a. Rn. 187 ff.). Deshalb kommt den Betriebs- und Personalräten im Rahmen ihrer Mitbestimmungs- und Mitwirkungsrechte hierbei eine bedeutende Rolle zu. Diese Sammlung ist etwas ausführlicher gestaltet worden, damit auch Nichtpersonalrats- bzw. Nichtbetriebsratsmitglieder sich über die einzelnen Möglichkeiten informieren und ggf. ihre Personalvertretung entsprechend animieren können. Eine gut eingespielte Personalvertretung wird auch das ihr zustehende Initiativ- und Antragsrecht (s.o.) gezielt und effektiv zur Verbesserung der Arbeitsbedingungen und zur Einrichtung eines Suchtprogramms einsetzen können. Wenn dann noch im Rahmen der vertrauensvollen Zusammenarbeit regelmäßige und konstruktive Gespräche mit der Dienststellen- bzw. Firmenleitung geführt und Informationen ausgetauscht werden, dann sollte auch ein gutes Betriebsklima (s. a. Rn. 187 ff.) als beste Suchtprävention im Betrieb möglich sein: *225*

**Mitbestimmungsrecht bei Alkoholverbot**

(§§ 75,76 BPersVG: §§ 75,76 LPersVG BW; Art. 75 LPersVG Bay; §§ 85 bis 88 LPersVG Bln; §§ 63,66 LPersVG Bre; §§ 86,87,89 LPersVG Hbg; §§ 74,77 LPersVG Hess; §§ 75, 78 LPersVG NdS; § 64, 72 LPersVG NW; §§ 80,83,87, 90 LPersVG RhP; § 78,89,80 LPersVG Saar; §§ 70,71 LPersVG SH)

Beim Erlass eines allgemeinen Alkoholverbots durch den Leiter der Dienststelle hat der Personalrat jedenfalls dann mitzubestimmen, wenn im Vordergrund die Regelung des allgemeinen Verhaltens der Beschäftigten und der Ordnung in der Dienststelle steht. Das ist insbesondere dann der Fall, wenn die Anordnung ersichtlich über die Sicherstellung der Erfüllung konkreter dienstlicher Aufgaben hinaus generell eine Maßnahme gegen jegliche alkoholbedingte Ausfallerscheinung treffen will und wenn die Beschäftigten der Dienststelle eine allgemeine Verwaltungstätigkeit ohne

[237] Lepke, Kündigung bei Krankheit, S. 265

Besonderheiten ausüben (BVerwG v. 5. 10. 1989 #6_P_7.88, n.v.). Dagegen unterliegen ein absolutes Alkoholverbot während der Dienstzeit und die Erlaubnis, aus bestimmten Anlässen in zeitlich begrenztem Umfang während der Dienstzeit zu feiern, nicht der Mitbestimmung; denn in diesem Zusammenhang wird in erster Linie auf die Sicherstellung der Erfüllung konkreter Aufgaben abgestellt und erst in zweiter Linie das Verhalten der Beschäftigten zueinander geregelt (HessVGH v. 19. 11. 1984, Leits. PersV 1989, 39).[238]

**Bei Betriebsvereinbarung über Alkoholverbot keine Änderung ohne Betriebsrat**

Haben Arbeitgeber und Betriebsrat ein Alkoholverbot vereinbart, kann der Arbeitgeber nicht einseitig weitere in der Betriebsvereinbarung nicht vorgesehene Regelungen hinsichtlich der Überwachung der Einhaltung des Verbots treffen. Auch für Verfahrensregelungen bezüglich der Einhaltung des Alkoholverbots besteht ein eigenständiges Mitbestimmungsrecht des Betriebsrats gem. § 87 Abs. 1 Nr. 1 BetrVG.

(BAG vom 13. 2. 1990 – 1 ABR 11/89 – AiB 1991, 272)[239]

**Regelungsinhalte, die nicht in die Betriebsvereinbarung dürfen**

Demzufolge bedürfen auch sog. einfache Alkoholtests (Gehtest, Balancetest, Pusteröhrchen) der vorherigen Zustimmung des Betriebsrats. Zwangsweise Blutentnahmen dagegen sind der Regelungsmacht der Betriebspartner entzogen (s. a. unter Rn. 218 ff.).

(*Hinrichs,* AiB 1983, 183, 186)

Unzulässig sind auch Vereinbarungen, wonach ein Verstoß gegen das Alkoholverbot stets zur fristlosen bzw. fristgerechten Kündigung berechtigen soll.

(BAG vom 28. 4. 1982, AP Nr. 4 zu § 87 BetrVG 1982 Betriebsbuße m. Anm. von Herschel)[240]

**Drogensucht**

Die vorgenannten Grundsätze finden auch auf die Fälle von Drogensucht entsprechende Anwendung.[241]

---

238 Rechtsprechung zum Personalvertretungsrecht, Diskette 10.–18. Ausgabe 1990–1998, DBB-Verlag,Bonn

239 HwB AR, Mai 1997 (Feichtinger), S. 9 ff.

240 ebenda

241 ebenda

## Mitbestimmungsrecht bei der Gestaltung von Arbeitsplätzen

(§§ 75,76 BPersVG: §§ 75,76 LPersVG BW; Art. 75 LPersVG Bay; §§ 85 bis 88 LPersVG Bln; §§ 63,66 LPersVG Bre; §§ 86,87,89 LPersVG Hbg; §§ 74,77 LPersVG Hess; §§ 75, 78 LPersVG NdS; §§ 64, 72 LPersVG NW; §§ 80,83,87, 90 LPersVG RhP; § 78,89,80 LPersVG Saar; §§ 70,71 LPersVG SH)

Da der Zweck des Mitbestimmungsrechts darin besteht, durch eine menschengerechte Gestaltung der Arbeitsplätze die schutzwürdigen Belange der Beschäftigten zu wahren, unterliegen der personalvertretungsrechtlichen Beteiligung auch solche Anordnungen, die erträgliche Raumklimaverhältnisse gewährleisten sollen (Festlegung von Lufttemperatur, Luftfeuchtigkeit, Luftgeschwindigkeit, Außenluftrate etc.; HessVGH v. 22. 3. 1989, ZBR 1989, 317).[242]

## Mitbestimmungsrecht bei stufenweiser Einführung eines Informations- und Steuersystems

(§§ 75,76 BPersVG: §§ 75,76 LPersVG BW; Art. 75 LPersVG Bay; §§ 85 bis 88 LPersVG Bln; §§ 63,66 LPersVG Bre; §§ 86,87,89 LPersVG Hbg; §§ 74,77 LPersVG Hess; §§ 75, 78 LPersVG NdS; § 64, 72 LPersVG NW; §§ 80,83,87, 90 LPersVG RhP; § 78,89,80 LPersVG Saar; §§ 70,71 LPersVG SH)

Bei technischen Einrichtungen, die leistungs- und verhaltensbezogene Daten selbst erheben, setzt das Mitbestimmungsrecht nicht erst dann ein, wenn die erfassten Leistungs- und Verhaltensdaten allein oder in Verbindung mit anderen Daten eine sinnvolle Aussage über Verhalten und Leistung ermöglichen, sondern schon dann, wenn überhaupt Leistungs- und Verhaltensdaten erfasst werden. Wollte man nämlich auf die Beurteilungsrelevanz der erfassten Leistungs- und Verhaltensdaten abstellen, wäre eine Grenze zwischen mitbestimmungsfreier und mitbestimmungspflichtiger Erfassung solcher Daten durch technische Einrichtungen nicht zu ziehen (HessVGH v. 29. 3. 1989).[243]

## Mitbestimmungsrecht bei rechnergesteuertem Zugangskontrollsystem

(§§ 75,76 BPersVG: §§ 75,76 LPersVG BW; Art. 75 LPersVG Bay; §§ 85 bis 88 LPersVG Bln; §§ 63,66 LPersVG Bre; §§ 86,87,89 LPersVG Hbg;

---

[242] Rechtsprechung zum Personalvertretungsrecht, Diskette 10.–18. Ausgabe 1990–1998, DBB-Verlag, Bonn

[243] Rechtsprechung zum Personalvertretungsrecht, Diskette 10.–18. Ausgabe 1990–1998, DBB-Verlag, Bonn

§§ 74,77 LPersVG Hess; §§ 75, 78 LPersVG NdS; § 64, 72 LPersVG NW; §§ 80,83,87, 90 LPersVG RhP; § 78,89,80 LPersVG Saar; §§ 70,71 LPersVG SH)

Ein rechnergesteuertes Zugangskontrollsystem, das den mit einer kodierten Ausweiskarte unternommenen Zutrittsversuch nach Ort, Zeit und Nummer der benutzten Karte dokumentiert und dasselbe auch bei jedem berechtigten Zutritt leisten kann, ist dazu bestimmt, das Verhalten der Beschäftigten zu überwachen (OVG Hamburg v. 4. 7. 1988, ZBR 1989, 94).[244]

### Mitbestimmungrecht bei der Hebung der Arbeitsleistung

Entscheidend für die Erfüllung des Mitbestimmungstatbestandes der Hebung der Arbeitsleistung ist, ob durch die Maßnahme der Dienststelle ein Mehr an Arbeitsleistung im Sinne einer Steigerung des körperlichen Einsatzes und geistigen Aufwandes der Beschäftigten erstrebt wird. Diese Voraussetzung ist bei Leitungsaufgaben dann erfüllt, wenn z. B. der Aufsichtsführende einen größeren sachlichen und personellen Bereich zu überblicken und seine Arbeit rationeller zu planen hat (BayVGH v. 9. 3. 1989 – n. v.).[245]

### Mitbestimmungsrecht bei Änderung einer elektronischen Datenverarbeitungsanlage

Ein Mitbestimmungsrecht der Personalvertretung bei Änderung einer elektronischen Datenverarbeitungsanlage besteht auch dann, wenn die neue Anlage in ihrer Konfiguration mit der bisherigen weitgehend übereinstimmt, die Einsatzmöglichkeiten der neuen Anlage aber wesentliche Unterschiede aufweisen und auch die Arbeitsvorgänge anders zu gestalten sind. In diesem Fall nämlich werden die Beschäftigten in anderer Art und Weise am Arbeitsablauf beteiligt. Die Änderung hat also Auswirkungen auf die körperliche und geistige Inanspruchnahme der Beschäftigten. Ein weiteres Indiz für eine wesentliche Änderung der Anlage ist auch immer darin zu sehen, dass der Einsatz an dem neuen Gerät eine Schulung von mehreren Tagen voraussetzt (HessVGH v. 24. 8. 1988, NJW 1989, 2641).[246]

### Mitbestimmungsrecht in personellen Angelegenheiten

In allen Fällen, in denen Personalvertretungsgesetze der Länder keinen Versagungskatalog hinsichtlich der Verweigerungsgründe enthalten, kann

---

[244] Rechtsprechung zum Personalvertretungsrecht, Diskette 10.–18. Ausgabe 1990–1998, DBB-Verlag, Bonn

[245] ebenda

[246] ebenda

die Zustimmungsverweigerung auf jeden sachlichen Grund rechtswirksam gestützt werden (LAG Berlin v. 17. 8. 1987, PersV 1989, 229 = Leits. ZfPR 1989, 114).[247]

## Benachteiligung als Zustimmungsverweigerungsgrund

Wenn sich eine Personalvertretung auf den Tatbestand der Benachteiligung und der Friedensstörung als Zustimmungsverweigerungsgrund beruft, dann kommt es nicht darauf an, ob die einzelnen Gründe in sich schlüssig sind, sondern alleine darauf, ob das Vorliegen einer Benachteiligung oder einer Friedensstörung mindestens möglich erscheint. Dabei ist zu beachten, dass sich eine Personalvertretung – bei allen berechtigten Anforderungen an das Personalratsamt – regelmäßig nicht aus Juristen zusammensetzt und der Abbruch des Mitbestimmungsverfahrens auf Ausnahmefälle beschränkt bleiben muss (HessVGH v. 27. 4. 1988 – BPV_TK_755/87, n. v.).[248]

## Mitbestimmungsrecht beim Erlass von Verwaltungsanordnungen

(§ 78 BPersVG; § 80 LPersVG BW; Art. 76 LPersVG Bay; § 90 LPersVG Bln; §§ 65,66 LPersVG Bre; §§ 84, 86, 89 LPersVG Hbg; § 81 Abs. 2 LPersVG Hess; §§ 67a,78, 80 LPersVG NdS; § 73 LPersVG NW; § 82 LPersVG RhP; §§ 72,80 Abs. 1, 83 Abs. 2 LPersVG Saar; § 73 LPersVG SH)

Verwaltungsanordnungen im Sinne des Gesetzes sind nicht nur Verwaltungsanordnungen im Sinne des Verwaltungsrechts. Zu ihnen gehören vielmehr auch allgemeine Weisungen und Anordnungen, die von der Dienststelle kraft der Regelungsbefugnis des Dienstherrn oder des Arbeitgebers erlassen werden, um innerdienstliche, soziale oder persönliche Belange der Beschäftigten gestaltend zu regeln. Eine Verwaltungsanordnung im Sinne des Mitwirkungstatbestandes kann demnach nur eine abstrakt-generelle Regelung sein, die sich als eine allgemeine Regelung an die Beschäftigten in ihrer Gesamtheit oder aber an einen unbestimmten Teil von ihnen richtet. Die Regelung muss unmittelbar von den entsprechenden Beschäftigten im Bereich ihrer innerdienstlichen, sozialen und persönlichen Angelegenheiten ein Tun oder Unterlassen abverlangen oder ihnen Befugnisse einräumen oder entziehen. Anordnungen dagegen, die auf einzelne bestimmte oder bestimmbare Beschäftigte abzielen, zumal wenn sie nur bestimmte und konkrete Einzelsachverhalte betreffen, sind keine dem

[247] Rechtsprechung zum Personalvertretungsrecht, Diskette 10.–18. Ausgabe 1990–1998, DBB-Verlag, Bonn

[248] ebenda

Mitwirkungsrecht des Personalrats unterliegenden Anordnungen. Mitwirkungsbedürftig sind also stets nur solche Anordnungen, die allgemeine Regelungen treffen, die sich an die Beschäftigten in ihrer Gesamtheit oder einen unbestimmten Teil von ihnen richten und eine unbestimmte Anzahl von Sachverhalten betreffen, etwa weil sie auf Dauer angelegt sind. Der Gesetzgeber wollte mit der Einführung dieses Mitwirkungstatbestandes nicht die Beteiligungsbefugnis der Personalvertretung bei Weisungen in Einzelfällen erweitern, sondern vielmehr die Personalvertretung bereits in die Vorbereitung von allgemeinen Regelungen einbeziehen, die etwa erforderlich werden und ggf. der Mitbestimmung unterliegenden Einzelmaßnahmen vorausgehen. Eine Anordnung, die z. B. im Schulbereich alle Lehrer betrifft, die Biologie unterrichten, unterliegt daher nicht dem Mitwirkungsrecht der Personalvertretung (VGH Baden-Württemberg v. 6. 9. 1988, ZBR 1989, 158).[249]

**Mitwirkungsrecht bei Einleitung eines förmlichen Disziplinarverfahrens**

(§ 77 Abs. 2 BPersVG; § 82 LPersVG BW; Art. 75 Abs. 2 LPersVG Bay; § 80 Abs. 2 LPersVG Saar; § 70 Abs. 4 LPersVG SH; die übrigen Landespersonalvertretungsgesetze enthalten keinen sog. Versagungskatalog)

Die Einleitungsverfügung ist keine endgültige, in das Beamtenverhältnis unmittelbar eingreifende Entscheidung. Eine ohne die beantragte Mitwirkung des Personalrats erlassene Einleitungsverfügung ist fehlerhaft, aber nicht unwirksam. Die Mitwirkung der Personalvertretung ist nachholbar (BVerwG v. 22. 3. 1989, DVBI. 1989, 778).[250]

**Mitwirkungsrecht bei Entlassung eines Beamten auf Probe**

(§ 77 Abs. 2 BPersVG; § 82 LPersVG BW; Art. 75 Abs. 2 LPersVG Bay; § 80 Abs. 2 LPersVG Saar; § 70 Abs. 4 LPersVG SH; die übrigen Landespersonalvertretungsgesetze enthalten keinen sog. Versagungskatalog)

Die gesetzlich vorgeschriebene Zustimmung des Personalrats bei der Entlassung eines Beamten auf Probe bezieht sich nicht auf die verwaltungstechnische Entlassungsverfügung, sondern auf den Vorgang der Entlassung und den ihr zugrundeliegenden Sachverhalt. Wird die Entlassungsverfügung aus formalen Gründen aufgehoben und durch eine neue, auf einen späteren Entlassungszeitpunkt datierte ersetzt, bedarf es bei gleich-

---

[249] Rechtsprechung zum Personalvertretungsrecht, Diskette 10.–18. Ausgabe 1990–1998, DBB-Verlag, Bonn

[250] ebenda

bleibendem Sachverhalt keiner erneuten Zustimmung des Personalrats (BVerwG v. 10. 6. 1988, ZBR 1989, 178).[251]

## Mitbestimmungsrecht bei Entlassung eines Beamten auf Probe

Im Falle der eingeschränkten Mitbestimmung nach § 82 Abs. 2 Sächs PersVG (PersVG SN) bei der Entlassung eines Beamten auf Probe ist die zuständige Personalvertretung nicht nur über die beabsichtigte Maßnahme selbst (…), sondern auch über die Entlassungsgründe einschließlich des für sie maßgeblichen Sachverhalts zu unterrichten. (…) Die Übermittlung von ärztlichen Gutachten und Befunden zu einem bestimmten Beamten bedarf jedoch dessen ausdrücklicher Zustimmung. Eine unterbliebene oder mangelhafte Beteiligung der Personalvertretung kann bis zum Abschluss des Widerspruchsverfahrens nachgeholt werden, wenn ihr noch eine echte Einwirkungsmöglichkeit an der Entscheidung des Dienstherrn gewährt wird. Die Personalvertretung kann mit Einwänden nach § 82 Abs. 2 PersVG SN nicht in die dem Dienstherrn übertragene Beurteilungsermächtigung bei der Feststellung, ob sich der Beamte auf Probe bewährt hat, eingreifen.

*(Im Falle eines Feuerwehrbeamten dem wegen Trunkenheit im Straßenverkehr seine Fahrerlaubnis entzogen wurde und bei dem ein Verstoß gegen das Alkoholverbot während des Dienstes – 0,16 Promille – festgestellt wurde)*

OVG Sachsen v. 26. 11. 2003 – 2 B 465/03 –[252]

## Antrag eines Beamten auf Beteiligung des Personalrats

(§ 77 Abs. 2 BPersVG; § 82 LPersVG BW; Art. 75 Abs. 2 LPersVG Bay; § 80 Abs. 2 LPersVG Saar; § 70 Abs. 4 LPersVG SH; die übrigen Landespersonalvertretungsgesetze enthalten keinen sog. Versagungskatalog)

Die durch den Dienststellenleiter erfolgende vorherige Unterrichtung eines Beamten bei Einleitung des förmlichen Disziplinarverfahrens, bei Entlassung von Beamten auf Probe oder auf Widerruf oder bei vorzeitiger Versetzung in den Ruhestand muss so klar gefasst sein, dass der betreffende Beamte erkennen kann, dass er die Entscheidung über sein Antragsrecht auf Mitwirkung der Personalvertretung nunmehr zu treffen hat. Dem Beamten ist eine angemessene Überlegungsfrist einzuräumen (BVerwG v. 23. 2. 1989, PersR 1989, 201).[253]

---

[251] ebenda

[252] ZfPR 12/2004, S. 332

[253] Rechtsprechung zum Personalvertretungsrecht, Diskette 10.–18. Ausgabe 1990–1998, DBB-Verlag, Bonn

### Mitwirkungsrecht bei außerordentlicher Kündigung

(§ 79 BPersVG; § 79 LPersVG BW; Art. 77 LPersVG Bay; § 87 LPersVG Bln; § 75 LPersVG Bre; § 87 LPersVG Hbg; § 84 LPersVG Hess; § 79 LPersVG NdS; § 72 LPersVG NW; § 80 LPersVG RhP; § 80 LPersVG Saar; § 72 LPersVG SH)

Vor einer außerordentlichen Kündigung muss der Arbeitgeber die Zustimmung der Personalvertretung auch dann einholen, wenn es sich um eine außerordentliche Änderungskündigung handelt. Fehlt in diesem Fall beim Ausspruch der außerordentlichen Kündigung die Zustimmung der Personalvertretung zu der angebotenen wesentlichen Änderung des Arbeitsvertrages, so ist das Vertragsänderungsangebot des Arbeitgebers unwirksam. Ob die Unwirksamkeit des Vertragsänderungsangebots auch die Unwirksamkeit der außerordentlichen Kündigung als solcher zur Folge hat, richtet sich nach § 139 BGB. Hat der Arbeitgeber die außerordentliche Änderungskündigung erklärt, ohne auch nur versucht zu haben, die Zustimmung des Personalrats zu der Vertragsänderung herbeizuführen, so ist die außerordentliche Änderungskündigung insgesamt mangels eines wichtigen Kündigungsgrundes im Sinne von § 626 Abs. 1 BGB unwirksam (BAG v. 29. 6. 1988, PersV 1989, 219).[254]

### Kein Recht auf Unterlassen einer beteiligungspflichtigen Maßnahme

(§ 83 BPersVG; § 86 LPersVG BW; Art. 81 LPersVG Bay; § 81 LPersVG Bre; § 111 LPersVG Hbg; § 97 LPersVG Hess; § 85 LPersVG NW; § 114 LPersVG RhP; § 113 LPersVG Saar; § 92 LPersVG SH)

Eine Personalvertretung hat kein Recht auf Unterlassung einer beteiligungspflichtigen Maßnahme. Deshalb kann ein solches Recht weder in einem Hauptsacheverfahren noch in einem Eilverfahren in Anspruch genommen werden (VG Hamburg v. 23. 2. 1989, PersR 1989, 204).[255]

### Erlass einer einstweiligen Verfügung

(§ 79 BPersVG; § 79 LPersVG BW; Art. 77 LPersVG Bay; § 87 LPersVG Bln; § 75 LPersVG Bre; § 87 LPersVG Hbg; § 84 LPersVG Hess; § 79 LPersVG NdS; § 72 LPersVG NW; § 80 LPersVG RhP; § 80 LPersVG Saar; § 72 LPersVG SH)

Eine Personalvertretung kann eine (das Beteiligungsrecht oder dessen Verletzung) feststellende einstweilige Verfügung beantragen, wenn ein wichtiger Verfügungsgrund gegeben ist. Voraussetzung dafür ist, dass das

[254] ebenda

[255] Rechtsprechung zum Personalvertretungsrecht, Diskette 10.–18. Ausgabe 1990–1998, DBB-Verlag, Bonn

geltend gemachte Beteiligungsrecht bei einer Verweisung auf ein inhaltsgleiches Hauptsacheverfahren erheblich erschwert oder unmöglich gemacht würde. Hinzukommen muss, dass die Personalvertretung im Rahmen dieses Beteiligungsrechts bedeutsame Belange des von ihr vertretenen Personals wahrnehmen darf und wahrnehmen möchte und dass sie durch die Verweisung auf das Hauptsacheverfahren weitgehend oder völlig daran gehindert würde, diese Belange wirksam zur Geltung zu bringen (VG Hamburg v. 23. 2. 1989, PersR 1989, 204).[256]

[256] ebenda

# F. Therapiemöglichkeiten, Rehabilitationsverfahren und Adaption

## 1. Vorbemerkung

Auf der Internetseite der „Caritas“ (http://www.caritas.de) ist unter dem Stichwort „Therapie“ folgender Ausspruch eines Suchtabhängigen zu lesen: 226

„Wenn Du clean werden willst, musst Du Therapie machen, ambulant oder stationär.

Therapie ist nichts schlimmes, da haut Dir keiner mit dem Rohrstock auf die Finger. Therapie ist etwas Gutes, ist eine Herausforderung für Dich. Du musst wissen, dass man gern Therapie machen kann. Du erfährst viel über Dich. Du kannst herausfinden, warum Du Drogen genommen hast. Du lernst, langsam mit Deinen Problemen fertig zu werden. Je länger Du Therapie machst, um so mehr Verantwortung bekommst Du. Du entscheidest, ob Du clean werden willst. Du musst merken, dass Du es für dich selber machst. Zuerst habe ich gedacht, Scheiße, ich mache das nur, damit die anderen zufrieden sind. Dann habe ich's gecheckt: Ich mache das nicht für die Eltern oder Therapeuten, sondern für mich.“

Bis ein Betroffener zu dieser Einsicht gekommen ist, vergeht eine gewisse Zeit des Leidens und des Leugnens. Eine wichtige Hilfe bei der Suche nach der auf ihn passenden und von ihm akzeptierten „Wahrheit“ und der für ihn notwendigen Therapie ist die betriebliche Suchtkrankenhilfe.

Sie ist eine wichtige Errungenschaft, um suchtgefährdeten und suchtkranken Mitarbeitern in Betrieben und Einrichtungen des öffentlichen Dienstes den Zugang zu ambulanten und stationären Behandlungsmöglichkeiten zu ebnen, die dem Klienten durch eine gezielte Behandlung eine dauerhafte Abstinenz ermöglichen wollen.

Ein gutes Beispiel für eine solche Suchtkrankenhilfe gibt das Projekt der Lukas-Werk Suchthilfe gGmbH, über deren effektive Arbeit und gut geführte Einrichtungen der Verfasser aus der Sicht des Personalrates zumindest in Teilbereichen selbst ein Urteil abgeben kann:

In der Region Südostniedersachsen hat sich die Lukas-Werk Suchthilfe gGmbH bereits seit einigen Jahren mit einem gut eingespielten Verbundsystem für Suchtkrankenhilfe etabliert. In Braunschweig, Goslar, Helmstedt, Northeim und Wolfenbüttel unterhält das Lukas-Werk integrierte Fachambulanzen für alkohol- und medikamentenabhängige Menschen bzw. Fachstellen für Sucht und Suchtprävention. In Salzgitter-Ringelheim betreibt das Lukas-Werk z. B. eine Fachklinik als stationäre Einrichtung für alkohol- und medikamentenabhängige Menschen. In Wolfenbüttel rundet eine Adaptionseinrichtung zur Wiedereingliederung nach einer stationären Therapie das Angebot für Alkoholkranke ab.

In Helmstedt, Northeim und Wolfenbüttel gibt es zudem ein Zusatzangebot für Drogengefährdete und Drogenabhängige; in Braunschweig wird eine Tagesklinik betrieben. Ambulante Rehabilitationsmaßnahmen können ebenfalls in Salzgitter-Ringelheim durchgeführt werden.

Eine enge Zusammenarbeit mit den ortsansässigen Selbsthilfegruppen soll dafür sorgen, dass Suchtkranke bereits während der Behandlung Gesprächs- und Kontaktmöglichkeiten zu anderen Betroffenen weiterpflegen können. Es gibt viele Kooperationen mit den örtlichen Krankenhäusern, niedergelassenen Ärzten und sozialen Einrichtungen.

Erwähnenswert ist hierbei die Kooperation zwischen den Einrichtungen des Lukas-Werkes mit ortsansässigen Betrieben in Goslar, Northeim, Salzgitter, Helmstedt, Braunschweig und Wolfenbüttel. In regelmäßigen gemeinsamen Sitzungen erfolgt ein fachlicher Austausch über neueste Entwicklungen in der Suchtkrankenhilfe. Außerdem werden Fallbesprechungen durchgeführt, so dass eine Unterstützung im konkreten Einzelfall gewährleistet ist. In einem Kooperationsvertrag (Muster s. u. Rn. 251) ist darüber hinaus auch ausführlich festgelegt, in welcher Form die Zusammenarbeit zwischen den betroffenen Klienten, den Betrieben, insbesondere den Sozialdiensten und den Fachambulanzen erfolgt.

Seit 1992 wurden in Braunschweig, Goslar, Helmstedt, Northeim und Wolfenbüttel Fachstellen für Suchtprävention eingerichtet, die hauptsächlich im Vorfeld von Sucht tätig sind, so z. B. in Kindergärten, Schulen und Jugendfreizeiteinrichtungen. Die Angebote richten sich sowohl an Kinder und Jugendliche als auch an Eltern, Erzieher, Lehrkräfte und andere Erwachsene als Multiplikatoren.

Darüber hinaus wurde seit kurzem neben den „klassischen" Behandlungsformen (ambulant und stationär) die *„Modulare Kombinationsbehandlung"*[257] im regionalen Therapieverbund eingeführt, durch die zwar keine prinzipiell neue Behandlungsform, jedoch aber mit dem Prinzip der *adaptiven Indikation* angestrebte Flexibilisierung eine neue Qualität gewonnen wird: Der jeweilige Leistungsträger genehmigt einen Leistungsrahmen, in dem verschiedene Behandlungsformen und deren Wechsel vorgesehen ist. Hier sind Kombinationen von stationärer, ganztags ambulanter und ambulanter Behandlung möglich, wobei sich auch innerhalb der Gesamtbehandlungsdauer eine Adaptionsphase anschließen kann. Insge-

---

[257] Integriertes Konzept, Lukas-Werk Suchthilfe gGmbH, Kanzleistr. 2, 38300 Wolfenbüttel

samt ist eine Rehabilitationsdauer von einem Jahr festgelegt, wobei Verlängerungen im Einzelfall möglich sind. Bewilligt wird vom Leistungsträger jeweils das Therapiesegment, das nach der erstellten prospektiven Therapieplanung als Nächstes ansteht. Die Behandlungen im Rahmen des vorgelegten Therapieplans sind vom Leistungsträger abgesichert, wobei Abweichungen von der prospektiven Therapieplanung mit einem kurzen Zwischenbericht zur Begründung angezeigt werden müssen. Hinsichtlich der einzelnen Behandlungssegmente sind mit dem jeweiligen Leistungsträger Regelzeiten vereinbart, die für die stationäre Therapie und die ganztägig ambulante Behandlung jeweils 8 bis 10 (max. 12) Wochen beträgt, wobei davon auszugehen ist, dass nur in Ausnahmefällen innerhalb einer Therapie beide Formen in Anspruch genommen werden. Die Dauer der ambulanten Therapie ergibt sich aus der Differenz zur bewilligten Gesamtdauer von 52 Wochen. Weitere Bausteine dieser Kombinationsbehandlung sind ein effektives *„Übergabemanagement“* (Führen von Übergabegesprächen in Form einer Dreierkonferenz sowie Übernahme der bisherigen Dokumentation des Behandlungsverlaufs mit den Untersuchungsbefunden durch alle beteiligten Stellen) zur Kostenreduzierung, ein zusätzliches personales *„Case-Management“* als Ansprechpartner, Rückmelder und Ablaufverantwortlicher für alle Beteiligten (Leistungsträger, -anbieter und Versicherten) sowie die *„Belastungserprobung“*. Um den Klienten den Übergang vom stationären in das ambulante Setting zu erleichtern, wird ihnen hier ermöglicht, bis zu sechsmal eine Belastungserprobungsgruppe zu besuchen, in der sie einen ersten Einblick in die ambulante Rehabilitation erhalten.

Die Rentenversicherungsträger gehen davon aus, dass künftig 60 bis 70 % der Suchtkranken nach diesem Konzept behandelt werden, da es sich als schlüssig, flexibel und kostengünstig herausgestellt hat. Der Rest wird der rein stationären bzw. ambulanten Rehabilitation vorbehalten bleiben.

Ein Beispiel soll die Nutzung der Flexibilität in der Kombinationstherapie verdeutlichen:

Frau N. ist 39 Jahre alt. Vor sechs Wochen war ihr Mann aus der gemeinsamen Wohnung ausgezogen. Vorausgegangen war eine etwa zwei Jahre sich hinziehende Trennungsphase mit schweren Auseinandersetzungen mit ihrem Ehemann, der sich einer anderen Frau zugewandt hatte. In dieser Phase hatte Frau N. begonnen, wieder Alkohol zu trinken. Sie hatte bereits vor 6 Jahren in einer ähnlichen Situation vermehrt Alkohol getrunken. Ihr Mann hatte daraufhin die Beziehung zu einer anderen Frau beendet. In den zurückliegenden zwei Jahren hatte sich bei Frau N. schleichend eine Alkoholabhängigkeit entwickelt, was der Ehemann ihr gegenüber als ausschlaggebenden Grund für seine Trennung angegeben hat. Frau N. lebte nach der Trennung mit ihren beiden 13 und 18 Jahre alten Söhnen allein in ihrer Wohnung und war durch die Situation überfordert. Sie steigerte ihren Alkoholkonsum und begann sich, die Kinder und die Haushaltsführung zu vernachlässigen. Schließlich fiel sie auch an ihrem Arbeitsplatz auf. Auf eine nachdrückliche Empfehlung der Suchtberaterin der Firma wandte sich Frau N. schließlich an ihren Hausarzt, der sie zu einer stationären Entziehung in das psychiatrische Landeskrankenhaus eingewiesen hat. Während der dreiwöchigen qualifizierten Entzugsbehandlung konnte die Motivation für eine Entwöhnungsbehandlung aufgebaut werden. Vom Krankenhaus aus wurde der Kontakt zu einer Fachambulanz hergestellt. Noch während der stationären Behandlung wurde eine Rehabilitation beim Leistungsträger beantragt. Dabei musste der Hinweis beachtet werden, dass bei Frau N. noch eine ausgeprägte psychische Labilisierung infolge der noch nicht ausreichend verarbeiteten Trennung von ihrem Mann vorliegt. Auf der anderen Seite war die familiäre Situation nicht ungünstig. Die in der Nachbarschaft wohnende Mutter der Patientin hatte zumindest vorübergehend ihre Unterstützung in der Haushaltsführung und bei der Betreuung des 13-jährigen Sohnes angeboten. Ihr Arbeitsplatz war nicht gefährdet. Trotzdem war es der Wunsch von Frau N., möglichst bald ihre berufliche Tätigkeit wieder aufzunehmen. Sie befürchtet, den Anschluss zu verlieren. Diese Faktoren legten die Beantragung einer Modularen Kombinationsbehandlung nahe, die vom Leistungsträger auch bewilligt wurde. Als Case-Manager wurde Frau H., eine Mitarbeiterin der Fachambulanz bestimmt. In einem Krisengespräch, an dem die Patientin mit Frau H. als Case-Manager teilnahm wurde der Therapieplan neu diskutiert. Im Einvernehmen mit Frau N. wurde eine Verlegung in eine Suchtklinik erwogen. Der bevorstehende Wechsel wurde dem Leistungsträger mit der Bitte um Bewilligung mit einer kurzen Begründung. Noch in der gleichen Woche war eine Verlegung möglich, die über ein Übergabegespräch vorbereitet wurde. An diesem Übergabegespräch nahm die Patientin, ihr bisherige Bezugstherapeut, sowie die zukünftige Bezugstherapeutin der Klinik teil. Nach Diskussion des Therapieplans unter Berücksichtigung der erhobenen Befunde und der bisher gemachten Erfahrungen wurde als Fokus die bestehende Trennungsangst der Patientin gewählt und der Therapieplan für die Klinik entsprechend verändert. Es wurde eine Behandlungsdauer von maximal 6 Wochen festgelegt.

Während der Motivationsphase war deutlich geworden, dass die bereits bekannte psychische Labilisierung wegen der Trennungssituation so ausgeprägt war, dass dadurch das Abbruchrisiko wesentlich erhöht wurde. Da eine zusätzliche Trennung von ihrem Sohn vermieden werden sollte, wurde zur Bearbeitung der Trennungssituation eine ganztags ambulante Behandlung vorgeschlagen. Diese Lösung kam auch den Vorstellungen von Frau N. entgegen. Schon in der ersten Woche während der ganztags ambulanten Behandlung kam es bei Frau N. zu einem schweren Rückfall. Ihr Ehemann hatte sie am Wochenende zu Hause aufgesucht, um anstehende konflikthafte finanzielle Angelegenheiten mit ihr zu besprechen. Dabei war es zu einem Streit gekommen, in dessen Verlauf ihr Mann sie massiv beleidigt und entwertet hat. Sie verließ die Wohnung und wurde später von der Polizei volltrunken zurückgebracht. Nach dem Wochenende berichtete sie den Rückfall ihrer Therapeutin. Nach deren in einem längeren Gespräch gewonnenen Einschätzung sei die Motivation für eine Rehabilitation durch den Rückfall nicht prinzipiell in Frage gestellt worden. Andererseits habe der Rückfall jedoch gezeigt, dass die psychische Stabilität von Frau N. noch nicht ausreichen würde, den mit dem Setting der tagesklinischen Behandlung verbundenen Risiken standzuhalten. In dem beschützenden Milieu der Klinik konnte sich Frau N. schnell wieder stabilisieren. Sie konnte die therapeutischen Angebote zur Aufarbeitung ihrer Trennungssituation gut nutzen und ließ es zu, dass der klinikinterne Sozialdienst vorläufige Kontaktregelungen mit dem Ehemann aushandelte. Nach 4 Wochen drängte Frau N. während der im Rahmen des klinikinternen CaseManagements angesetzten Fallbesprechung darauf, in die ambulante Behandlung zu wechseln. Vom Sozialdienst kam die Information, dass inzwischen wichtige Regelungen in der Trennungsangelegenheit mit ihren Mann getroffen worden und die familiäre Situation als entspannt angesehen werden konnte. Vom Therapeuten wurde berichtet, dass Frau N. eine ausreichende Kontrolle über ihre emotionalen Reaktionen auf die Trennung von ihrem Mann gewonnen hatte. Nach seiner Meinung war der Wechsel mit einem vertretbaren Risiko verbunden. Diese Entscheidung wurde dadurch begünstigt, dass im Krisenfall eine erneute bis zu dreiwöchige intermittierende Behandlung in der Klinik im Rahmen der Leistungszusage möglich war. Einvernehmlich mit Frau H., Case-Manager der Patientin, entschied man sich daraufhin für den Wechsel in die ambulante Behandlungsform. Während der Besprechung wurden noch die wichtigsten Themen für das geplante Übergangsgespräch festgelegt. Der Leistungsträger wurde über den bevorstehenden Wechsel der Behandlungsform informiert und stimmte telefonisch dem Wechsel zu.

Die in der Klinik begonnene Bearbeitung der Beziehungsproblematik wurde in der ambulanten Therapie fortgesetzt. Nach 14 Tagen nahm Frau N. ihre Arbeit wieder auf. Im weiteren Verlauf kam es nicht wieder zu einem Rückfall. Während der ambulanten Therapie wurde der Kontakt zu einer Selbsthilfegruppe aufgenommen, die Frau N. in den letzten Monaten der Therapie regelmäßig besuchte und sich gut integrieren konnte. Nach Ablauf der 8-monatigen ambulanten Behandlung wurde Frau N. mit einer guten Prognose entlassen. Sie konnte umgehend ihre Arbeit wieder aufnehmen.

## 2. Ambulante Therapie und Rehabilitation

227 Neben der Beratung sowie einer möglichen Vermittlung in eine stationäre medizinische Rehabilitation besteht in den Fachambulanzen die Möglichkeit der Aufnahme in einer ambulanten medizinischen Rehabilitation (Therapie/Rehabilitation), die der stationären Rehabilitation grundsätzlich vorzuziehen ist. Die Dauer dieser Behandlung richtet sich individuell nach den Belangen des Patienten und wird in der Regel durch den Rentenversicherungsträger finanziert.

*Zielgruppe* der ambulanten medizinischen Rehabilitation sind suchtmittelabhängige Personen mit Abstinenzwunsch und -fähigkeit sowie mit prognostisch günstigem sozialem Umfeld (Bezugspersonen, Berufstätigkeit oder Ausbildung).

Während der ambulanten medizinischen Rehabilitation gelten die Richtlinien der zuständigen Leistungs- und Kostenträger, die bezüglich der erweiterten therapeutischen Qualifikation der Mitarbeiter (Zusatzqualifikation Sucht-/Sozialtherapie), des Behandlungssettings (Therapievereinbarung, festgelegte Behandlungsdauer, Abstinenzkontrollen) und des Berichtswesens (Zwischen- und Abschlußberichte) klare Vorgaben machen.

Bevor eine ambulante Rehabilitation einsetzt, wird in Zusammenarbeit mit kooperierenden Allgemeinmedizinern und Psychiatern geklärt, inwieweit somatische und psychiatrische Komorbiditäten bzw. psychische Störungen und Erkrankungen der substanzbezogenen Störung beim Abhängigen vorhanden sind. Diese fallbezogene Zusammenarbeit bezieht sich auch während der weiteren Behandlung auf jeden Patienten je nach Bedarf und Auffälligkeit der Störungen.

Die Therapie findet im Wesentlichen in Gruppen statt, in denen durch therapeutische Interventionen Fähigkeiten wie soziale Kompetenz, Kommunikations- und Problemlösungskompetenzen, der Umgang mit Stress-, Konflikt- und Risikosituationen, aber auch Strategien im Rahmen einer Rückfallprophylaxe erarbeitet werden. Gruppen bieten in ihrer interaktionellen Dynamik die Möglichkeit, die vorhandenen Beziehungsstörungen und Beziehungsfähigkeiten im Umgang mit anderen Gruppenteilnehmern zu überprüfen und ggf. zu korrigieren.

Die Therapeuten versuchen, die Erstarrung der Patienten auf destruktive und ungesunde suchtorientierte Wertsysteme, Glaubenshaltungen und Rollenverhalten zu analysieren, deutlich zu machen und gezielt umzugestalten und zu verändern. Dem Patienten soll so die Möglichkeit gegeben werden, sich in neue Rollen zu wagen und neues Rollenverhalten im sozialen System Gruppe zu erlernen (die Rolle des Patienten stellt gegenüber der des aktiv Konsumierenden einen Fortschritt dar). Entscheidend für einen Therapieerfolg ist u. a., dass sämtliche Maßnahmen in enger Absprache mit dem Patienten erfolgen.

Die ambulante Rehabilitation hat folgenden Leistungsumfang:

- Anamnese
- Diagnose und Indikationsstellung
- Förderung der Änderungsmotivation
- Erarbeitung von gemeinsamen Behandlungszielen
- Behandlungsplanung
- Durchführung der Behandlung, Intervention
- Abschluss des therapeutischen Prozesses
- Kontrolle, Evaluation
- Vermittlung in Selbsthilfe

Die *Ziele der Therapie* umfassen folgendes Spektrum:

- Erreichung und Erhaltung einer dauerhaften Abstinenz durch einen inneren wie sich auch äußerlich vollziehenden Abgrenzungsprozess gegenüber dem Suchtmittel und Aufarbeitung des „süchtigen" Verhaltens
- Weitergehende Behebung oder Ausgleich körperlicher und psychischer Defizite (Störungen)
- Wiederherstellung oder Sicherung der Erwerbstätigkeit
- Erreichung einer möglichst dauerhaften Wiedereingliederung in Beruf und soziale Beziehungen (Teilhabe)
- Entwicklung eines suchtmittelfreien, angemessenen Rollenverhaltens und einer Rollenflexibilität innerhalb der Ursprungsfamilie und im weiteren sozialen Umfeld.

Die *ambulante* Tagesbehandlung in der Tagesklinik ist ein wichtiger Baustein in der Gesamtkonzeption der Suchtkrankenhilfe. Hier ist ein regionales und alltagsbezogenes Angebot zur Hilfe entstanden. Die Auswirkungen der therapeutischen Erfahrungen und neuen Handlungsweisen können unmittelbar in der Alltagsrealität erprobt und die daraus resultierenden Erfahrungen therapeutisch aufgearbeitet werden. Die Tagesklinik bietet dabei eine höhere therapeutische Unterstützung zur Alltagsbewältigung als die ambulante Rehabilitation. Die alltagsnahe Struktur bietet die tägliche Auseinandersetzung mit Rückfallsituationen, deren Bearbeitung im therapeutischen Programm der Tagesklinik einen hohen Stellenwert einnehmen. Die Einbindung von Angehörigen, die Zusammenarbeit mit der Fachambulanz und den Selbsthilfegruppen sind aufgrund des zentralen Standorts sehr gut möglich. Die Behandlung in der Tagesklinik ist für Patienten gedacht, für die eine ambulante Entwöhnungsmaßnahme zu wenig Struktur und Entlastung bietet, aber ein (stationärer) Fachklinikaufenthalt unnötig erscheint, weil ein ausreichend unterstützendes häusliche Umfeld gegeben ist oder es einfach sinnvoll ist, die Patienten in ihrem Umfeld zu belassen. Die Patienten werden in der Zeit von Montag bis Freitag von 8.30–16.30 Uhr behandelt und betreut. Die Abende, Nächte und Wochenenden verbringen sie zu Hause. Frühstück und Mittagessen wird gemeinsam in der Tagesklinik eingenommen. Die Aufenthaltsdauer beträgt in der Regel 12 Wochen; Kurzbehandlungen von vier bis sechs Wochen sind möglich.

## 3. Fachkliniken für Suchtkranke, psychiatrische Krankenhäuser

228 In enger Absprache mit dem behandelnden Arzt sollte der Abhängige klären ob es ausreichend ist, in eine ambulante medizinische Rehabilitation mit dem Vorteil der „heimnahen" Versorgung zu gehen oder ob eine stationäre medizinische Behandlung, die z. Zt. bis zu 16 Wochen dauern kann, in einer entsprechenden Fachklinik für Suchtkranke durchgeführt werden muss.

Die im Anhang unter Rn. 288 aufgeführten Institutionen zur Behandlung von Suchtkranken bieten die ganze Palette der Suchtbehandlung in Form der einzelfallbezogenen notwendigen Stufen bzw. Phasen; also sowohl

- akutmedizinische Erstversorgung in Form einer Entgiftungsbehandlung, im günstigsten Fall mit einer qualifizierten Entzugsbehandlung in einem psychiatrischen Krankenhaus
- medizinische Rehabilitationsmaßnahmen mit differenziertem Indikationsprogramm (Phase I; Entwöhnungsbehandlungen)
- medizinische Rehabilitationsmaßnahmen zur Durchführung der Phase II in spezifischen Adaptionseinrichtungen als auch
- soziale und gesellschaftliche Re-Integrationsmaßnahmen der Betroffenen in den Nachsorgeeinrichtungen.

So unterschiedlich wie die Menschen geschaffen sind, sind natürlich auch die jeweiligen Erscheinungsformen der Sucht. Die von den Trägern der Suchtkrankenhilfe bereitgestellten Einrichtungen haben sich diesen Anforderungen angepasst, so dass den Betroffenen ein abgestimmtes und verzahntes Behandlungsangebot zur Verfügung steht, in dem differenzierte und integrierende Therapie- und Rehabilitationsangebote flexibel wahrgenommen werden können. Alle dargestellten Einrichtungen verfügen über ein wissenschaftlich begründetes Therapiekonzept und sind in den therapeutischen Verbund der öffentlichen und freigemeinnützigen Trägerschaften integriert. Dies hat den Vorteil, dass sie sich auf jedes Bedürfnis, jede neue Herausforderung (medizinisch oder persönlich) weitestgehend eingestellt haben.

Die Kliniken sind von den Renten- und Krankenversicherungsträgern gemäß der *Vereinbarung „Abhängigkeitskranker"* vom 4. 5. 2001 (s. a.

Rn. 231) anerkannt und beteiligen sich an dem Qualitätssicherungsprogramm dieser Sozialversicherungsträger.

Die u. a. im „buss" organisierten Mitgliedseinrichtungen beteiligen sich z. B. überdies an dem anerkannten Dokumentationssystem EBIS-S (stationär). Mit den EBIS-Katamnesen (Anm.d.Verf.: Erfolgskontrolle der Behandlung; ab 2006 Vorschrift) werden auch die Ergebnisse der Behandlung überprüft, so dass die Qualität der Arbeit ständig verbessert und effektiver gestaltet werden kann.[258]

### *3.1 Stationäre medizinische Rehabilitation*

In den Fachkliniken für Suchtkranke werden stationäre Entwöhnungsbe- *229*
handlungen von unterschiedlicher Dauer durchgeführt. Viele Fachkliniken haben sich auf bestimmte Diagnosen oder spezielle Angebote für Frauen oder Männer konzentriert, so dass aus der Vielzahl von Kliniken die auf den individuellen Fall passende ausgewählt werden kann und muss.

Das grundsätzliche Ziel der stationären Rehabilitation ist die Erreichung der Abstinenz, die Beseitigung körperliche und psychischer Defizite und die Wiederherstellung der Erwerbstätigkeit bzw. Erhöhung der Erwerbsfähigkeit der Patienten, damit sie sich sozial und beruflich wieder als vollwertige Mitglieder in die Gesellschaft integrieren können.

Stationäre Therapie kommt in Frage, wenn eine ambulante Behandlung gescheitert oder von vornherein nicht möglich ist. So kann es zum Beispiel erforderlich sein, den Betroffenen zunächst zur Entlastung aus seinem Lebensumfeld herauszulösen und ihm einen Schutzraum zu geben, in dem er Abstinenz halten kann. Ein weiterer Grund für stationäre Behandlung ist u. a. dann gegeben, wenn außer der Suchterkrankung weitere medizinische Probleme oder Folgeerkrankungen mit zu behandeln sind. Eine Langzeittherapie dauert in der Regel sechzehn Wochen, eine Kurzzeittherapie acht Wochen. Diese Therapien stellen nicht nur Erst-, sondern auch Rückfall- und Wiederholungsbehandlungen dar. Je nach der individuellen Situation des Patienten kann die Behandlungsdauer verlängert oder verkürzt werden.

In der Fachklinik „Erlengrund" in Salzgitter-Ringelheim, um ein konkretes Beispiel zu nennen, liegt allen therapeutischen Maßnahmen ein integratives Konzept mit tiefenpsychologischem Schwerpunkt zugrunde. Der Mensch mit seiner ganz besonderen Problemlage steht dabei im Mittelpunkt, die therapeutische Beziehung genießt hohe Priorität. Diesem Ansatz entspricht es, nach einem Rückfall während der stationären Be-

---

[258] Fachklinik für Suchtkranke, Bundesverband für stationäre Suchtkrankenhilfe („buss") e.V. (Hrsg.), Kassel 2001, S. IV

handlung Wege zu suchen, um die Therapie fortzusetzen, aber auch insbesondere im Rahmen der Rückfallprophylaxe künftigen Belastungen im Alltag vorzubeugen.

Mit jedem Patienten wird in den ersten Tagen seines Aufenthaltes eine umfassende Diagnose im Sinne eines bio-psycho-sozialen Krankheitsverständnisses erarbeitet, in der somatische, psychiatrische, psychologische und sozialtherapeutische Befunde berücksichtigt werden. Die daraus abgeleitete Behandlung umfasst sowohl die Psycho- und Soziotherapie in Gruppen- und Einzelgesprächen als auch Ergo- und Kunsttherapie sowie die unterschiedlichsten Arbeitstherapieformen. Bewegungs- und Sporttherapie zusammen mit der physikalischen Therapie runden das Spektrum therapeutischer Maßnahmen ab. Durch eine fallbezogene „Stärken / Schwächen – Analyse" ist es möglich, die jeweilige Therapie individuell zu gestalten. Die Angehörigen werden stets als Mitbetroffene in das therapeutische Geschehen eingebunden. Ein besonderes Angebot bildet in der kirchlichen Einrichtung die Seelsorge.

Das Therapieangebot der Fachklinik Erlengrund versteht sich als Teil einer Therapiekette und eines Verbundes, das heißt, die Kooperation mit Beratungsstellen, Krankenhäusern, niedergelassenen Ärzten, Betrieben, Selbsthilfegruppen u. a. hat einen hohen Stellenwert. Die stationäre Behandlung ist medizinische Rehabilitation, die Kosten werden von allen Leistungsträgern übernommen. Vorrangig sind dies die Rentenversicherungsträger, aber auch die Krankenkassen oder Sozialhilfeträger.

Einen interessanten *Versuch der stationären Suchtkrankenhilfe* hat die Gemeinnützige Gesellschaft für Paritätische Sozialarbeit Braunschweig mbH (dem Paritätischen Niedersachsen angeschlossen) ins Leben gerufen: Seit etwa fünf Jahren betreibt die Gesellschaft das „Haus Hagenberg" in Hornburg (Landkreis Wolfenbüttel) als ein Wohnheim gem. § 53 SGB XII für Suchtkranke mit Abstinenzgebot. Hier leben die Bewohner erfolgreich abstinent bzw. werden wieder in soziale Bezüge vermittelt. Daneben gibt es aber eine Gruppe von Suchtkranken, die aus disziplinarischen Gründen (alkoholische Rückfälle) eine Heimplatzkündigung erhalten. Diese Bewohner sind mit der Vorgabe der Abstinenz überfordert. Oftmals zeigt sich im Vorstellungsgespräch, dass nur eine geringe Motivation zur Abstinenz vorhanden ist, sodass das Haus Hagenberg eine Aufnahme ablehnt. Die Problematik dieses Personenkreises teilen aber auch Betreuer, Entgiftungskliniken und Beratungsstellen anderer Träger mit und melden damit einen deutlichen Bedarf nach einer *stationären Einrichtung ohne Abstinenzgebot* an. Aus dieser Erkenntnis resultierend hat die Gemeinnützige Gesellschaft nachfolgende Konzeption entwickelt:

**Zielhierarchie:**

Das Endziel der Behandlung ist eine dauerhafte zufriedene Abstinenz

Der Bewohner entscheidet ab welchem Punkt der Zielhierarchie er einsteigt

- Reduzierung der Trinkmenge
- Verlängerung der alkoholfreien Perioden
- Dauerhafte Abstinenz
- Trockene Zufriedenheit

Der *Einstieg* in die neue geplante Einrichtung beginnt mit dem Therapieziel der Reduzierung der Trinkmenge. Diesem Ziel muss der Betroffene zustimmen, d.h. ein kontrollierter, abgestimmter Vertrag zur Trinkmenge erfolgt.

Die *Betreuungsangebote* orientieren sich an den bewährten, erfolgreichen Verfahren im Haus Hagenberg, nämlich Einzel- und Gruppengespräche, Arbeits- und Beschäftigungsbereich, Freizeitstrukturierende Angebote und medizinische Versorgung.

Dieses Konzept muss um folgende Elemente ergänzt werden.

Im *Aufnahmeverfahren* ist eine ausführliche Überprüfung der Vertragsfähigkeit, der Bereitschaft zur Reduzierung der Trinkmenge und der Mitarbeit an den betreuerischen Angeboten notwendig.

In *Einzelgesprächen zum Trinkverhalten* wird regelmäßig der Blick auf das Trinkverhalten und die Zielerreichung der Reduzierung der Trinkmenge gerichtet. Die Trinksituation wird reflektiert. Zeitpunkt, Menge und Trinkmotivation usw. werden festgehalten.

Zusätzliche *Unterstützung bei der Zielerreichung der Abstinenz* durch zusätzliche Gesprächsangebote wie z.B. Abstinenzgruppe, räumliche Trennung der trockenen und nassen Bereiche, generell Einzelzimmer als Schutzraum zum abstinenten Leben.

Erweiterung *der Arbeits- und Beschäftigungstherapie* zur Selbstwertsteigerung und Verantwortungsübernahme. Um regulierend auf das Trinkverhalten Einfluss nehmen zu können, ist ein Beschäftigungsentgelt eine sinnvolle Ergänzung zur Zielerreichung der Abstinenz. Wer während der Arbeitszeit abstinent ist und sich an den Angeboten beteiligt, erhält ein abgestuft höheres Entgelt, als derjenige der alkoholisiert ist.

Aufgrund des langjährigen Suchtmittelkonsums liegen vielfältige körperliche Krankheitssymptome vor. Die *Überwachung des gesamten Gesundheitszustandes* insbesondere bei einer Suchtmitteleinnahme muss ebenfalls regelmäßig stattfinden.

Mit jedem Bewohner wird vertraglich festgelegt, ob er abstinent leben will oder welche festgelegte Menge er konsumieren will. *Der Vertrag* kann jederzeit in dem vorgegebenen Rahmen umgewandelt werden, ohne dass

Sanktionen erfolgen. Als *Vertragsinhalte* werden festgelegt die Trinkmenge (max. 1,5 l Bier pro Tag), die Zielerreichung wann wird um wie viel reduziert, die Termine der Einzelgespräche zur Reflexion des Trinkverhaltens, -menge, -zeiten usw., die Vertragsdauer und Termin der erneuten Überprüfung (max. drei Monate).

*Trinkregeln:* Die Ausgabe des Alkohols erfolgt durch die Einrichtung, der Bewohner bezahlt den Alkohol von seinem Barbetrag (nicht von der Sozialhilfe), die Ausgabezeit wird nach dem Arbeitsende festgelegt, am Wochenende gelten die gleichen Ausgabezeiten, der Alkohol darf nur auf dem Zimmer getrunken werden, das Horten, der Verkauf und der Tausch von Alkohol ist nicht erlaubt, der Kauf und der Konsum von zusätzlichem Alkohol ist nicht erlaubt.

*Verstöße* gegen diese Regeln werden durch eine abgestufte Reaktion (Verweis bis zu Kündigung) geahndet.

Als *Zielgruppe* werden im Rahmen der Eingliederungshilfe nach § 39 BSHG chronisch mehrfach beeinträchtigte Abhängigkeitskranke aufgenommen. Ziel ist die Widereingliederung ins soziale Leben. Eine erfolgreiche Behandlung kann auch bedeuten, dass der Betroffene seinen Alkoholkonsum dauerhaft eingeschränkt hat und in der Lage ist, diesen eingeschränkten Konsum auch nach seinem Auszug fortzusetzen. Durch die Möglichkeit eines geringeren Konsums werden Trinkverhalten und Trinkmengen deutlich und bearbeitbar. Das Modell der Verhaltensabsprachen ermöglicht dem Klienten eine aktive Beteiligung am beraterischen Veränderungsprozess, fördert so die Entwicklung seines Selbststeuerungsverhaltens und bietet (nach Akzeptanz der Behandlung) die Möglichkeit, ihn über den Weg von Trinkpausen und Mengenreduzierung auf eine abstinente Lebensweise hinzuführen.

Unter der Prämisse, dass dieser Personenkreis bei Nichtbehandlung der Verwahrlosung mit all seinen negativen Nebeneffekten und letztlich dem Siechtum (Pflegekosten!) bis zum Tod anheim fallen würde, ist dieses Modell ein lohnens- und förderungswürdiger Versuch, Menschen wieder die Teilhabe am sozialen Leben zu ermöglichen.

## 4. Adaption

*230* Adaption bedeutet Übergang, Anpassung. Adaptionseinrichtungen verstehen sich als Brücke zwischen stationärer Entwöhnungstherapie und Selbständigkeit.

Die Vorgeschichte der Klienten ist geprägt durch langjährige Suchtmittelabhängigkeit und Defizite in den unterschiedlichen Lebensbereichen.

Ziel der Adaptionsphase ist, die Klienten entsprechend ihrer persönlichen Voraussetzungen zu befähigen, ihren Alltag und ihr Erwerbsleben angemessen zu bewältigen und zu gestalten. Erwachsene alkohol-, medikamenten- und/oder drogenabhängige Frauen und Männer finden in der Adaptionseinrichtung einen suchtmittelfreien Rahmen, um sich unter Alltagsbedingungen auszuprobieren.

Im Mittelpunkt der therapeutischen Einzel- und Gruppengespräche stehen Verbesserung und Stabilisierung der Erwerbsfähigkeit, die Erweiterung der sozialen Kompetenz und Selbstversorgungsfähigkeiten durch die Herausbildung eines „Stärken / Schwächen – Bewusstseins" des Klienten.

Im Rahmen der Arbeitserprobung absolviert jeder Bewohner ein betriebliches Praktikum, um die eigene Belastungs- und Leistungsfähigkeit zu überprüfen und zu verbessern. Dabei findet eine enge Kooperation mit dem Arbeitsamt, örtlichen Firmen und Betrieben statt.

Die Behandlungszeit umfasst drei bis vier Monate. Leistungsträger der Adaptionsphase sind ebenfalls die Rentenversicherungsträger sowie Krankenkassen und Sozialhilfeträger.

## 5. Finanzierung der Rehabilitationsmaßnahmen

Da die Entwöhnungsbehandlungen (ambulant, teilstationär oder statio- *231*
när) in der Regel sehr kostenintensiv sind, ist es ratsam, deren Beginn zuvor finanziell abzusichern. Auch hierbei sollte der Betroffene die Hilfe des Betriebes/Dienststelle in Anspruch nehmen, der/die sich im Zweifel der zusätzlichen Hilfe eines Verbandes der Freien Wohlfahrtspflege (Caritas, Diakonie, AWO, DPWV usw.), einer Krankenkasse oder eines anderen anerkannten Trägers der Suchtkrankenhilfe bedienen wird. Diese fachmännische Beratung und Hilfe ist ohnehin notwendig, da für den jeweiligen Leistungsträger ein Sozialbericht gem. § 6 der *Vereinbarung über die Zusammenarbeit der Krankenkassen und Rentenversicherungsträger bei der Akutbehandlung (Entzugsbehandlung) und medizinischen Rehabilitation (Entwöhnungsbehandlung) Abhängigkeitskranker (Vereinbarung „Abhängigkeitskranker")* vom 4. 5. 2001 gefertigt werden muss. Diese Vereinbarung gilt gem. § 1 für Verfahren bei der Bewilligung von Leistungen für Alkohol-, Medikamenten- und Drogenabhängige (Abhängigkeitskranke) wenn Leistungen der Krankenversicherung und/oder der Rentenversicherung in Betracht kommen. Zudem definiert sie in ihren Anlagen 1 und 2 Anforderungen an die Rehabilitationseinrichtungen.

Als Leistungsträger für eine *Entwöhnungsbehandlung* bei Arbeitnehmern treten gem. § 5 Abs. 1 dieser Vereinbarung grundsätzlich die Rentenversicherungsträger ein. Hier ist ein „Antrag auf Leistungen zur Rehabilitation für Versicherte und Empfänger einer Rente aus eigener Versicherung" bei dem jeweils zuständigen Rentenversicherungsträger einzureichen. Gem. § 11 SGB VI sind einige Voraussetzungen für den Erhalt von Leistungen zur Rehabilitation z. B. 15-Jährige versicherungstechnische Wartezeit, der Bezug einer Rente wegen verminderter Erwerbsfähigkeit oder wenn in den letzten zwei Jahren vor Antragstellung sechs Kalendermonate Pflichtbeiträge für eine versicherungspflichtige Tätigkeit gezahlt wurden, zu erfüllen. Diesem Antrag ist ein ärztliches Gutachten und der vorgenannte Sozialbericht der Beratungsstelle für Suchtkranke beizufügen. Bei dem Sozialbericht handelt es sich um einen vierseitigen Bericht, der Exploration, Anamnese und Zielsetzung der Rehabilitationsmaßnahmen enthält.

Für die *Entzugsbehandlung* ist gem. § 5 Abs. 2 die jeweilige Krankenkasse zuständig. Falls vor einer Entwöhnungsbehandlung eine Entzugsbehandlung erforderlich sein sollte, leitet der behandelnde Arzt diese ein. Krankenkasse und Rentenversicherungsträger stimmen sich gem. § 6 Abs. 3 dieser Vereinbarung über Beginn und Dauer der jeweiligen Behandlung ab.

Es empfiehlt sich, die vorhandenen Versicherungsunterlagen möglichst rechtzeitig bei der zuständigen Krankenkasse vollständig zur Vorprüfung vorzulegen, da neben den persönlichen, suchtbedingten auch die versicherungsrechtlichen Voraussetzungen geprüft werden müssen. Die Krankenkasse wird im Rahmen der Vorprüfung die versicherungstechnischen Daten in den Antragsvordruck übernehmen und fehlende Unterlagen anfordern, so dass das gesamte Antragsverfahren verkürzt werden kann, zumindest aber nicht unnötig verzögert wird. In besonderen „Härtefällen" z. B. wenn schon eine längere Suchterkrankung vorliegt, kann ein „Eilverfahren" eingeleitet werden.

Bei Beamten, Richtern und Soldaten ist das jeweils geltende Beihilferecht des Bundes oder der Länder bzw. das Recht der Freien Heilfürsorge maßgebend. Danach werden die Kosten für eine Suchtbehandlung im Rahmen dieser Bestimmungen anteilmäßig bzw. voll übernommen. Zu beachten ist für Privatversicherte (als Ergänzung zur Beihilfe), dass einige Privatkrankenkassen das Krankheitsrisiko „Sucht" vertraglich aus ihrem Leistungskatalog ausgeschlossen haben. In diesen Fällen kann ein Gespräch des Suchtkrankenhelfers, Sozialdienstes oder des Amtsarztes/ Betriebsarztes mit dem Betriebs- oder Behördenleiter über eine weitergehende Kostenübernahme oder zumindest ein zinsloses Darlehen im Rahmen der Fürsorgepflicht oft weiterhelfen, wenn ansonsten der Erfolg der Therapie wieder in Frage gestellt wäre (z. B. bei Überschuldung).

# 6. Integrations- und Nachsorgeprogramme, Weiterbehandlungsnotwendigkeiten

Wenn die Therapie- und medizinische Rehabilitationsphase erfolgreich abgeschlossen wurde, der erkrankte Mitarbeiter also entweder „trocken" oder „clean" ist, kann er nicht so ohne weiteres in den täglichen Arbeitsprozess eingegliedert werden. Es ist hierbei immer zu berücksichtigen, dass der Betroffene im Rahmen seiner Entwöhnungsbehandlung eine mehrere Monate dauernde „andere Welt" um sich herum hatte. Die täglichen Sitzungen in Gruppen- oder Einzeltherapien, medizinischen Untersuchungen, physiotherapeutischen Anwendungen usw. haben ihn ein Stück weit der Alltagswelt („Käseglocke") entzogen. Darüber hinaus hat der tägliche Kampf gegen die Suchtkrankheit, das permanente tägliche tlw. stündliche „Überleben" sehr viel Energie gekostet, die erst wieder langsam nachgeführt werden muss. Nachdem sich monatelang alles nur um die Suchtkrankheit, ihre Gefahren und Verführungen und die Loslösung davon gedreht hat, muss der „genesende" Mitarbeiter erst wieder den „Kopf frei" bekommen, damit er ein voll einsetzbarer Kollege wird. Auch wenn in der Adaptionsphase der Rehabilitationstherapie eine Vorbereitung auf den beruflichen Alltag erfolgt, muss der Betrieb/die Verwaltung gleichwohl noch ein wenig Geduld und Toleranz mit dem „Rückkehrer" haben. *232*

Erst wenn die soziale und berufliche Integration abgeschlossen ist, kann eine vollwertige Arbeitsleistung erwartet werden. Der Erreichung dieses Ziels dienen die nachfolgenden Rehabilitationsmaßnahmen.

## *6.1 Soziale Rehabilitation*

Die soziale Rehabilitation ist die umfassende Wiedereingliederung des Patienten in Familie, Beruf und sein bisheriges soziales Umfeld. *233*

Unabhängig vom jeweiligen Träger der Maßnahme sollten Entwöhnung und Adaption als eine Gesamtmaßnahme konzipiert und verstanden werden. Im Idealfall bleiben die bisherigen Kommunikationsbeziehungen zwischen dem Erkrankten und seiner Familie, seinen Freunden und Kollegen auch während der Entwöhnungsbehandlungszeit bestehen. Es muss nicht immer der „zeitaufwendige" Besuch in der Fachklinik sein, der dem Erkrankten ein Interesse der Kollegen signalisiert. Oft reicht ein Telefonanruf, ein Brief bzw. eine Postkarte oder ein Buch mit „aufbauender" Widmung dem Ehepartner zur Weitergabe mitgegeben. Gerade in dieser Zeit der „Isolation", der Selbstzweifel und der Depression, sind solche menschlichen Gesten besonders wertvoll und therapiefördernd für den Erkrankten.

Vor allen Dingen ist zu beachten, dass die Alkoholabstinenz nicht Ziel, sondern Voraussetzung der sozialen Rehabilitation darstellt. Sie vollzieht sich in mehreren Stufen:
- Stufe der Erprobung
- Stufe der Belastung
- Stufe der Verselbständigung.[259]

Die ersten beiden Stufen wurden bereits im Rahmen der Adaptionsphase durchlaufen, wobei darauf hinzuweisen ist, dass diese Stufen nicht exakt getrennt werden können und die jeweiligen Grenzen mitunter etwas fließend sind. Darüber hinaus können neue, möglicherweise größere Herausforderungen in besonderen Situationen provozieren, die Stufen erneut von unten erklimmen zu müssen. Entscheidend dabei ist nicht die Tatsache der neuen Herausforderung, sondern das Bestehen der Situation.

### *6.2 Berufliche Rehabilitation*

*234* Hauptziel der medizinischen Rehabilitation ist aus Sicht der Rentenversicherungsträger und damit der Kostenträger die Wiederherstellung der Erwerbsfähigkeit.[260]

Die berufliche Rehabilitation, als Teil der sozialen Rehabilitation, soll den Patienten wieder in eine und nach Möglichkeit in seine alte berufliche Tätigkeit integrieren. Dies wird in Einzelfällen nicht immer möglich sein, wenn man z. B. an die Rückkehr eines trockenen Alkoholikers an seinen Arbeitsplatz als Kellermeister in einem staatlichen Weingut denkt.

Da ein großer Teil der Belegschaft trotz Aufklärungsarbeit der Medien und der Betriebe kaum eine reale Vorstellung vom Ablauf einer solchen Entwöhnungstherapie haben und sich Bezeichnungen wie „Klapsmühle" und „Säuferanstalt" immer noch hartnäckig halten, sollte der Betrieb/die Verwaltung die Rückkehr entsprechend vorbereiten.

Dazu gehört, dass alle Bezugspersonen aus seiner Arbeitswelt über die Vorgeschichte, soweit noch nicht bekannt, informiert werden. Diese Information muss durch einen mit der Alkoholproblematik vertrauten Mitarbeiter erfolgen, damit keine ungewollte Stigmatisierung des Rückkehrers im Sinne „ein Säufer/Junkie kehrt zurück" erfolgt. Diese Information sollte dazu benutzt werden, den Kollegen- und Vorgesetztenkreis umfassend über das Suchtproblem, hier vor allen Dingen über die Verführungs- und Rückfallgefährdungen aufzuklären und um Sensibilität im Umgang mit dem Rückkehrer zu werben. Dabei geht es nicht um falsch verstandene Fürsorge und Rücksichtnahme sondern darum, sich nach Möglichkeit situations-

---

[259] Feuerlein, Alkoholismus-Missbrauch und Abhängigkeit, S. 315

[260] ebenda

gerecht zu verhalten. Dazu gehört u. a. auch, die Verführungssituationen nicht gezielt zu erhöhen und verbale Provokationen zu unterlassen bzw. als Vorgesetzter angemessen dagegen einzuschreiten. Es wäre falsch, wenn z. B. der Vorgesetzte bei Rückkehr eines trockenen Alkoholikers nunmehr (oder kurz vorher unter Hinweis darauf) ein totales Alkoholverbot in seinem Zuständigkeitsbereich verhängen würde, da er aufgrund des zeitlichen Zusammenhangs damit die Akzeptanz eines Großteils der anderen Belegschaft überfordern würde. Wenn also bis zur Rückkehr des Kollegen es zu Geburtstagen üblich war, ein Glas Sekt mit oder ohne Fruchtsaft zu trinken, dann sollte dieser „Brauch" nicht urplötzlich abgeschafft werden, da ein Teil der Belegschaft nur ungern „wegen des Säufers" darauf verzichten möchte.

Die Erkenntnis, auf Alkohol im Betrieb/der Verwaltung ganz verzichten zu können, muss langsam reifen, muss aus der Belegschaft selbst entwickelt werden und sollte aber auch vom Arbeitgeber/Dienstherrn nach Kräften unterstützt werden. Im vorgenannten Fall könnten sich z. B. einige Kollegen spontan dazu entschließen, ab sofort selbst nur noch Fruchtsaft aus Überzeugung (oder aus echter Solidarität) zu trinken.

### 6.2.1 Das Rückkehrergespräch

Am Beginn der beruflichen Rehabilitation sollte ein Gespräch mit dem *235*
Rückkehrer stehen. In Betrieben/Verwaltungen, in denen sog. *Krankenrückkehrergespräche* zum Standard einer operativen Personalpolitik gehören, ist dieses Gespräch nichts Besonderes, gehört somit zum Alltagsgeschäft. Dieses Ziel sollte jede Personalverwaltung anstreben, da damit das psychologische Signal gesetzt wird, dass Suchterkrankungen zum „Alltag" gehören und somit keine besondere Aufwertung (positiv wie negativ) erfahren.

Die nachfolgende Vorgehensweise ist teilweise angelehnt an die in dem empfehlenswerten Buch „Alkohol und Arbeit"[261] dargestellte, ohne das im Einzelnen noch einmal darauf verwiesen wird.

Jeder Personalverantwortliche sollte davon ausgehen, dass der Rückkehrer nicht vollkommen unbelastet, so als sei nichts geschehen, an seinen ehemaligen Arbeitsplatz zurückkehrt. Im Gegenteil. Ängste und Befürchtungen, Zweifel und negative Vorstellungen prägen die Mehrzahl der Rückkehrer, wenn sie die Stufen des Betriebes/der Verwaltung nach längerer Zeit der Abwesenheit wieder betreten, da sie nicht wissen, was sie erwartet und wie sie empfangen werden. Das Wissen um diese Ängste an die übrigen Mitarbeiter weiterzugeben, ist ureigenste Aufgabe des Personal-

[261] Dietze, Alkohol und Arbeit, S. 260 ff.

verantwortlichen, da dieser neben der Fachkenntnis noch seine Autorität einbringen kann und muss.

Deshalb sollte der Mitarbeiter vor der Rückkehr an „seinen“ Arbeitsplatz von seinem Vorgesetzten persönlich begrüßt und in einem gemeinsamen Gespräch auf die ihn erwartende Arbeitssituation vorbereitet werden. An diesem Gespräch können je nach Bedarf und Bereitschaft der Arbeitnehmervertreter, der Suchtkrankenhelfer und/oder ein Vertreter der Personalabteilung zusätzlich teilnehmen.

Die Vorbereitung auf dieses Gespräch und die Gesprächsstruktur ähnelt dem des Mitarbeitergesprächs zur Feststellung der Verletzung der arbeitsvertraglichen Pflichten bzw. des Dienstvergehens (s. hierzu unter „Dokumentation“ Rn. 252), nur dass hier die Unterstützung zur künftigen Abstinenz im Vordergrund steht.

Auch hier sollte man zu Beginn des Gesprächs nicht „mit der Tür ins Haus“ fallen, sondern erst einmal das momentane Befinden abfragen (z. B. „Wie geht es Ihnen im Moment?“ oder „Wie fühlen Sie sich heute?“), da die Antwort gute Anknüpfungsmöglichkeiten bietet, um evtl. bestehende Ängste oder falsche Erwartungen abzubauen. Durch die Beschränkung der Frage auf das „hier und heute“ wird dem Gesprächspartner eine Brücke zu seinen derzeitigen Hauptproblemen gebaut. Bei einer umfassenderen Frage („Wie geht es Ihnen?“) würde es dem Partner möglicherweise schwer fallen, sein Problem zu konkretisieren, da die Gefahr von zu vielen „Auswahlmöglichkeiten“ bestünde.

Erst danach sollte ihm deutlich gemacht werden, dass man ihm bei der Reintegration soweit wie möglich behilflich sein möchte, ihn aber als wiederhergestellten vollwertigen Mitarbeiter betrachtet, der sich nur durch die Notwendigkeit seiner absoluten Abstinenz von den anderen Kollegen unterscheidet. Man trifft mit ihm die Vereinbarung, dass alle Maßnahmen, die ihm die Reintegration erleichtern und ihn bei seiner dauerhaften Abstinenz unterstützen sollen, nur nach Rücksprache mit ihm getroffen werden. Des Weiteren geht man davon aus, dass er für sich selbst voll verantwortlich ist und der Vorgesetzte und die Kollegen ihn nicht „in Watte packen“ werden. Da der Betrieb/die Verwaltung in der Regel in therapeutischen Fragen überfordert ist, werden im Rahmen der Nachsorge regelmäßige Besuche von Selbsthilfegruppen (z. B. Guttempler, Anonyme Alkoholiker) und bei Bedarf und betrieblicher Möglichkeit der schnellstmögliche Zugang zu fachspezifischen Hilfsangeboten unterstützt.

Durch die vorgenannte Vorbereitung auf das Rückkehrergespräch lassen sich auch aus dem Gespräch ergebende Bedenken des Rückkehrers hinsichtlich besonderer Gefahren oder Bedenken, den künftigen Arbeitsplatz betreffend (z. B. Belastungen durch suchtauslösende Lösungsmittel,

Schichtarbeit, bestehende „Nasszellen“ o. ä.) angemessen und sachbezogen verarbeiten und lösen.

Nach Abschluss des Gesprächs sollte der Vorgesetzte den Rückkehrer persönlich an den Arbeitsplatz begleiten und ihn dem Kollegenkreis „übergeben“. Aus der Art und Weise wie der Rückkehrer aufgenommen wird, kann der Vorgesetzte einige Rückschlüsse auf eventuelle Integrationsprobleme ziehen und ggf. rechtzeitig intervenieren.

### 6.2.2 Die weitere Nachsorge

Der ideale Vorgesetzte hält ohnehin einen guten Kontakt zu seinen Mit- *236*
arbeitern, um Probleme und Stimmungen (auch zur Mobbingprävention!) rechtzeitig zu erkennen, seiner Dienstaufsichtspflicht nachzukommen und zu motivieren. Deshalb hat er den Betroffenen nach Möglichkeit auch schon in der Klinik aufgesucht. Dieses wird er nun umso mehr tun, wenn er einen abstinenten Suchtabhängigen in seinem Team hat. Er kann diese Person im Übrigen als Indikator für arbeitsbedingte Fehlsteuerungen ansehen, da solche Fehlentwicklungen hier als erstes deutlich und bei gutem Kontakt auch mitgeteilt werden.

In den ersten Jahren der Abstinenz und der Arbeiteingliederung des Betroffenen ist rein statistisch gesehen noch von einer erhöhten Labilität auszugehen. Diese zu erwartende Labilitätsphase sollte jedoch nicht zur Grundlage einer übermäßigen Skepsis gegenüber dem Betroffenen gemacht werden; sollte aber auch nicht zur „Überbehütung“ Anlass geben. Sie sollte allerdings dazu führen, dass der Betroffene und sein Umfeld wachsam bleiben und nicht zu früh alle Vorsichtmaßnahmen aufheben.[262]

Dem Vorgesetzten kommt dabei eine Schlüsselrolle insofern zu, als dass er im Rahmen seiner Dienstaufsicht die Arbeitsleistung und das persönliche Verhalten des Betroffenen mit kritischem Wohlwollen begleitet, sein Selbstwertgefühl durch sachbezogenes Lob stärkt und für Gespräche oder Hilfen im Rahmen seiner Möglichkeiten zur Verfügung steht. Auf der anderen Seite hilft es dem Betroffenen genauso, wenn der Vorgesetzte unmittelbar und stringent auf ein Nachlassen in der regelmäßigen Arbeitsleistung reagiert. Denn er braucht noch die Orientierung und Anleitung, insbesondere dann, wenn sich dadurch ein möglicher Rückfall anbahnt.[263]

Dieser sollte zwar nicht als „quasi zur Heilung unabwendbar notwendiges Übel“ herbeigeredet werden, muss aber bei der Gesamtbetrachtung der Suchtkrankheit als reale Möglichkeit einkalkuliert werden. Deshalb ist es besonders wichtig, dass Vorgesetzte, Kollegen und ggf. betriebliche

---

[262] Dietze, a. a. O.

[263] ebenda

Suchtkrankenhelfer ersten Anzeichen eines Rückfalls (ähnlich wie bei der Erstbeobachtung) sofort nachgehen und gründlich unter Einbeziehung des Betroffenen überprüfen.

# G. Dokumentation

## 1. Alkoholproblematik – gesundheitliche Schäden

Das Alkoholproblem ist in erster Linie ein Mengenproblem. Der Inhalt einer Weinbrandpraline wird bei Genuss im Regelfall bei einem gesunden Menschen keine gesundheitlichen Schädigungen bewirken, wogegen der Inhalt einer 0,75 l Flasche Wodka (42 Vol. %) selbst bei einem sportlichen „Normaltrinker" zu starken alkoholbedingten Vergiftungserscheinungen führen würde. 237

Dieses zugegebenermaßen stark vereinfachende Beispiel führt aber zu der Frage, welche Alkoholmenge denn für den durchschnittlichen Menschen noch verträglich ist bzw. ab wann Vergiftungs- oder sogar Abhängigkeitserscheinungen auftreten?

Bei der Beantwortung dieser Frage muss aber stets berücksichtigt werden, dass neben den soziokulturell bedingten Unterschieden des Alkoholkonsums auch große individuelle Unterschiede in der Verträglichkeit des Alkohols bestehen, so dass aus der Trinkmenge nur sehr bedingt auf alkoholbezogene Schäden und noch weniger auf Alkoholabhängigkeit geschlossen werden kann.

Trotz dieser Einschränkungen ist besonders im letzten Jahrzehnt wiederholt versucht worden, Grenzwerte für die Alkoholverträglichkeit anzugeben. Dabei ist aber zu betonen, dass diesen Bemühungen lediglich korrelative Studien auf internistischem Gebiet zugrunde liegen, vor allen Dingen im Bereich der Leberkrankheiten. Bei diesen Untersuchungen ist allerdings kein bestimmter Schwellenwert erkennbar, ab dem das Risiko für eine Leberzirrhose oder einer anderen Störung sprunghaft ansteigt. Im Wesentlichen haben sich nach *Saunders u. Mitarb.* (1993) zwei Varianten der Grenzziehung im Sinne der Gefährdung herausgebildet:

- 60 g reiner Alkohol (ca. 3/4 l Wein oder 1,5 l Bier) für Männer und 40 g für Frauen (0,5 l Wein, 1 l Bier)
- 40 g reiner Alkohol für Männer und 20 g Alkohol für Frauen.

Die Unsicherheit der Grenzziehung hat dazu geführt, zwischen einer „Harmlosigkeitsgrenze" und einer „Gefährdungsgrenze" zu unterscheiden. Als harmlos wird nach den britischen Health Education Council (1994) und der Weltgesundheitsorganisation (WHO) (z.B. Anderson 1990) für Frauen ein täglicher Durchschnittskonsum bis 16 g reinen Alkohol (knapp

0,5 l Bier) und für Männer 24 g Alkohol (ca. 0,75 l Bier) angesehen (Uhl und Springer 1996).[264]

Nach neueren Forschungsergebnissen kann Alkohol schon in geringeren Mengen zu Schäden führen als bisher angenommen. Nicht nur Alkoholabhängige, sondern eine weitaus größere Gruppe von Konsumenten erleide durch langjährigen Konsum dauerhafte körperliche, psychische und auch soziale Schäden. Nach einer Pressemitteilung der DHS müsse man daher den für Frauen angenommenen und als risikoarm geltenden Wert von 20 Gramm reinem Alkohol täglich auf 10 bis 12 Gramm korrigieren. Das seien etwa ein Achtel Liter Wein oder ein Viertel Liter Bier. Bei Männern müsse man jetzt 20 bis 24 Gramm annnehmen.[265]

Um aber einer Gewöhnung entgegenzuwirken, sollte man immer wieder alkoholfreie Tage einbauen. Nur über diese Alkoholpausen hat man selbst die Kontrolle darüber, ob sich eine Abhängigkeit (psychisch oder physisch) anbahnt. Erste Warnzeichen (wie z. B. Alkoholpausen fallen einem schwer und man sehnt sich nach dem Ende dieser Pause) müssen dann sofort ernst genommen und gegengesteuert (z. B. längere bewusste Abstinenz) werden. Nur so bleibt der Konsum steuer- und beherrschbar.

*238* Der TÜV Norddeutschland hatte Anfang der 80er Jahre ein Faltblatt (heute auch „Flyer“ genannt) herausgegeben, dass mit der Überschrift „Sie müssen nicht auf Bier verzichten, wenn Sie Auto fahren!“ für einen vernünftigen Umgang mit Alkohol im Straßenverkehr warb. Aus dem weiteren Inhalt dieses Faltblattes, das in großen Mengen in den Fahrschulen und Straßenverkehrsämtern, ja sogar im Warteraum zur Medizinisch-psychologischen Untersuchung (MPU – dem „Idiotentest“) beim TÜV, ausgelegen hat, ging hervor, dass der Körper eines gesunden Menschen etwa 0,2 l Bier pro Stunde abbauen würde und man daher ein „kleines Pils pro Stunde“ trotz des Vorsatzes des Autofahrens trinken könne. Ein lecker schäumendes Pilsglas machte auch dem Nichttrinker den Mund wässrig!

Das Faltblatt wurde später nicht wieder aufgelegt!

So wirbt Bayern derzeit für Sicherheit:

---

264 Feuerlein, Alkoholismus – Missbrauch und Abhängigkeit, S. 220

265 Die Welt, 28. 5. 2003

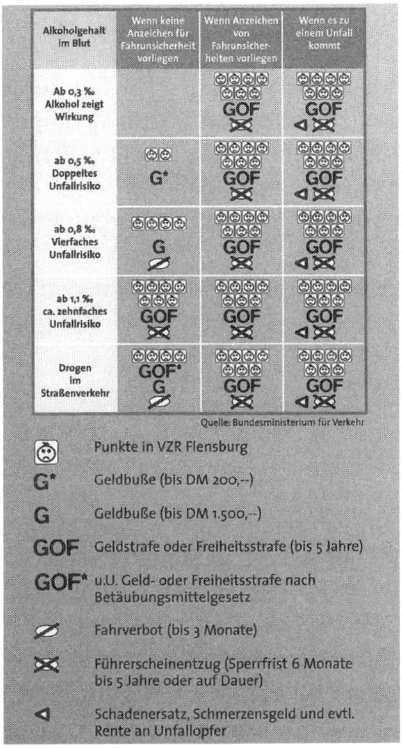


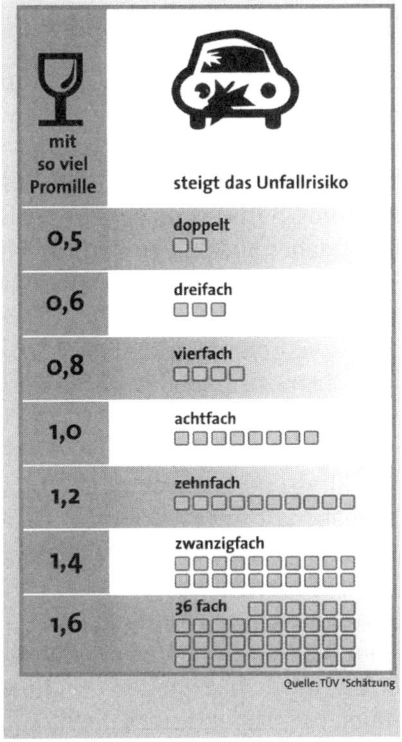


Diese „Werbung" ist sicher effektiver!

## 2. Testverfahren zur Diagnose

Ein großes Problem, wenn nicht gar das Hauptproblem, liegt in der Beantwortung der Frage, wann eine Suchtneigung bzw. -gefährdung oder bereits eine Abhängigkeit vorliegt. Eine sicher nicht unerhebliche Zahl von „Suchtkarrieren" könnte bereits im Anfangsstadium abgebrochen oder zumindest gebremst werden, wenn diese Frage sofort und eindeutig beantwortet werden könnte. Da sich diese Frage trotz intensiver wissenschaftlicher Forschungen auch heute noch nicht „auf Knopfdruck" klären lässt, ist jeder, der diese Frage für sich oder für andere geklärt haben möchte, auf Testverfahren zur Diagnose, ob eine Abhängigkeit vorliegt, angewiesen. 239

Nach *Feuerlein*[266] werden bei Selbstbeurteilungsangaben der Klienten immer wieder Zweifel an Zuverlässigkeit und Gültigkeit der erhobenen Daten laut. Dies hängt damit zusammen, dass je nach Situation des Kli-

[266] Feuerlein, Alkoholismus – Missbrauch und Abhängigkeit, S. 218 ff.

enten der Wille zur Kooperation oft nicht vorhanden ist. Wenn der Leidensdruck des Befragten z. B. noch nicht stark genug ist, wird er sich einer konstruktiven Mitarbeit bei der Aufhellung seines sozialen Suchtumfeldes zunächst entziehen, so dass die gewonnenen Erkenntnisse nur bedingt im Rahmen der Diagnostik verwertet werden können. Bei Klienten-/Patientengesprächen, Interviews und Selbstbeurteilungsfragebögen sind diese Verzerrungs- (meist im Sinne von Beschönigungs-) und Verleugnungstendenzen daher adäquat zu berücksichtigen.

Grundsätzlich können folgende Informationsquellen unterschieden werden:
- Selbstbeurteilungsangaben
- das diagnostische Gespräch oder Interview
- die Verhaltensbeobachtung
- die medizinisch-körperliche Untersuchung
- die klinisch-chemische Laboruntersuchung
- Angaben dritter Personen, z. B. des Ehepartners
- objektive Angaben, z. B. über die Zahl der Arbeitsunfähigkeitstage.

Nach Feuerlein gibt es keine Ideallösung für die Auswertung der Informationsquellen, da keine generell für alle Fragestellungen einsetzbar ist. Wenn möglich sollten zwei oder mehr Informationsquellen herangezogen werden, um Fehlerquellen durch den Quervergleich nach Möglichkeit zu eliminieren, zumindest die Fehlerquote zu minimieren.[267]

Es gab in der Vergangenheit eine Reihe von Versuchen die Diagnose des Alkoholismus zu vereinfachen und zu objektivieren. Wenn man bedenkt, was ein solches Testverfahren leisten muss und welche einzelfallbezogenen Schwierigkeiten sich ergeben können, so wundert es nicht, dass bis heute kein Diagnoseverfahren bekannt ist, dass alle Anforderungen der Wissenschaft und Medizin umfassend erfüllt.

Eines der gebräuchlichsten dieser Testverfahren ist der „Münchner Alkoholiker Test“ – MALT –, der sich in F (Fremdbeurteilung) z. B. Arzt und S (Selbstbeurteilung) unterteilt:

### *2.1 Münchner Alkoholiker Test (MALT-F/MALT-S)*

240 Von *Feuerlein u. Mitarbeiter* wurde 1979 der Münchner Alkoholismustest[268], besser bekannt unter dem Namen MALT-Test entwickelt, der als Srceening-Test die Erfassung von Alkoholismus und Alkoholgefährdung zur Zielsetzung hatte:

---

[267] ebenda

[268] ebenda, S. 223 ff.

**Anleitung:**

Der Fremdbeurteilungsteil ist vom Arzt anhand seiner Untersuchungsergebnisse und Anamneseerhebung auszufüllen. Der Selbstbeurteilungsteil ist entsprechend der dort gegebenen Anleitung vom Patienten selbstständig auszufüllen. Bei der Testauswertung ist darauf zu achten, dass alle Aussagen des Selbstbeurteilungsteiles vom Patienten entweder als zutreffend oder als nicht zutreffend angekreuzt worden sind.

**Testauswertung:**

Zur Testwertbestimmung wird aus beiden Testteilen (MALT-F und MALT-S) ein gemeinsamer Summenwert gebildet. Dabei erhalten die vom Arzt als zutreffend bezeichneten Punkte des MALT-F eine vierfache, die vom Patienten als zutreffend angekreuzten Aussagen des MALT-S eine einfache Gewichtung.

**Summenwertberechnung für den Gesamttest:**

Summenwert der Fremdbeurteilung (MALT-F) .....☐.... x 4 = ☐

Summenwert der Selbstbeurteilung (MALT-S): ............................... ☐

Gesamtwert-Testwert: ☐

**Diagnosestellung:**

Testwert von 6 bis 10 Punkten: Verdacht auf Alkoholismus

Testwert von 11 und mehr Punkten: Alkoholismus

**MALT-Fremdbeurteilung**

Name: ____________________

Vorname: ____________ Geb.-Dat.: ____________

| | trifft zu | trifft nicht zu |
|---|---|---|
| 1. Lebererkrankung (mindest. Ein klin. Symptom: z. B. vermehrte Konsistenz, Vergrößerung, Druckdolenz o. a. und mindest. ein pathologischer Laborwert, z. B. GOT, GPT oder Gamma-GT sind notwendig) | ☐ | ☐ |
| 2. Polyneuropathie (trifft nur zu, wenn keine anderen Ursachen bekannt sind, z. B. Diabetes mellitus oder eindeutige chron. Vergiftungen) | ☐ | ☐ |
| 3. Delirium tremens (jetzt oder in der Vorgeschichte) | ☐ | ☐ |
| 4. Alkoholkonsum von mehr als 150 ml (bei Frauen 120 ml) reinem Alkohol pro Tag mindestens über einige Monate | ☐ | ☐ |
| 5. Alkoholkonsum von mehr als 300 ml (bei Frauen 240 ml) reinem Alkohol ein- oder mehrmals im Monat | ☐ | ☐ |
| 6. Foetor alcoholicus (z. Zt. der ärztlichen Untersuchung) | ☐ | ☐ |
| 7. Familienangehörige oder engere Bezugspersonen haben schon einmal Rat gesucht wegen Alkoholproblemen des Patienten (z. B. beim Arzt, der Familienfürsorge oder anderen entsprechenden Einrichtungen) | ☐ | ☐ |

Anhaltspunkte zur Bestimmung der reinen Alkoholmengen:

| Alkoholgehalt verschiedener Getränke | | | getrunkene Mengen in ml reinem Alkohol<br>Zu 4. Täglich | Zu 5. 1 x im Mo |
|---|---|---|---|---|
| 1,0 l Bier | (ca. 4 % Alkohol) | = 40 ml | | |
| 0,7 l Wein | (ca. 10 % Alkohol) | = 70 ml | | |
| 0,7 l Sekt | (ca. 12 % Alkohol) | = 84 ml | | |
| 0,7 l Südwein | (ca. 20 % Alkohol) | = 140 ml | | |
| 0,7 l Likör | (ca. 30 % Alkohol) | = 210 ml | | |
| 0,7 l Schnaps | (ca. 40 % Alkohol) | = 280 ml | | |
| 1 kl. Schnaps | (ca. 0,02 l Alkohol) | = 8 ml | | |
| 1 gr. Schnaps | (ca. 0,04 l Alkohol) | = 16 ml | | |
| Gesamtalkoholmenge (täglich bzw. 1 x im Monat) | | | | |

**MALT-Selbstbeurteiligung**

Name: ______________________________

Vorname: ______________ Geb.-Dat.: ______________

Nachfolgend finden Sie eine Reihe von Aussagen über Beschwerden und Probleme, die in Zusammenhang mit Alkoholtrinken auftreten können. Bitte machen Sie für jede dieser einzelnen Feststellungen entweder in der Spalte „trifft zu" oder trifft nicht zu" ein Kreuz.
Vielleicht werden Sie manchmal den Eindruck haben, dass eine Feststellung nicht richtig passt. Kreuzen Sie aber trotzdem immer eine der beiden Antworten an, und zwar die, welche am ehesten auf Sie zutrifft.

| | trifft zu | trifft nicht zu |
|---|---|---|
| 1. In der letzten Zeit leide ich häufiger an Zittern der Hände | ☐ | ☐ |
| 2. Ich hatte zeitweilig, besonders morgens, ein Würgegefühl oder Brechreiz | ☐ | ☐ |
| 3. Ich habe schon einmal versucht, Zittern oder morgendlichen Brechreiz mit Alkohol zu kurieren. | ☐ | ☐ |
| 4. Zur Zeit fühle ich mich verbittert wegen meiner Probleme und Schwierigkeiten | ☐ | ☐ |
| 5. Es kommt nicht selten vor, dass ich vor dem Mittagessen bzw. zweiten Frühstück Alkohol trinke | ☐ | ☐ |
| 6. Nach den ersten Gläsern Alkohol habe ich ein unwiderstehliches Verlangen, weiter zu trinken | ☐ | ☐ |
| 7. Ich denke häufig an Alkohol | ☐ | ☐ |
| 8. Ich habe manchmal auch dann Alkohol getrunken, wenn es mir vom Arzt verboten wurde | ☐ | ☐ |
| 9. In Zeiten erhöhtem Alkoholkonsums habe ich weniger gegessen. | ☐ | ☐ |
| 10. An der Arbeitsstelle hat man mir schon einmal Vorhaltungen wegen meines Alkoholtrinkens gemacht | ☐ | ☐ |

| | | |
|---|---|---|
| 11. Ich trinke Alkohol lieber, wenn ich allein bin | ☐ | ☐ |
| 12. Seitdem ich mehr Alkohol trinke, bin ich weniger tüchtig | ☐ | ☐ |
| 13. Ich habe nach dem Trinken von Alkohol schon öfters Gewissensbisse (Schuldgefühle) gehabt | ☐ | ☐ |
| 14. Ich habe ein Trinksystem versucht (z. B. nicht vor bestimmten Zeiten zu trinken) | ☐ | ☐ |
| 15. Ich glaube, ich sollte mein Trinken einschränken | ☐ | ☐ |
| 16. Ohne Alkohol hätte ich nicht so viele Probleme | ☐ | ☐ |
| 17. Wenn ich aufgeregt bin, trinke ich Alkohol, um mich zu beruhigen. | ☐ | ☐ |
| 18. Ich glaube, der Alkohol zerstört mein Leben | ☐ | ☐ |
| 19. Einmal möchte ich aufhören mit dem Trinken, dann wieder nicht | ☐ | ☐ |
| 20. Andere Leute können nicht verstehen, warum ich trinke | ☐ | ☐ |
| 21. Wenn ich nicht trinken würde, käme ich mit meinem Partner besser zurecht | ☐ | ☐ |
| 22. Ich habe schon versucht, zeitweilig ohne Alkohol zu leben. | ☐ | ☐ |
| 23. Wenn ich nicht trinken würde, wäre ich mit mir zufrieden | ☐ | ☐ |
| 24. Man hat mich schon wiederholt auf meine „Alkoholfahne" angesprochen | ☐ | ☐ |

Zusammenfassend ist daher festzuhalten, dass in der Regel die Diagnose einer Alkoholabhängigkeit ein Mosaik darstellt, bei dem sowohl die Verhaltensauffälligkeiten als auch die körperbezogenen Schädigungen zu einem Gesamtbild zusammengesetzt werden müssen.

## *2.2 Kurzfragebogen für Alkoholgefährdete (KFA); Testverfahren zur Diagnose Alkoholkranker*

Das Max-Planck-Institut entwickelte den folgenden Fragebogen. Jede mit 241
„ja" beantwortete Frage erhält einen Punkt (die Fragen 3, 7, 8 und 14 sogar je 4 Punkte). Bei einer Gesamtpunktzahl von 6 und mehr liegt eine Alkoholgefährdung vor.

| | Ja | Nein |
|---|---|---|
| 1. Leiden Sie in letzter Zeit häufiger an Zittern der Hände? | ☐ | ☐ |
| 2. Leiden Sie in der letzten Zeit häufiger an einem Würgegefühl (Brechreiz), besonders morgens? | ☐ | ☐ |
| 3. Wird das Zittern und der morgendliche Brechreiz besser, wenn Sie etwas Alkohol trinken? | ☐ | ☐ |
| 4. Leiden Sie in der letzten Zeit an starker Nervosität? | ☐ | ☐ |
| 5. Haben Sie in Zeiten erhöhten Alkoholkonsums weniger gegessen? | ☐ | ☐ |
| 6. Hatten Sie in der letzten Zeit öfters Schlafstörungen oder Alpträume? | ☐ | ☐ |
| 7. Fühlen Sie sich ohne Alkohol gespannt und unruhig? | ☐ | ☐ |
| 8. Haben Sie nach den ersten Gläsern ein unwiderstehliches Verlangen weiterzutrinken? | ☐ | ☐ |

| | | |
|---|---|---|
| 9. Leiden Sie an Gedächtnislücken nach starkem Trinken? | □ | □ |
| 10. Vertragen Sie z.Z. weniger Alkohol als früher? | □ | □ |
| 11. Haben Sie nach dem Trinken schon einmal Gewissensbisse (Schuldgefühle) empfunden? | □ | □ |
| 12. Haben Sie ein Trinksystem versucht (z. B. nicht vor bestimmten Zeiten zu trinken)? | □ | □ |
| 13. Bringt Ihr Beruf Alkoholtrinken mit sich? | □ | □ |
| 14. Hat man Ihnen an einer Arbeitsstelle schon einmal Vorhaltungen wegen Ihres Alkoholtrinkens gemacht? | □ | □ |
| 15. Sind Sie weniger tüchtig, seitdem Sie trinken? | □ | □ |
| 16. Trinken Sie gerne und regelmäßig ein Gläschen Alkohol, wenn Sie alleine sind? | □ | □ |
| 17. Haben Sie einen Kreis von Freunden und Bekannten, in dem viel getrunken wird? | □ | □ |
| 18. Fühlen Sie sich sicherer, selbstbewusster, wenn Sie Alkohol getrunken haben? | □ | □ |
| 19. Habe Sie zu Hause oder im Betrieb einen kleinen versteckten Vorrat mit alkoholischen Getränken? | □ | □ |
| 20. Trinken Sie Alkohol, um Stresssituationen besser bewältigen zu können oder um Ärger und Sorgen zu vergessen? | □ | □ |
| 21. Sind Sie oder/und Ihre Familie schon einmal wegen Ihres Trinkens in finanzielle Schwierigkeiten geraten? | □ | □ |
| 22. Sind Sie schon einmal wegen Fahrens unter Alkoholeinfluss mit der Polizei in Konflikt gekommen? | □ | □ |

## 3. Die fünf Trinkertypen nach Jellinek

242 Neben den Entwicklungsstufen einer Alkoholerkrankung unterscheidet man nach E. M. Jellinek fünf Trinkertypen:[269]

[269] Hauptverband der gewerbl. Berufgenossenschaften, Sankt Augustin Deutscher Verkehrssicherheitsrat e.V., Bonn, Suchtprobleme im Betrieb – Alkohol, Medikamente, Illegale Drogen –, 3. überarb. Auflage, Bonn, 1998, S. 50

| Typisierung | Art der Abhängigkeit | Kontrollverlust |
|---|---|---|
| | **Nicht krank, aber gefährdet** | |
| Alpha = Konflikttrinker | Undiszipliniertes Trinken. Konflikte werden nicht gelöst, sondern mit Alkohol bekämpft.<br>Seelische Abhängigkeit. | Kein Kontrollverlust |
| Beta = Gelegenheitstrinker | Das Trinkverhalten wird vom sozialen Umfeld bestimmt und bei jeder sich bietenden Gelegenheit wahrgenommen. Keine Abhängigkeit | Kein Kontrollverlust. Kontrollverlust, aber fähig, zeitweise alkoholfrei zu leben. |
| | **Krank im Sinne des SGB** | |
| Gamma = Süchtige Alkoholiker | Das Trinken entwickelt sich zu einer seelischen, dann zu einer körperlichen Abhängigkeit. | Kein Kontrollverlust, aber fähig, zeitweise alkoholfrei zu leben. |
| Delta = Spiegel-Alkoholiker | Die körperliche Abhängigkeit verlangt nach einem ständigen Alkoholspiegel im Blut, der gewohnheitsgemäß sichergestellt wird. | Kein Kontrollverlust, aber unfähig, zeitweise alkoholfrei zu leben. |
| Epsilon = Quartals-Alkoholiker | Das Trinken erfolgt episodisch und ist dann hemmungslos. Es besteht eine seelische Abhängigkeit. | Kontrollverlust bei Trinkphasen. Dazwischen die Fähigkeit, alkoholfrei zu leben. |

Nach E. M. Jellinek, der 1960 nach der Auswertung tausender Fragebögen die Typologie der Trinker entwickelt hat, werden die Menschen nach Abstinenzlern und Alkoholikern unterschieden. Nur der Abstinenzler, der absolut keinen Alkohol zu sich nimmt, wird nicht zu den Alkoholikern gezählt. Alle anderen Personen zählen zu den Alkoholikern. Auch wenn diese Typologie heute nicht ganz unumstritten ist.[270]

[270] „Trinken Frauen anders?" – Hier wird dargestellt, dass Jellinek in seinen Untersuchungen hauptsächlich männliche Alkoholkranke untersucht hat. Diese Erkenntnisse wurden dann lange Zeit einfach auf die Frauen übertragen. – Hauptverband der gewerblichen Berufgenossenschaften, Sankt Augustin Deutscher Verkehrssicherheitsrat e.V., Bonn (Hrsg.), Suchtprobleme im Betrieb – Alkohol, Medikamente, Illegale Drogen –, 3. überarb. Auflage, Bonn, 1998, S. 51; sowie „Vom Alkoholkonsum zum Alkoholismus", PROSA – Psychosoziale Praxis für Suchtprävention, Suchttherapie und Konfliktberatung, Günter Schumann (Hrsg.), Oldenburg – Schumann widerspricht dem Jellinek-Modell, da es von einer homogenen Alkoholiker-Population ausgehe und die sozialen und gesellschaftlichen Faktoren weitestgehend unberücksichtigt blieben. Auf Frauen und jugendliche Alkoholiker sei diese Typologie so nicht anwendbar. Es gebe fließende Übergänge und Mischtypen. –

Alkoholiker werden danach grundsätzlich in zwei Kategorien eingeteilt:

- in süchtige Alkoholiker und
- nichtsüchtige Alkoholiker.

Während sich bei der süchtigen Gruppe nach mehreren Jahren übermäßigen Trinkens der „Verlust der Kontrollierbarkeit" der Alkoholaufnahme einstellt, entwickelt sich dieses Phänomen nicht bei der anderen Gruppe. Die Gruppe, bei der der Verlust der Kontrollierbarkeit eingetreten ist, wird Alkoholsüchtige genannt.

**Alpha-Trinker:** Sie sind nichtsüchtige Trinker und werden auch „Erleichterungstrinker" oder „Konflikttrinker" genannt. Sie versuchen, mit Alkohol ihre Probleme/Konflikte unterschiedlichster Art zu lösen, sich insofern zu erleichtern oder zu entspannen. Wegen dieser positiven Erfahrung mit Alkohol greifen sie in ähnlichen Situationen wieder auf den Alkohol zurück, um den gleichen positiven (erleichternden) Effekt zu erhalten. Durch dieses Verhalten tritt eine gewisse Konditionierung in Konfliktsituationen ein. Sie sind zwar einer fortschreitenden Alkoholabhängigkeit ausgesetzt, können jedoch ihren Alkoholkonsum unter Kontrolle halten. Somit kein Kontrollverlust. Sie sind nicht krank im Sinne des SGB.

**Beta-Trinker:** Sie sind ebenfalls nichtsüchtige Trinker. Sie trinken nur gelegentlich ohne eine eintretende Alkoholabhängigkeit (sog. Gelegenheitstrinker). Ihr Trinkverhalten wird oft vom sozialen Umfeld mitbestimmt. Wenn es eine „gute" Gelegenheit (Geburtstage, Jubiläen, Richtfeste usw.) gibt, wird Alkohol konsumiert. Dieser Konsum kann im Einzelfall (Gelegenheit) auch exzessiv, bis hin zum Kontrollverlust, sein. Dadurch entsteht aber keine psychische oder physische Abhängigkeit, allenfalls eine „soziale Abhängigkeit". Ein häufiges Zeichen für Beta-Trinker ist das regelmäßige „gemütliche Bierchen" bei der Gelegenheit des Fernsehens. Bei ihnen treten aber sehr häufig Beschwerden durch Folgekrankheiten auf, z. B. Leberschäden, Gastritis, usw. Sie sind aber weder physisch noch psychisch vom Alkohol abhängig. Somit kein Kontrollverlust. Sie sind nicht krank im Sinne des SGB.

**Gamma-Trinker:** Sie sind Suchtkranke, die physisch und psychisch vom Alkohol abhängig sind und deshalb mengenmäßig nicht mehr steuern können. Über ihren Alkoholkonsum haben sie somit keine Kontrolle mehr. Sie durchleben den Verlauf der Alkoholkrankheit so, wie sie in den Ablaufphasen von Jellinek geschildert wird (s. hierzu Rn. 244). Es tritt ein Kontrollverlust ein. Sie sind krank im Sinne des SGB.

**Delta-Trinker:** Sie entwickeln sich häufig vom Beta-Trinker zum Delta-Trinker, der auch als „Spiegeltrinker" bezeichnet wird, da sie einen ständigen Alkoholspiegel aufrecht erhalten müssen. Wenn die weitere Zufuhr von Alkohol ausbleibt, kommt es zu den bekannten Entzugserscheinungen.

Sie werden nur körperlich vom Alkohol abhängig. Sie können ihre Trinkmengen somit relativ lange unter Kontrolle halten. Es tritt kein Kontrollverlust ein. Sie sind krank im Sinne des SGB.

**Epsilon-Trinker:** Abweichend von den vorgenannten Trinkertypen gibt es noch den sogenannten Epsilon-Trinker. Dieser trinkt periodisch, d.h. wenn der zwanghafte Drang zum Alkohol kommt, dann trinkt er tagelang völlig unkontrolliert und hemmungslos. Dann tritt wieder wochen- oder monatelang eine Phase der Abstinenz ein. In der Umgangssprache nennt man sie auch „Quartals-Trinker". Während der Trink- oder Rauschphase tritt ein Kontrollverlust ein. Sie sind krank im Sinne des SGB.

Fazit:

Alpha- und Beta-Trinker gehören zum gefährdeten Personenkreis, da sich aus der teilweisen unkritischen Haltung Alkohol gegenüber bei Alpha-Trinkern schleichend eine Gamma-Abhängigkeit und bei Beta-Trinkern eine Delta-Abhängigkeit entwickeln kann. Sie gelten aber nicht als krank.

Gamma-, Delta- und Epsilon-Trinker sind krank im Sinne des SGB.

### *3.1 Abweichungen von Jellinek: Frauen und Jugendliche*

Wie bereits erwähnt, bestehen zur Typologie von Jellinek abweichende *243*
Meinungen, die das Trinkverhalten von Frauen und Jugendlichen betreffen. Diese sollen hier in Grundzügen dargestellt werden:

### Frauen und Alkohol:

In den 80er Jahren haben Untersuchungen von *I. Vogt*[271] ergeben, dass das Trinkverhalten der Frauen von dem der Männer abweicht. So haben sich zwei Typen von Alkoholikerinnen bzw. Suchtmustern herausgebildet:

1. Typ 1 beginnt erst später im Leben (Einstiegsalter zwischen 25 und 35 Jahren) Alkohol in höheren Dosierungen zu trinken. Er (Sie) lebt in geordneten häuslichen und erfolgreichen beruflichen Verhältnissen, muss aber seine (ihre) Lebenskrisen allein bewältigen, leidet unter mangelndem Selbstwertgefühl und hält sich selbst für schuldig an allen Konflikten. Dem Trinken gehen langjährige Schwierigkeiten mit sich selbst sowie den Bezugspersonen voraus. Wegen des Trinkens leiden sie an starken Schuldkomplexen und suchen deshalb die Ursache für das Trinken bei sich selbst. Sie leiden häufig unter psychosomatischen Erkrankungen, bevor sie alkoholabhängig werden.
2. Typ 2 beginnt schon in jungen Jahren (Einstiegsalter zwischen 15 und 25 Jahren) mit dem Trinken von Alkohol und hat in dieser Zeit auch schon die ersten Erfahrungen mit Räuschen und Alkoholexzessen. Alko-

[271] Alkoholikerinnen – eine qualitative Interviewstudie, LambertusVerlag, Freiburg 1986

hol und Sex werden von ihnen bewusst als Kontaktmittel eingesetzt. Sie leiden unter Alters- und Einsamkeitsängsten, ihr Gesundheitszustand ist eher schlecht. Keine Schuldgefühle aufgrund des Konsums; die Schuld wird auf die Umgebung oder andere Personen verlagert. Sie beschreiben die angenehmen Seiten des Alkohols (Statussymbol). Die privaten und beruflichen Verhältnisse sind eher ungeordnet. Oft werden sie von den nächsten Bezugspersonen misshandelt oder sexuell missbraucht.[272]241

Um das Problem „Frauen und Sucht" besser verstehen zu können, wird nachfolgend ein Beispiel einer weiblichen Suchtkarriere dargestellt *„Schluck um Schluck in die Sucht"*[273]: (…) Es ist der 19. März 2004. Maria erlebt in dieser Nacht die größte Niederlage ihres Lebens. Sieben Monate zuvor, auf den Tag genau, hatte sie Schluss gemacht. Schluss mit ihrem alten Leben. Schluss mit dem Alkohol. Jetzt steckt sie wieder mittendrin in dem Sumpf.

*Die Gegenwart:* Die Nacht im März hat sich in Marias Gedächtnis gebrannt. „Ich kam mir vor wie nach einer verlorenen Schlacht. Als mir bewusst wurde, was ich getan hatte, dachte ich nur noch: Das Leben geht nicht mehr weiter." (…) Maria hat Zeit, viel Zeit. Vor zehn Jahren hat man sie frühpensioniert. Mit 32. Nicht wegen des Alkoholproblems, sondern weil sie zwei Schlaganfälle hatte. Sie nimmt Tabletten: Anti-Depressiva und Mittel zur Blutverdünnung. (…) Und sie redet über ihre Trunksucht.

*Die Kindheit:* Der Alkohol gehört zu Marias Alltag wie Zähneputzen, Schlafen, Essen. Ihr Vater hängt an der Flasche, seit sie denken kann. Er säuft den Schnaps wie andere Brause. Er liegt unterm Tisch, pinkelt in die Ecke des Wohnzimmers, telefoniert mit seinem Schuh. Er erniedrigt sich. Die Mutter ist fast blind, „nicht nur von den Augen her, sondern auch im Kopf". Sie schaut weg, wenn ihr Mann trinkt, nimmt ihn in Schutz, banalisiert die Sucht – „eine typische Co-Alkoholikerin" sagt Maria. Ansonsten braucht die Mutter Hilfe, jemanden, der für sie guckt. Maria. „Ich kam mir vor wie das Aschenputtel der Familie. Ich habe schon als Kleinkind im Haushalt geholfen, habe für meine kleine Schwester gesorgt und die Arbeit meines Vaters mitgemacht." Gedankt worden sei ihr es nicht, sagt Maria. Eine herzliche Umarmung oder gar ein Küsschen, so etwas gab es zuhause nicht. Stattdessen wird sie geschlagen, mit der Hand, mit dem Teppichklopfer, mit Worten. „Meine Mutter war für mich immer nur der Feldwebel, mein Vater der Säufer."

---

[272] Hauptverband der gewerblichen Berufgenossenschaften, Sankt Augustin Deutscher Verkehrssicherheitsrat e.V., Bonn (Hrsg.), Suchtprobleme im Betrieb – Alkohol, Medikamente, Illegale Drogen –, 3. überarb. Auflage, Bonn, 1998, S. 51

[273] Braunschweiger Zeitung vom 15. 1. 2005

*Der Abstieg:* 12 Jahre ist Maria, als sie das erste Mal Alkohol trinkt. Gleich etwas hochprozentiges: Cola mit Rum. Ihr Vater lädt sie in die Kneipe ein. „Total cool!" fand sie das damals, heute sagt sie, es sei total verantwortungslos gewesen. Zwei Jahre später bedient sie sich an den Alkoholresten zu Hause, mischt sich einen Grog. Als ihr Vater sie erwischt, amüsiert er sich nur. Schimpfe gibt es nicht. Schluck für Schluck rutscht Maria in die Sucht. Doch das gesteht sie sich nicht ein. Mit 15 betrinkt sie sich regelmäßig. Sie hat ihren ersten Freund. Er ist 29 und Alkoholiker. „Er hatte Geld, ich konnte bei ihm übernachten, und es war immer Alkohol in der Wohnung." Maria fängt eine Ausbildung bei einer Behörde an. Sie muss früh aufstehen. Manchmal trinkt sie die Nacht durch und geht dann zur Arbeit. Sie fällt nicht weiter auf, viele ihrer Kollegen sind alkoholsüchtig. „Die anderen tolerierten das, guckten weg oder zerrissen sich das Maul – auch die Vorgesetzten", erinnert sich Maria. Sie trinkt weiter. Mit 25 Jahren sieht sie doppelt, stolpert, fällt häufig in Ohmacht. Ihr ist oft schwindelig, ihr Gesicht fühlt sich taub an. Sie hat Durchfall, Magenschmerzen, Migräne, eine Blasenentzündung. Den Ärzten verschweigt Maria ihr Alkoholproblem. Sie können ihr nicht helfen, raten nur, dem Arbeitgeber nichts zu erzählen. Noch ein Jahr, dann ist Maria Beamtin auf Lebenszeit. Doch bei der Behörde wird es immer schwieriger. Es wird nicht mehr nur gelästert, die Alkoholikerin fühlt sich gemobbt. „Kollegen haben mir übers Wochenende Kuhscheiße in einen Briefumschlag gepackt. Am Montag kamen die Maden raus." Maria kann nicht mehr, sie bekommt einen Nervenzusammenbruch, schließt sich auf der Toilette ein und heult. Stundenlang. Schließlich geht sie zum Arzt. Der weist sie in eine Nervenklinik ein. Sieben Monate bleibt sie dort, lebt abstinent. Die Mediziner wissen nichts von ihrer Sucht. Der Alkohol spielt keine Rolle, jetzt, wo sie weg ist von den Freunden, der Familie, den Kollegen – „weg von meinen Problemen". Dafür ist Maria vollgestopft mit Antidepressiva und Schmerzmitteln. Als sie nach Braunschweig zurückkehrt, sagen die Kollegen: „Die Maria, die war in der Klapse." Sie ist wieder drin in ihrem alten Leben, steckt mitten in ihren Problemen – und trinkt.

*Im Abseits:* 1994 geht es nicht mehr weiter. Maria ist ständig krank, die Betriebsärztin legt ihr die Kündigung nahe. Marias Anwalt beantragt die Frühpensionierung. Sie wird genehmigt. Doch jubeln kann die Frau darüber nicht. „Ich war sauer auf die Gesellschaft, dass ich einfach so auf das Abstellgleis geschoben wurde. Meine soziale Anerkennung war plötzlich gleich null." Ihren Frust ertränkt Maria mit Wein und Bier. Sie fängt schon morgens an. „Da ist mir bewusst geworden, dass ich Alkoholikerin bin." Eines Tages ist ihr rechter Arm gelähmt, das Bein auch. Sie kann nur noch lallen, obwohl sie keinen Schluck getrunken hat. Sie geht in die Klinik. Die Diagnose: Schlaganfall. Mit 34 Jahren. Fünf Wochen wird Maria stationär behandelt, danach geht es zur Kur. Allmählich berappelt sie sich, bekämpft ihre Todesängste. Die Sucht ist weit weg. Zu Hause ist das anders. Sie weiß, dass sie mit dem Alkohol einen neuen Schlaganfall provoziert. „Das ist wie Selbstmord auf Raten." Es kümmert sie nicht. Sie sehnt sich nach dem Tod. Doch als sie ihm 13 Monate später ein zweites Mal knapp entrinnt, ist sie heilfroh.

*Die Entziehungskur:* Im August 2003 beginnt Maria eine ambulante Therapie beim Lukas-Werk. Sieben Monate ist sie trocken. 31 Wochen und 3 Tage. 5280 Stunden – das ist die Einheit in der Maria rechnet. Dann kommt im März der erste Rückfall. Maria ist ein Häufchen Elend. Ein Freund (...) päppelt sie hoch. Wochenlang bleibt sie der Therapie fern. Als sie doch wieder hingeht, beichtet sie ihren Zusammenbruch und erntet Trost: „Super, dass du wieder gekommen bist, dass du soviel Courage gezeigt hast", sagt ihre Therapeutin. Langsam fasst Maria Lebensmut. Doch das ist schwer. Vertrauen in sich hat sie nie gehabt. Vertrauen in andere Menschen hat sie nicht mehr. Zu oft wurde sie enttäuscht: von ihrer Familie, von ihren Freunden, von ihren Arbeitskollegen.

*Der Blick nach vorn:* Viermal ist Maria seit Beginn der Entziehungskur rückfällig geworden. Die Auslöser sind banal: Ein Streit mit einem Handwerker, wie es bei ihrem ersten Rückfall im März der Fall war, die Enttäuschung über eine Freundin, der Knatsch mit der Familie oder das Gefühl, nutzlos zu sein. Die Hoffnung gibt sie dennoch nicht auf. Demnächst beendet sie die Therapie beim Lukas-Werk. Halt sollen ihr der Freundeskreis und die NA's, die „Narcotics Anonymus", geben. Zwei Selbsthilfegruppen von Süchtigen. Maria hat Angst vor der Zukunft. Aber sie weiß: „Wenn ich das nächste Mal einen ganz heftigen Saufdruck habe, rufe ich die NA`s an." Sie hat gelernt, immer nur im 24-Stunden-Rhythmus zu denken. „Sonst ist der Berg zu hoch." Ihr Wunsch ist es, „jemanden an meiner Seite zu haben, der mir Geborgenheit gibt. Die habe ich mein ganzes Leben vermisst. Und ich möchte wieder arbeiten, einen Platz in der Gesellschaft."

Dieser erschütternde Bericht ist ein typisches Beispiel einer frauenspezifischen Suchtkarriere. Nach einer Studie des Bundesministeriums für Gesundheit und soziale Sicherung (BMGS 2003) sind Gewalterfahrungen in der Kindheit sowie körperlicher und sexueller Missbrauch oftmals die Ursachen für Suchterkrankungen bei Frauen. Knapp die Hälfte der befragten Frauen hatte wiederholt körperliche Gewalt erlebt, etwa ein Drittel wurde bereits vor dem 16. Lebensjahr Opfer von sexuellen Übergriffen, wobei fast die Hälfte der Täter aus der eigenen Familie kam. 22 % der von Gewalterfahrung in der Kindheit betroffenen Frauen hatten auch in späteren Lebensphasen körperliche Misshandlungen erfahren. Mindestens ein Suizidversuch wurde von 33 % der befragten Frauen angegeben, als besondere Risikofaktoren hierfür konnten ein junges Lebensalter und der Konsum mehrerer Suchtmittel ermittelt werden. Fast drei Viertel der Frauen meinte, dass sie sich in ihrem Leben hätten zu viel gefallen lassen; 92 % beschrieben ihre Kindheit als von Anpassung geprägt. Das Vergessen negativer Erfahrungen oder der als belastend erlebten Lebenswirklichkeit war das am häufigsten genannte Motiv des Suchtmittelgebrauches; des Weiteren wurden mangelnde Ich-Stärke und fehlende Durchsetzungsfähigkeit von zwei Dritteln der Frauen als Suchtursache angegeben.[274]

## Jugendliche und Alkohol:

Auch hinsichtlich des Jugendalkoholismus kann auf die Typologie von Jellinek nicht zurückgegriffen werden. Hier wird bei der Einteilung von jugendlichen Alkoholikern eine Mischform von Jellinek-Typologie in Verbindung mit Klassifikationen jugendlicher Drogenabhängiger zurückgegriffen.

Nach *Feuerlein*[275] finden Alkoholmissbrauch und -abhängigkeit am häufigsten in den mittleren Altersgruppen (zwischen 30–39 und 40–49 Jahren) statt. Dies gilt für Männer und Frauen:

Abhängigkeit: Männer 34,7 %/30,6 %, Frauen 30,6 %/32,7 %
Missbrauch: Männer 31,9 %/19,3 %, Frauen 32,2 %/22,5 %

Die Zahl der Jugendlichen, die in Beratungsstellen betreut werden, ist relativ niedrig:

Die unter 20-Jährigen machen weniger als 10 % aus, wobei die Personen mit schädlichem Gebrauch (Missbrauch) gegenüber den Abhängigen in der Minderzahl sind. Des Weiteren fällt auf, dass bei den weiblichen Jugendlichen die Prozentzahl der Personen mit schädlichem Gebrauch höher ist als bei den männlichen Jugendlichen:

- bei Frauen unter 20 Jahren 7,3 %
- bei Männern unter 20 Jahren 3,9 %

Die Prozentzahl der Abhängigen ist bei beiden Geschlechtern dieser Altersgruppe verschwindend klein (0,5 %).

Die Prozentzahlen der Jugendlichen, die als abstinent einzustufen waren, nahmen entsprechend zwischen 1976 und 1986 erheblich zu: von 19 % auf 42 %.

Bei den 12- bis 16-Jährigen gaben 60 % an, noch nie bzw. höchstens einen Schluck Alkohol getrunken zu haben, wobei sich keine Unterschiede zwischen den Geschlechtern und zwischen den Haupt- bzw. Gymnasialschülern ergaben. Bei späteren Untersuchungen zeigten sich aber be-

---

[274] Jahrbuch Sucht 2005, S. 163

[275] Feuerlein, Alkoholismus – Missbrauch und Abhängigkeit, S. 111 ff.

trächtliche Geschlechtsunterschiede (Niedersächsische Jugendstudie von 1990/91, zit. nach *Michels* 1996). Von den 18–20-Jährigen männlichen Jugendlichen gaben 16 %, von den weiblichen Jugendlichen gleicher Altersstufe 42 % an, „fast nie oder nie" Alkohol zu trinken. Bei den Altersgruppen der 18–20-Jährigen findet man einen Konsum von über 40 g bzw. 20 g täglich bei 2,4 % der Männer und 3,4 % der Frauen, bei den 21–24-Jährigen jedoch umgekehrt mehr bei den Männern als den Frauen: 7,3 % vs. 2,9 % (*Herbst* 1996).

Der Beginn der „Alkoholmündigkeit" liegt im Durchschnitt zwischen 12 und 14 Jahren (*Nordlohne u. Mitarb.* 1993) und scheint sich aber in den letzten Jahren nach vorn zu verschieben (*Czekay u. Kolip* 1996). Alkoholgefährdete Jugendliche konsumieren häufiger auch andere Drogen als andere Jugendliche.[276]

Diese Beobachtung bzw. Trend hat sich nach dem Eindruck und der Beobachtung des Verfassers verfestigt. Auch was den Konsum angeht, wird man heute von höheren Werten ausgehen müssen.

Nach einer Pressemitteilung der Gesundheitsministerin Schleswig-Holsteins Heide Moser trinkt jeder 10. Schüler Alkohol in Schleswig-Holstein mehrmals in der Woche oder sogar täglich Alkohol. Moser: „Was wirklich erschüttert: Unter den 16–17-Jährigen sind es sogar 20 %, viele Kinder haben ihre ersten massiven Alkoholerlebnisse schon im Alter von 11–12 Jahren, etwa 5 % der Schülerinnen und Schüler müssen als alkohol- und damit suchtgefährdet angesehen werden.[277]

Das Ergebnis dieser Untersuchung in Schleswig-Holstein kann sowohl als aktuell und als repräsentativ für die übrigen Bundesländer angesehen werden, da keine signifikanten Abweichungen in der Struktur des untersuchten Personenkreises vorliegen. Die Unterschiede in Stadt- und Landjugend sind auch in der vorgenannten Untersuchung eingearbeitet.

**Folgerungen:**

Für den öffentlichen Dienst bedeutet dieses Ergebnis, dass bereits bei der Einstellungsuntersuchung die vorhandenen Suchtparameter bei den Nachwuchskräften abzuchecken sind, damit noch während der Probezeit die Qualität des eventuell vorhandenen Sucht- und Abhängigkeitspotenzials aufgeklärt werden kann. Wie bereits unter Rn. 4 festgestellt, ist der öffentliche Dienst aufgrund der doch etwas von der Norm abweichenden, eher konservativen (um nicht zu sagen „staatstragenden") Struktur seiner Mitarbeiter nicht so gefährdet, wie dies andere Berufsfelder sind. Gleichwohl ist

[276] Feuerlein, a. a. O., S. 112 ff.
[277] Die Welt, 27. 6. 2000

dieser Trend weiterhin im Blickfeld zu behalten, damit bei sich ändernden Gegebenheiten sofort adäquat reagiert werden kann. Kein Betrieb und der öffentliche Dienst schon gar nicht, kann sich ein größeres Suchtpotenzial unter seinen Mitarbeitern leisten. Die Vorbildfunktion und die Glaubwürdigkeit des Staates insgesamt hängt nicht zuletzt von der ordnungsgemäßen (nicht zu verwechseln mit „perfekten“) Aufgabenerledigung durch seine Bediensteten, unabhängig in welchem Status dies geschieht, ab.

Es wäre schön, wenn auch Politiker diesen Zusammenhang erkennen und künftig mit „der Verwaltung“ arbeiten würden, anstatt sie bei Bedarf als Sündenbock für „alles“ an den Pranger zu stellen.

Hinsichtlich der Trinkertypen von *Jellinek* und der ebenfalls abgedruckten abweichenden Meinungen ist festzuhalten, dass *Jellinek* erstmals eine Typisierung der Alkoholiker vorgenommen hat, um eine arbeitserleichternde Schematisierung zu erhalten. Die abweichenden Meinungen stellen diese Typisierung m.E. nicht in Frage, sondern ergänzen sie sinnvoll. Der Ansicht *Schumann's (s. Fußnote zu Rn. 242)*, es gebe daneben auch Mischtypen, ist gleichwohl zuzustimmen.

### *3.2 Ablaufschema (Phasenmodell) für eine Alkoholkrankheit nach Jellinek*

Wie bereits erwähnt, fielen *Jellinek* bei der Auswertung von Fragebögen *244*
gewisse Regelmäßigkeiten auf; er fasste sie in seinem Phasenmodell zusammen. Die Kenntnis dieser Zusammenhänge ist besonders für die Personalverantwortlichen wichtig, damit sie die Erkenntnisse aus den Kontaktgesprächen (s. Rn. 252) besser auswerten und einordnen können.

#### 1. Die Vorphase:

In Zeiten psychischer Anspannung bemerken die Personen innere Erleichterung nach Alkoholgenuss (Erleichterungstrinken). Sie glauben (natürlich fälschlich) unter Zuhilfenahme von Alkohol Probleme besser lösen zu können: Alkohol wird zum Spannungslöser.

Es werden immer häufiger Gelegenheiten gesucht Alkohol zu trinken, wodurch die Trinkmenge zunimmt. Gleichzeitig stellen sich die Organe des Körpers darauf ein, mehr Alkohol abbauen zu müssen: die „wohltuende“ Wirkung nimmt schneller ab (Toleranzentwicklung): es werden größere Mengen nötig um den gewünschten Erfolg zu erzielen. Dies führt schließlich zu einem praktisch täglichen Erleichterungstrinken. Trunkenheit tritt noch nicht offen zu Tage, da das Trinken noch dem „normalen“ Alkoholkonsum entspricht, so dass der Betroffene und die Umgebung die problematische Situation nicht erkennen.

**2. Die Anfangsphase (Prodromalphase):**
Da sich der Alkoholkonsum immer mehr häuft, kommt es schließlich zu ersten Gedächtnislücken: den „Filmrissen", den „Blackouts". Der Alkoholgebrauch geht über das sonst sozial tolerierte Maß hinaus; dies fällt auch den Betroffenen auf, sie beginnen heimlich zu trinken, müssen dauernd an Alkohol denken. Oft wird das erste Glas gekippt (schnellerer Wirkungseintritt). Da sich die Konsumenten ihrer gesteigerten Menge bewusst werden, bauen sie Schuldgefühle auf; dem Thema Alkohol wird aus dem Weg gegangen, Anspielungen vermieden. Erinnerungslücken treten häufiger auf.

**3. Die kritische Phase (Kampfphase):**
Der Übergang in die kritische Phase geschieht durch das Auftreten des sogen. Kontrollverlustes. Er stellt nach gängiger Meinung den Scheitelpunkt zum Süchtigen, zum „Gammaalkoholiker" dar. In dieser Phase kämpft der Alkoholiker gegen seine Krankheit und erleidet doch den Kontrollverlust. Der Kontrollverlust begründet auch nach höchst-richterlicher Rechtsprechung den Krankheitscharakter der Alkoholabhängigkeit. Kontrollverlust bedeutet, dass selbst kleine Alkoholmengen ausreichen, um in dem Betroffenen einen nicht mehr (willentlich) kontrollierbaren Drang nach weiterem Alkoholkonsum auszulösen. Ist der Kontrollverlust einmal aufgetreten, bleibt er lebenslang erhalten. Die dem Kontrollverlust zugrunde liegenden inneren Mechanismen sind (noch) nicht genau bekannt. Der Alkoholiker beginnt „Alkohol-Alibis" zu produzieren: die guten Gründe zu trinken, denn „gäbe es diese Gründe nicht, wäre der Alkoholiker auch problemlos in der Lage nicht/weniger/maßvoll zu trinken". Durch die schließlich immer häufigeren Trinkexzesse wird die Distanz zur Umgebung immer größer. Folge ist häufiges alleine Trinken. Mit großspurigem Benehmen versuchen sie, sich über ihren tatsächlichen Zustand hinwegzutäuschen, die Schuld für das übersteigerte Trinkverhalten wird bei anderen gesucht und führt zu aggressivem Benehmen. Schließlich steigt der Leidensdruck und motiviert zu eingeschobenen Perioden völliger Abstinenz: diese Episoden enden persönlich enttäuschend. Als anderer Ausweg wird das Aufstellen fester Trinksysteme („nicht vor dem 2. Frühstück") versucht. Freunde und auch der Arbeitsplatz werden „fallen gelassen": am Arbeitsplatz zeigen sich häufige Kurzfehlzeiten, unentschuldigtes Fehlen, häufiges Bemühen nachträglich Urlaub gewährt zu bekommen, Verlust des Arbeitsplatzes. Schließlich kreist das ganze Denken um Alkohol: das Äußere wird vernachlässigt, das Interesse an seinen Mitmenschen geht verloren, zusammen mit Wutanfällen kommt es zu heftigem Selbstmitleid. Alkoholkranke suchen sich eine neue Umgebung, die Ehepartner beginnen, sich von den Alkoholabhängigen zu lösen, launische Verhaltensweisen

stellen sich ein. Die Angst, plötzlich ohne Alkohol dazustehen, veranlasst Vorräte anzulegen, die richtige Ernährung wird vernachlässigt. Schließlich erfolgen auch Krankenhauseinweisungen wegen körperlicher Beschwerden (Magengeschwüre, Magenschleimhautentzündungen, Magenbluten, Bauchspeicheldrüsenentzündung). Der Sexualtrieb nimmt ab, verbunden mit der Abwehr des Partners entwickelt sich der alkoholische Eifersuchtswahn. Den Übergang zur chronischen Phase zeigt das regelmäßige morgendliche Trinken: es ist Folge der auftretenden Entzugserscheinungen, die durch den Alkoholgenuss gemildert bzw. beseitigt werden.

4. **Die chronische Phase (resignative Phase):**
In der chronischen Phase treten tagelang Räusche, Denkbeeinträchtigungen, alkoholische Psychosen, verstärkte Angstzustände, Zittern auf. Der Alkoholiker trinkt mit Personen unter seinem sozialen Niveau, trinkt schließlich auch Alkoholersatzstoffe: Haarwasser, Brennspiritus und Rasierwasser. Trinkpausen können schwerste – auch lebensbedrohliche – Entzugssymptome bewirken (Krampfanfälle, Wahnvorstellungen, Delirium tremens). Schließlich nimmt die Fähigkeit Alkohol abbauen zu können ab, selbst kleine Alkoholmengen (sog. Toleranzbruch) können schon große Räusche hervorrufen. Der physische, psychische und soziale Kollaps ist dann nur noch eine Frage der Zeit. Sind noch nicht allzu schwere körperliche Schäden eingetreten, kann der Betroffene die Behandlungsnotwendigkeit erkennen. Er muss dazu bedingungslose Behandlungsbereitschaft zeigen.[278]

## 4. Dienstvereinbarungen über „Alkohol am Arbeitsplatz“ und Stufenpläne

Nachfolgend werden verschiedene Dienstvereinbarungen bzw. Dienstan- *245*
weisungen mit Stufenplänen als Muster vorgestellt. Diese Auswahl und die Darstellung erfolgt, um Behörden ohne entsprechende Regelungen (wobei die Form Dienstanweisung oder Dienstvereinbarung von sekundärer Bedeutung ist) als Anregung und möglicherweise Anleitung zu dienen. Bei der Auswahl der insgesamt zur Verfügung stehenden Pläne wurde darauf geachtet, das Spektrum der Behörden und Betriebe insgesamt damit abzudecken:

---

[278] Alkoholprobleme am Arbeitsplatz, Landschaftsverband Rheinland (Hrsg.), Köln 1996, S. 16 ff.

## *4.1 Dienstanweisung mit Stufenplan für die Kreisfreie Stadt Salzgitter, ca. 115.000 Einwohner, Bundesland Niedersachsen*

Dienstanweisung über die Vorgehensweise bei Leistungs- und/oder Verhaltensmängeln alkoholkranker oder alkoholgefährdeter Mitarbeiterinnen bzw. Mitarbeiter

### 1. Vorbemerkungen

Wie in anderen Behörden und Betrieben gibt es auch bei der Stadt Salzgitter eine nicht unerhebliche Anzahl von Mitarbeiterinnen und Mitarbeitern, deren dienstliche Leistungen und deren Verhalten infolge einer Alkoholgefährdung oder Alkoholerkrankung beeinträchtigt sind. Neben den damit einhergehenden Verstößen gegen arbeitsvertragliche bzw. beamtenrechtliche Pflichten kommt es zu Verletzungen von Unfallverhütungsvorschriften mit den damit verbundenen Gefahren. Die alkoholgefährdeten bzw. alkoholkranken Mitarbeiterinnen und Mitarbeiter fügen nicht nur der Stadt Salzgitter Schäden zu; es entstehen ihnen auch selbst regelmäßig schwerwiegende Schäden in gesundheitlicher, familiärer und sozialer Hinsicht.

Um solchen Schäden vorzubeugen und insbesondere den alkoholkranken oder alkoholgefährdeten Mitarbeiterinnen und Mitarbeitern zu helfen, sehe ich mich veranlasst, eine Regelung darüber zu treffen, wie bei alkoholbedingten Leistungs- und/oder Verhaltensmängeln vorzugehen ist. Diese Dienstanweisung folgt dem Grundsatz „Helfen statt Kündigen“ und trägt somit der Erkenntnis Rechnung, dass Alkoholismus eine Krankheit ist. Es soll alles Zumutbare getan werden, um die Betroffenen zur Inanspruchnahme der angebotenen Hilfen zu veranlassen (Therapiemotivation). Eine Beendigung des Beschäftigungsverhältnisses soll vermieden werden, sie wird als letzte Konsequenz aber auch nicht ausgeschlossen.

### 2 Stufenplan für Hilfsangebote und Maßnahmen

#### 2.1 – Erste Stufe –

Entsteht bei unmittelbaren Vorgesetzten der Eindruck, dass Leistungs- und/oder Verhaltensmängel einer Mitarbeiterin oder eines Mitarbeiters auf Alkoholmissbrauch zurückzuführen sind, führt er mit der oder dem Betroffenen ein vertrauliches Gespräch. Bezüglich der Form und des Inhalts dieses Gesprächs ist folgendes zu beachten:

– Das gut vorzubereitende Gespräch ist offen und ehrlich zu führen. Dabei ist zu berücksichtigen, dass sich Alkoholkranke dagegen wehren, krank zu sein bzw. Alkoholprobleme zu haben.

Sie entwickeln brillante Fertigkeiten, die Probleme vor sich und anderen herunterzuspielen. Alkoholismus ist eine Krankheit des Täuschens, der Heimlichkeiten und der nicht gehaltenen tausendfachen Versprechen. Dieses Verhalten gehört zum Krankheitsbild. Der Vorgesetzte muss sich darauf einstellen, dass der Alkoholkranke ihn zunächst als Gegner sieht, der ihm das Suchtmittel Alkohol fortnehmen will.

– Das **konkrete** arbeits- bzw. dienstrechtliche Fehlverhalten (genaue Orts- und Zeitangabe), von dem man sich selbst überzeugt hat, ist anzusprechen.

– Es ist auf den Zusammenhang zwischen dem vermuteten Alkoholmissbrauch und diesem Fehlverhalten hinzuweisen.

– Es ist der/dem Betroffenen deutlich zu machen, dass die festgestellten Leistungs- und/oder Verhaltensmängel nicht weiter hingenommen werden.

– Es sind gleichzeitig Hilfsmöglichkeiten aufzuzeigen (z. B. Aufsuchen eines freiwilligen Suchthelfers oder einer kompetenten Beratungs- und Behandlungsstelle).

– Es sind Vorwürfe über das Trinken selbst oder moralische Wertungen zu vermeiden. Tipps und Ratschläge auf das Trinken bezogen sind nicht zu erteilen, Diskussionen über Trinkmengen sind zu vermeiden. (Die Therapie gehört in die Hände von Fachleuten).

– Der/dem Betroffenen ist unmissverständlich klar zu machen, dass seine Arbeitsleistung und sein Verhalten weiterhin beobachtet werden.

Über dieses Gespräch bewahrt der unmittelbare Vorgesetzte Stillschweigen. Es wird kein Aktenvermerk gefertigt.

### 2.2 – Zweite Stufe –

Lässt die Mitarbeiterin bzw. der Mitarbeiter auch nach dem ersten Kritikgespräch Leistungs- und/oder Verhaltensmängel erkennen, die vermutlich auf Alkoholmissbrauch zurückzuführen sind, führt die/der Vorgesetzte mit ihr bzw. ihm sechs Wochen nach dem ersten Kritikgespräch ein weiteres Gespräch, zu dem er möglichst eine Vertreterin bzw. einen Vertreter des Personalrats hinzuzieht. Das Gespräch soll folgenden Inhalt haben:

– Es wird auf das zurückliegende erste Gespräch hingewiesen und das erneute **konkrete** arbeits- bzw. dienstrechtliche Fehlverhalten (wiederum mit Orts- und Zeitangabe) angesprochen.

– Die/der Vorgesetzte weist unmissverständlich darauf hin, dass bei weiteren Pflichtverstößen das Personalamt informiert wird mit dem Ziel, arbeits- bzw. disziplinarrechtliche Maßnahmen zu ergreifen. Diese Maßnahmen können den Verlust des Arbeitsplatzes bewirken.

– Die/der Vorgesetzte fordert die Inanspruchnahme der bestehenden Hilfsangebote.

– Der Personalratsvertreter sollte deutlich machen, dass er nur bei erkennbarer Bereitschaft zur Mitarbeit die Interessen der Mitarbeiterin bzw. des Mitarbeiters vertreten kann.

Das Ergebnis dieses Gesprächs wird schriftlich festgehalten. Der Vermerk ist von der bzw. dem Betroffenen zu unterzeichnen („zur Kenntnis genommen“) und dem Personalrat zuzuleiten.

## 2.3 – Dritte Stufe –

Ergibt sich nach weiteren sechs Wochen keine positive Veränderung in den Leistungen bzw. im Verhalten der Mitarbeiterin bzw. des Mitarbeiters, so informiert der Vorgesetzte beim nächsten Pflichtverstoß unverzüglich das Personalamt. Jede weitere Verzögerung oder Vertuschung schadet sowohl der bzw. dem Betroffenen und der Verwaltung (Gefahr des Co-Alkoholismus). Das Personalamt veranlasst baldmöglichst ein weiteres Gespräch, an dem außer der bzw. dem Betroffenen der Vorgesetzte, Vertreter des Personalamtes und des Personalrates/ Jugendvertretung (ggf. die Schwerbehindertenvertretung) und ein Vertreter des betriebsärztlichen bzw. amtsärztlichen Dienstes teilnehmen. Zu diesem Gespräch sollen auch – je nach Situation – Familienangehörige, Freunde, Kollegen und Vertreter externer Beratungsstellen eingeladen werden. Inhalt dieses Gespräches:

– Der bzw. dem Betroffenen werden noch einmal die vom Fachamt übermittelten **konkreten** arbeits- bzw. dienstrechtlichen Pflichtverstöße vorgehalten.

– Es ergeht gleichzeitig die Aufforderung, innerhalb einer Bedenkzeit von einer Woche eine Beratungs- und Behandlungsstelle aufzusuchen und ggf. eine Therapie durchzuführen. Von dem Besuch der Beratungs- und Behandlungsstelle hat sie bzw. er das Personalamt zu unterrichten. Gleichzeitig ist die Beratungs- und Behandlungsstelle von der Verschwiegenheitspflicht gegenüber dem Personalamt insoweit zu entbinden, als sie dem Personalamt

– die Einhaltung bzw. Nichteinhaltung der empfohlenen Gesprächstermine

– den eventuellen Therapieplan

– ggf. den Abbruch der vorgeschlagenen Therapie

– den ordnungsgemäßen Abschluss der Therapie

– Vorschläge für Nachsorgemaßnahmen

mitteilen darf.

– Es werden der bzw. dem Betroffenen vom Personalamt arbeits- bzw. dienstliche Schritte, z.B. die Kündigung bzw. die Einleitung disziplinarrechtlicher Maßnahmen für den Fall angedroht, dass

– das Hilfsangebot im Rahmen der Bedenkzeit nicht angenommen wird und weiterhin alkoholbedingte Leistungs- und/oder Verhaltensmängel auftreten.

– die Behandlungs- und Beratungsstelle ggf. nicht von der oben genannten Verschwiegenheitspflicht befreit wird.

Über dieses Gespräch wird ein Vermerk gefertigt, der vom Vertreter des Personalamtes und der/dem Betroffenen unterzeichnet wird. Die/der Betroffene erhält eine Durchschrift.

## 2.4 – Vierte Stufe –

2.4.1 Ist die bzw. der Betroffene einsichtig und

– sucht eine einschlägige Beratungs- und Behandlungsstelle auf

– entbindet diese von der Verschwiegenheitspflicht gegenüber dem Personalamt in der unter Ziffer 2.3 genannten Form

– hält die empfohlenen Beratungstermine ein und führt die angeratene Therapie durch,

werden ihr/ihm während der notwendigen Heilbehandlung die Bezüge im Rahmen der tariflichen bzw. gesetzlichen Bestimmungen weitergezahlt.

Während der Teilnahme an einer Heilbehandlung ist die bzw. der Betroffene grundsätzlich vor arbeits- bzw. dienstlichen Maßnahmen geschützt.

Der bzw. dem Betroffenen wird schriftlich die Einhaltung des von der Beratungs- und Behandlungsstelle empfohlenen Therapieplanes und die Durchführung der zu gegebener Zeit angeratenen Nachsorgemaßnahmen zur Auflage gemacht. Gleichzeitig werden arbeits- bzw. disziplinarrechtliche Konsequenzen für den Fall angedroht, dass diese Auflagen nicht eingehalten werden und ein weiterer erheblicher Verstoß gegen arbeitsrechtliche bzw. beamtenrechtliche Pflichten eintritt.

2.4.2 Zeigt die Mitarbeiterin bzw. der Mitarbeiter dem gegenüber keine Einsicht, indem sie bzw. er das unter Ziffer 2.3 aufgeführte Hilfsangebot nicht annimmt, so wird beim nächsten erheblichen Verstoß gegen arbeitsrechtliche bzw. beamtenrechtliche Pflichten die angedrohte Maßnahme konsequent durchgeführt.

## 3. Vorgehen bei einem Rückfall nach einer abgeschlossenen Heilbehandlung

Die/der Betroffene ist während einer Heilmaßnahme und insbesondere nach einer erfolgreich abgeschlossenen Entziehungskur oder Therapiemaßnahme bei der

Wiedereingliederung in den Arbeitsprozess auf Verständnis und Hilfe der Kollegen und Vorgesetzten angewiesen.

Wird sie bzw. er nach einer abgeschlossenen Heilbehandlung rückfällig, ist je nach Lage des Einzelfalles zu entscheiden, ob

– erneut ein Gespräch im Sinne der Ziffer 2.3 (– Dritte Stufe –) geführt wird und die dort aufgeführten Auflagen erteilt werden

– die Kündigung des Arbeitsverhältnisses erfolgt bzw. disziplinarrechtliche Maßnahmen eingeleitet werden.

Bei dieser Entscheidung ist möglichst die Beurteilung der Beratungs- und Behandlungsstelle zu berücksichtigen, ob die bzw. der Betroffene den Rückfall überwinden kann.

## 4. Einstellungszusage

Im Falle der Beendigung des Beschäftigungsverhältnisses wird der bzw. dem Betroffenen zugesagt, dass eine erneute Einstellung nach erfolgreich abgeschlossener Therapie im Rahmen der personalwirtschaftlichen Gegebenheiten möglich ist, wenn sie bzw. er glaubhaft macht, dass sie bzw. er über einen längeren Zeitraum (in der Regel ein Jahr) abstinent lebt.

## 5. Aufbewahrung von Vorgängen

Der gesamte Schriftwechsel, der im Zusammenhang mit der Alkoholgefährdung oder Alkoholerkrankung von Mitarbeiterinnen bzw. Mitarbeitern entsteht, wird im Personalamt gesondert aufbewahrt und unterliegt nicht der allgemeinen Akteneinsicht.

Die Vorgänge werden sofort vernichtet, wenn sich ein zunächst begründeter Verdacht als unrichtig erweist.

Nach einer erfolgreich durchgeführten Heilbehandlung werden die Vorgänge nach Ablauf von drei Jahren vernichtet.

## 6. Geltungsbereich

Diese Dienstanweisung gilt für alle Bediensteten der Stadt Salzgitter, Bedienstete im Sinne dieser Dienstanweisung sind alle, die in einem Dienst-, Arbeits- oder Berufsausbildungsverhältnis zur Stadt Salzgitter stehen sowie Praktikanten im Anerkennungsjahr.

## 7. Inkrafttreten, Anwendungshinweise

7.1 Diese Dienstanweisung tritt mit der Bekanntgabe im Mitteilungsblatt der Stadt Salzgitter in Kraft. Gleichzeitig tritt die Verfügung über den Umgang mit alkoholkranken oder gefährdeten Mitarbeitern vom 2. 12. 1987 außer Kraft.

7.2 Als **Anlage** sind allgemeine Hinweise zur Anwendung dieser Dienstanweisung beigefügt.

## 8. Bekanntgabe

Diese Dienstanweisung ist allen Bediensteten bekannt zu geben. Die Bekanntgabe ist in jährlichen Abständen zu wiederholen.

gez. Oberstadtdirektor

*Anlage*

## Hinweise zur Anwendung

der Dienstanweisung zur Vorgehensweise bei Leistungs- und/oder Verhaltensmängeln alkoholkranker oder -gefährdeter Mitarbeiterinnen bzw. Mitarbeiter

## I Alkoholismus ist eine Krankheit

Alkoholismus ist nicht eine Krankheit wie jede andere. Es gehört zum Krankheitsbild, die eigene Krankheit nicht zu erkennen und sie nicht wahr haben zu wollen. Häufig verlieren die Alkoholkranken die Fähigkeit, notwendige Hilfe Dritter anzunehmen. Unrealistische Versprechungen, Enttäuschungen und Rückfälle gehören zur Krankheit und ihrer Rehabilitation. Widersprüchliches und irrationales Verhalten ist dabei nicht immer vorwerfbar.

## II Folgen von Alkoholmissbrauch

Nach allgemein anerkannten Schätzungen sind 7–10 v. H. der Beschäftigten in Betrieben und Verwaltungen alkoholkrank bzw. alkoholgefährdet. Auf die Stadt Salzgitter übertragen, muss somit davon ausgegangen werden, dass zwischen 200 und 300 Mitarbeiterinnen bzw. Mitarbeiter Alkoholprobleme haben.

Neben den schwerwiegenden Schäden, die Betroffene in gesundheitlicher, familiärer und sozialer Hinsicht erleiden, ist auf erhebliche nachteilige Auswirkungen auf die Aufgabenerfüllung der Stadt Salzgitter hinzuweisen. Es kommt zu oft jahrelangen Minderleistungen. Die Arbeitsleistung sinkt mit fortschreitendem Krankheitsverlauf. Fehlentscheidungen mehren sich. Alkoholkranke fehlen 16-mal häufiger und sind 2,5-mal häufiger krank als normal Trinkende. Sie bewirken häufig eine Verschlechterung des Arbeitsklimas.

Alkoholkranke verletzten häufig Unfallverhütungsvorschriften; bis zu 25 v. H. der Arbeitsunfälle geschehen unter Alkoholeinfluss.

## III Bisherige Fehlreaktionen

Aus der Vergangenheit sind mehrere konkrete Fälle bekannt, bei denen alkoholbedingte Leistungs- und/oder Verhaltensmängel zu spät auf eine mögliche Alkoholgefährdung bzw. Alkoholabhängigkeit zurückgeführt wurden. In einigen Fällen war die Gefährdung bzw. Erkrankung zwar bekannt, wurde jedoch – entweder aus Unkenntnis, aus Mitleid oder gut gemeinter aber falsch eingesetzter Kollegialität und Kameraderie – zu lange verschwiegen und den zuständigen Vorgesetzten des Fachamtes oder dem Personalamt nicht mitgeteilt. Dies sicher auch wegen der Vermutung, dass die Amtsleitung oder das Personalamt aus einer etwaigen Unterrichtung keine Konsequenzen ziehen würde. Diese Denk- und Verhaltensweisen führten in der Vergangenheit häufig dazu, dass das Personalamt in einigen Fällen erst dann eingeschaltet wurde, wenn die alkoholkranke Mitarbeiterin bzw. der alkoholkranke Mitarbeiter für das Amt oder auch für die Kollegen, die sie bzw. ihn bisher „mitgezogen“ hatten, völlig untragbar geworden war. Die Folgen für die Betroffenen waren fatal.

## IV Grundsätze für zukünftiges, richtiges Verhalten

Die Dienstanweisung soll dazu dienen, die bisherigen Fehlreaktionen mit ihren negativen Folgen für die Betroffenen und für die Aufgabenerfüllung der Stadtverwaltung zukünftig zu vermeiden. Sie folgt nachstehenden Grundsätzen:

- Führen von offenen Gesprächen mit den Betroffenen, damit
  - Alkoholprobleme rechtzeitig erkannt werden und unter Umständen einer Suchterkrankung vorgebeugt wird
  - ggf. die Krankheitseinsicht gefördert wird
  - durch das Aufzeigen von Konsequenzen bei weiterem Fehlverhalten – jeweils im Zusammenhang mit Hilfsangeboten – die Therapiebereitschaft gefördert

dert wird und so der sich für die Betroffenen suchtverlängernde Co-Alkoholismus vermieden wird.

– Gewährung von Hilfe durch Konsequenz
Nur das konsequente Handeln führt zu einem positiven, konstruktiven Leidensdruck bei den Betroffenen, der die Krankheitseinsicht fördert und die Einleitung einer Therapie unterstützt. Die Betroffenen brauchen eine klare Orientierung, weil sie sich selbst keine vernünftigen Grenzen mehr setzen können. Deshalb muss der in der Vereinbarung enthaltene Stufenplan konsequent eingehalten werden. Es dürfen nur solche Konsequenzen angedroht werden, die der Ankündigende auch selbst durchführen kann, damit die Glaubwürdigkeit nicht leidet. (z. B. ist für arbeits-rechtliche bzw. dienst-rechtliche Maßnahmen allein das Personalamt zuständig).
– Keine Therapieversuche durch Vorgesetzte bzw. Kollegen. Die Therapie von Alkoholkranken gehört allein in die Hände von Fachpersonal (z. B. Therapeuten der Beratungs- und Behandlungsstelle für Suchtkranke der Stiftung Lukas-Werk). Aufgabe von Vorgesetzten und Arbeitgeber ist es, Betroffene frühzeitig solchen Stellen zuzuführen.

– Rückfälle vermeiden. Auch bei erfolgreich abgeschlossener Therapie bleibt ein Rückfallrisiko. Vorgesetzte und Kollegen können durch ihr verständnisvolles Verhalten einen Beitrag zur Stabilisierung und Rehabilitation der Alkoholkranken leisten.

– Maßnahmen, die der Arbeitssicherheit dienen, müssen unabhängig von den im Stufenplan vorgesehenen arbeits- bzw. dienstrechtlichen Konsequenzen – je nach Notwendigkeit im Einzelfall – unverzüglich ergriffen werden.

## V Zum Stufenplan für Hilfsangebote und Maßnahmen

### Zu Ziffer 2.1 – Erste Stufe –

Es gibt kein Patentrezept zur Früherkennung einer Alkoholgefährdung bzw. Alkoholerkrankung. Anzeichen für eine Alkoholkrankheit können sein:

– Gravierende Leistungsschwankungen bzw. Nachlassen der Leistungsfähigkeit und Leistungsbereitschaft.

– Ausweichen konkreter Zielvereinbarungen, Entwickeln von Ausflüchten und durchsichtigen Entschuldigungen zum Leistungsrückgang.

– Einsetzen einer deutlichen Kritikschwäche. Leichtes Hinnehmen von Ermahnungen und Vorhaltungen, devotes und unterwürfiges Verhalten gegenüber Vorgesetzten.

– Unregelmäßigkeit bei der Arbeitszeit bzw. der Pausenregelung.

– Häufiges Verlassen des Arbeitsplatzes in beinahe regelmäßigen Abständen (um heimlich zu trinken).

– Häufiges Fehlen am Wochenanfang (wobei eine Krankmeldung häufig durch den Ehepartner oder Dritte erfolgt und die Anrechnung auf den Erholungsurlaub angeboten wird).

– Häufige Kurzerkrankungen.

– Auffälliges Benehmen, unnatürlich großspurig, forsch auftretend oder sich zurückziehend und Meiden von zwischenmenschlichen Beziehungen.

– Übermäßigen Alkoholkonsum bestreiten, verharmlosen oder aggressives Reagieren.

– Alkoholfahne.

Hilfsangebote sind z. B.

– Aufsuchen eines freiwilligen Suchthelfers (z. B. abstinent lebender Alkoholkranker), dessen Aufgabe es ist, die Therapiebereitschaft der Betroffenen zu fördern, Hilfsmöglichkeiten aufzuzeigen und nach erfolgreicher Therapie die Nachsorge zu begleiten.

– Aufsuchen einer einschlägigen Beratungs- und Behandlungsstelle, z. B. die Psychosoziale Beratungs- und Behandlungsstelle für Suchtkranke der Stiftung Lukas-Werk in 38226 Salzgitter (Lebenstedt), Lichtenberger Straße 5.

Namen und Dienststelle von freiwilligen Suchthelfern bzw. Anschriften von weiteren Hilfsorganisationen können beim Personalamt erfragt werden.

**Zu Ziffer 2.2 – Zweite Stufe –**

Der/dem Betroffenen muss eindringlich klar gemacht werden, dass wahrscheinlich krankheitsbedingtes Trinken sein Verhalten bestimmt, da sonst eine Änderung eingetreten wäre. Es muss dem Betroffenen deutlich werden: „Jetzt wird es für mich Ernst, aber es gibt eine Chance!“.

**Zu Ziffer 2.3 – Dritte Stufe –**

In diesem Gespräch muss der bzw. dem Kranken unmissverständlich klar gemacht werden, dass es für sie bzw. ihn nur noch zwei Möglichkeiten gibt: entweder mit dem Trinken aufzuhören oder die Kündigung bzw. Entlassung. Die Betroffenen hängen erfahrungsgemäß sehr an ihrem Arbeitsplatz, auch wenn sie den Anschein erwecken, als ob ihnen ein Arbeitsplatzverlust nichts ausmache. Deshalb kann das entschlossene und konsequente Auftreten der Gesprächspartner nützlich sein. Das Gespräch muss geführt werden nach dem Motto: „Es ist keine Schande, krank zu sein, aber eine Schande, nichts dagegen zu tun!“ oder „Wenn du nichts tust, können und wollen wir auch nichts für dich tun!“ In der Fachwelt bedeutet das, den Kranken fallen lassen (Hilfe durch Nichthilfe). Dem Kranken wird klar gemacht, dass er für sein Handeln letztlich selbst die Verantwortung trägt.

**Zu Ziffer 2.4 – Vierte Stufe –**

Entsprechend dem Grundsatz, dass angekündigte Maßnahmen auch durchzuführen sind, werden ggf. die angedrohten Konsequenzen (Kündigung, Disziplinarmaßnahme). vollzogen. Dieser Schritt kann im Sinne des konstruktiven Leidensdrucks die Therapiebereitschaft von Betroffenen endgültig herbeiführen.

Bewirbt sich eine entlassene Mitarbeiterin bzw. ein entlassener Mitarbeiter, die/der glaubhaft nachweist, dass sie/er aufgrund einer Heilbehandlung längere Zeit abstinent lebt, so wird ihre/seine Bewerbung bevorzugt berücksichtigt. Der zuständige Sachbearbeiter im Personalamt trifft geeignete Maßnahmen, damit die Mitarbeiterin bzw. der Mitarbeiter nach einer Behandlung wieder voll in den Kollegenkreis integriert wird.

**Zu Ziffer 3**

Ein Rückfall muss im Heilungsprozess des Alkoholkranken in Betracht gezogen werden. Der Kranke kann nicht glauben, dass das, was er in der Heilbehandlung gelernt hat, auch für ihn zutrifft. Dieser Rückfall, der bereits während der Heilbehandlung aber auch Monate oder Jahre danach eintreten kann, kann bei Betroffenen ohne Rückfallerfahrung einen Anstoß für eine weitere erfolgreiche Therapie bedeuten.

Den Vorgesetzten kommt bei der Umsetzung dieser Vereinbarung eine Schlüsselrolle zu. Um rechtzeitig und richtig helfen zu können, sind Kenntnisse über das Problem Alkohol und Arbeitsplatz – insbesondere über das Wesen der Alkoholkrankheit – erforderlich. Aus diesem Grunde haben Vorgesetzte aller Leitungsebenen in Seminaren der Psychosozialen Beratungs- und Behandlungsstelle für Suchtkranke hierüber eine erste Information erhalten. Es erscheint jedoch mit Blick auf die Bedeutung des Problemkreises notwendig, dass sich Vorgesetzte durch Fortbildung weitere vertiefte Kenntnisse hierüber aneignen, um Fehler zu vermeiden, die sich für die Betroffenen fatal auswirken können. Es wird daher gebeten, Fortbildungsangebote anzunehmen. Die Psychosoziale Beratungs- und Behandlungsstelle für Suchtkranke der Stiftung Lukas-Werk steht für Informationen gern zur Verfügung. Entsprechende Literatur ist im Personalamt vorhanden bzw. kann beschafft werden.

## *4.2 Dienstvereinbarungen über „Sucht an Schulen" einer Bezirksregierung*

*246* **Dienstvereinbarung**

für den Umgang mit suchtgefährdeten und suchtkranken Beschäftigten im Schuldienst zwischen dem Schulbezirkspersonalrat bei der Bezirksregierung Hannover und der Bezirksregierung Hannover

**Vorbemerkung**

(1) Zur Erfüllung des Bildungsauftrages der Schule und in Wahrnehmung der Fürsorgepflicht gegenüber den Bediensteten ist es erforderlich, Maßnahmen zu treffen, die dem Suchtmittelmissbrauch im Schuldienst entgegenwirken.

(2) Die Fürsorge gilt aber auch den Schülerinnen und Schülern der öffentlichen Schulen. Die Bemühungen der Schule um Suchtprävention verlieren an Glaub-

würdigkeit, wenn sie nicht durch Maßnahmen der Suchtprävention für die Beschäftigten begleitet werden.

(3) Der in unserer Gesellschaft weit verbreitete Missbrauch von Suchtmitteln betrifft die im Schuldienst und in der Schulverwaltung Beschäftigten in gleicher Weise wie den Durchschnitt der Bevölkerung. Süchtiges Verhalten tritt in ganz verschiedenen Erscheinungsformen auf.

(4) Missbrauch von Drogen oder süchtiges Verhalten führt zu gesundheitlichen und sozialen Beeinträchtigungen, die sich in allen Lebensbereichen, auch am Arbeitsplatz, negativ auswirken. Abhängigkeit von Suchtmitteln oder süchtiges Verhalten gilt als Krankheit mit schweren psychischen, physischen und sozialen Folgen, die tödlich verlaufen kann. Sie kommt in allen gesellschaftlichen Schichten, bei allen Altersstufen und in jedem Milieu vor und ist nicht Ausdruck von Willensschwäche. Sie bedarf fachkundiger Behandlung.

(5) Die Besonderheiten des Arbeitsplatzes Schule bringen es mit sich, dass ein den Suchtmittelmissbrauch verschleierndes Verhalten die Regel ist. Die Betroffenen neigen zur Verheimlichung, Verleugnung und Bagatellisierung süchtigen Verhaltens, was durch die Struktur der Arbeitszeit und die Situation im Klassenzimmer erleichtert wird. Die Personen der Umgebung unterstützen dieses Verhalten aus mangelnder Einsicht, falsch verstandener Solidarität oder zum Schutz des guten Rufes der Schule. Wenn die Auffälligkeiten unübersehbar geworden sind, neigen die Mitbetroffenen einschließlich der Vorgesetzten dagegen zu unangemessener Härte und/oder zur Verschleppung des Problems durch Versetzung des oder der Betroffenen.

(6) Eine zentrale Rolle beim Umgang mit Suchtgefährdeten und -kranken kommt den Schulleiterinnen und Schulleitern sowie Dezernentinnen und Dezernenten in der Schulaufsicht zu. Verantwortliches und sachgerechtes Handeln bei Suchtproblemen fordert die Führungskompetenz der Vorgesetzten. Dazu sind Informationen über die Erscheinungsformen von Abhängigkeit und ihre Therapiemöglichkeiten sowie Schulung in der Führung von Gesprächen mit Betroffenen erforderlich. Besonders geschulte Suchtkrankenhelferinnen und Suchtkrankenhelfer sollen zur Unterstützung aller Beteiligten zur Verfügung stehen und präventive Maßnahmen anregen und durchführen.

(7) Den Gefährdeten und Suchtkranken sollen möglichst frühzeitig Hilfsmöglichkeiten eröffnet werden. Ebenso gilt es, den im Umfeld Mitbetroffenen die notwendige Kompetenz im hilfreichen Umgang mit ihnen zu vermitteln sowie den Vorgesetzten und allen Beteiligten eine nachvollziehbare Handlungskette vorzugeben.

## § 1 Zielsetzungen

(1) Ziel der Dienstvereinbarung ist

– die Gesundheit der Beschäftigten zu erhalten, zu fördern oder wieder herzustellen,

– den Missbrauch von Suchtmitteln (insbesondere Alkohol, aber auch Medikamente und Drogen) und süchtiges Verhalten zu vermeiden bzw. abzubauen,

– die Arbeitssicherheit zu erhöhen,

– den suchtgefährdeten und -kranken Beschäftigten rechtzeitig Hilfe anzubieten,

– für alle Betroffenen ein durchschaubares und einheitliches Handlungskonzept sicherzustellen.

(2) Bei arbeits- oder disziplinarrechtlichen sowie sonstigen Verfahren sind die Zielsetzungen dieser Dienstvereinbarung zu beachten.

(3) Es ist darauf hinzuwirken, dass

– sämtliche Betroffene unabhängig von Status, Geschlecht und Ansehen hinsichtlich dienst- und arbeitsrechtlicher Maßnahmen, die wegen der Folgen des Gebrauchs von Sucht- und Rauschmitteln ergriffen werden müssen, gleich behandelt werden,

– den Betroffenen der Arbeitsplatz bzw. Dienstposten nach Möglichkeit erhalten bleibt.

**§ 2 Geltungsbereich**

(1) Diese Dienstvereinbarung gilt für:

– Schulleiterinnen, Schulleiter und Lehrkräfte des Landes an öffentlichen Schulen im Sinne des Niedersächsischen Schulgesetzes (NSchG), § 92 Abs. 1 Nr. 1 NPersVG),

– die übrigen im Landesdienst stehenden Beschäftigten an öffentlichen Schulen (§ 92 Abs. 1 Nr. 2 NPersVG),

– die zu ihrer Ausbildung Beschäftigten in den Ausbildungs- und Studienseminaren für die Laufbahnen der Lehrkräfte (Seminare) des Regierungsbezirks Hannover (§ 92 Abs. 1 Nr. 3 NPersVG).

(2) Der Umgang Vorgesetzter mit suchtgefährdeten oder suchtkranken Beschäftigten wird – insbesondere in den §§ 11 bis 15 – durch diese Vereinbarung festgelegt. Die einschlägigen Bestimmungen des Dienst-, Arbeits- und Disziplinarrechts bleiben unberührt. Insofern besteht kein Rechtsanspruch auf Einhaltung des Stufenplans für alle Beschäftigten. Die Dienststelle verpflichtet sich, das bestehende Ermessen bei Maßnahmen nach Satz 2 im Sinne der Vorbemerkung und des § 1 auszuüben. Eine Abweichung vom Stufenplan ist daher nur in besonders schwer wiegenden Fällen zulässig. Will die Dienststelle vom Stufenplan abweichen, bedarf sie der Zustimmung des Schulbezirkspersonalrates. Die Beteiligungsrechte des Schulbezirkspersonalrates nach dem NPersVG bleiben unberührt.

**§ 3 Gebrauch von Suchtmitteln**

(1) Der verantwortungsbewusste Umgang mit Alkohol, Medikamenten und Nikotin wird erwartet. Auf die Unfallgefahren, die durch Mittel mit stimmungs- und

wahrnehmungsverändernden Substanzen ausgelöst werden können, ist besonders zu achten.

(2) Auf den Erlass des MK v. 9. 1. 1989 „Rauchen und Konsum alkoholischer Getränke in der Schule" (SVBl. S. 31) wird hingewiesen. Bezüglich des Rauchens von Tabak wird zusätzlich auf den Beschluss der Landesregierung vom 26. März 1991 (Nds. MinBl. S. 515) verwiesen.

## § 4 Verhalten der Vorgesetzten in einer akuten Situation

Im Falle akuter Alkoholisierung oder Einschränkung der Arbeitsfähigkeit durch andere berauschende Mittel wird folgendes Vorgehen vereinbart:

a) Bei Verdacht, dass Beschäftigte unter Einfluss von Alkohol oder anderen berauschenden Mitteln stehen, muss die Schulleiterin oder der Schulleiter entscheiden, ob jene ohne Gefahr für sich oder andere ihre Arbeit fortsetzen können.

b) Die Schulleiterin oder der Schulleiter ist gehalten, auch den Hinweisen aus dem Kreis der Beschäftigten nachzugehen.

c) Kriterium für die Entscheidung, Beschäftigte, die unter Einfluss von Alkohol oder anderen berauschenden Mitteln stehen, nach Hause zu schicken, ist der so genannte „Beweis des ersten Anscheins" und die allgemeine Lebenserfahrung der Schulleiterin oder des Schulleiters.

d) Zeichnet sich die Notwendigkeit ab, die Beschäftigte oder den Beschäftigten nach Hause zu entlassen, ist eine weitere Person hinzuzuziehen (Entscheidungs- und Beweishilfe). Die Beschäftigte oder der Beschäftigte hat die Möglichkeit, sich zum Gegenbeweis einem Test auf Suchtmittelgebrauch zu unterziehen.

e) Wird die oder der Beschäftigte nach Hause entlassen, muss die Schulleitung um einen sicheren Heimweg bemüht sein.

f) Veranlasst die Schulleiterin oder der Schulleiter einen erforderlichen Heimtransport, hat die oder der Betroffene die Kosten zu tragen.

g) Sollte die Schulleiterin oder der Schulleiter selbst Betroffene(r) sein, so gilt dieses Vorgehen für deren Vorgesetzte analog.

## § 5 Information der Beschäftigten und Schulungen

(1) Die langfristige und kontinuierliche Information über das Suchtproblem sowie über mögliche Vorbeugung und Hilfe ist erforderlich.

(2) Die Dezernentinnen und Dezernenten der Schulbehörde und die Schulleiterinnen und Schulleiter sollen das Problem des Missbrauches und der Abhängigkeit am Arbeitsplatz Schule auf Dienstbesprechungen erörtern. Dabei soll auch über Symptome, Krankheitsverlauf und Therapie informiert und die Dienstvereinbarung mit ihren Grundlagen und Zielsetzungen vorgestellt werden.

(3) Die Personalvertretung führt auf ihren Ebenen analoge Maßnahmen durch.

(4) Um die Ziele der Dienstvereinbarung zu erreichen, sind spezielle Fortbildungsmaßnahmen erforderlich. Von besonderer Bedeutung sind dabei die Vermittlung von Kenntnissen über die Wahrnehmung und Deutung suchtbedingter Verhaltensweisen sowie von Kompetenz in der Gesprächsführung mit suchtgefährdeten oder -kranken Beschäftigten. Der Schulung von Vorgesetzten sowie Bediensteten, in deren Stellenbeschreibung Personalverantwortung festgelegt ist, kommt dabei besondere Bedeutung zu. Die Schulungen und Fortbildungsmaßnahmen erfolgen im Rahmen des Fort- und Weiterbildungsprogramms der Bezirksregierung.

### § 6 Arbeitssituation und Missbrauch von Suchtmitteln

Im Sinne der Primärprävention muss beachtet werden, dass der Arbeitsplatz Schule für Beschäftigte unabhängiges Verhalten auslösen kann. Es ist Aufgabe der Schulen zu überprüfen, inwieweit Ursachen in der Arbeitssituation liegen und wie diese verändert werden kann.

### § 7 Arbeitskreis „Suchtprävention und Suchthilfe"

(1) Dem Arbeitskreis obliegt die langfristige, konzeptionelle, inhaltliche und organisatorische Planung der präventiven Maßnahmen und der Suchthilfe im Schuldienst nach dieser Vereinbarung.

(2) Dem Arbeitskreis gehören ständig an:

– eine Vertreterin oder ein Vertreter des Dezernates 401 (schulformübergreifende Angelegenheiten)

– eine gemeinsame Vertreterin oder ein gemeinsamer Vertreter der Dezernate 402–405,

– eine Vertreterin oder ein Vertreter des Dezernates 410 (Lehrerpersonalien),

– zwei Vertreterinnen oder Vertreter des Schulbezirkspersonalrats,

– eine Vertreterin oder ein Vertreter der Suchtprävention und -hilfe im Schuldienst.

(3) Regelmäßig eingeladen werden und bei Bedarf hinzukommen können:

– Abteilungsleitung 4,

– Frauenbeauftragte bei der Schulabteilung,

– Schwerbehindertenvertretung bei der Schulabteilung,

– die Vorsitzender oder der Vorsitzende des Schulbezirkspersonalrates.

(4) Weitere interne und externe Beteiligte oder Fachkräfte können bei Bedarf hinzugezogen werden. Die Leitung und Geschäftsführung des Arbeitskreises sind nach Beratung mit dem Schulbezirkspersonalrat durch die Dienststellenleitung festzulegen.

(5) Zu den Aufgaben des Arbeitskreises gehören:

– die Erarbeitung eines Suchtpräventions- und Suchthilfekonzeptes für die Schulabteilung,

– die Schaffung der Voraussetzungen für die Einrichtung der Suchtprävention und -hilfe im Schuldienst sowie deren Unterstützung,

– die Initiative zur Durchführung von einschlägigen Informations- und Schulungsveranstaltungen,

– das Erkennen arbeitsplatzbedingter Risiken für den problematischen Umgang mit Suchtmitteln und das Erarbeiten von Vorschlägen zu deren Abbau.

(6) Der Arbeitskreis kann darüber hinaus unter Berücksichtigung der Besonderheiten der Schulabteilung andere sachbezogene Aufgaben mit dem Einverständnis der Dienststelle übernehmen.

(7) Dem Arbeitskreis werden im Rahmen des Haushalts die für die Erfüllung seiner Aufgaben erforderlichen Mittel bereitgestellt.

## § 8 Aufgaben der Suchtkrankenhelferinnen und Suchtkrankenhelfer

(1) Die der Bezirksregierung zugeordneten Suchtkrankenhelferinnen oder Suchtkrankenhelfer organisieren in Abstimmung mit dem Arbeitskreis die präventiven Maßnahmen, sind in der Aufklärung über Suchtgefährdung und -erkrankung tätig und unterbreiten Vorschläge zur Gesundheitsförderung und zur Beseitigung von in der Arbeitssituation liegenden Ursachen eines erhöhten Suchtmittelkonsums.

(2) Sie beraten Beschäftigte bei Suchtgefährdung oder Problemen im Umfeld Betroffener und kooperieren hierzu mit den Beratungsstellen und therapeutischen Einrichtungen des Bereiches.

(3) Für die Tätigkeit der Suchtkrankenhelferinnen und Suchtkrankenhelfer gelten folgende Grundsätze:

1. Die Suchtkrankenhelferinnen und Suchtkrankenhelfer arbeiten auf der Grundlage dieser Vereinbarung. Ihre Aufgabe umfasst die Prävention und die Hilfe bei Suchtgefährdung und -erkrankung. Sie unterbreiten Hilfsangebote und gewähren Unterstützung. Die Beratung soll sich auch auf die Personen im schulischen Umfeld der Betroffenen und deren Vorgesetzte erstrecken. Nach dem Prinzip der Hilfe zur Selbsthilfe soll die Suchthilfe im Schuldienst die Eigenverantwortlichkeit von Betroffenen stärken.

2. Therapeutische Maßnahmen gehören nicht zu den Aufgaben der Suchtkrankenhelferinnen und Suchtkrankenhelfer.

3. In der individuellen Beratung arbeiten die Suchtkrankenhelferinnen und Suchtkrankenhelfer unabhängig und fachlich weisungsfrei. Sie sind über alle im Rahmen ihrer Tätigkeit bekannt gewordenen Sachverhalte gegenüber Dritten zur Verschwiegenheit verpflichtet. Gesetzliche Sonderregelungen bleiben unberührt.

4. Die Suchtkrankenhelferinnen und Suchtkrankenhelfer im Schuldienst dürfen in der Erfüllung ihrer Aufgaben nicht behindert werden. Analog zu den Personalräten dürfen ihnen durch ihre Tätigkeit keine Vor- oder Nachteile entstehen. Dies gilt auch für ihre berufliche Entwicklung.

5. Die bei der Ausübung der Suchthilfe im Schulbereich anfallenden Reise- und Sachkosten werden in sinngemäßer Anwendung des Fachberater-Erlasses erstattet. Für Beratungen wird geeigneter Raum zur Verfügung gestellt.

6. Den Suchtkrankenhelferinnen und Suchtkrankenhelfern im Schuldienst ist die Möglichkeit zur fachbezogenen Fortbildung und Supervision zu geben. Mit der betrieblichen Suchtarbeit sollen einschlägig ausgebildete, mit betrieblichen Suchtpräventions- und Suchthilfekonzepten vertraute Kräfte beauftragt werden. Sofern Personen mit Aufgaben der Suchtarbeit beauftragt werden, die nicht über eine einschlägige Ausbildung verfügen, wird die Dienststelle zeitgerecht sicherstellen, dass sie zumindest eine sachgerechte und ausreichende Ausbildung zu betrieblichen Suchtkrankenhelferinnen oder -helfern erhalten.

### § 9 Stufenweiser Ausbau der Suchtprävention und -hilfe im Schuldienst

(1) Die mit der Vereinbarung vom 17. 9. 1998 geschaffene Einrichtung der schulischen Suchtprävention und -hilfe wird ausgebaut. Hierfür werden mit Beginn des Schuljahres 2000/01 zwei weitere regionale Suchtkrankenhelferinnen und Suchtkrankenhelfer bestellt.

(2) Jede Suchtkrankenhelferin und jeder Suchtkrankenhelfer erhält fünf Anrechnungsstufen. Für die Koordinationsaufgaben werden weitere 4 Stunden gewährt.

(3) Zu Beginn des Schuljahres 2000/01 werden zwei weitere regionale Suchtkrankenhelferinnen und Suchtkrankenhelfer bestellt, so dass in jedem Landkreis und in der LHH eine Suchtkrankenhelferin oder ein Suchtkrankenhelfer tätig ist.

(4) Nach einer einjährigen Erprobungsphase wird angestrebt, für die LHH und die Landkreise Hannover und Hildesheim je eine weitere Suchtkrankenhelferin oder einen Suchtkrankenhelfer zu bestellen.

### § 10 Frühe Ansprache und Hilfe bei Suchtgefährdung

(1) Bei wiederholten Anzeichen von Suchtmittelmissbrauch sind grundsätzlich alle Beschäftigten aufgerufen, im Rahmen ihrer Möglichkeiten tätig zu werden. Da Toleranz gegenüber Suchtmittelmissbrauch vielfach zur Entstehung bzw. Verlängerung der Erkrankung beiträgt, ist es besonders wichtig, Betroffene auf ihr Verhalten anzusprechen und auf Hilfsmöglichkeiten hinzuweisen. Auch die Personalräte und die Vertreterinnen und Vertreter der Schwerbehinderten sowie die Frauenbeauftragten sind aufgefordert, Wege zur Hilfe aufzuzeigen.

(2) Liegen Vorgesetzten Hinweise auf einen auffälligen Suchtmittelgebrauch von Beschäftigten vor, ohne dass dienstliche Belange konkret berührt werden (in solchen Fällen siehe § 11), sind sie gehalten, die Betroffenen darauf anzusprechen.

(3) In diesem ersten vertraulichen (Vier-Augen-Gespräch) wird die konkrete Auffälligkeit im Verhalten der oder des Beschäftigten von der oder dem Vorgesetzten benannt, ohne dass es zu pauschalen Vorhaltungen kommt.

(4) Bei Bedarf verweist der oder die Vorgesetzte auf das Bestehen von Hilfsangeboten.

(5) Über dieses Gespräch bewahrt die oder der Vorgesetzte Stillschweigen.

(6) Ein Vermerk über dieses Gespräch oder eine Aktennotiz wird nicht gefertigt.

## § 11 Stufenplan

Entsteht bei unmittelbaren Vorgesetzten der Eindruck, dass Beschäftigte ihre arbeitsvertraglichen bzw. dienstrechtlichen Pflichten vernachlässigen und dieses mit einem Suchtmittelgebrauch oder -missbrauch bzw. mit süchtigem Verhalten in Verbindung steht, sind die Vorgesetzten gehalten, nach anliegendem Stufenplan vorzugehen.

## § 12 Wiedereingliederung

(1) Die oder der Betroffene ist während einer therapeutischen Maßnahme und insbesondere nach einer erfolgreich abgeschlossenen Entwöhnungskur bei der Wiedereingliederung in den Arbeitsprozess auf Verständnis und Hilfe angewiesen.

Deshalb führen die Beteiligten des dritten Gespräches (auf Wunsch der oder des Betroffenen können auch Kolleginnen und Kollegen teilnehmen) während oder unmittelbar nach Abschluss einer therapeutischen Maßnahme mit der oder dem Betroffenen ein Gespräch, um Unterstützungsmöglichkeiten und Erfordernisse für eine erfolgreiche Wiedereingliederung am Arbeitsplatz abzusprechen.

Dabei können auch andere organisatorische Lösungen, z. B. Schulwechsel, in Betracht gezogen werden.

(2) Der Charakter der Krankheit beinhaltet die Notwendigkeit einer langfristigen Betreuung nach Beendigung der therapeutischen Maßnahme. Acht Wochen nach Abschluss der therapeutischen Maßnahme findet ein Gespräch zwischen der oder dem unmittelbaren Vorgesetzten, der Suchtkrankenhelferin oder dem Suchtkrankenhelfer, einem Personalratsmitglied und der oder dem Betroffenen statt, in dem der aktuelle Stand beraten wird.

(3) Im weiteren Verlauf finden in den nächsten zwei Jahren halbjährlich weitere Gespräche statt. Diese Gespräche können durch den schriftlichen Nachweis von Nachsorgemaßnahmen durch therapeutische Einrichtungen ersetzt werden.

Auf Anregung der oder des Betroffenen können weitere Gespräche vereinbart werden.

## § 13 Rückfall

(1) Rückfälle nach einer Therapie oder nach sonstigen Hilfsmaßnahmen sind krankheitsbedingt und nicht untypisch. Fallen betroffene Beschäftigte erneut durch suchtmittelbedingtes Verhalten auf, so berät der an der zuletzt durchgeführten Stufe der Interventionsgespräche beteiligte Personenkreis über das weitere Vorgehen.

(2) Kommt es aufgrund der Interventionen lediglich zu einer vorübergehenden Änderung des Verhaltens des oder der Beschäftigten, ohne dass therapeutische

oder andere Hilfsmaßnahmen durchgeführt worden sind, so wird der Stufenplan an der Stelle fortgesetzt, an der er wegen der Verhaltensänderung unterbrochen worden ist, sofern die entsprechenden Vermerke in der Personalakte noch nicht getilgt worden sind.

### § 14 Vertraulichkeit/Tilgung

Vorgespräche, Notizen und Protokolle, die im Zusammenhang mit einer Suchtgefährdung oder -erkrankung einer oder eines Beschäftigten anfallen, sind vertraulich zu behandeln.

Aufzeichnungen, die in die Personalakte aufgenommen werden, sind nach den geltenden Vorschriften zu tilgen.

### § 15 Geltungsdauer

(1) Die Dienstvereinbarung tritt mit dem Tage der Unterzeichnung in Kraft.

(2) Sie ist auf zwei Jahre befristet. Schulbezirkspersonalrat und Bezirksregierung werden rechtzeitig vor dem Ende dieser Frist unter Einbeziehung der gemachten Erfahrung Gespräche über eine Fortführung der Dienstvereinbarung aufnehmen.

Hannover, den 6. April 2000

### Stufenplan

### Erstes Gespräch

Diesem ersten Gespräch kann ein informelles Gespräch („Vier-Augen-Gespräch") vorausgehen (§ 10 Abs. 2 der Dienstvereinbarung).

Beteiligte: die oder der Betroffene, die oder der unmittelbare Vorgesetzte

Bei Vernachlässigung arbeitsvertraglicher oder Verdacht auf Verstoß gegen dienstrechtliche Pflichten haben unmittelbare Vorgesetzte mit den Betroffenen ein vertrauliches Gespräch zu führen.

Das Gespräch soll folgende Inhalte umfassen:

- Benennen konkreter Fakten (Zeit, Ort, Vorfall),

- Besorgnis ausdrücken, dass die oder der Betroffene Probleme mit Suchtmitteln oder süchtigem Verhalten hat,

- Hinweis auf innerdienstliche Hilfsangebote (Einrichtung der Suchtprävention und -hilfe im Schuldienst) und externe Hilfen (Psychosoziale Beratungsstelle, Suchtberatung),

- Aufzeigen der Erwartungen des oder der Vorgesetzten an das weitere dienstliche Verhalten,

- Vereinbarung von Konsequenzen, die sich aus dem Gespräch ergeben,

- Hinweis auf Stufenplan,

– Festlegung eines Gesprächs (Rückmeldegespräch nach ca. 8 Wochen), um über die Entwicklung des Verhaltens Rückmeldung zu geben.

Das Gespräch hat keine personalrechtlichen Konsequenzen. Bei Beamtinnen und Beamten findet es im Rahmen der Verwaltungsermittlung statt und dient der Verdachtermittlung. Das Datum des Gesprächs wird festgehalten.

**Zweites Gespräch**

Beteiligte:

– die oder der Betroffene,

– die unmittelbare Vorgesetzte oder der unmittelbare Vorgesetzte,

– die zuständige Dezernentin oder der zuständige Dezernent,

– eine Suchtkrankenhelferin oder ein Suchtkrankenhelfer,

– auf Wunsch des oder der Betroffenen:
ein Mitglied der Personalvertretung,
die Vertreterin oder der Vertreter der
Schwerbehinderten,
die Frauenbeauftragte.

Kommt es erneut zu suchtmittelbedingten Auffälligkeiten oder Vernachlässigung von Pflichten, so ist von der oder dem zuständigen Vorgesetzten ein Personalgespräch mit folgendem Inhalt zu führen:

– Benennen neuer Fakten und Bezugnahme auf Datum und Inhalt des vorangegangenen ersten Gesprächs

– Zusammenhang mit Suchtmittelgebrauch oder süchtigem Verhalten erneut aufzeigen,

– Hinweis auf innerdienstliche Hilfsangebote (Einrichtung der Suchtprävention und -hilfe im Schuldienst) und externe Hilfen (Psychosoziale Beratungsstelle, Suchtberatung),

– Aufforderung, eine Beratung aufzusuchen,

– Ankündigung weiterer Konsequenzen bei Fortsetzung der Auffälligkeiten unter Hinweis auf den Stufenplan,

– individuelles Alkoholverbot so lange vor Aufnahme des Dienstes, dass kein Restalkohol im Blut verbleibt.

Das Gespräch wird schriftlich festgehalten und die Gesprächsnotiz der oder dem Betroffenen (in Kopie) übergeben und dem Personaldezernat zugeleitet.

Angestellte müssen mit einer Belehrung und Ermahnung rechnen.

Bei Beamtinnen und Beamten müssen Vorermittlungen gem. § 26 NDO eingeleitet werden, wenn Tatsachen den Verdacht eines Dienstvergehens rechtfertigen.

**Drittes Gespräch:**

Beteiligte:
wie im zweiten Gespräch
zusätzlich: Personaldezernentin oder Personaldezernent (410)

Kommt es wiederum zu suchtmittelbedingten Auffälligkeiten oder der Vernachlässigung von Pflichten und nimmt die oder der Betroffene die angebotene Hilfe nicht in Anspruch, findet ein weiteres Gespräch mit folgenden Inhalten statt:

– Benennen neuer Fakten und Bezugnahme auf Datum und Inhalt der vorangegangenen Gespräche,

– Zusammenhang mit Suchtmittelgebrauch oder süchtigem Verhalten erneut aufzeigen,

– Hinweis auf innerbetriebliche Hilfsangebote (Einrichtung der Suchtprävention und -hilfe im Schuldienst) und externe Hilfen (Psychosoziale Beratungsstelle, Suchtberatung);

– Aufforderung, eine Beratung aufzusuchen und – soweit möglich – den Nachweis zu erbringen, dass eine Beratung stattgefunden hat.

Wenn die oder der Betroffene darlegt, dass das Fehlverhalten auf einer Suchterkrankung beruht, wird sie oder er aufgefordert, sich in eine Suchtberatung bzw. -behandlung zu begeben. Hierfür wird unterstützende Hilfe zugesichert.

Spielt nach Aussagen des oder der Betroffenen eine Suchterkrankung keine Rolle oder liegt nach ihrer oder seiner Aussage eine solche nicht vor, so wird als personal-rechtliche Konsequenz aus dem Fehlverhalten und der gezeigten Auffälligkeit

– das individuelle Alkoholverbot so lange vor Aufnahme des Dienstes, dass kein Restalkohol im Blut verbleibt, wiederholt und

– eine ärztliche Untersuchung angeordnet.

Bei Angestellten wird eine schriftliche Abmahnung angekündigt und eingeleitet.

Bei Beamten werden die disziplinarrechtlichen Maßnahmen wegen eines Dienstvergehens ausgeweitet und fortgeführt oder ggf. eingeleitet.

Das Gespräch wird schriftlich festgehalten und die Gesprächsnotiz der oder dem Betroffenen (in Kopie) übergeben und dem Personaldezernat zugeleitet.

Viertes Gespräch

Beteiligte: wie im vorherigen Gespräch

Tritt die oder der Betroffene nicht in eine angemessene Behandlung ein und kommt es erneut zu suchtmittelbedingten Verletzungen der arbeitsvertraglichen oder dienstrechtlichen Pflichten und nimmt die oder der Betroffene die angebotene Hilfe nicht in Anspruch, findet ein weiteres Gespräch mit folgendem Inhalt statt:

– Benennen neuer Fakten und Bezugnahme auf den Inhalt des dritten Gespräches;

– Zusammenhang zum Suchtmittelmissbrauch oder süchtigem Verhalten herstellen;

– schriftliche Aufforderung, eine Beratungsstelle aufzusuchen und sich unmittelbar in Beratung oder angemessene Behandlung zu begeben, da eine Suchterkrankung nicht ausgeschlossen werden kann; an die Möglichkeit der Unterstützung durch innerbetriebliche Hilfsangebote (Einrichtung der Suchtprävention und -hilfe im Schuldienst) wird erinnert.

Die oder der Betroffene wird noch einmal darauf hingewiesen,

– dass die Dienststelle nicht länger bereit ist, Auffälligkeiten, Fehlverhalten und/oder Minderleistungen hinzunehmen;

– dass die Prognose des Krankheitsverlaufes ohne Behandlung ungünstig ist;

– dass ohne die angemessene Behandlung eine krankheitsbedingte Kündigung bzw. die Einleitung disziplinarischer Schritte mit dem Ziele der Beendigung des Beamtenverhältnisses erfolgen kann.

Liegt nach Auskunft des oder der Betroffenen eine Suchterkrankung nicht vor, werden bei Beamten die genannten dienst- oder disziplinarrechtlichen Maßnahmen eingeleitet bzw. ausgeweitet und fortgesetzt, bei Angestellten wird eine zweite Abmahnung angekündigt und ausgesprochen.

Das Gespräch wird schriftlich festgehalten und die Gesprächsnotiz der oder dem Betroffenen (in Kopie) und dem Personaldezernat zugeleitet.

**Fünftes Gespräch**

Beteiligte: wie im vorherigen Gespräch

Ändert die oder der Betroffene ihr oder sein Verhalten nicht, werden insbesondere die angebotenen Hilfen nicht in Anspruch genommen, kommt es zum letzten Gespräch. Zeichnet sich auch in diesem Gespräch keine Verhaltensänderung ab, leitet die Dienststelle

– bei Angestellten die Kündigung und

– bei Beamten das förmliche Disziplinarverfahren mit dem Ziel der Beendigung des Beamtenverhältnisses ein.

## *4.3 Dienstvereinbarung „Umgang mit Suchtkranken“ eines Landesministeriums*

247

**Dienstvereinbarung zum Umgang mit Suchtgefährdeten und Suchtkranken im Geschäftsbereich des Sozialministeriums Mecklenburg-Vorpommern**

Das Sozialministerium Mecklenburg-Vorpommern und der Hauptpersonalrat schließen zum Umgang mit Suchtgefährdeten und Suchtkranken nach § 66 in Verbindung mit § 70 Abs. 1 Nr. 8 Personalvertretungsgesetz M-V eine zeitlich befristete Dienstvereinbarung. Auf diesem Wege soll die praktische Anwendbarkeit einer Regelung in diesem Bereich festgestellt werden.

### § 1
### Ziel der Dienstvereinbarung

(1) Die Bekämpfung von Alkoholmissbrauch und anderen suchterzeugenden Stoffen sowie die Hilfe für Abhängigkeitserkrankte sind ein wichtiges Anliegen der Fürsorgepflicht.

(2) Die Dienstvereinbarung beabsichtigt:

- die Suchtproblematik schon im Vorstadium arbeits- oder dienstrechtlicher Verfahren anzusprechen.
- den suchtgefährdeten und abhängigen Mitarbeitern zu helfen, aktive Schritte zur Überwindung der Gefährdung und Abhängigkeit sowie der mit der Suchtkrankheit verbundenen existenzbedrohenden Folgen zu unternehmen.
- die Erhaltung bzw. Widerherstellung der Dienst-/Arbeitsfähigkeit zu sichern.
- dem Wegsehen und Bagatellisieren des Umfeldes („Co-Verhalten“) entgegenzuwirken.

Die Dienstanweisung sichert die Gleichbehandlung aller Betroffenen und soll allen Beteiligten eine klare Regelung an die Hand geben. Sie gibt vor, wie bei Alkoholmissbrauch zu verfahren ist und kann sinngemäß bei anderen Suchtkrankheiten Anwendung finden.

(3) Schulungen zur Krankheit Alkoholismus und über andere Suchtkrankheiten sind in geeigneter Weise sicherzustellen.

### § 2
### Vorgehen bei Verdacht von Suchtmittelmissbrauch

(1) Erstes Hilfs- und Kritikgespräch.

Entsteht bei einem unmittelbaren Vorgesetzten Anlass zur Annahme, dass Veränderungen im dienstlichen Verhalten (nachlassende Arbeitsleitung, Fehlzeiten, Auffälligkeiten im Sozialverhalten u. a.) auf Alkoholprobleme oder andere Suchtmittel zurückzuführen sind, führt dieser mit dem Betroffenen ein vertrauliches Gespräch (1. Gespräch). Auf Wunsch des Betroffenen kann an diesem Gespräch

eine Person seines Vertrauens (z.B. Familienangehöriger, Freund, Kollege, Arzt, Personalratsmitglied, Schwerbehindertenvertreter) teilnehmen.
Der Vorgesetzte hat seine konkreten Wahrnehmungen dem Betroffenen gegenüber auszusprechen und ihm mitzuteilen, dass der Genuss von Alkohol oder anderen Suchtmitteln als Ursache für die auffälligen Verhaltensweisen angesehen werden und dies zu arbeits- oder dienstrechtlichen Konsequenzen führen kann.
Über dieses Gespräch wird Stillschweigen bewahrt. Der Vorgesetzt hält lediglich den Zeitpunkt des Gespräches fest.

(2) Zweites Hilfs- und Kritikgespräch.
Ist im Verhalten des Betroffenen nach spätestens einem Monat noch keine positive Veränderung festzustellen, folgt ein weiteres Gespräch **(2. Gespräch)**, auf Wunsch des Betroffenen unter Beteiligung einer Person seines Vertrauens.
Dem Betroffenen wird in diesem Gespräch mitgeteilt, dass bei fortwährenden Auffälligkeiten das Personalreferat vom Sachverhalt in Kenntnis gesetzt wird. Gleichzeitig soll der Betroffene auf Hilfsmöglichkeiten (z.B. Suchberatungsstellen, Selbsthilfegruppen) hingewiesen werden.
Die Gesprächsteilnehmer bewahren Stillschweigen. Der Vorgesetzte notiert den Zeitpunkt des Gespräches und den Hinweis auf Hilfsmöglichkeiten.

(3) Drittes Hilfs- und Kritikgespräch.
Kann nach insgesamt spätestens drei Monaten (gerechnet vom Zeitpunkt des ersten Gesprächs) im Verhalten des Betroffenen noch immer keine positive Veränderung festgestellt werden, oder wird die Inanspruchnahme von Hilfsmöglichkeiten nicht nachgewiesen, informiert der unmittelbare Vorgesetzte das Personalreferat schriftlich. Der Betroffene erhält eine Abschrift.
Das Personalreferat veranlasst ein weiteres Gespräch **(3. Gespräch)** mit dem Personalreferenten, an dem auf Wunsch des Betroffenen auch eine Person seines Vertrauens teilnehmen kann.
Nach dieser Besprechung erhält der betroffene Arbeitnehmer eine schriftliche Ermahnung, in der er aufgefordert wird, sein beanstandetes Verhalten abzustellen, und in der ihm dringend nahegelegt wird, ein Hilfeangebot nachweislich in Anspruch zu nehmen. Für den Falle, dass sich das beanstandete Verhalten nicht binnen spätestens eines Monats spürbar bessert, wird eine Abmahnung angekündigt. Handelt es sich um einen Beamten, wird die Einleitung disziplinarischer Maßnahmen angedroht.
In aller Deutlichkeit werden mögliche arbeits- oder dienstrechtliche Konsequenzen aufgezeigt und angekündigt. Diese können beispielsweise sein:
- Entzug von Leistungszulagen oder dienstlichen Funktionen,
- Unterbrechung des Bewährungsaufstieges,
- Abmahnung,
- Änderungskündigung,
- Kündigung,
- Umsetzung,
- Versetzung,
- Einleitung eines Disziplinarverfahrens.

(4) Viertes Hilfs- und Kritikgespräch.
Hat der betroffene Mitarbeiter binnen spätestens eines weiteren Monats sein Verhalten nicht geändert oder keinen Nachweis über die Inanspruchnahme von Hilfsmöglichkeiten erbracht, führt der Personalreferent mit ihm ein weiteres Gespräch **(4. Gespräch)**, an dem auf Wunsch des Betroffenen auch eine Person seines Vertrauens teilnehmen kann.
Nach dieser Besprechung erhält der betroffene Arbeitnehmer eine Abmahnung mit dem Hinweis, dass beim nächsten Fehlverhalten die Kündigung eingeleitet wird. Handelt es sich um einen Beamten, werden ihm unter Angabe der Gründe disziplinarische Vorermittlungen und gegebenenfalls auch die Einleitung eines Verfahren zur Feststellung der Dienstunfähigkeit angekündigt.
In jedem Fall wird der Betroffene erneut schriftlich aufgefordert, Hilfsangebote in Anspruch zu nehmen.

(5) Bleibt die Abmahnung bzw. die Ankündigung von disziplinarischen Maßnahmen wirkungslos, hat das Personalreferat unverzüglich die Kündigung bzw. die Einleitung disziplinarischer Vorermittlungen zu prüfen und ggf. zu veranlassen.

## § 3
## Vorgehen bei Rückfall nach erfolgter oder abgebrochener Therapie

Fällt der Mitarbeiter am Arbeitsplatz wieder wegen Suchtmittelmissbrauch auf, so hat der Vorgesetzte das Personalreferat zu informieren. Durch den Personalreferenten wird ein Gespräch mit dem Betroffenen geführt, mit dem Ziel, ihn zur erneuten Therapie zu bewegen. Auf Wunsch des Betroffenen kann daran auch eine Person seines Vertrauens teilnehmen. Dem Arbeitnehmer werden in einer schriftlichen Abmahnung durch das Personalreferat arbeitsrechtliche Konsequenzen angedroht mit dem Hinweis, dass er bisher nicht ausreichend zu Heilung beigetragen hat. Bei Beamten wird entsprechend verfahren.
Im weiteren wird nach § 2 Abs. 4 ff. vorgegangen.

## § 4
## Eingreifen der nächsthöheren Vorgesetzten

Für den Fall, dass der unmittelbare Vorgesetzte nicht tätig wird, sind die nächsthöheren Vorgesetzten berechtigt, entsprechend der Dienstvereinbarung vorzugehen.

## § 5
## Personalakte

Die schriftlichen Unterlagen, die im Zusammenhang mit der Suchtgefährdung/-erkrankung eines Mitarbeiters anfallen, unterliegen nicht der allgemeinen Akteneinsicht und werden daher als „Vertrauliche Personalsache" gekennzeichnet.
Es gelten die Richtlinien über die Führung von Personalakten (Verwaltungsvorschrift zu §§ 100 bis 107 Landesbeamtengesetz, Amtsbl. M-V 1994, S. 1066) in der jeweils gültigen Fassung.
Es wird insbesondere auf Ziffer 1.9 g) der Richtlinie verwiesen.

§ 6
**Geltungsbereich**

Die Dienstvereinbarung gilt für den gesamten Geschäftsbereich des Sozialministeriums Mecklenburg-Vorpommern.

§ 7
**Geltungsdauer**

(1) Die Dienstvereinbarung tritt mit der Unterzeichnung in Kraft und ist befristet bis zum 31. 12. 1999. Die Nachwirkung der Dienstvereinbarung wird ausgeschlossen.

(2) Die Dienststelle und der Hauptpersonalrat verpflichtet sich, nach Ablauf der Geltungsdauer die Erfahrungen mit dieser Dienstvereinbarung auszuwerten und auf dieser Basis in Verhandlungen mit dem Ziel einzutreten, innerhalb von sechs Monaten eine unbefristete Dienstvereinbarung abzuschließen.
Während dieser Zeit gelten die Regelung dieser Dienstvereinbarung – unbeschadet des Ausschlusses der Nachwirkung gem. § 7 Abs. 1 – weiter.

(3) Die Dienstvereinbarung ist allen Beschäftigten zugänglich zu machen.

Schwerin, den 5. 5. 1998
*(Anm. d. Verf.: Diese Dienstvereinbarung ist nach Ablauf und Auswertung der bis dahin gewonnenen Erfahrungen ohne wesentliche Änderung erneut abgeschlossen worden und ist derzeit somit Handlungsgrundlage bei suchtbedingten Erkrankungen bzw. entsprechendem Fehlverhalten)*

## *4.4 Betriebsvereinbarungen „Alkoholverbot“*

Da es ein generelles gesetzliches Alkoholverbot in den Betrieben und Verwaltungen nicht gibt, kann ein Alkoholverbot vom Arbeitgeber nur aufgrund einer Betriebsvereinbarung/Dienstvereinbarung oder einer Betriebs- bzw. Dienstanweisung durchgesetzt werden. Gesetzliche Verbote bzw. Beschränkungen gibt es lediglich durch § 31 Jugendarbeitsschutzgesetz (Verkaufsverbot von alkoholischen Getränken an Jugendliche unter 16 Jahren und kein Branntwein an Jugendliche über 16 Jahren – ab 18. Lebensjahr Erwachsener), in bestimmten gewerbliche Bereichen z. B. Bergbau und bei der Teilnahme am Straßenverkehr gem. § 24 a Straßenverkehrsgesetz (z. Zt. ab 0,5 ‰ Blutalkoholkonzentration). *248*

Nach § 38 Abs. 1 der Unfallverhütungsvorschrift „Allgemeine Vorschriften“ – VBG 1 – darf sich ein Arbeitnehmer nicht in einen Zustand versetzen, durch den er sich selbst oder andere gefährden kann. Auch diese Vorschrift enthält kein absolutes Alkoholverbot sondern ist lediglich eine Warnung vor einer Überschreitung des noch zu tolerierenden Maßes. Da diese Grenze aber sehr fließend und vom einzelnen Arbeitnehmer und

Vorgesetzten nicht oder kaum zu kontrollieren ist, besteht in sogen. gefahrgeneigten Berufen bzw. bei diesen Tätigkeiten die Möglichkeit, ein absolutes Alkoholverbot zu erlassen. Dieses Alkoholverbot kann der Arbeitgeber bereits im Arbeitsvertrag festschreiben, im Rahmen seines Direktionsrechts anordnen oder per Betriebsvereinbarung einführen. Es erleichtert den Arbeitnehmern die Entscheidung über das Maß des Trinkens (nämlich 0 ‰), schützt sie dadurch vor möglichen Unfallgefahren bzw. arbeitsrechtlichen Maßnahmen bei einer „Grenzüberschreitung" und den Vorgesetzten bei der Dienstaufsicht die Feststellung der Arbeitsfähigkeit.

Nachstehend sind sowohl eine Betriebsvereinbarung gem. § 38 VBG 1/§ 87 Abs. 1 BetrVG für Arbeitnehmer als auch die Dienstvereinbarung einer Kommune, die Arbeitnehmer und Beamte erfasst, abgedruckt:

**Betriebsvereinbarung Alkoholverbot**
**gemäß § 38 Unfallverhütungsvorschriften und § 87 Abs. 1 Nr. BetrVG**

Zwischen der Geschäftsleitung des Unternehmens und dem Betriebsrat wird folgende Betriebsvereinbarung geschlossen:

### § 1 Geltungsbereich

Diese Betriebsvereinbarung gilt für alle Arbeitnehmer des Betriebes einschließlich der Auszubildenden.

### § 2 Ziele

Ziel dieser Betriebsvereinbarung ist es,

- allen Beteiligten eine Richtlinie zu vermitteln,
- die Gleichbehandlung sämtlicher Mitarbeiter sicherzustellen,
- die Arbeitssicherheit zu erhöhen,
- den Gesundheitszustand der Mitarbeiter zu erhalten und das Risiko für Alkoholgefährdete zu verringern,
- das Image des Unternehmens zu sichern.

### § 3 Alkoholverbot

Arbeitnehmer dürfen sich während der Arbeitszeit und der Pausen durch Alkoholgenuss nicht in einen Zustand versetzen, durch den sie sich selbst oder andere gefährden und dem Ruf des Unternehmens schaden können. Innerhalb des Betriebs ist der Genuss alkoholischer Getränke wegen der davon ausgehenden Gefahren für Sicherheit und Gesundheit untersagt. Aus diesem Grund ist das Mitbringen und Verkaufen bzw. Ausschenken alkoholischer Getränke an Betriebsangehörige verboten.

**§ 4 Maßnahmen des Arbeitgebers**

Aus der Fürsorgepflicht des Unternehmens und zur Sicherstellung eines ordnungsgemäßen Betriebsablaufs hat der jeweilige Vorgesetzte zum Schutz des Betroffenen oder auch der Kollegen solche Arbeitnehmer, die unter Alkoholeinfluss stehen, von ihrem Arbeitsplatz zu verweisen. Der Betriebsrat ist vor der Durchführung dieser Maßnahme zu informieren.

Mitarbeiter, die wegen zu starker Alkoholeinwirkung nicht mehr weiterbeschäftigt werden können, werden auf ihre Kosten nach Hause befördert.

**§ 5 Sanktionen**

Unter Einfluss von Alkohol stehenden Mitarbeitern kann wegen Verstoßes gegen diese Betriebsvereinbarung eine Abmahnung erteilt werden, die zu den Personalakten genommen wird. Im Wiederholungsfall oder in besonders schweren Fällen kann das Arbeitsverhältnis fristgerecht oder fristlos gekündigt werden.

**§ 6 Entgeltzahlung**

Für die Zeit des alkoholbedingten Arbeitsausfalles wird kein Arbeitsentgelt gezahlt.

**§ 7 Information**

Die Arbeitnehmer sind in regelmäßigen Abständen über die Gefahren und Folgen von Alkoholkonsum in geeigneter Weise aufzuklären. Zustand versetzen, durch den sie sich selbst oder andere gefährden und dem Ruf des Unternehmens schaden können.

**§ 8 Inkrafttreten**

Diese Betriebsvereinbarung tritt mit Wirkung vom in Kraft und kann erstmals zum mit einer Frist von zum Ende eines Kalendermonats gekündigt werden.

______________________________

Ort, Datum

______________________________________________________________

Unterschrift Geschäftsführung Unterschrift Betriebsrat

Nachstehend die Dienstvereinbarung der Stadt Flensburg zum Alkoholverbot: *249*

**„Verstöße gegen das Alkoholverbot"**

Der Oberbürgermeister und der Gesamtpersonalrat der Stadt Flensburg schließen gem. AGA der Stadt Flensburg folgende Dienstvereinbarung bei Verstößen der Beschäftigten gegen das Alkoholverbot und bei Verdacht auf Alkoholabhängigkeit.

*Präambel*

Die Dienstvereinbarung zeigt auf, wie im Regelfall verfahren wird, wenn es zu Alkoholverfehlungen vor (mit Auswirkungen auf den Dienst) oder im Dienst kommt. Sie will aber nicht nur die darauf folgenden Konsequenzen für die betroffenen Beschäftigten verdeutlichen. Es ist auch ihr Anliegen, dass betroffene Beschäftigte sich mit ihrem Problem an die Vorgesetzten oder andere Personen ihres Vertrauens wenden, damit mit Unterstützung des Amtes rechtzeitig die erforderlichen Maßnahmen eingeleitet werden können.

Die Vereinbarung will aber auch die Vorgesetzten auf ihre Verantwortung und Fürsorgepflicht hinweisen, bei begründeter Vermutung einer Alkoholabhängigkeit initiativ zu werden. Es gilt als wissenschaftlich erwiesen, dass Alkoholabhängigen kein Dienst erwiesen wird, wenn ihre Krankheit mit dem „Mantel des Schweigens" zugedeckt wird.
Alkoholabhängigkeit ist eine Krankheit und bedarf der Behandlung!

**§ 1 Alkoholverbot**

1.1 Beschäftigten der Stadt Flensburg ist im Dienst und mit Auswirkungen auf den Dienst der Genuss von alkoholischen Getränken (in jeder Art und Menge) wegen der davon ausgehenden Gefahr für Sicherheit und Gesundheit untersagt.

2.1 Die Vorgesetzten sind verpflichtet, begründeten Verdachtsmomenten nachzugehen und ihre Feststellungen auf dem Dienstwege der Fachbereichsleitung mitzuteilen.

2.2 Beschäftigte, die erstmalig gegen das Verbot verstoßen haben, sind von den Vorgesetzten zu ermahnen und auf mögliche Folgen des Verstoßes hinzuweisen.

2.3 Beschäftigte, die erneut gegen das Verbot verstoßen haben, werden von den nächsthöheren Vorgesetzten – auf Wunsch in Anwesenheit eines Mitgliedes des Personalrates, einer Ansprechpartnerin/eines Ansprechpartners im Sinne dieser Dienstvereinbarung oder einer Person des Vertrauens – ermahnt. Falls von den Beschäftigten oder den zuständigen Vorgesetzten gewünscht, kann auch die Leitung des Personalamtes hinzugezogen werden. Der Inhalt dieses Gespräches ist schriftlich festzuhalten, den Betroffenen zur Kenntnis zu geben und von ihnen gegenzuzeichnen. Die Gegenzeichnung nimmt den Beschäftigten nicht die Möglichkeit, ggf. zum Inhalt des Gespräches schriftlich Stellung zu nehmen. Den Beschäftigten ist ein Abdruck des Protokolls gegen Empfangsbestätigung auszuhändigen.

2.4 Falls in den nachfolgenden drei Jahren seit dem Gespräch weitere Verstöße nicht bekannt werden, ist das Protokoll im Beisein der Beschäftigten aus der Personalakte zu entfernen und zu vernichten.

2.5 In einem zweiten Wiederholungsfall innerhalb von drei Jahren seit dem Gespräch nach 2.3 wird mit den Beschäftigten ein erneutes Personalführungsgespräch mit der Abteilungsleitung und den nächst höheren Vorgesetzten – auf Wunsch in Anwesenheit eines Mitgliedes des Personalrates, einer Ansprechpartnerin, eines Ansprechpartners im Sinne dieser Dienstvereinbarung oder einer anderen Person des Vertrauens – geführt. Falls von den Beschäftigten oder den Vorgesetzten gewünscht, kann auch die Leitung des Personalamtes hinzugezogen werden. Der Inhalt des Gespräches ist schriftlich festzuhalten, den Beschäftigten zur Kenntnis zu geben und von ihnen gegenzuzeichnen. Die Gegenzeichnung nimmt den Beschäftigten nicht die Möglichkeit, zum Inhalt schriftlich Stellung zu nehmen. Den Beschäftigten wird eröffnet, dass das Protokoll anschließend mit dem Protokoll des ersten Gespräches dem Personalamt zugeleitet wird, das über weitere arbeits- und disziplinarrechtliche Konsequenzen entscheidet. Den Beschäftigten ist ein Abdruck des Protokolls gegen Empfangsbestätigung auszuhändigen.

2.6 In einem dritten Wiederholungsfall innerhalb von drei Jahren seit dem Gespräch nach 2.5 mit den Beschäftigten wird von der Amtsleitung und den nächst höheren Vorgesetzten – auf Wunsch in Anwesenheit eines Mitgliedes des Personalrates, einer/s Ansprechpartnerin/s im Sinne dieser Dienstvereinbarung oder einer anderen Person des Vertrauens – ein Gespräch mit den Beschäftigten geführt. Der Inhalt des Gespräches ist schriftlich festzuhalten, den Beschäftigten zur Kenntnis zu geben und von ihnen gegenzuzeichnen. Die Gegenzeichnung nimmt den Beschäftigten nicht die Möglichkeit, zum Inhalt schriftlich Stellung zu nehmen. Das Protokoll ist anschließend dem Personalamt zuzuleiten mit dem Ziel, das Kündigungs- bzw. förmliche Disziplinarverfahren einzuleiten. Den Beschäftigten ist ein Abdruck des Protokolls gegen Empfangsbestätigung auszuhändigen.

2.7 Die vorstehenden Regelungen gelten dann nicht, wenn (auch beim erstmaligen Verstoß) weitergehende Maßnahmen – wie (außerordentliche) Kündigung bzw. Einleitung eines Disziplinarverfahrens – erforderlich sind.

## § 3 Verfahren bei Verdacht auf Alkoholgefährdung

3.1 Entsteht bei den Vorgesetzten aufgrund dienstlicher Feststellungen der Eindruck, dass Beschäftigte alkoholgefährdet bzw. -krank sein könnten, so haben sie vor weiteren Maßnahmen grundsätzlich eine Vertrauensperson zu folgenden Fragen zu hören:

- Haben die Beschäftigten bereits Kontakt zu einer solchen Person?
- Wer ist diese Person?
- Welche Maßnahmen zur Rehabilitation wurden eingeleitet bzw. sind beabsichtigt?
- Werden die getroffenen und beabsichtigten Maßnahmen von dieser Person für ausreichend gehalten?

Weitere Auskünfte bleiben im Einvernehmen mit dem Personalamt unbenommen.

3.2 Kann im Rahmen eines Personalführungsgespräches bei den Vorgesetzten der Eindruck der Alkoholabhängigkeit bzw. -krankheit der Beschäftigten nicht ausgeräumt werden, so haben die Vorgesetzten über deren nächsthöheren Vorgesetzten die Fachbereichsleitung zu unterrichten. Diese entscheidet, ob die Beschäftigten aufzufordern sind, sich einer amtsärztlichen Untersuchung zu unterziehen.

3.3 Räumen die Beschäftigten in dem Personalgespräch eine Alkoholabhängigkeit ein, so hat die Leitung sie aufzufordern, sich einer Behandlung (z. B. Teilnahme an einer Selbsthilfegruppe, Eigeninitiative, Entziehungskur) zu unterziehen. Ihnen ist ferner aufzugeben, geeignete Schritte zur Überwindung des Alkoholproblems innerhalb eine bestimmten Frist einzuleiten. Die Beschäftigten sind darauf hinzuweisen, dass es zur außerordentlichen Kündigung bzw. Einleitung eines förmlichen Disziplinarverfahrens kommen kann, wenn sie keine Maßnahmen ergreifen, die eine Rehabilitation zum Ziele hat. Sie haben über die eingeleiteten Maßnahmen und deren Ergebnis zu berichten. Der Inhalt des Gesprächs ist schriftlich festzuhalten, den Beschäftigten zur Kenntnis zu geben und von ihnen zu unterzeichnen. Die Gegenzeichnung nimmt den Beschäftigten nicht die Möglichkeit zum Inhalt schriftlich Stellung zu nehmen. Den Beschäftigten ist ein Abdruck des Protokolls gegen Empfangsbestätigung auszuhändigen.

Die Vorgesetzten und die Person des Vertrauens bleiben aufgefordert, im Rahmen der Hilfe zur Selbsthilfe den Beschäftigten Fachleute zur Lösung des Alkoholproblems zu vermitteln.

3.4 Kommen die Beschäftigten der Aufforderung – sich einer Behandlung zu unterziehen, nicht nach oder unterlassen sie es, die Abteilungsleitung zu unterrichten oder bleiben die eingeleiteten Maßnahmen ohne Erfolg, so ist in sinngemäßer Anwendung nach § 2 zu verfahren.

4. Bewerbungen von ehemaligen Beschäftigten, die gem. § 3.3 Nr. 6 ihren Arbeitsplatz

verloren haben, werden nach erfolgreicher Behandlung wohlwollend geprüft.

5. Die Mitbestimmungsrechte des Personalrates nach § 51 MBG werden hierdurch nichtberührt.

6. Diese Dienstvereinbarung ist den Beschäftigten gegen Unterschrift einmal im Jahr bekannt zu geben.

7. Diese Dienstvereinbarung tritt mit Wirkung vom ________ in Kraft. Sie wird auf unbestimmte Zeit geschlossen und kann von beiden Seiten mit einer Frist von sechs Monaten zum Jahresende gekündigt werden. Sie bleibt solange in Kraft, bis eine andere abgeschlossen worden ist oder sich die Beteiligten darüber einig sind, dass sie entbehrlich ist. Sie kann auch jederzeit einvernehmlich geändert bzw. ergänzt werden.

Flensburg, den

Oberbürgermeister                Gesamtpersonalratsvorsitzende

## *4.5 Konzernbetriebsvereinbarung Deutsche Bahn AG*

Für den Bereich der Deutschen Bahn AG ist seit Ende 1998 eine „Konzernbetriebsvereinbarung zum Suchtmittelverbot, zum Umgang mit Suchtmittelgefährdung und -abhängigkeit im Unternehmen vereinbart worden. *250*

Diese Vereinbarung gliedert sich in zwei wesentliche Abschnitte:

1. allgemeine Hinweise zum Geltungsbereich, dem absoluten Suchtmittelverbot sowie der Ahndung von Verstößen gegen das Verbot und
2. betriebliche Hilfen und Fürsorgemaßnahmen zum Umgang mit suchtgefährdeten bzw. -abhängigen Mitarbeiter.

Die der Deutschen Bahn AG zur Dienstleistung zugewiesenen Beamten sind in diese Regelung einbezogen:

**Konzernbetriebsvereinbarung**
**zum Suchtmittelverbot, zum Umgang mit Suchtmittelgefährdung und -abhängigkeit im Unternehmen**

**Präambel**

Alkohol gilt heute als „Volksdroge Nr. 1“. Der Missbrauch von Alkohol, Medikamenten und illegalen Drogen (im folgenden „Suchtmittel“) verursacht in erheblichem Maße im Arbeits- wie im Privatleben vermeidbare Gefahren und Kosten für Betroffene und Dritte.

Suchtkranke sollen vorrangig die Möglichkeit der Hilfestellung erhalten. Diesbezüglich bietet der DB-Konzern im Rahmen des Gesundheitsbündnisses Suchtkrankenbetreuung aus den Gesundheitszentren heraus an und stellt damit eine koordinierte, allen Beteiligten gerecht werdende Vorgehensweise sicher.
Konzernleitung und Konzernbetriebsrat stimmen darin überein, dass insbesondere im Eisenbahnbetrieb Verstöße gegen das Suchtmittelverbot nicht hinnehmbar sind und daher zur Einhaltung des Suchtmittelverbotes alle Möglichkeiten auszuschöpfen sind.
Vorgesetzte haben dafür zu sorgen, dass diese Betriebsvereinbarung eingehalten wird. Sie tragen auch die Verantwortung, wenn sie untätig bleiben.
Zwischen DB AG und KBR wird gemäß § 87 Abs. 1 Ziff. 1 BetrVG in Ausgestaltung der vorstehenden Grundsätze und des § 15 RPTV die nachfolgende Betriebsvereinbarung geschlossen:

**§ 1 Geltungsbereich**

Diese Betriebsvereinbarung gilt für alle Beschäftigten des DB-Konzerns im Sinne von § 5 Abs. 1 BetrVG, auch für die zugewiesenen Beamten, soweit beamtenrechtliche Bestimmungen dem nicht entgegenstehen.

**§ 2 Zielsetzung**

Ziel dieser Vereinbarung ist es, dem Missbrauch von Suchtmitteln entgegenzuwirken um insbesondere

- die Arbeits- und Betriebssicherheit zu erhöhen
- die Gesundheit der Beschäftigten zu erhalten bzw. wieder herzustellen
- alle Beschäftigte über mögliche Gefahren und Folgen des Suchtmittelkonsums aufzuklären
- Vorgesetzten Hilfestellung bei der Suchtproblembewältigung durch eine verbindliche Handlungsanweisung zu geben und Betroffenen ein rechtzeitiges Hilfeangebot zu unterbreiten
- fahrlässige oder vorsätzliche Verstöße gegen das Suchtmittelverbot zu sanktionieren

Im Rahmen der Gesundheitsförderung werden die Beschäftigten auch bei anderen Suchterkrankungen, wie z.B. Brech- und Magersucht, Spielsucht, Arbeits- oder Nikotinsucht u.a. beraten und auf Hilfsangebote hingewiesen.

### § 3 Absolutes Suchtmittelverbot

Aufgrund § 15 RPTV, § 14 ADAzB, § 38 GUV 0.1 und § 48 EBO ist es allen Beschäftigten untersagt, sich in einen Zustand zu versetzen, der die Erfüllung ihrer Pflichten beeinträchtigen sowie die Arbeits- und Betriebssicherheit gefährden kann.

Der Missbrauch von Alkohol, Medikamenten und illegalen Drogen verursacht in erheblichem Maße vermeidbare Gefahren für Betroffene und Dritte. Deswegen gibt es bei der Bahn seit langem ein konsequentes Verbot von Alkohol und anderen Suchtmitteln.

Mitbringen, Handel und Genuss von Alkohol und anderen Suchtmitteln während der Arbeitszeit und in den Arbeitspausen ist verboten. Unter Einfluss von Suchtmitteln ist das Betreten des Betriebes und die Arbeitsaufnahme untersagt.

Für die Einhaltung dieses Verbots ist der Vorgesetzte verantwortlich. Schuldhafte Verstöße gegen das Verbot führen zu arbeitsrechtlichen Konsequenzen bis hin zur Kündigung, zugewiesene Beamte unterliegen den disziplinarrechtlichen Bestimmungen.

Besteht begründeter Verdacht, dass der Beschäftigte zum Arbeitsbeginn oder während der Arbeitszeit unter Suchtmitteleinfluss steht, ist er umgehend von der Arbeit freizustellen. Es ist dafür zu sorgen, dass der Beschäftigte sicher nach Hause kommt. Für die Folgen nicht erbrachter Arbeitsleistung gelten die tarifrechtlichen Bestimmungen. Der Beschäftigte hat die Möglichkeit, den Verdacht des Suchtmittelmissbrauches z. B durch eine Atem-Alkoholkontrolle zu entkräften.

Zusätzlich zu diesem bestehenden Alkoholverbot wird ein generelles Verkaufs- und Ausschankverbot für alkoholische Getränke in den Mitarbeiterrestaurants des Konzerns ausgesprochen. Ausnahmen sind wegen der damit verbundenen Schwierigkeiten bei der Überwachung und der negativen Vorbildwirkung restriktiv zu handhaben.

Ausnahmen von diesem Ausschankverbot sind nur zugelassen bei Sonderveranstaltungen, wie

- Geschäftsempfänge und -essen in einem abgegrenzten Kreis bzw. mit externen Gästen

– Privatfeiern in Räumen der Mitarbeiterrestaurants außerhalb der Arbeitszeit Auch die Gäste dürfen sich nicht im Dienst befinden.

Die Geschäftsempfänge können nur von Bereichsvorständen und Mitgliedern der Ebene direkt unterhalb des Vorstandes genehmigt werden.

In jedem Fall müssen die Veranstaltungen in abgeschlossenen Räumen und in geschlossener Gesellschaft durchgeführt werden, ausgenommen sind hiervon nur Großveranstaltungen, wie Tag der offenen Tür, Hoffeste u. a.

## § 4 Betriebliche Hilfen und Maßnahmen bei Suchtmittelmissbrauch

### (1) Prävention und Früherkennung

Die für alle Beteiligten effizienteste Möglichkeit, suchtmittelbedingte Probleme im Unternehmen auszuschließen, ist die Verhinderung der Problementstehung und das frühzeitige Erkennen von Suchtgefährdung.
Das Unternehmen verpflichtet sich daher, folgende Präventivmaßnahmen anzubieten:

- Aufklärung über Suchtmittelmissbrauch und -abhängigkeit und deren körperliche, psychische, soziale, arbeits- und dienstrechtliche Folgen
- Aufklärung über haftungs- und strafrechtliche Folgen bei der Gefährdung der Sicherheit von Reisenden und Gütern sowie anderer Beschäftigter
- systematische Schulung und Beratung von Vorgesetzten und besonders bestellten Vertrauensleuten aus der Gruppe der Sicherheitsbeauftragten, Betriebs-/Personalräten, Schwerbehinderten- und Auszubildendenvertreter zu frühzeitigem Erkennen von Suchtmittelmissbrauch, seinen Folgen, dem Verhalten Süchtiger und angemessenem Reagieren auf Suchtmittelprobleme ihrer Beschäftigten
- besonderes Augenmerk auf Anzeichen für Suchtmittelmissbrauch bei Einstellungs- und Wiederholungsuntersuchungen (u. a. routinemäßiges Drogenscreening)
- Förderung der betrieblichen Selbsthilfe durch Unterstützung der Selbsthilfegruppen und betrieblichen Suchthelfer. Letztere unterstützen auch die Führungskräfte in ihren vorbeugenden Aufgaben.

Das Unternehmen wird Maßnahmen zu einem wirksamen Nichtraucherschutz ergreifen. Näheres regelt eine noch zu vereinbarende Konzernbetriebsvereinbarung.

### (2) Intervention und Rehabilitation

Alle Beschäftigten sind angehalten, bei Auffälligkeit in der Leistung und/oder im Verhalten von Mitarbeiterinnen und Mitarbeitern, die ihre Ursache in Suchtmittelmissbrauch vermuten lassen, auf die Möglichkeit einer betrieblichen Beratung hinzuweisen. Alle Beschäftigten, insbesondere Vorgesetzte, stehen in der Mitverantwortung und tragen im Falle einer Sicherheitsgefährdung Mitverschulden.

Betroffene oder Personen aus deren privatem Umfeld können jederzeit auf eigenen Wunsch die betriebliche Beratung in Anspruch nehmen. Ansprechpartner in den Gesundheitszentren hierfür sind die Sozialarbeiter, Ärzte des Betriebsärztlichen Dienstes (BäD), Psychologen und ggf. betriebliche Suchtkrankenhelfer. Besteht der begründete Verdacht einer Suchtmittelabhängigkeit oder -erkrankung, ist folgender Maßnahmenkatalog vorgesehen:

**1. Stufe**

Der Vorgesetzte führt mit dem Beschäftigten ein vertrauliches, abteilungsinternes Gespräch ggf. nach Beratung mit dem BäD. Auf Wunsch des Beschäftigten ist der Betriebs-/Personalrat zu beteiligen. Bei Beschäftigten im Betriebsdienst ist in Zusammenarbeit mit der Personalabteilung der BäD hinzuzuziehen, der über die Tauglichkeit zu befinden hat.
Dem Beschäftigten werden die arbeitsvertraglichen/dienstrechtlichen Verfehlungen dargelegt (Unpünktlichkeit, unentschuldigte Kurzfehlzeiten, Unzuverlässigkeit, starke Leistungsschwankungen, Störung des Arbeitsfriedens usw.). Dem Beschäftigten wird eröffnet, dass eine Suchtmittelabhängigkeit vermutet und das negative Leistungsverhalten hierauf zurückgeführt wird.
**Vorgehensweise:** Aufforderung, arbeitsvertragliche/dienstrechtliche Pflichten ordnungsgemäß zu erfüllen; Hinweis auf bestehendes Suchtmittelverbot und Beeinträchtigung der Arbeitssicherheit sowie mögliche arbeits-/disziplinarrechtliche Konsequenzen.
Er/sie informiert außerdem über betriebliche Beratungs- und Hilfsangebote, bietet Informationsmaterial zum Thema Abhängigkeit an und legt die Inanspruchnahme einer Beratungs-, Hilfsmaßnahme nahe. Er weist auf die nächsten Maßnahmeschritte hin, falls der Beschäftigte sein Verhalten nicht ändert und kündigt die Fortführung des Konfliktgesprächs für den Fall an, dass es erneut zu suchtbedingten Beeinträchtigungen der arbeitsvertraglichen/dienstrechtlichen Pflichten kommt.
Verstärkt sich im Folgenden der Verdacht der Suchtmittelabhängigkeit und treten weiterhin Verletzungen der arbeitsvertraglichen/dienstrechtlichen Pflichten auf, so werden dem Beschäftigten unverzüglich die Mängel dargelegt und die 1. Abmahnung angedroht.

**Besonderheiten bei Beschäftigten im Betriebsdienst:**

Der Verbleib auf dem Arbeitsplatz ist von der Tauglichkeitsfeststellung abhängig. Ist die Tauglichkeit nach betriebsärztlicher Feststellung aufgrund einer Suchtmittelerkrankung nicht mehr gegeben, so ist sofort eine Behandlung/Therapie zur Auflage zu machen. Der Beschäftigte erhält den Hinweis, dass die Kündigung des Arbeitsverhältnisses bzw. die disziplinarische Ahndung beabsichtigt ist, falls die Therapie nicht unverzüglich angetreten und die Pflichten aus dem Arbeits-/Dienstverhältnis nicht ordnungsgemäß erfüllt werden. Die Stufen 2 und 3 werden übersprungen.

**2. Stufe**

Ist in der Folgezeit keine Veränderung im Verhalten des Beschäftigten festzustellen und kommt es erneut zu Verletzungen der arbeitsvertraglichen/dienstrechtlichen Pflichten in Folge des Suchtmittelmissbrauches, veranlasst der Vorgesetzte ein weiteres Gespräch mit folgenden Teilnehmern: Vorgesetzter, Beschäftigter, Personalabteilung, BäD/Psychologe/Sozialarbeiter, Betriebs-/Personalrat und auf Wunsch des Beschäftigten Schwerbehinderten-/Auszubildendenvertreter und ggf. Suchtkrankenhelfer. BäD/Psychologe/Sozialarbeiter und ggf. Suchtkrankenhelfer beraten auf Grund des Gespräches das Vorliegen einer Abhängigkeit oder Gefährdung und empfehlen das weitere Vorgehen.
**Vorgehensweise:** Ankündigung der 1. Abmahnung bzw. der 1. Verwarnung im Wiederholungsfall. Aufforderung, die betriebliche Sozialberatung im Gesundheitszentrum aufzusuchen und Aufforderung der Inanspruchnahme einer Behandlungs-/Therapiemaßnahme bei Abhängigkeit und Gefährdung. Im Wiederholungsfall Ausspruch der 1. Abmahnung bzw. Verwarnung.

**3. Stufe**

Vier Wochen nach dem Gespräch bei der Personalabteilung wird in demselben Teilnehmerkreis der Stufe 2 ein weiteres Gespräch geführt, um festzustellen, inwieweit der Beschäftigte die empfohlenen Hilfsmaßnahmen in Anspruch genommen hat.
Hat der Beschäftigte die empfohlenen Hilfen nicht angenommen und werden durch den vermuteten Suchtmittelmissbrauch die arbeitsvertraglichen/dienstrechtlichen Pflichten weiterhin beeinträchtigt, wird mit dem Beschäftigten ggf. unter Einbeziehung des privaten Umfeldes ein „Konfliktgespräch“ geführt.
**Vorgehensweise:** Die Personalabteilung veranlasst die Vorstellung während der Regelarbeitszeit des Beschäftigten beim Gesundheitszentrum (Bad/Psycholog. Dienst/Sozialberatung) zur Abklärung der Diagnose und Therapieempfehlung.
Ist der Beschäftigte nicht suchtmittelabhängig, so erfolgt die 2. Abmahnung wegen mehrmaligen Suchtmittelmissbrauchs.
Wird die Diagnose „Suchtmittelabhängigkeit“ gestellt, wird die 2. Verwarnung erteilt und die Teilnahme an einer Behandlung entsprechend der Empfehlung nun zur Auflage gemacht. Dem Beschäftigten wird dargelegt, dass die Kündigung des Arbeitsverhältnisses bzw. Durchführung der disziplinarrechtlichen Maßnahme beabsichtigt ist, wenn die Hilfsmaßnahmen nicht in Anspruch genommen und weiterhin arbeitsvertragliche/dienstrechtliche Pflichten nicht erfüllt werden.

**4. Stufe**

Erfüllt der Beschäftigte weiterhin seine Pflichten aus dem Arbeits-/Dienstverhältnis nicht und erbringt er keinen Nachweis über die zur Auflage gemachte Therapie, so informiert der Vorgesetzte die Personalabteilung.
**Vorgehensweise:** Die Personalabteilung leitet unter Beachtung der Mitbestimmungsrechte des Betriebs-/Personalrates die fristgerechte Kündigung bzw. Dis-

ziplinarmaßnahme ein. Besondere Umstände können die Kündigungsfrist verlängern.
Tritt der Beschäftigte nach Einleitung der Kündigung die geforderte Therapie an, so wird die Kündigung zurückgezogen.
Bricht der Beschäftigte die Therapie entgegen ärztlichen Rates ab, so leitet die Personalabteilung das ordentliche Kündigungsverfahren bzw. die Disziplinarmaßnahme ein.
Ist die Kündigung rechtskräftig, kann nach Abwägung aller Umstände die Zusicherung der **Wiedereinstellung** innerhalb von 12 Monaten gegeben werden. Die Einstellung erfolgt nur, sofern ein ärztliches Gutachten bestätigt, dass der Beschäftigte sich erfolgreich einer Therapiemaßnahme unterzogen hat und nach deren Beendigung mindestens 6 Monate regelmäßig an einer Selbsthilfegruppe teilgenommen hat.
Sind diese Voraussetzungen erfüllt, erhält der/die Betroffene das Angebot für einen zunächst auf 12 Monate befristeten Arbeitsvertrag. Die Zusicherung der Wiedereinstellung begründet lediglich einen Anspruch auf Beschäftigung an einem Arbeitsplatz, dessen Wertigkeit der letzten Eingruppierung entspricht.

### (3) Nachsorge

Unterstützung bei der Wiedereingliederung am Arbeitsplatz nach einer erfolgreich beendeten Therapie ist für einen dauerhaften Behandlungserfolg unerlässlich. Abstinent lebende Suchtkranke werden daher bei der Wiedereingliederung durch die betriebliche Sozialberatung der Gesundheitszentren begleitet.
**Vorgehensweise:**
- Zur Planung der Wiedereingliederung findet vor Wiederaufnahme der Arbeit ein Gespräch mit folgenden Teilnehmern statt. Beschäftigter, Vorgesetzter, Sozialarbeiter, Betriebs-/Personalrat, ggf. Auszubildender-/Schwerbehindertenvertreter und Suchtkrankenhelfer
- Beratungsangebot für den Beschäftigten und sein privates Umfeld durch die betriebliche Sozialberatung in den Gesundheitszentren
- Empfehlung des regelmäßigen Besuchs einer betrieblichen oder externen Selbsthilfegruppe Begutachtung durch den BäD/Psychologischen Dienst/Betr. Sozialberatung vor Wiedereinsatz am Arbeitsplatz, wenn es sich um einen Beschäftigten mit sicherheitsrelevanter Tätigkeit (z. B. Betriebsdienst gemäß EBO) handelt.

### (4) Bewährung

Wird ein Beschäftigter nach einer zunächst erfolgreich abgeschlossenen ambulanten oder stationären Therapie rückfällig, so muss im Einzelfall unter Berücksichtigung der Argumente aller Beteiligten über die Konsequenzen und das weitere Vorgehen entschieden werden. Das Vorgehen orientiert sich an dem vereinbarten Stufenkonzept.
Ein Beschäftigter, der seine Suchtmittelabhängigkeit bewältigt hat und nunmehr in der Lage ist, ein suchtmittelfreies Leben zu führen, verdient Respekt und An-

erkennung. Daher hat er nach Ablauf von 18 Monaten der Bewährung den Anspruch, dass alle Hinweise auf die Abhängigkeit aus der Personalakte entfernt werden.

**§ 5 Dokumentation**

Jeder der in dieser Betriebsvereinbarung beschriebenen Schritte muss von der jeweils verantwortlichen Person dokumentiert werden. Soweit es sich um eine Suchtmittelerkrankung handelt, sind die Unterlagen in verschlossenem Umschlag zur Personalakte zu nehmen. Das Einhalten der einzelnen Schritte gemäß dieser Betriebsvereinbarung muss jedoch unter Wahrung der Vertraulichkeit nachvollziehbar sein.
Die Inhalte der Gespräche unterliegen der Schweigepflicht. Unterlagen hierüber dürfen nur mit ausdrücklicher Einwilligung des Beschäftigten im Rahmen der Therapie weitergegeben werden. Der Schweigepflicht unterliegen neben den Ärzten, Psychologen und Sozialarbeitern auch alle anderen mit Suchtangelegenheiten betrauten Personen.

**§ 6 Geltungsdauer und salvatorische Klausel**

1. Diese KBV kann im gegenseitigen Einvernehmen jederzeit ergänzt oder verändert werden.

2. Eine Kündigung der KBV bedarf der Schriftform und ist mit einer Frist von 3 Monaten zum Jahresende möglich. Sie wirkt bis zum Abschluss einer neuen Vereinbarung nach.

3. Bei Streitigkeiten über die Auslegung und Anwendung der Bestimmungen dieser Konzernbetriebsvereinbarung entscheidet die Einigungsstelle nach § 76 (6) BetrVG, ggf. ist die Schlichtungsstelle gemäß § 76 (8) BetrVG anzurufen.

4. Sollte eine der vorstehend getroffenen Regelungen unwirksam sein, wird die Wirksamkeit der übrigen Bestimmungen nicht betroffen. Die vertragsschließenden Parteien verpflichten sich, die rechtlich unwirksame Regelung in sinnentsprechender Weise durch eine dem verfolgten Zweck am nächsten kommende Regelung zu ersetzen.

5. Diese Betriebsvereinbarung tritt mit der Unterzeichnung in Kraft.

## *4.6 Muster einer Kooperationsvereinbarung*

Die nachfolgend abgedruckte Kooperationsvereinbarung soll als ein Mu- *251*
ster für eine mögliche Übereinkunft eines Betriebes/einer Verwaltung zur Einrichtung und der Unterhaltung eines betrieblichen Suchthilfekonzepts dienen. Diese Vereinbarung soll die Orientierung und die Vergleichsmöglichkeit mit anderen Konzepten und anderen Anbietern erleichtern, ohne dass es eine Präferenz für ein bestimmtes Konzept oder Anbieter bedeuten soll:

## Kooperationsvereinbarung „Betriebliche Suchtkrankenhilfe Lukas-Werk"

## zur Regelung der Zusammenarbeit zwischen betrieblichen Suchtkrankenhelfern und der Lukas-Werk Suchthilfe gGmbH

### Präambel

Die Kooperationspartner verpflichten sich, gemeinsam die Beratung und Behandlung von Alkohol- Medikamenten- illegal Drogenabhängigen und -gefährdeten zu optimieren. Die Vereinbarung dient dazu, die Kooperationsformen festzulegen, um ein fachlich angemessenes, gemeinsames Suchtberatungs- und Behandlungssetting zu erreichen und aufrecht zu erhalten.

### Zielsetzung

Das Ziel unseres speziellen Angebotes ist es, suchtmittelauffällige Mitarbeiter aus den Salzgitteraner Betrieben zu beraten und mit einer Auseinandersetzung über Konsummotive und Konsumverhalten zu einer kritischen Einstellungs- und Verhaltensänderung zu bewegen und nötigenfalls eine längerfristige Beratung oder Behandlung einzuleiten. Dadurch soll vor allem die Erwerbsfähigkeit aufrechterhalten bzw. wiederhergestellt werden und die Einsetzbarkeit und Leistungsfähigkeit am Arbeitsplatz sichergestellt werden. Es geht hier also nicht nur um Suchtmittelabhängigkeit, sondern vor allem auch um Suchtmittelmissbrauch bzw. unkritischer Gebrauch.

### Zielgruppe

Die Zielgruppe besteht aus Betriebsangehörigen, die wegen Verstoß gegen das Alkoholverbot am Arbeitsplatz (auch mit Restalkohol) aufgefallen sind, nach einer abgeschlossenen Therapie rückfällig geworden sind oder bei der betriebs- bzw. amtsärztlichen Untersuchung mit erhöhten Laborparametern aufgefallen sind und ein Einsatz an bestimmten Arbeitsplätzen mit Gefahrenbereichen somit in Frage gestellt wird. Zur Zielgruppe gehören ebenfalls Betriebsangehörige, die sich selbstkritisch ohne äußere Veranlassung an die betrieblichen SuchtkrankenhelferInnen gewandt und um Hilfe und Unterstützung gebeten haben.

### Umsetzung

Eine Zusammenarbeit zwischen den betrieblichen Suchtkrankenhelfern und dem Lukas-Werk erfolgt schon seit vielen Jahren. Die Suchtkrankenhelfer in den Betrieben beraten Betriebsangehörige, die wegen Suchtmittelgebrauch, -missbrauch oder -abhängigkeit auffällig wurden, über Hilfsmöglichkeiten und stellen im Bedarfsfall den Kontakt zum Lukas-Werk her.

**Erstgespräch:** Es hat sich bewährt, dass das Erstgespräch unter Beteiligung des Klienten, des Suchtkrankenhelfers sowie eines Therapeuten des Lukas-Werkes (Dreiergespräch) stattfindet. In diesem Gespräch wird zunächst versucht, die Situation zu beschreiben sowie die Standpunkte der Beteiligten zu klären. Außerdem wird erörtert, welche Bedingungen des Klienten, des Arbeitgebers und des Lukas-Werkes bei der weiteren Hilfeplanung zu berücksichtigen sind.

Von Seiten des Lukas-Werkes werden insbesondere die Angebote der Beratung sowie der ambulanten, teilstationären und stationären Rehabilitation erläutert und die Rahmenbedingungen hierzu vorgestellt. Dazu gehört auch die Unterzeichnung einer Schweigepflichtentbindung durch den Klienten, so dass Suchtkrankenhelfer und das Lukas-Werk autorisiert werden, miteinander in Kontakt zu treten.

Das Erstgespräch wird mit einer konkreten Verabredung zum weiteren Verfahren abgeschlossen. Dies könnte z.B. die Festsetzung eines Zeitraumes sein, in dem sich der Klient für oder gegen eine bestimmte Maßnahme entscheidet. Während dieses Zeitraumes hat der Klient die Möglichkeit, die „Kontaktgruppe" des Lukas-Werkes zu besuchen und sich dort Unterstützung für seinen Entscheidungsprozess zu holen. Parallel können je nach Bedarf zusätzlich Einzelgespräche vereinbart werden.

**Folgegespräch:** Nach Ablauf des festgesetzten Zeitraumes erfolgt ein weiteres Gespräch mit den drei Beteiligten (Klient, Suchtkrankenhelfer, Therapeut). In diesem Gespräch teilt der Klient seine Entscheidung mit.

Für den Fall, dass sich der Klient gegen eine Maßnahme entscheidet, ist der Kontakt zum Lukas-Werk damit zunächst beendet.

Bei unkritischem Suchtmittelgebrauch bzw. Suchtmittelmissbrauch kann die Entscheidung für eine Beratungssequenz fallen, deren Umfang und Zielsetzung konkret verabredet wird. Als Gruppe bieten wir hierzu weiterhin unsere „Kontaktgruppe" an, außerdem können unterstützende Einzelgespräche und Gespräche mit Bezugspersonen stattfinden.

Trifft der Klient die Entscheidung für eine ambulante, teilstationäre oder stationäre Rehabilitationsmaßnahme wird das weitere Vorgehen mit Antragsverfahren an den zuständigen Kostenträger vereinbart. Während des Antragsverfahrens und bis zur Bewilligung der beantragten Maßnahme verbleibt der Klient in der „Kontaktgruppe" und führt nach Bedarf weitere Einzelgespräche. Parallel dazu ist die Einbeziehung von Bezugspersonen oder Angehörigen mit dem Klienten zu vereinbaren.

Treten während der laufenden Beratung oder Behandlung kritische Situationen auf, z.B. ein Rückfall, ist – um den Arbeitsplatz nicht zu gefährden – von der Möglichkeit, ein erneutes Dreiergespräch zu vereinbaren, Gebrauch zu machen.

Durch die Entbindung von der Schweigepflicht haben die Suchtkrankenhelfer und Therapeuten die Möglichkeit, auch außerhalb der Dreiergespräche miteinander in Kontakt zu treten und sich über die Teilnahme an der Maßnahme auszutauschen. Insbesondere soll eine Meldung an den Suchtkrankenhelfer erfolgen, wenn ein planmäßiges Ende der Maßnahme bzw. ein Abbruch durch den Klienten oder der Fachambulanz bevorsteht, erkennbar ist, vermutet wird oder bereits erfolgte.

Sollten über den Medizinischen Dienst eines Betriebes aktuelle Laborparameter über einen von uns betreuten Klienten vorliegen, können uns diese bei Notwendigkeit (z.B. Antragsverfahren) zur Verfügung gestellt werden.

**Betriebsteam**

Einmal monatlich findet auf Einladung der Fachambulanz ein Forum für den Austausch zwischen den betrieblichen Suchtkrankenhelfern und dem Lukas-Werk statt. Hier können fachspezifische Themen angesprochen und diskutiert werden, Betriebsvereinbarungen vorgestellt werden, Veränderungen und Neuerungen in den einzelnen Betrieben oder der Suchthilfeeinrichtungen mitgeteilt werden oder vor allem auch Rat und Unterstützung im Umgang mit suchtmittelauffälligen Mitarbeitern erörtert sowie Vorgehensweisen abgesprochen werden.

**Gültigkeit**

Die Kooperationsvereinbarung „Betriebliche Suchtkrankenhilfe Lukas-Werk" gilt auf unbestimmte Zeit und wurde unter folgenden Beteiligungen erarbeitet und akzeptiert:

*(Beteiligungen aus Gründen des Datenschutzes gelöscht)*

Veränderungen können jederzeit diskutiert und im gegenseitigen Einvernehmen in die Kooperationsvereinbarung aufgenommen werden.

Die Kooperationsvereinbarung kann von jedem Kooperationspartner aus wichtigem Grund jederzeit fristlos gekündigt werden.

## 5. Leitfaden für Vorgesetzte im Umgang mit alkoholkranken Mitarbeitern

*252* Die meisten Dienstvereinbarungen/Betriebsvereinbarungen geben den personalverantwortlichen Führungskräften in Form eines abgestuften und dynamisch aufgebauten Szenarios eine Leitlinie vor, wie sie sich im Fall eines suchtauffälligen Mitarbeiters verhalten sollen und welche Maßnahmen in den jeweiligen Stufen zu ergreifen sind. Diese Leit- und Richtlinien sind sicherlich sehr hilfreich, da sie die Unsicherheit und Hilflosigkeit mancher Führungskräfte angesichts des aktuellen Problems mindern helfen und sie für eine relative Gleichbehandlung mit der Möglichkeit der Einforderbarkeit im Betrieb sorgen.

Diese Handlungsanleitung bleibt aber Stückwerk, wenn nicht gleichzeitig eine intensive Schulung der personalverantwortlichen Führungskräfte erfolgt, die sie zu einer effektiven Gesprächsführung befähigt. Dabei sei den „Haushaltspolitikern" ins Stammbuch geschrieben, dass die Kosten für die Schulung sich in mehrfacher Hinsicht „rechnen" (s. a. Rn. 42 ff.), da eine Sensibilisierung für diese Problematik und eine Anhebung der kommunikativen Kompetenz der Führungskräfte durch eine solche Weiterbildung sich nicht nur auf dem „Suchtsektor", sondern in jeder dienstlichen Situation im Sinne des Dienstherrn/Arbeitgeber auszahlen. Diese

Feststellung ist darauf begründet, dass sich diese Gespräche aus alkoholbedingtem Anlass kaum von denen unterscheiden, die aus anderen Gründen mit Mitarbeitern (Zielvereinbarungsgespräche, Krankenrückkehrgespräche usw.) geführt werden (sollten). Darüber hinaus ist das sich in die Gefühlswelt des jeweiligen Gesprächs- bzw. Verhandlungspartners „einfühlen“ können für das Gesprächsklima und damit für den Gesprächserfolg stets von Vorteil.

Nachfolgend einige „Handreichungen“ für Führungskräfte:

**Wann ist es Zeit für ein Gespräch?**

**1. Veränderungen im Arbeits-/Leistungsverhalten**

- häufiges Fehlen aus unklaren Gründen, oftmals am Wochenanfang
- Entschuldigung oft durch Dritte (Lebenspartner, Freund usw.)
- unentschuldigtes Fernbleiben vom Dienst
- wiederholte Kurzerkrankungen (unter 3 Tagen)
- schwankendes Leistungs- und Durchhaltevermögen
- zunehmende Unfallhäufigkeit
- offensichtliche Unkonzentriertheit
- eingeschränktes Verantwortungsgefühl
- Fehleinschätzung der Realität
- Verlängerte Reaktionszeiten
- mangelnde Sorgfalt – zunehmender Leichtsinn
- kurzfristige Aktivitäten und nachfolgender Leistungsabfall
- erhebliche Verschlechterung der motorischen Geschicklichkeit

**2. Veränderungen in der Persönlichkeit**

- häufig aggressives Benehmen (Störung des Betriebsfriedens)
- Gleichgültigkeit der eigenen Person gegenüber (Vernachlässigung der Körper- und Kleiderpflege)
- Gedächtnislücken
- Zittern der Hände
- Selbstüberschätzung/-unterschätzung
- überangepasstes Verhalten

**3. Auffälligkeiten in direktem Zusammenhang mit Alkholkonsum**

- „Fahne“
- heimliches Trinken
- Anlegen von Alkoholvorrat
- Erfinden von Alibis für ständigen Alkoholkonsum
- Suche nach Trinkgelegenheiten
- zittern und schwitzen, wenn Alkoholkonsum unmöglich
- trinken bereits bei Arbeitsbeginn

- Erleichterungstrinken zum Abbau von Spannungssituationen, die auch während der Arbeitszeit entstanden sein können
- vermeiden von Gesprächen über Alkohol
- oft auch betonte „Abstinenz“ bei normalem, sozialem Alkoholkonsum (z.B. Glas Sekt bei Geburtstagsfeier im Betrieb)

Wenn Sie mehrere dieser Erscheinungen über einen längeren Zeitraum beobachten, sollte dies Anlass für ein ernstes Gespräch mit Ihrem Kollegen oder Ihrer Kollegin sein!

**Leitlinien für das Erstgespräch:**

**Ziele des Erstgesprächs:**

1. Feststellung der negativen Veränderungen im Leistungs- und Verhaltensbereich des Mitarbeiters im Zusammenhang mit wahrnehmbarem Suchtmittelmissbrauch und Konfrontation damit. Ziel: „Ich will den Mitarbeiter mit arbeitsvertraglichen Pflichtverletzungen aus der jüngsten Zeit konfrontieren“
2. Ich will meine Gefühle, meine Betroffenheit dem Mitarbeiter gegenüber deutlich ausdrücken
3. Ich will die daraus entstandenen und noch entstehenden Schwierigkeiten klar und unmissverständlich benennen
4. Ich will meine Hilfe oder Vermittlung von Hilfen zur Bewältigung der Probleme anbieten
5. Ich will den Hinweis auf die Verbindlichkeit des Erstgesprächs im Rahmen der Dienstvereinbarung geben und einen weiteren Termin vereinbaren.

   (Anm. d. Verf: Die vorgenannten Gesprächsziele sind an die Broschüre „Alkohol und Medikamente am Arbeitsplatz“ angelehnt)[279]

**Gesprächsvorbereitung:**

- Achten Sie darauf, dass sich der Betroffene in einer Situation befindet, in der er auch zuhören und die Informationen, die Sie ihm geben, aufnehmen kann.
- Stellen Sie sich darauf ein, dass der Betroffene unter Umständen ungewöhnlich (aggressiv) reagiert, einen Alkoholmissbrauch leugnet und in Ihnen einen Gegner sieht.
- Die Fakten müssen aufbereitet sein: Dazu empfiehlt es sich, die Vorkommnisse und Auffälligkeiten auf dem Hindergrund eigener Wahrnehmungen von Suchtmittelmissbrauch und arbeitsvertraglichen Pflichtverletzungen bzw. Dienstvergehen schriftlich festzuhalten.
- Erarbeiten Sie sich einen „Roten Faden“ für das Gespräch und halten Sie ein paar Optionen bereit (Was antworte ich, wenn ich mit ... konfrontiert werde?)

---

[279] Ziegler, Alkohol und Medikamente am Arbeitsplatz, Deutsche Angestellten Krankenkasse – DAK – (Hrsg.), Hamburg 1996, S. 24

- Zeitpunkt und Ort des Gesprächs sollten so gewählt werden, dass Störquellen wie Telefon u.ä. ausgeschaltet sind, damit die nötige Zeit und Ruhe für dieses Gespräch gewährleistet ist.
- Informieren Sie sich, welche Hilfsmöglichkeiten (Suchthelferkreis, Freie oder betriebliche Träger der Suchtkrankenhilfe, Selbsthilfegruppen z. B. AA o. ä.) Sie aufzeigen können.
- Bereiten Sie einen schriftlichen Vertrag vor, der die gegenseitigen „persönlichen“ Rechte und Pflichten festlegt. Das schafft Verbindlichkeit und Kontrollierbarkeit im Sinne einer „Zielvereinbarung“. (Ich helfe Dir, in dem ich ... mache; Du wirst ab sofort den Konsum einstellen und Dich in eine Beratung, Therapie... begeben, sonst wird das ... dienstrechtliche/arbeitsrechtliche Folgen haben z. B. Arbeitsunfähigkeitsbescheinigung vom 1. Tag an, Urlaub nur noch schriftlich und rechtzeitig vorher anmelden, feste Arbeitszeiten mit Anwesenheitskontrolle).

**Der „Rote Faden“ im Gespräch**

**Gesprächsführung:**

- Eröffnen Sie das Gespräch und machen Sie deutlich, was das Thema des Gesprächs ist und in welchem Kontext es steht.
- Notieren Sie zwischendurch Kernaussagen des Mitarbeiters auf einem Schreibblock, der auch Ihre „Checkliste“ enthält. Das signalisiert dem Mitarbeiter die Ernsthaftigkeit und Bedeutung des Gesprächs sowie den Bestand der mündlichen Aussagen. Lassen Sie sich aber das Einverständnis dazu geben (z. B. „In Vorbereitung auf unser heutiges Gespräch habe ich mir ein paar wichtige Dinge notiert, die ich auf keinen Fall übersehen darf. Gestatten Sie, dass ich mir hierzu noch ein paar Notizen mache?“).
- Schaffen Sie einen guten persönlichen „Einstieg“, in dem Sie die bisherigen positiven arbeitsmäßigen oder menschlichen Erfahrungen mit dem Mitarbeiter schildern. Keine Übertreibungen, keine „falsche Lobhudelei“.
- Ausgangspunkt für das Gespräch sollte das beobachtete veränderte Verhalten und die verminderte Arbeitsleistung sein, nicht das Alkoholproblem (Fakten nicht Vermutungen!), da sonst die Gefahr der Eskalation besteht („Sie haben ein Alkoholproblem!“, „Ich habe kein Alkoholproblem!“, „Doch!“ – „Nein!“ – „Doch!“...). Besser: „Ob Sie Alkoholprobleme haben oder nicht, können Sie am besten selbst beurteilen. Ich möchte mit Ihnen darüber sprechen, wie die folgenden Fehlverhaltensweisen abgestellt werden können.“[280]
- Versuchen Sie dem Gespräch den „Anklagecharakter“ zu nehmen, in dem Sie in „Ich-Botschaften“ formulieren, wie z. B.
  „Mir ist in letzter Zeit aufgefallen, dass Sie bereits morgens ...“

---

280 Ziegler, Alkohol und Medikamente am Arbeitsplatz, Deutsche Angestellten Krankenkasse – DAK – (Hrsg.), Hamburg 1996, S. 25

„Ich habe große Probleme, den anderen Kollegen zu vermitteln, dass sie für Sie mitarbeiten sollen, da ...“
anstatt in „Du-Botschaften“ wie z. B.
„Sie haben bereits morgens ...“
„Sie schaffen Ihre Arbeit nicht mehr, sodass ...“

- Lassen Sie den Betroffenen spüren, dass Sie aus Sorge um ihn ein vertrauliches Gespräch führen und ihm nicht nur Vorhaltungen machen wollen. Behalten Sie aber trotz des Hilfsangebots ihre Rolle als Vorgesetzter bei.
- Von Vorteil ist es, wenn Sie zu Gesprächsbeginn eigene Probleme aus der Vergangenheit heranziehen können. Beispiel: „Ich hatte vor Jahren eine ähnliche Krise nach dem Tod meiner Frau und wäre wahrscheinlich dem Alkohol verfallen, wenn nicht damals Koll. X ...“. Diese „Selbstoffenbarung“ schafft Vertrauen und öffnet den Gesprächspartner. **Wichtig:** Keine „getürkte“ Geschichte aus taktischen Gründen; wenn der Schwindel auffliegt, ist das Vertrauen für immer zerstört!
- Konfrontieren Sie ihn mit Ihren eigenen Wahrnehmungen eines negativen Veränderungsprozesses (z. B. früher gute Arbeit – heute: Häufung von Mängeln). Lassen Sie dabei unterschiedliche Bewertungen des Veränderungsprozesses stehen und versuchen Sie nicht zu überzeugen (Gefahr der Eskalation bzw. Konfrontation).
- Betroffene sehen in Ihnen zunächst einen Gegner. Versuchen Sie den helfenden Charakter des Gesprächs zu vermitteln.
- Bleiben Sie bei Ihrem „Roten Faden“, auch wenn Nebenthemen ablenken. Solche Nebenthemen könnten durch gestellte Diagnosen Ihrerseits oder Erläuterungen der Betroffenen zu „harmlosen Trinkmengen“ oder „Zwangssituationen“ entstehen.
- Lassen Sie den erhobenen Zeigefinger weg. Zeigen Sie menschliches Verständnis. Beharren Sie andererseits aber auf Einhaltung der Arbeits-/Dienstpflichten.
- Wenn Sie als Vorgesetzter dem Betroffenen Maßnahmen ankündigen oder Auflagen machen ist es wichtig, diese konsequent einzuhalten (Fristen und Termine überwachen). Bei Verstößen gegen Abmachungen, die Vertrauensenttäuschung glaubhaft darstellen. Trennung zwischen Person und Verhalten der Person beachten.
- Sie sind mutlos? Weil nach dem ersten Gespräch noch keine Veränderungen eingetreten sind? Bedenken Sie: Der Betroffene steht vor einer schweren Entscheidung. Er muss beginnen umzudenken. Und das braucht Zeit.
- Sagen Sie ihm, dass er alles zu tun hat, um wieder gesund zu werden. Ohne seine eigene intensive Mithilfe bleibt das Bemühen anderer erfolglos. Sie können ihn immer nur unterstützen, verändern muss er sich selbst.
- Treffen Sie am Ende des Gesprächs eine Vereinbarung, am besten schriftlich (Vertrag):

Inhalt sinngemäß: „Bei Annahme von Hilfe (Einzelheiten nennen) wird es keine weiteren Konsequenzen (Möglichkeiten nennen) für den Betroffenen geben, ansonsten erfolgt weiteres Vorgehen im Rahmen der Dienstvereinbarung".

Nächsten Gesprächstermin exakt festlegen.

### *5.1 Muster eines Aushangs „Alkoholverbot" für Verwaltungen und Betriebe*

Dieses Muster eines Aushangs für z. B. Betriebsverwaltungen mit absolu- *253*
tem Alkoholverbot kann natürlich entsprechend auch für andere Betriebe bzw. Verwaltungen umgeschrieben werden. Wichtig ist dabei, dass stets eine persönliche Betroffenheit erzeugt wird und sich alle Mitarbeiter (also auch die „Chefetage") wegen der nicht zu unterschätzenden Vorbildwirkung daran halten:

**Alkohol im Betrieb**

„Alles zu seiner Zeit", so lautet eine alte Lebensweisheit. Auf unseren Betrieb übertragen heißt dies, dass wir während der Arbeitszeit keinen Alkohol trinken. Diese Selbstverpflichtung sind wir uns, unserer Familie und unseren Kunden schuldig; sie gilt deshalb auch ohne Ausnahme für alle Mitarbeiter unseres Betriebes.

Gleichwohl nachfolgend einige Hinweise und Regelungen zur Kenntnis und Erinnerung:

Mitarbeiter, die unter dem Einfluss von Alkohol stehen, gefährden sich und andere.

Aufgrund ihres Arbeitsvertrages und nach den Unfallverhütungsvorschriften der Berufsgenossenschaft dürfen sich Mitarbeiter deshalb nicht durch Alkoholgenuss in einen Zustand versetzen, in dem sie ihre Arbeit nicht mehr ordnungsgemäß leisten oder sich oder andere gefährden können.

Zur Gewährleistung eines ordnungsgemäßen Betriebsablaufes und zum Schutz der Belegschaft müssen deshalb die Vorgesetzten solche Mitarbeiter, die unter dem Einfluss von Alkohol stehen, von ihrem Arbeitsplatz entfernen.

Ihnen kann eine Abmahnung erteilt werden; sie wird in diesem Fall zu den Personalakten genommen.

Bei Wiederholung oder in besonders schweren Fällen kann das Arbeitsverhältnis fristlos oder fristgerecht gekündigt werden.

Mitarbeiter, die wegen Alkoholeinwirkung nicht mehr beschäftigt werden können, können auf ihre Kosten nach Hause befördert werden.

Für die Zeit des alkoholbedingten Arbeitsausfalles wird kein Arbeitsentgelt gezahlt. Erleidet ein Mitarbeiter innerhalb oder außerhalb des Betriebes einen Unfall, der auf Alkoholgenuss zurückzuführen ist, so hat er bei Arbeitsunfähigkeit keinen Anspruch auf Lohn- oder Gehaltsfortzahlung. Außerdem ist in solchen

Fällen auch der Schutz der gesetzlichen Unfallversicherung infrage gestellt. Gegebenenfalls ist Schadensersatz zu leisten.

Wir bitten unsere Mitarbeiter, in ihrem eigenen Interesse wie im Interesse ihrer Kollegen und des Unternehmens, den Genuss alkoholischer Getränke ihrer Freizeit vorzubehalten und auch bei ihren Kollegen darauf hinzuwirken, dass die vom Alkoholgenuss ausgehenden Gefahren vermieden werden. Diese Regelung gilt selbstverständlich auch für Mitarbeiterinnen.

Die Betriebsleitung

PS: Für unser alljährliches Betriebsfest gilt diese Regelung selbstverständlich nicht.

## *5.2 Sonstige dienstliche Regelungen zur Suchtprävention*

*254* Unter dieser Rubrik werden weitere Regelungen als Muster vorgestellt, die im Sinne „gesunder Betrieb" (s. u. Rn. 187 ff.) der Suchtprävention dienen. In diesem Bereich sind der Phantasie und Kreativität einerseits und der Interessenlage des Dienstherrn/Arbeitgebers – Personalvertretung andererseits nur gesetzliche und tarifrechtliche Grenzen gesetzt.

Ein sehr gutes Beispiel für diese Kreativität, aber auch der angesprochenen „Firmenkultur", ist das nachfolgende Beispiel einer „Dienstvereinbarung zur Konfliktvermeidung und Konfliktbewältigung innerhalb der Stadt Wolfsburg", die ein gutes Stück Prävention im Sucht- und Mobbingbereich bedeutet:

### Vereinbarung zur Konfliktvermeidung und Konfliktbewältigung innerhalb der Stadtverwaltung Wolfsburg

### Präambel

Arbeitgeber und Personalrat sind sich bewusst, dass unangemessener sozialer Umgang, unsoziale Verhaltensweisen und nicht gelöste Konflikte das Betriebsklima nachteilig beeinflussen, den Arbeitsprozess stören, die Produktivität des Betriebes sowie die Qualität der Arbeitsergebnisse vermindern und mannigfaltige negative Auswirkungen für den Betrieb sowie für die Belegschaft mit sich bringen.

Verwaltungsleitung und Personalrat sehen eine wichtige Aufgabe darin, die Entfaltung der Persönlichkeit der bei der Stadt Wolfsburg beschäftigten Arbeitnehmerinnen und Arbeitnehmer zu schützen und zu fördern. Die Beschäftigten sind verpflichtet, zu einem vertrauensvollen und partnerschaftlichen Miteinander sowie zur Erhaltung des Arbeitsfriedens und eines guten Arbeitsklimas beizutragen.

Zur Wahrung des Betriebsfriedens und zur Förderung eines guten Betriebsklimas sind alle aufgefordert, Maßnahmen zu unterlassen, die die Entfaltung der Persönlichkeit einzelner beeinträchtigen können oder als Belästigung und Beleidigung empfunden werden können.

Insbesondere ist darauf zu achten, dass

- niemand in seinen Möglichkeiten, sich zu äußern oder mit den Kolleginnen und Kollegen bzw. Vorgesetzten zu sprechen, eingeschränkt wird,
- niemand in seinen Möglichkeiten, soziale Beziehungen aufrecht zu erhalten, beschnitten wird,
- niemand in seinem sozialen Ansehen beschädigt wird,
- niemand durch Wort, Gesten oder Handlungen sexuell belästigt wird,
- niemand durch die ihm zugewiesenen Arbeitsaufgaben diskriminiert oder gedemütigt wird,
- niemand psychischer Gewalt oder gesundheitsschädigenden Arbeitsbedingungen ausgesetzt wird.

Konflikte sollen fair, tolerant, respektvoll und sachlich ausgetragen werden. Die Beteiligten sollen sich bemühen, einvernehmliche Lösungen zu finden (Schlichten statt richten).

**Geltungsbereich**

Die Dienstvereinbarung gilt für alle Beschäftigten der Stadtverwaltung Wolfsburg einschließlich des Klinikums.

**Prävention**

Zur Konfliktvermeidung werden die erforderlichen Maßnahmen, z.B. Schulungen, Informationen etc. angeboten.

**Konfliktbewältigung**

Alle Führungskräfte sind verpflichtet, beim Auftreten von Konflikten in ihrem Verantwortungsbereich im Sinne dieser Dienstvereinbarung einzugreifen und zu vermitteln. Zunächst sollen sie dahingehend auf die Konfliktparteien einwirken, dass diese selbst bzw. unter Mitwirkung der/des Vorgesetzten ihren Konflikt beilegen können.

Mitarbeiterinnen und Mitarbeiter, die sich im Arbeitsalltag benachteiligt oder ungerecht behandelt oder in sonstiger Weise beeinträchtigt fühlen, haben das Recht zur Beschwerde. Nachteile dürfen ihnen daraus nicht entstehen.

**1. Stufe: Beschwerde**

Eine Beschwerde kann an folgende Personen des Vertrauens bzw. an folgenden Personenkreis gerichtet werden:

- der Personaldienst
- die Personalräte
- die Frauenbeauftragte
- die Schwerbehindertenvertretungen und -beauftragte
- den Arbeitsmedizinischen Dienst
- die Sozialbetreuung
- die Jugend- und Auszubildendenvertretung
- alle Vorgesetzten.

Die/der BeschwerdeführerIn ist VerfahrensführerIn, d. h., sie/er kann jederzeit das Verfahren einleiten aber auch wieder schließen, anzuhörende Personen vorschlagen aber auch ausschließen (mit Ausnahme der Streitgegnerin bzw. des Streitgegner und der/des Vorgesetzten). Ein Amtsermittlungsgrundsatz gilt weder für die Beschwerdestellen noch für die Konfliktberatung und das Schlichtungsverfahren.

**2. Stufe: Konfliktberatung**

Ergibt sich bei diesen Gesprächen keine freiwillige Einigung, muss ein Vermittlungsgespräch stattfinden. Als VermittlerIn wird die/der nächsthöhere Vorgesetzte eingesetzt.

Wenn eine Beschwerde einer betroffenen Person nicht zufriedenstellend geregelt werden konnte, kann ein Gespräch zur eigenen Klärung und/oder mit der/dem KonfliktgegnerIn unter neutraler Leitung einer Konfliktberatungsperson verlangt werden. Konfliktberatungen werden von der Stadtverwaltung bezahlt und durch die Sozialbetreuung vermittelt.

**3. Stufe: Schlichtungsverfahren**

Kommen die Konfliktparteien auch in diesem Gespräch zu keiner Einigung oder besteht der ursprüngliche Missstand, der Anlass zur Beschwerde gab, weiter, so wird die Schlichtungsstelle angerufen.

Sie entscheidet nach dem Konsensprinzip durch Schlichtungsspruch oder je nach Schwere des Einzelfalles durch Vorschläge zu dienstrechtlichen Maßnahmen. Bei Nichteinigkeit ist das Schlichtungsverfahren geschlossen.

Die Schlichtungsstelle nach dieser DV setzt sich im Einzelfall nach Bedarf zusammen aus:
- einer Arbeitgebervertreterin oder einem Arbeitgebervertreter (Dienststellenleitung oder Vertretung)
- einer Arbeitnehmervertreterin/einem Arbeitnehmervertreter (Mitglied des zuständigen Personalrates)
- einer Konfliktberaterin/einem Konfliktberater (Mediatoren).

Die Schlichtungsstelle arbeitet im Wesentlichen dreistufig:

1. Zulässigkeitsprüfung, Tatbestandlichkeit ermitteln, feststellen
2. Prüfung der Begründetheit. In dieser Stufe können gehört werden die Konfliktparteien, die Beschwerdeadressaten, der/die Vorgesetzte und andere von einer Konfliktpartei vorgeschlagene Personen.
3. Schlichtungsspruch oder Vorschläge zu dienstrechtlichen Maßnahmen.

**Inkrafttreten**

Diese Dienstvereinbarung tritt am 1. 12. 1999 in Kraft und gilt auf unbestimmte Zeit. Sie ist an die ständigen Veränderungen anzupassen und kann mit einer Frist von drei Monaten gekündigt werden.

## 6. Medikamentenabhängigkeit – Selbsttest – 255

### Woran erkannt man, dass man Medikamentenabhängiger ist?

| | Ja | Nein |
|---|---|---|
| Wer die Einnahme von Medikamenten mit Suchtpotenzial nicht aus eigener Kraft aufgeben kann. | ☐ | ☐ |
| Wer eine bestimmte Menge „seines“ Medikamentes einnehmen oder spritzen muss, um sich wohl zu fühlen. | ☐ | ☐ |
| Wer bei bestimmten, seelischen, körperlichen oder sozialen Belastungen nach „seinem“ Medikament verlangt wie ein Alkoholiker nach Alkohol. | ☐ | ☐ |
| Wer durch die Wirkung „seines“ Medikamentes für andere Menschen deutlich erkennbare Charakterveränderungen erleidet. | ☐ | ☐ |
| Wer häufig mehr einnimmt, als ihm verordnet wird. | ☐ | ☐ |
| Wer sich „sein“ Medikament von mehreren Ärzten gleichzeitig verschreiben lässt. | ☐ | ☐ |
| Wer durch die Wirkung „seines“ Medikamentes sich selbst und/oder seine Umgebung schädigt oder seine Beziehungen zu seinen Mitmenschen stört, dies weiß und trotzdem nicht aufhört. | ☐ | ☐ |
| Wer Rezepte fälscht oder Angehörige benutzt, um Nachschub zu bekommen. | ☐ | ☐ |
| Wem vom Hausarzt, Internist oder Nervenarzt gesagt wird, er sei medikamentenabhängig. | ☐ | ☐ |
| Wer soviel Beruhigungs-, Schlaf- oder Schmerzmittel nimmt, dass er lallt, schwankt oder stürzt. | ☐ | ☐ |
| Wer soviel Beruhigungs-, Schlaf- oder Schmerzmittel nimmt, dass er „Filmrisse“ oder „Blackouts“ bekommt, dass er sinnlose Telefongespräche führt, dass er völlig enthemmt ist. | ☐ | ☐ |
| Wer Schlaf-, Schmerz- oder Beruhigungsmittel zur Anregung benutzt oder bei wem die früher beruhigende Wirkung plötzlich in eine anregende umschlägt. | ☐ | ☐ |
| Wer aggressiv wird, wenn er „sein“ Medikament nicht bekommt. | ☐ | ☐ |
| Wer ständig daran denken muss, wie er den Nachschub sichert. | ☐ | ☐ |
| Wer zittert, Stimmen hört, optische Halluzinationen hat, durcheinander ist, epileptische Anfälle bekommt, wenn er plötzlich für einige Tage „sein“ Schlaf-, Schmerz- oder Beruhigungsmittel nicht bekommt. | ☐ | ☐ |
| Wer bemerkt, dass ihm „sein“ Medikament wichtiger ist als alles andere auf der Welt. | ☐ | ☐ |
| Wer sich selbst in Bezug auf seinen Medikamentenkonsum belügt. | ☐ | ☐ |
| Wer mehrere Schlaf-, Beruhigungs- oder Schmerzmittel nebeneinander einnimmt. | ☐ | ☐ |
| Wer nach Einnahme einer kleinen Dosis „seines“ Medikamentes ein unbezähmbares Verlangen spürt, mehr einzunehmen. | ☐ | ☐ |
| Wer andere über den eigenen Medikamentenkonsum belügt oder versucht, das wahre Ausmaß des Konsums zu verheimlichen (Verstecken der Schachteln, Erbetteln von Medikamenten bei Mitpatienten). | ☐ | ☐ |
| Wer früher alkoholabhängig war und jetzt regelmäßig Schlaf- Schmerz- oder Beruhigungsmittel einnimmt. | ☐ | ☐ |
| Wem sein Arzt die Weiterverschreibung von Medikamenten mit Suchtpotenzial verweigert hat und wer daraufhin den Arzt gewechselt hat. | ☐ | ☐ |
| Wer Schmerzmittel einnimmt oder spritzt, obwohl er keine Schmerzen hat. | ☐ | ☐ |
| Wer unter Schmerzmitteln mehr Schmerzen hat als vorher ohne. | ☐ | ☐ |

Wer Appetitzügler („Schlankmacher") einnimmt, um leistungsfähiger zu sein, um weniger schlafen zu müssen, um sich wohler zu fühlen oder um „high" zu sein. ☐ ☐

Wer nach der Einnahme von Appetitzüglern Halluzinationen oder Verfolgungswahn hat. ☐ ☐

Wenn zwei dieser Feststellungen zutreffen, sollte man den Verdacht auf eine Medikamentenabhängigkeit haben; wenn drei und mehr Feststellungen zutreffen, liegt eine Medikamentenabhängigkeit vor.

Quelle: Hauptverband der gewerblichen Berufgenossenschaften, Sankt Augustin Deutscher Verkehrssicherheitsrat e.V., Bonn, Suchtprobleme im Betrieb – Alkohol, Medikamente, Illegale Drogen –, 3. überarb. Auflage, Bonn, 1998, S. 105 ; zit. nach:
Deutscher Caritasverband, Referat Besondere Lebenslagen (Hrsg.); Poser, Wolfgang u. a.: Ratgeber für Medikamentenabhängige und ihre Angehörigen, Lambertus-Verlag, 8. Auflage, Freiburg i. Br. 1997, Seite 6 f.

## 7. Politik und Justiz (Forderungen und Ausblick)

256 Unter dieser Rubrik werden einige „Streiflichter" dargestellt, die sich auf den Bereich von Politik und Justiz beziehen und das Buchthema tlw. nur am Rand berühren; für das Gesamtbild aber schon von Interesse sind. Ein Teil dieser Themen ist erst kurz vor oder nach Abschluss dieses Buches aktuell geworden, sodass eine Einarbeitung in den Kontext nicht mehr möglich war.

### *7.1 Politik: Drogen- und Suchtbericht 2005*

257 Im Mai 2005 wurde der Drogen- und Suchtbericht 2005[281] der Bundesregierung vorgelegt. Dieser alljährliche Bericht der Drogenbeauftragten der Bundesregierung Marion Caspers-Merk ist ein Kompendium der Drogen- und Suchtbekämpfung in der Bundesrepublik Deutschland. Auf 146 Seiten wird das gesamte politische und gesellschaftsrelevante Handeln auf diesem Gebiet dargestellt und mit einem umfangreichen und teilweise eindrucksvollen Zahlwerk belegt. Nachfolgend werden einige Passagen aus diesem Bericht zitiert, die einen kleinen Einblick in dieses Werk vermitteln sollen. Insbesondere das Vorwort der Drogenbeauftragten enthält ernste Hinweise auf unsere derzeitige Gesellschaft, die sich ihrer Verantwortung für die Jugend offensichtlich nicht in Gänze bewusst ist. Der gesamte Bericht steht als download auf der Webseite des Bundesministeriums für Gesundheit und Soziales (www.bmgs.bund.de) bzw. als Broschüre (Publikationen/Drogen und Sucht) kostenlos zur Verfügung:

[281] Internet:www.bmgs.bund.de/download/broschueren/A601.pdf; 20. 5. 2005

## Drogen- und Suchtbericht 2005

Der Bericht gliedert sich in

1. Schwerpunkt *„Kinder und Jugendliche“*, Trends im Konsumverhalten sowie Primärprävention und Sekundärprävention bei Kindern und Jugendlichen,
2. *Schwerpunkt „Prävention des Cannabiskonsums“* mit einigen Forschungsberichten und Aktionsplänen,
3. *Prävention,* hier mit Schwerpunkten bei der Reduzierung des Tabakkonsums, einem Leitfaden „Kurzintervention bei Patienten mit Alkoholproblemen“, der Problematik „Migration und Sucht“, der Suchtprävention in der Bundeswehr sowie der Sucht- und Drogenhotline im Rahmen der bundesweiten Vernetzung und einer Expertise „Suchtprävention“,
4. *Behandlung,* Behandlung Opiatabhängiger, Rehabilitation und berufliche Wiedereingliederung, Auswirkungen der Gesundheitsreform auf die Suchtkrankenhilfe sowie der Darstellung von Beispielen der Selbsthilfe,
5. *Repression und Angebotsreduzierung,* Studie „Umsetzung, Akzeptanz und Auswirkungen der Tabaksteuererhöhung zum 1. 4. 2004, Maßnahmen gegen Zigarettenschmuggel, Strategie des BKA zur Bekämpfung der Rauschgiftkriminalität, Drogenbedingte Verkehrsunfälle, Grundstoffüberwachung in der EU sowie den EU-Rahmenbeschluss Drogenhandel,
6. *Internationale Zusammenarbeit,* mit den Schwerpunkten Europa, der UN und der Entwicklungszusammenarbeit,
7. *Forschung,* laufende vom BMGS geförderte Studien sowie Forschungsverbünde für Suchtforschung sowie
8. *Anhang,* mit umfangreichen Daten zur Rauschgiftkriminalität in der Bundesrepublik Deutschland.

Auszug aus dem Vorwort „Rückblick und Ausblick“:

„Licht und Schatten kennzeichnen die Situation des Suchtmittelkonsums in Deutschland im vergangenen Jahr. Zu den positiven Entwicklungen gehört, dass die Zahl der Todesfälle infolge des Konsums illegaler Drogen im Vergleich zum Vorjahr erneut gesunken ist. Sie befindet sich mit 1.385 Todesfällen auf dem niedrigsten Stand seit 1989, der Trend ist damit seit dem Jahr 2000 konstant rückläufig. Eine erfreuliche Tendenz im Bereich der legalen Suchtstoffe ist vor allem der Rückgang der Raucherquote bei den Jugendlichen. Rauchen wird zunehmend uncool bei Minderjährigen. Die Raucherquote bei den 12- bis 17-jährigen ist von 28 % im Jahr 2001 auf 23 % im Jahr 2004 zurückgegangen. Auch die Tabaksteuererhöhung zeigt ihre Wirkung: Anlässlich der ersten der drei beschlossenen Stufen der Erhöhung zum 1. März 2004 gaben 8 % der befragten Raucherinnen und Raucher an, mit dem Rauchen aufgehört zu haben.

Alarmierend ist hingegen vor allem der steigende Konsum von Cannabis unter Jugendlichen – ein Trend, der sich überall in Europa findet. Bereits in der Altersgruppe der 12- bis 15-jährigen haben 7 % der Jugendliche in Deutschland Erfahrung mit dem Konsum von Cannabis. Unter den 18- bis 25-jährigen hat jeder fünfte Jugendliche im letzten Jahr Cannabis konsumiert. Auch die Anzahl derjenigen, die wegen ihres Cannabiskonsums eine Beratungsstelle aufsuchen, ist deutlich gestiegen. Cannabis ist nicht harmlos – hier fehlt es an einer Diskussion der Risiken, an der sich die ganze Gesellschaft beteiligt. Auch deshalb ist Cannabis im diesjährigen Drogen- und Suchtbericht einer der Schwerpunkte.

Beunruhigend ist außerdem, dass mit Ecstasy und Amphetaminen die synthetischen Drogen weiter auf dem Vormarsch sind. Dies ist ein Trend, der ebenfalls die internationale Situation spiegelt. Die deutliche Steigerung bei den Sicherstellungsmengen und den polizeilich registrierten erstauffälligen Konsumenten sind Anzeichen dafür, dass wir hier vor einer wichtigen Aufgabe stehen. Die Bewältigung dieser Aufgabe ist aber nicht nur eine Angelegenheit der Strafverfolgungsbehörden. Gefragt ist vielmehr die ganze Gesellschaft – eine Gesellschaft, in der „Gut-drauf-sein" zum guten Ton gehört und nicht hingesehen wird, ob der Konsum von Drogen mit im Spiel ist. Im Umgang mit dem Suchtmittelkonsum muss sich die Wertegesellschaft bewähren. Und das fängt überall im Alltag an. Es darf nicht als spießig oder kleinkariert gelten, wenn man die Kassiererin im Supermarkt daran erinnert, sich von Jugendlichen mit einem Einkaufskorb voller alkoholischer Getränke den Ausweis zeigen zu lassen.

*Drogen- und Suchtrat* – Die Bewältigung der Drogen- und Suchtprobleme ist eine Gemeinschaftsaufgabe. (…) Mit der Einrichtung des Drogen- und Suchtrates am 27. Oktober 2004 ist es erstmals in Deutschland gelungen, die zuständigen Bundesressorts und Länderministerkonferenzen zusammen mit Vertreterinnen und Vertretern der Bundesärztekammer, Suchthilfeverbände, Gesetzlichen Krankenkassen, Rentenversicherungsträger, Kommunale Spitzenverbände, Bundesagentur für Arbeit, Selbsthilfe und Wissenschaft an einen Tisch zu versammeln. (…)

*Rauchen hat seinen Preis* – Die Eindämmung des Tabakkonsums gehört zu den vorrangigen gesundheitspolitischen Zielen der Bundesregierung. Die gesundheitlichen, volkswirtschaftlichen und sozialen Schäden durch den Tabakkonsum sind enorm. Rauchen ist das größte vermeidbare Gesundheitsrisiko unserer Zeit. Die Zahl der tabakbedingten Todesfälle liegt in Deutschland bei über 110.000 pro Jahr – das entspricht über 300 Todesfälle pro Tag. Das Statistische Bundesamt meldete im März 2005, dass sich die Zahl der tabakbedingten Todesfälle durch Lungen- und Bronchialkrebs bei Frauen innerhalb von 20 Jahren verdoppelt hat. Im Jahr 2003 starben über 10.000 Frauen in Deutschland an Lungenkrebs, einer Krankheit, die früher bei Frauen so gut wie überhaupt nicht vorkam. Nichtrauchen soll der Normalfall werden. (...) Wichtig ist vor allem, den Trend, dass Jugendliche weniger zum Glimmstengel greifen, entschlossen zu unterstützen. Jugendliche brauchen klare Orientierung und sie brauchen positive Vorbilder. Kinder und Jugendliche haben einen Anspruch darauf, in einer rauchfreien Umgebung aufzuwachsen. Rauchfreie Schulen sind deshalb eine unverzichtbare gesundheitspolitische Forderung. (...)

*Alkopops, Alkohol* – Seit 2. August 2004 wird auf spirituosenhaltigen Alkopops eine Sondersteuer erhoben, seit 1. Januar 2005 müssen alle Frontetiketten der Flaschen den Hinweis „Abgabe an Personen unter 18 Jahren verboten, § 9 Jugendschutzgesetz“ aufweisen. (...) Es konnte nicht hingenommen werden, dass Alkopops aufgrund ihres Designs und des durch Aromen und Zucker verdeckten Alkoholgehaltes Minderjährige zu einem frühen Alkoholkonsum regelrecht „verführten“. (...) Je früher der Einstieg in den Konsum vom Alkohol stattfindet, desto größer ist das Risiko für eine spätere Abhängigkeit bzw. ein missbräuchliches Konsumverhalten. (...)

*Drogentodesfälle:* Niedrig ist nicht niedrig genug – Die Zahl der Todesfälle infolge des Konsum illegaler Drogen ist im Vergleich zum Vorjahr um 6 % gesunken und seit dem Jahr 2000 rückläufig. (...) Mit 123 Personen beträgt der Anteil der Aussiedler an den infolge des Drogenkonsums verstorbenen Personen 9 %. Zwar ist die absolute Zahl gegenüber dem Vorjahr um 15 % zurückgegangen, dennoch bleibt der Anteil der Aussiedler an den Drogentoten in Relation zu ihrem Anteil an der Gesamtbevölkerung auf hohem Niveau. Auch hier gilt es, die in den letzten Jahren durchgeführten gezielten Präventionsmaßnahmen für gefährdete Aussiedler fortzusetzen.

In Deutschland leben schätzungsweise 120.000 bis 150.000 *Opiatabhängige*. Davon befinden sich knapp 60.000 in einer Substitutionsbehandlung, was einer im internationalen Vergleich guten Quote entspricht. In den letzten Jahren ist es gelungen, die Qualität der Substitution weiter zu verbessern und den Zugang zu erleichtern. Substitution ist kein Selbstzweck. Die Behandlung mit einem Ersatzstoff – in Deutschland ist dies zumeist Methadon – gibt den suchtkranken Menschen die Möglichkeit, sich wieder ein neues Leben aufzubauen, einer Arbeit nachzugehen, sich einen neuen Bekanntenkreis aufzubauen und sich von der „Szene“ zu lösen. (...) Mit Erfolg wurde auch die Ausbreitung von HIV-Infizierungen unter den Drogenabhängigen eingedämmt. Während 1993 unter 100 HIV-neuinfizierten Menschen in Deutschland 20 aus der „Drogenszene“ stammten, sind es 2004 nur noch sechs gewesen. Eine neue Herausforderung ist nun die Verbreitung von Hepatitis unter intravenös Drogen konsumierenden Menschen. (...)

*Drogenpolitik global* – Die Lösung nationaler Drogenprobleme erfordert immer stärker international abgestimmte Strategien. Auf europäischer Ebene wurde im letzten Jahr die neue EU-Drogenstrategie verabschiedet, in die Deutschland viele Vorstellungen einbringen konnte. Das Gleiche wird gelten für die Erstellung des EU-Drogenaktionsplanes, der dieses Jahr auf der Agenda steht. (...) Zunehmende Bedeutung hat auch die binationale Zusammenarbeit in Europa. (...) Vor ganz anderen Herausforderungen steht die internationale Drogenpolitik, wenn man den Blick nach Afghanistan wendet. Im Jahr 2004 ist der dortige Schlafmohnanbau im Vergleich zu 2003 nochmals um 64 % auf 131.000 ha gestiegen und hat damit einen neuen Rekord erreicht. Fast 90 % der weltweiten Produktion von Rohopium stammen aus Afghanistan. (...)

*Weitere neue Projekte* – Eine Form der Suchterkrankung, die sich oftmals im verborgenen abspielt, ist die Medikamentenabhängigkeit. Schätzungen belaufen sich darauf, dass von ihr über 1,4 Mio. Menschen – vorwiegend Frauen – in Deutschland betroffen sind. Gefragt ist hier vor allem mehr Verantwortung, Initiative und Vernetzung aller Verantwortlichen. Es ist wichtig, dass den Betroffenen früher geholfen wird. Die Bundesregierung plant deshalb, in diesem Jahr eine Kampagne zu starten, die die Früherkennung der Medikamentenabhängigkeit verbessern und die Verantwortung der Ärzte, Apotheker und anderer Beteiligter stärken wird. (...) In dem Bemühen, Nichtrauchen überall zum Normalfall werden zu lassen, wird die Bundesregierung im Jahr 2005 ein Projekt zur Förderung rauchfreier Krankenhäuser in Angriff zu nehmen. (...) Kinder und Jugendliche werden weiter im Focus der Präventionsbotschaften der Bundesregierung stehen. Dabei setzt sich der Trend „weg von der Broschüre" in diesem Jahre fort." (...) Suchtprävention ist immer dann am wirkungsvollsten, wenn Kinder und Jugendliche aktiv gefordert werden, ihre Neugier angesprochen wird und ihre Meinungen ernst genommen werden. Deshalb werden interaktive Projekte gefördert, wie z.B. das Internetportal www.drugcom.de, die Ausstellung „Sehnsucht" oder der neue „KlarSicht-MitmachParcours" zur Alkohol- und Tabakprävention. Außerdem bietet die Bundeszentrale für gesundheitliche Aufklärung (BZgA) seit kurzem interaktive Ausstiegsprogramme für Raucherinnen und Raucher im Internet an (www.rauch-frei.info für Jugendliche und www.rauchfrei.info.de für Erwachsene). Im Mai 2005 startet die BZgA mit den „Jugend-Filmtage" eine weitere Aktion im Rahmen ihrer erfolgreichen „Rauchfrei"-Kampagne für Jugendliche. Dies alles sind Beispiele dafür, dass moderne Suchtprävention auch Spaß machen kann.

**Marion Caspers-Merk, MdB**
**Drogenbeauftragte der Bundesregierung**

*7.2 Politik und Justiz: Situation der Strafverfolgungsbehörden*

Während der Alkoholkonsum sich in den letzten Jahren auf einem hohen Niveau stabilisiert hat und sogar einen leichten Abwärtstrend aufweist (s. u. Rn. 7), haben sich die statistischen Werte im Bereich des Rauschgifts nach einem Höchststand in den Jahren 2000/2001 zwar wieder etwas „beruhigt", über einen längeren Zeitraum beobachtet geht der Trend aber nach wie vor kontinuierlich nach oben (s. a. u. Rn. 28). *258*

So ist dem Jahrbuch Sucht 2005[282] der DHS zu entnehmen, dass im Jahre 1990 etwa jeder fünfte Mann unter 30 Jahren Cannabis genommen hatte und jeder fünfundzwanzigste andere Drogen, während es in der letzten Erhebung (2003) etwa jeder zweite bzw. jeder siebte war. Bei den gleichaltrigen Frauen erhöhte sich die Lebenszeitprävalenz des Cannabiskonsums von 12 % auf 35 % und die anderer Drogen von 4 % auf 10 %. Auch bei den älteren Befragten zeigen sich Steigerungen, allerdings auf deutlich niedrigerem Niveau. Die 12-Monats-Prävalenzwerte von Cannabis und anderen Drogen stiegen außer bei den 40- bis 59-jährigen Frauen ebenfalls deutlich an. Die Zunahmen bei anderen illegalen Drogen sind auf die seit Anfang der 1990er Jahre zunehmende Verbreitung von Ecstasy zurückzuführen, aber auch auf Steigerungen des Konsums von Kokain/Crack und Amphetaminen. Die Prävalenzen von Opiaten oder LSD blieben nahezu konstant.

In dem Jahrbuch Sucht 2005 sind die erschreckenden und zugleich aufrüttelnden Zahlen leidenschaftslos aufgelistet. Nachfolgend sollen daraus nur ein paar Zahlen zur Verdeutlichung der Situation genannt werden:

- seit 1990 haben sich die Rauschgiftdelikte mehr als verdoppelt, 2000 einen vorläufigen Höchststand (226.563 Delikte) und 2003 mit 255.575 einen neuen traurigen Rekord erreicht
- von 1998 bis 1999 haben die Delikte der Rauschgiftkriminalität um 4,4 % und die Verstöße gegen das BTMG um 4,6 % zugenommen (Gesamtkriminalität im gleichen Zeitraum minus 2,4 %)
- Cannabis-Produkte sind nach wie vor die Hauptsuchtmittel
- der Trend zu synthetischen Drogen setzt sich zumindest bei Jugendlichen fort
- bei den Erstkonsumenten harter Drogen (z. B. Heroin, Kokain, LSD) hat sich der 2001 seit 1993 erstmals zu beobachtende leichte Rückgang um 1,8 % fortgesetzt, sodass derzeit, 2003, (17.936 Konsumenten) in etwa das Niveau aus dem Jahr 1996 (17.197 Konsumenten) erreicht wurde. Die Hoffnung bei den Fachleuten auf eine Trendwende hat sich danach zumindest insoweit erfüllt.

[282] Jahrbuch Sucht 2005, S. 124 ff.

In der Beurteilung der Rauschgiftlage und der Suchtbekämpfung in der Bundesrepublik gehen die Meinungen der Fachleute der Strafverfolgungsbehörden und der „Drogenexperten“ aus der Politik und der Suchthilfe oft auseinander.

Dieser „Meinungsaustausch“ läuft schon seit Generationen nach dem gleichen Ritual ab:

Während die täglich mit der Strafverfolgung von Rauschgifthändlern und -konsumenten konfrontierten Polizei- und Kriminalbeamten bereits im Vorstadium einer sich abzeichnenden Gefährdung Warnungen und Handlungsempfehlungen für die Politik abgeben, verlegt sich die Politik erst einmal auf das Beschwichtigen und Abwarten, um „gesicherte Erkenntnisse und Daten“ zur Entscheidungsfindung zu erhalten. Erst wenn der Öffentlichkeitsdruck eine gewissen Schwellenwert erreicht hat, werden durch die Politik die bereits seit geraumer Zeit geforderten Maßnahmen umgesetzt, dafür dann auch nur zu 50 %, da erst noch „Erfahrungen“ abzuwarten seien. Das föderale System der Bundesrepublik mit seinen unterschiedlichen Polizei- und Strafverfolgungsgesetzen begünstigt diesen misslichen Zustand zusätzlich.

Auch wenn sich diese kurze Bewertung (die im übrigen in der Tendenz dem „Bericht zur Situation der polizeilichen Rauschgiftbekämpfung in Bund und Ländern, Bund Deutscher Kriminalbeamter – BDK –, Berlin 1986 entnommen wurde) etwas pauschal und verallgemeinernd anhört, so ist dieses „Ritual“ leider auch auf anderen Politik- und Gesellschaftsfeldern anzutreffen (z. B. Tankerunfälle, BSE-Krise, Kinderkriminalität, Strahlenschäden usw.) und deshalb gut nachvollziehbar.

In den Gesprächen mit Kriminalbeamten aus den verschiedensten Bereichen (örtl. Kripo, LKA, BKA) wurden dem Verfasser zwar in Teilen der Rauschmittelbekämpfungsstrategie unterschiedliche Bewertungen und Konzepte vorgetragen. In einem waren sich aber alle Gesprächspartner einig:

*„Im Gefühl, von Politik und Justiz im Stich gelassen worden zu sein und als wahltaktische Verfügungsmasse missbraucht zu werden!“*

Der aufmerksame Zeitgenosse wird diese Einschätzung durch die Medienberichte[283]256 in den letzten Monaten über die innenpolitische Situation, insbesondere auch der Rauschgiftbekämpfung in den Zentren, z. B. in

[283] „Ein Polizist rechnet mit der Politik ab“, „Die Welt“, 3. 4. 2001, Nach seiner Versetzung in den Ruhestand zieht der Leiter der Polizeidirektion Mitte (Hamburg) eine brisante Bilanz: „In der Polizei regiert die Politik, nicht die Fachlichkeit“ oder „Hamburgs Drogenpolitik erntet nur noch Misstrauen“, Kolumne in „Die Welt“, 26. 3. 2001; „Hauptstadt des Verbrechens“ – Nirgends werden mehr Straftaten verübt als in Hamburg. Report über die gefährlichste Metropole Deutschlands –, focus 24/2001, S. 78

Hamburg und Frankfurt nachvollziehen können. In anderen Großstädten Deutschlands sind ähnliche Vorkommnisse zu verzeichnen.

Man muss nicht unbedingt ein Anhänger des Rechtspopulisten Ronald Schill (durch seine drakonischen Strafen bekannt gewordener ehemaliger Hamburger Amtsrichter und nach knapp zwei Jahren Tätigkeit am 18. 8. 2003 vom Hamburger Bürgermeister Ole von Beust gefeuerter Innensenator) sein, um sich über die Naivität und pädagogische Nachsicht mancher Strafrichter im Umgang mit professionellen Dealern zu wundern. Nach Auskünften eines zeitweilig in der Rauschgiftszene als „Undercover-Agent" eingesetzten Beamten, werden gerade bei Ermittlungen gegen ausländische Rauschgiftbanden oft aus „politischen" Gründen deutliche Hinweise zur „behutsamen Ermittlung" gegeben, um nicht den Anschein der Fremdenfeindlichkeit oder gar des Rassismus zu erwecken. Dazu kommen dann noch sehr oft unter die „Gürtellinie" gehende Befragungen vor Gericht, gerade wenn es um ausländische Täterkreise aus der Rauschgiftszene geht. Hier könnten künftig mehr Begegnungen von Strafrichtern und Kriminalbeamten aber auch mit der Politik das gegenseitige Verständnis für die jeweilige Situation des anderen und das Vertrauen in das rechtsstaatliche Handeln fördern helfen.

Wenn dann noch Etatkürzungen, Planstellenstreichungen oder die Senkung von Ausrüstungs- bzw. Ausstattungsstandards hinzutreten, hilft mitunter nur der „berüchtigte" Schritt in die Öffentlichkeit, den Mitte des Jahres 2001 ein Großteil der Hamburger Richterschaft und am 26. 7. 2001 rd. 150 von 180 Staatsanwälten gingen.[284] Sie protestierten in dieser beispiellosen Aktion dagegen, dass auf Grund der vorherrschenden Arbeitsbedingungen, die durch hohe Verfahrenszuwächse und eine weitere Ausweitung des Opportunitätsprinzips gekennzeichnet ist, „eine ordnungsgemäße Sachbearbeitung nicht mehr gewährleistet werden kann". Zurzeit sehe man deshalb auch die große Gefahr der Kriminalitätsverwaltung statt Strafverfolgung.

Zu den oben skizzierten Schwierigkeiten und Behinderungen durch die Justiz zählen auch die Entscheidungen des Bundesverfassungsgerichts vom 20. 3. 2002 hinsichtlich der Aufhebung der Vermögensstrafe, die der Abschöpfung von illegal erworbenen Vermögenswerten bei Bandenhehlerei, Geldwäsche und von Drogendealern diente[285] und das Verbot des Abhörens von Privatwohnungen vom 3. 3. 2004, das eine praxisferne Regelung der Überwachung forderte.

Wenn der Kampf gegen das organisierte Verbrechen (von islamischen Terrorgruppen ganz zu schweigen), gegen Drogenkartelle und Menschen-

---

284 „Gemeinsamer Protest von 150 Staatsanwälten", Die Welt vom 26. 7. 2001

285 „Polizei drängt auf Neuregelung der Vermögensstrafe", „Die Welt", 21. 3. 2002

händlerringe einigermaßen erfolgreich verlaufen soll, kann der vor Ort ermittelnde Beamte keine „Samthandschuhe“ anlegen. Oft setzt er sein persönliches Schicksal, sein Leben aufs Spiel, um Glied an Glied der Beweiskette zusammenzufügen und muss dann vor Gericht erleben, dass Teile dieser Kette aufgrund juristischer Formalien unbrauchbar gemacht werden. Dabei geht es dem Verfasser beileibe nicht um die Aufweichung oder gar Abkehr von rechtstaatlichen Ermittlungsmethoden. Es wird ja nicht erst in den letzten Tagen über die Frage der „Wehrhaftigkeit der Demokratie“, wenn auch vielfach unter anderen Vorzeichen, diskutiert. Spätestens seit der Entführung des Millionärssohn Jakob von Metzler durch den Jurastudenten Magnus Gäfgen im September 2002 und der „Folter-Androhung“ des Frankfurter Polizei-Vizepräsidenten Wolfgang Daschner zur Aussageerzielung Gäfgen's ist die Diskussion über die Frage, was der Rechtsstaat in bestimmten Extremsituationen zur Rettung von unzähligen Menschenleben noch tun darf bzw. auf keinen Fall tun darf, notwendig geworden. Auch hier ist es wichtig, diese Diskussion weiterzuführen, damit wir alle uns dieser Problematik bewusst werden und nach „gangbaren“ rechtsstaatlichen Möglichkeiten suchen.

Was aber auf keinen Fall geschehen darf ist, von den Vollzugsorganen den möglichst absoluten Schutz vor jedweder Beeinträchtigung des üblicherweise gewohnten Lebensablaufs zu erwarten, den einzelnen Beamten aber in der konkreten Situation mit der Entscheidung und den daraus entstehenden Folgen allein zu lassen. Vielleicht ist die Tatsache, dass jeder 5. Polizist in Deutschland alkoholkrank ist[286], auch eine Folge dieser Kluft zwischen gesellschaftspolitischer Erwartung und den realen u. a. von der Finanzpolitik diktierten Möglichkeiten.

Eine solche Situation scheint sich in Bezug auf die Problematik russischer Spätaussiedler, hier insbesondere der jugendlichen Spätaussiedler, zu ergeben. Entwurzelt, eingezwängt in ein ihnen unbekanntes Gesellschaftssystem und durch Sprachschwierigkeiten stigmatisiert, versuchen sie die im Rahmen ihrer Sozialisation erworbene Macho-Kultur auch in der Bundesrepublik durchzusetzen. Dabei kommt es zwangsläufig zu Gesetzesverstößen, die üblicherweise erst im Erwachsenenalter registriert werden. In einigen Anstalten stellen straffällig gewordene Spätaussiedler über 20 % der Insassen, das ist etwa das Dreifache ihrer Altersgruppe in Deutschland. Diese Anstalten sind fest in der Hand der russischen Mafia. Wer hier einsitzt, wird mit psychischer oder physischer Gewalt zum Gehorsam gegenüber den Paten gezwungen. Ihnen bleibt daher nur eine Wahl: Entweder Schutzgeld zahlen oder mitmachen beim Dealen hinter Gittern. Von den Neuankömmlingen wird daher in einigen Anstalten von

[286] Die Welt, 11. 5. 2004

den Angehörigen bis zu 15.000,– € Schutzgeld gezahlt, damit diese einigermaßen unbehelligt bleiben. Neben Geld ist aber Loyalität gegenüber dem Kollektiv unbedingte Voraussetzung zum Überleben.[287]

Einen Versuch, den Teufelskreis dieser speziellen Bevölkerungsgruppe zu durchbrechen, hat die Koordinationsstelle Sucht des Landschaftverbandes Westfalen-Lippe unternommen und einen Workshop „Best Practices in der Arbeit mit suchtmittelabhängigen Russlanddeutschen in der ambulanten Suchthilfe" durchgeführt. Die Dokumentation zu dieser Fachtagung ist beim Landschaftsverband Westfalen-Lippe, Koordinationsstelle Sucht, Warendorfer Str. 25–27, 48133 Münster erhältlich.[288]

Die in den Jugendgefängnissen ihren Dienst verrichtenden Vollzugsbeamten sind hoffnungslos überfordert. Sie sprechen üblicherweise kein Russisch, sind chronisch unterbesetzt und unterbezahlt. Natürlich lassen sich diese Probleme nicht allein mit einer besseren Besoldung beseitigen, aber in den überfüllten deutschen Gefängnissen fühlt sich das Personal von der Politik allein gelassen. Statt den ständig zunehmenden dienstlichen Belastungen angemessen zu begegnen, werden die Strafvollzugsbediensteten durch Arbeitszeitverlängerungen und Gehaltseinbußen von bis zu neun Prozentzusätzlich belastet. Im Personal wachsen daher Unmut, Verunsicherung und Demotivation.

Der Bundesvorsitzende des Bundes der Strafvollzugsbediensteten Deutschlands (BSBD), Wolfgang Schröder, beklagte in einer Rede am 17. 9. 2004 vor Gewerkschaftsmitgliedern die besondere Belastungssituation seines Berufsstandes und verwies auf die Ergebnisse einer von der Universität Potsdam in den Jahren 2001/2002 durchgeführten Belastungsstudie, an der fast 3.400 Strafvollzugsbedienstete teilgenommen hatten: „Bei nahezu 40 Prozent der Bediensteten wurden mittelfristig krankmachende psychische und/oder physische Belastungsmomente festgestellt. Gerade noch 28 von 100 Bediensteten konnten im positiven Sinne als motiviert bezeichnet werden. Der verbleibende Rest hat, wie man so sagt, bereits innerlich gekündigt." Vor allem die alltägliche Gewalt, kritische Vollzugssituationen und die unzureichende Personalausstattung werden, so Schröder weiter, von den Bediensteten als belastend empfunden. „Motivationskiller sind vor allem die unzureichenden Beförderungsmöglichkeiten und fehlende Berufsperspektiven. Durch die drastischen Sparmaßnahmen seit 2002 wie etwa Kürzung oder Wegfall von Weihnachts- und Urlaubsgeld und hohe Eigenbeteiligung bei Beihilfen hat sich die Situation weiter verschlechtert. Unsere Strafvollzugsbediensteten werfen nicht mit Eiern und organisieren auch keine Montagsdemonstrationen. Sie erwarten je-

[287] Der Spiegel 35/2001, S. 42 ff., „Kollektiv im Knast",

[288] Mitteilung des Deutschen Städtetages 163/2004 vom 6. 4. 2004

doch zu Recht, dass ihr schwerer und belastender Beruf auch künftig angemessen honoriert wird und dass die politisch Verantwortlichen für erträgliche Arbeitsbedingungen und aufgabengemäße Personalausstattung sorgen." Auch der Bundesvorsitzende von dbb beamtenbund und tarifunion, Peter Heesen, kritisierte die Situation in deutschen Gefängnissen: „Das sind keine guten Zustände. Denn wir wollen humane, menschenwürdige Vollzugsstandards. Die Vollzugspraxis, die zunehmend durch Engpässe gekennzeichnet ist, entfernt sich von diesem in einer Demokratie unverzichtbaren Anspruch. Es geht nicht nur um die Wahrung der öffentlichen Sicherheit. Es geht auch und vor allem um die Sicherheit der Beschäftigten. Es ist nicht hinnehmbar, dass sie in Angst vor Übergriffen leben müssen."[289]

### *7.3 Vorbildliche Strategien kommunaler Suchtprävention*

*259* Suchtprävention muss dort erfolgen, wo die Menschen leben, wo sie zu Hause sind. Sie hat deshalb zunächst in der Familie zu erfolgen. Durch eine bewusste Vorbildwirkung, durch gezielte Gespräche mit dem Nachwuchs und verantwortungsvollem Umgang mit Suchtstoffen wird der Grundstein für ein späteres suchtfreies Leben gelegt. Eine effektive Präventionsstrategie muss aber weiter gehen, muss auch das Lebensumfeld der Familie erfassen. Hier sind die Kommunen, die Keimzellen des Staates, gefragt und verantwortlich.

Die Drogenbeauftragte der Bundesregierung, Marion Caspers-Merk, hat daher im Oktober 2001 zu einem bundesweiten Wettbewerb „Vorbildliche Strategien kommunaler Suchtprävention" zur Prämierung aufgerufen. Ziel dieses neu eingeführten Wettbewerbs war es, das Engagement der Kommunen auf diesem Politikfeld sichtbar zu machen, den interkommunalen Erfahrungsaustausch zu fördern und gute Beispiele kommunaler Suchtprävention auszuzeichnen. In Zusammenarbeit mit dem Deutschen Institut für Urbanistik (Difu) führte die Bundeszentrale für gesundheitliche Aufklärung (BZgA) diesen Wettbewerb durch. Dafür wurde von der BZgA ein Preisgeld von insgesamt 50.000,– € ausgelobt. Zusätzlich wurde noch ein von den Spitzenverbänden der gesetzlichen Krankenkassen ausgelobter Sonderpreis von 5.000,– € eingesetzt. Das Ergebnis kann sich sehen lassen. Bis zum Bewerbungsschluss am 14. 1. 2002 sind von 198 Kommunen 220 Wettbewerbsvorschläge eingereicht worden. Nach Sichtung und Bewertung der eingegangenen Vorschläge wurden von der Jury vier Beiträge aus Großstädten, drei Beiträge aus kleineren Städten und Gemeinden sowie vier Beiträge von Landkreisen mit einem Geldbetrag von jeweils 5.000,– € ausgezeichnet. Die prämierten Beiträge sind vom Difu in einer

---

[289] Internet: www.bsbd.de; Aktuelle Nachrichten, 17. 9. 2004

übersichtlichen Dokumentation zusammengestellt worden, sodass hier jeder Interessierte Anregungen und Bestätigungen für seine Präventionsarbeit einholen kann. Diese Dokumentation („Vorbildliche Strategien kommunaler Suchtprävention“) ist beim BzgA, 51101 Köln, E-Mail: order@ bzga.de unter der Bestellnummer 33 920 000 kostenlos erhältlich.

In der Pressemitteilung des BMGS (www.bmgs.bund.de) vom 23. 6. 2005 wird mitgeteilt, dass nunmehr der Starschuss für die dritte Runde des kommunalen Wettbewerbs zur Suchtprävention gefallen ist. Alle deutschen Städte, Gemeinden und Kreise sind aufgerufen, bis zum 15. Dezember 2005 ihre Konzepte zum diesjährigen Thema „Alkoholprävention vor Ort“ einzureichen. Das Preisgeld beträgt in diesem Jahr insgesamt 70.000.– €.

Erfreulicherweise gibt es weitere Initiativen, die Engagement im Bereich Suchtprävention anregen, unterstützen und fördern. Ein solches Beispiel soll hier (auch als Anregung für andere Träger!) anhand der Kommunalpolitischen Vereinigung (KPV), einem Interessenverband der CDU, die in regelmäßigen Abständen besonders herausragendes ehrenamtliches bürgerschaftliche Engagement mit der Verleihung des Konrad-Adenauer Preises für Politik würdigt, dargestellt werden:[290] Hier ist ein Projekt des Landkreises Havelland / Brandenburg (LK) gewürdigt worden, dass es sich zum Ziel gesetzt hat, über eine bereits seit 1999 bestehende Initiative „Weg der Vernunft – gegen Drogenmissbrauch und Gewalt im Havelland“ alle an diesem Thema interessierten Partner des Landkreises an einen Tisch zu bringen und alle Angebote breitenwirksam zu vernetzen. Hierzu wurde eine Koordinationsstelle beim Landkreis eingerichtet und zunächst mit einer ABM-Kraft besetzt. Diese Kraft wurde von allen Mitgliedern der Initiative aktiv unterstützt. So wurden regelmäßige und gut besuchte Beratungen sowie Schulungen für die Mitglieder durchgeführt. Fachvorträge und Schulungen zu suchtbezogenen Themen wurden an verschiedenen Orten des Landkreises mit Erfolg angeboten. Mit der AOK und der Barmer Ersatzkasse wurden verlässliche und kompetente Unterstützungspartner gefunden. Inzwischen arbeiten 46 Einrichtungen und Initiativen mit. Die Koordinierungsstelle versteht sich nicht als Konkurrenz zu den bestehenden Arbeitsgruppen und Vereinen. Ihre Aufgabe ist es vielmehr, gezielte Präventionsarbeit in den Zielgruppen Kinder und Jugendliche, Jugendbetreuer, Eltern und Pädagogen zu leisten. Sie will auf die Gefahren, die von Drogenmissbrauch und Gewalt ausgehen, aufmerksam machen, da Handlungsbedarf dringend notwendig ist. Die gesamte Arbeit wird durch eine optimale Pressearbeit (das regionale Wochenblatt „Preußenspiegel“ war an

[290] Kopo 11/2002, S. 30 ff.

der Initiative maßgeblich beteiligt) intensiv begleitet und publik gemacht. Folgende Ziele hat man sich gesetzt:

- Bestandsaufnahme und gleichzeitige Bedarfsermittlung aller im LK vorhandenen Arbeitsgruppen, Vereine, Behörden und Einrichtungen, die sich im Kampf gegen Drogenmissbrauch und Gewalt engagieren
- Auflistung und Vernetzung aller vorhandener Angebote
- Ansprechpartner und Koordinator für Schulen, Jugendclubs, Vereine, Kommunen und sonstige Träger bei der Vermittlung von Fachkräften (so u. a. Präventionsberater der Polizei, Psychologen, Suchtberater) zu sein
- Zusammenarbeit mit Trägern der Jugendarbeit, dem Jugendamt und dem Arbeitsamt
- Kontinuierliche Zusammenarbeit und gegenseitiger Informationsaustausch mit dem Jugendhilfeausschuss des LK
- Bildung von „Stammgruppen" als Multiplikatoren, die regelmäßig zu verschiedenen Themen geschult werden und ihrerseits als Multiplikatoren auf ihr Umfeld einwirken. Zielgruppen sind u. a. Eltern, Pädagogen, befähigte Jugendliche und Jugendbetreuer
- Vermittlung entsprechender Beratungsangebote an Betroffene und Interessierte
- Fortsetzung einer kontinuierlichen Öffentlichkeitsarbeit in Zusammenarbeit mit der Pressestelle des LK
- Suche nach Sponsoren und Fördermöglichkeiten, die das Anliegen der Initiative unterstützen
- Erarbeitung eines Infoblattes über den „Weg der Vernunft".

Das Bemerkenswerte an dieser Initiative (im Gegensatz zu ähnlichen Initiativen anderer Städte und Kommunen) ist, dass es gelungen ist, die unterschiedlichsten Interessengruppen und Institutionen einschließlich öffentlicher Einrichtungen wie Schulen und Behörden an einen Tisch zu bekommen. Weiterhin beachtlich war die hervorragende Pressebegleitung, die gerade in der heutigen Zeit nicht unbedingt selbstverständlich ist.

Vielleicht kann diese kleine Zusammenstellung von Aktivitäten Auslöser für eigene Aktivitäten und Initiativen im Bereich der Suchtbekämpfung und -prävention sein.

## 8. Schlussbetrachtung

*260* Das Suchtproblem der Gesellschaft wird man nur dann einigermaßen „in den Griff" bekommen, wenn alle gesellschaftsrelevanten Kräfte in etwa in die gleiche Richtung ziehen. Zu diesen relevanten Kräften zählt auch die Wirtschaft, die natürlich davon lebt, Geschäfte und damit Gewinne zu machen. Das ist auch gut so. Wenn es aber um die Gesundheit unserer Kinder geht, sollte diesem „Gewinnmaximierungsstreben" Grenzen gesetzt werden! Der nachstehende Beitrag aus dem „rundblick" – Nord-Report – vom 22. 6. 2005 wirft ein bezeichnendes Schlaglicht auf die Skrupellosigkeit und die Gewinnsucht mancher heutiger Geschäftemacher:

„An einer Tankstelle im Kassenbereich tauchten sie zuerst auf: Die sog. „Leuchtstoffröhren", mit einem Getränk gefüllt, mit dem Aufdruck „Red Bull" zum Preis von rund 15 Euro. Inhalt: 80 % stark gesüßter Orangensaft und 20 % Wodka. Eigentlich ein klassischer Alkopop, dacht sich ein aufmerksamer Polizist und suchte nach der für Alkopops vorgeschriebenen besonderen Kennzeichnung für den Verkauf an Personen erst ab 18 Jahren. Diese aber fehlte. Der Lieferant Leckerland erklärte dazu auf Anfrage, dass Alkopops im Durchschnitt 5,5 % Alkoholgehalt aufweisen, höchstens aber 10 %. Die „Leuchtstoffröhre" habe jedoch 20 % Alkoholgehalt, sei daher kein Alkopop und nicht kennzeichnungspflichtig.

Gut gemacht von der Getränkeindustrie. Der Siegeszug der Alkopops geriet zuletzt ins Wanken mit der seit etwa einem Jahr erhobenen Sondersteuer auf diese Getränke. Mit einem Euro Steueraufpreis ist der Verkauf deutlich abgesackt. Eine Reaktion der Hersteller hierauf ist, Alkohol wie Wodka und Rum durch Weinalkohol zu ersetzen, der nicht der Sondersteuer unterliegt, sodass wieder preiswerte Alkopops verkauft werden können. Anders als bei Limos und Cola ist bei ihnen auch kein Zutatenverzeichnis vorgeschrieben, sodass es in der Hauptsache darum geht, überhaupt nur Alkohol hinreichend beizumischen. Durch den hohen Zuckergehalt wird der Alkoholgeschmack ohnehin gemildert und durch die Menge auch so weit verdünnt, dass der Eindruck erweckt wird, es handele sich bei Alkopops um ein leichtes Mischgetränk, im Grunde eher ein Erfrischungsgetränk, wie es auch die Werbung suggeriert. Da ist es egal, ob Hochprozentiges wie Wodka oder Rum drin ist oder aber ob eben Weinalkohol bei der Herstellung verwandt wird. Hauptsache, die Dröhnung funktioniert. „Red Bull" und „Diageo" bleiben so schicke Szenegetränke.

Dass die Getränkeindustrie hier nicht nur mit Ausweichprodukten auf kaltem Wege den Jugendschutz umgehen will, sondern auch inkognito viel Geld in gezielte Meinungsmache steckt, enthüllte die Süddeutsche Zeitung bereits 2004, als sie aufdeckte, dass hinter der „Initiative verantwortungsbewusster Umgang mit Alkohol" schlicht die Firma Diageo steckt, die einer der Hauptproduzenten von Alkopops und hochprozentigen Alkoholprodukten ist. Diese Initiative hatte gefordert, die seinerzeit geplante Alkopop-Steuer nicht zu erlassen, weil sie nicht dem Jugendschutz diene, sondern nur zu Ausweichreaktionen führe. Wie wahr, nur mit verantwortungsbewusstem Umgang mit Alkohol hat diese Initiative der Alkoholindustrie wohl kaum etwas zu tun.

Die neuen Alkoholröhren, die mit 20 % statt 10 % Alkohol die Kennzeichnungspflicht umgehen, sind genauso wie der Ersatz von Rum und Wodka durch Weinalkohol in Alkopops eine echt kapitalistische Marktreaktion auf gesetzliche Vorschriften, die zum Schutz von Kindern und Jugendlichen eine reale Marktnachfrage nach bestimmten Produkten durch Besteuerung einerseits überteuern wollen und andererseits durch Kennzeichnungspflicht Aufklärung betreiben. Es fragt sich nur, ob diese marktwirtschaftliche Reaktionsweise wie aus dem Lehrbuch, so legal sie ist, legitim ist. Selbst eingefleischten Befürwortern der Marktwirtschaft dürfte dieses ungeschminkte Gesicht eines reinen Kapitalismus hässlich erscheinen und zum Nachdenken anregen."

Dem ist seitens des Verfassers nichts hinzuzufügen!

Abschließend lässt sich zusammenfassend feststellen, dass der öffentliche Dienst Deutschlands in dem vom Verfasser eingangs beschriebenen erweiterten Umfang (s. u. Rn. 47) die Suchtproblematik weitestgehend erkannt hat. Die beschriebenen Verleugnungstendenzen (s. u. Rn. 33) stellen (hoffentlich) nur Ausnahmen dar. Hierbei ist anzumerken, dass es sicher lohnenswert gewesen wäre, einmal die besonderen Belastungen und Stresssituationen der Lehrer in den Schulen, des Personals in den Justizvollzugsanstalten, der Lok-Führer bei Suiziden auf der Schiene, der Kollegen der Straßenmeistereien usw. darzustellen, um nur einige Beispiele zu nennen. Um aber den natürlichen Rahmen (der Übersichtlichkeit) nicht zu sprengen, musste es bei den genannten Beispielen verbleiben.

Die bisherigen Ansätze und bereits entwickelten Strukturen der Suchtprävention und -hilfe sind konsequent fortzuführen bzw. weiterzuentwickeln. Die dafür aufzubringenden notwendigen finanziellen Mittel sind gut angelegtes Kapital.

Das vorhandene Dienst- und Arbeitsrecht bietet den Behörden und Betrieben nur eine eingeschränkte Palette von Möglichkeiten, auf einen festgestellten Suchtfall adäquat zu reagieren. Es ist daher notwendig und möglich, durch andere betriebliche Rahmenvorschriften und -bedingungen, diese rechtlichen Möglichkeiten sinnvoll und angemessen zu erweitern. Hierzu sind einige Möglichkeiten (Hilfsangebote und Druckmittel) zur Auswahl an die Hand gegeben (s. u. Rn. 187 ff.).

Wichtigste Erkenntnis dürfte sein, dass durch eine Überprüfung und ggfls. Neugestaltung der Unternehmenskultur nicht nur ein wesentlicher Schritt in Richtung „gesunder Betrieb" mit entsprechend niedrigem Krankenstand (Kosten!), sondern auch zur Erhöhung der Effektivität und Kreativität gemacht werden kann. Nicht ohne Grund investieren die „Global Players" wie VW, Daimler-Chrysler, Fried. Krupp AG Hoesch-Krupp usw. enorme Summen jährlich in die Gesundheitsförderung ihrer Mitarbeiter und „leisten" sich eine vorbildliche Suchtprävention und -hilfe unter Einbeziehung ihrer Mitarbeiter, sowie externer Fachleute. Aber auch andere Betriebe wie z. B. die Hohner AG oder Würth AG setzen nach eigenen Angaben auf das wichtigste Gut ihrer Firmen, dem „Humankapital".

Warum sollte gerade in diesem Bereich die „freie Wirtschaft" kein Vorbild für den öffentlichen Dienst sein?

Die KGSt hat dies auch schon seit langem erkannt. Bereits 1988 hat sie durch ihren Bericht „Alkohol und Arbeitsplatz – Wege zu einer Suchtkrankenhilfe" versucht, das Verständnis für die Notwendigkeit einer effektiven Suchtkrankenhilfe zu wecken (s. a. Rn. 23 und 42). Nunmehr hat sie in ihrem Bericht Nr. 11/2005 vom 10. 6. 2005 klargestellt, dass „Betriebliches Gesundheitsmanagement als Führungsaufgabe" zwar nicht zum Nulltarif zu haben ist und zur Umsetzung personelle wie finanzielle Ressourcen erforderlich sind, es aber unbedingt notwendig ist.

„Selbst die längste Reise beginnt mit dem ersten Schritt" hat einmal ein Weiser festgestellt.

Recht hat er!

Nehmen Sie sich daher die Zeit dafür. Setzen Sie sich in Ruhe hin. Machen Sie eine geistige Bestandsaufnahme „Ihres" Betriebes bzw. „Ihrer" Verwaltung. Vergleichen Sie das Ergebnis dieser Bestandsaufnahme mit Ihrer Vision, Ihrem Leitbild.

Bei absoluter Deckungsgleichheit beider Ergebnisse legen Sie sich zufrieden zurück und überlegen, wie Sie dieses Ergebnis halten können.

Bei Differenzen im Vergleichsergebnis, stehen Sie auf und machen den ersten Schritt!

Viel Erfolg dabei!

# H. Anhang

## 1. Verzeichnis der verwendeten und weiterführenden Literatur

Brown/Herrenstein, Grundriss der Psychologie, Springer-Verlag, Berlin 1984

Claußen/Benneke/Schwandt, Das nichtförmliche Disziplinarverfahren, 4. Aufl. 2000, Carl Heymanns Verlag KG, Köln

Claussen/Czapski, Alkoholmissbrauch im öffentlichen Dienst, Carl Heymanns Verlag KG Köln, 1992

Creifelds, Rechtswörterbuch, 16. Aufl. 2000, Verlag C. H. Beck, München

de Zayas, Anmerkungen zur Vertreibung, 2. Aufl. 1987, Kohlhammer-Verlag, Stuttgart

Deutsche Hauptstelle gegen die Suchtgefahren (Hrsg.), Jahrbuch Sucht 2005, Neuland Verlag, Geesthacht

Dietze, Alkohol und Arbeit, Orell Füssli Verlag, Zürich 1992

Ebert, Das gesamte öffentliche Dienstrecht (ÖDH), 2. Aufl. 1972 (Stand 2/00), Erich Schmidt Verlag, Berlin

Feuerlein/Küfner/Soyka, Alkoholismus – Missbrauch und Abhängigkeit, 5. Aufl. 1998, Georg Thieme Verlag, Stuttgart

Fremdwörterbuch-Wirtschaft, Seehamer Verlag GmbH, Weyarn 1998

Fuchs/Rainer/Rummel, Betriebliche Suchtprävention, Verlag für Angewandte Psychologie, Göttingen 1998

Gemeinschaft von Gewerkschaften und Verbänden des öffentlichen Dienstes – GGVöD – (Hrsg.), Privatisierung im öffentlichen Dienst, Bonn 1998

Hattenhauer, Geschichte des deutschen Beamtentums, 2. Aufl. 1993, Carl Heymanns Verlag, Köln

Hauptverband der gewerblichen Berufsgenossenschaften und Deutscher Verkehrssicherheitsrat (Hrsg.), Suchtprobleme im Betrieb, BC Verlags- und Mediengesellschaft, Wiesbaden 1995

Kümmel, Beamtenrecht Niedersachsens und des Bundes, (Stand 3/01) Pinkvoss VerlagsgmbH Hannover

Landschaftsverband Rheinland, Hauptfürsorgestelle (Hrsg.), Alkoholprobleme am Arbeitsplatz, Köln 1996

Landschaftsverband Westfalen-Lippe, Hauptfürsorgestelle (Hrsg.), Suchtmittel und ihre Auswirkungen im Arbeitsleben, Münster 1999

Lepke, Kündigung bei Krankheit, 10. Aufl. 2000, Erich Schmidt Verlag Berlin

Maunz/Dürig/Herzog, Grundgesetz – Kommentar (Stand 10/99), Verlag C. H. Beck, München

Meier/Bolten, Organisation und Technik der Verwaltung, 7. Aufl. 1992 IB Verlag Gleidingen, Laatzen

Minz/Conze, Recht des öffentlichen Dienstes, 7. Aufl. 1998 Walhalla-Verlag, Regensburg

Pschyrembel, Klinisches Wörterbuch, 256. Aufl. 1990, Walter de Gruyter Verlag, Berlin

Rosche-Lexikon Medizin, 2. Aufl. 1987, Verlag Urban & Schwarzenberg, München

Schnellenbach, Beamtenrecht in der Praxis, 4. Aufl. 1998, Verlag C. H. Beck, München

Thamm, Stichwort Drogen, 3. Aufl. 1996, Wilhelm Heyne Verlag, München

Thomas, Die künstlich gesteuerte Seele, Ferdinand Enke Verlag, Stuttgart 1970

Vorstand der IG-Metall (Hrsg.), Alkoholismus – die Krankheit unserer Zeit, Frankfurt a. M. 1982

Wind/Schimana/Wichmann, Öffentliches Dienstrecht, 4. Aufl. 1998, Kohlhammer Verlag/Deutscher Gemeindeverlag, Köln

Zimbardo, Psychologie, 4. Aufl. 1983, Springer Verlag, Berlin

Alkohol im Betrieb – geht jeden an, Leitfaden für Führungskräfte, Bayerische Landesstelle gegen die Suchtgefahren im Auftrag d. Bayerischen Staatsministeriums f. Arbeit u. Sozialordnung, Familie, Frauen u. Gesundheit, 80336 München

Alkoholismus – die Krankheit unserer Zeit, Schriftenreihe der IG Metall (Hrsg.) Frankfurt (Juni 1982)

Alkoholprobleme am Arbeitsplatz, mit grundsätzlichen Anmerkungen zu: Suchtproblematik am Arbeitsplatz allgemein und Alkoholerkrankung und Schwerbehinderung, Arbeitsheft Nr. 15, Landschaftsverband Rheinland – Hauptfürsorgestelle – (Hrsg.) Landeshaus, 50679 Köln, (1996)

Den ersten Schritt wagen: Gespräch führen, Leitfaden speziell für Führungskräfte und PersonalräteInnen, Landschaftsverband Westfalen-Lippe – Abtlg. Gesundheitswesen – (Hrsg.), 48133 Münster, 3. Aufl., (1999)

Illegale Drogen in der Arbeitswelt, Konsum und Missbrauch, Büro f. Suchtprävention d. Hamburgischen Landesstelle gegen die Suchtgefahren e.V./ Landesunfallkasse Hamburg (Hrsg.), 22083 Hamburg, (November 2000)

Privatisierung im öffentlichen Dienst, Gemeinschaft von Gewerkschaften u. Verbänden d. öffentl. Dienstes (GGVöD)/DBB-Tarifunion (Hrsg.), 53175 Bonn, (Februar 2005)

Substanzbezogene Störungen am Arbeitsplatz, Eine Praxishilfe für Personalverantwortliche, Deutsche Hauptstelle gegen die Suchtgefahren – DHS – (Hrsg.), Hamm, (März 2004)

Sucht und Betrieb, Informationen für betriebliche Multiplikatoren, Betriebskrankenkasse der Stadt Braunschweig (Hrsg.), 38105 Braunschweig, (1995)

Suchtmittel und ihre Auswirkungen im Arbeitsleben, Landschaftsverband Westfalen-Lippe – Hauptfürsorgestelle – (Hrsg.), 48145 Münster, (Oktober 1999)

Suchtprobleme im Betrieb, Hauptverband der gewerblichen Berufgenossenschaften, St. Augustin/Deutscher Verkehrssicherheitsrat e.V. (Hrsg.), Bonn, 3. Aufl., (1998)

*Broschürenhinweise:*

Die nachfolgend genannten Broschüren sind ebenfalls zur themenbezogenen Weiterbildung und Vertiefung der Kenntnisse empfohlen. Der Schwerpunkt dieser Broschüren liegt in der Behandlung von Suchtproblemen im öffentlichen Dienst oder zumindest artverwandter Bereiche, da diese Veröffentlichungen in der Regel schwieriger zu beschaffen sind. Neben diesen werden von Trägern der Suchtkrankenhilfe noch weitere Broschüren und Informationshefte zu allen Fragen und Themen der Suchtproblematik herausgegeben, deren Auflistung hier aber nicht möglich ist:

Alkohol am Arbeitsplatz, Tipps und Anregungen f. d. betriebliche Interessenvertretung, DGB-Bundesvorstand – Angestelltensekretariat – (Hrsg.), 40476 Düsseldorf, (Februar 1998)

Alkohol am Arbeitsplatz, Leitlinien für Vorgesetzte, Landschaftsverband Rheinland – Betriebsärztlicher Sozialdienst – (Hrsg.), 50679 Köln, 3. Aufl., (Januar 1998)

Alkohol im Unternehmen, vorbeugen-erkennen-helfen, Landeszentrale für Gesundheit in Bayern e.V., Landwehrstr. 60 – 62, 80336 München

Alkoholfrei – ... find ich gut!, BKK Informationen zum Thema Alkohol, BKK Bundesverband (Hrsg.), 45128 Essen, (Januar 1993)

Alkoholprobleme im Betrieb: Nicht wegsehen, hingehen ..., Praktische Tips und Anregungen, was im Betrieb getan werden kann, Landeswohlfahrtverband Hessen – Hauptfürsorgestelle – (Hrsg.), 34117 Kassel, (1996)

Alkohol und Arbeitswelt, BKK-Informationen f. betriebliche Entscheidungsträger, BKK Landesverband NW/BKK Bundesverband (Hrsg.), 45128 Essen, (Januar 1999)

Alkohol und Medikamente am Arbeitsplatz, Informationen für Multiplikatoren sowie Das blaue Wunder, Sucht am Arbeitsplatz, Herbert Ziegler, Deutsche Angestellten-Krankenkasse – DAK – (Hrsg.), 20009 Hamburg, (1996)

Alkohol, -Basisinformationen-, Deutsche Hauptstelle gegen die Suchtgefahren – DHS – (Hrsg.), Hamm, (4. Auflage, 10/2004)

Alles klar? Tipps & Informationen für den verantwortungsvollen Umgang mit Alkohol (incl. Selbst-Test), BzgA/DHS (Hrsg.), 51101 Köln, (2000)

Frau-Sucht-Gesundheit, Mit Vorsicht genießen, DHS (Hrsg.), Hamm (9/2002)

Hilfen anbieten – Schäden begrenzen, Neue Wege in der Drogen- und Suchtpolitik, Bundesministerium für Gesundheit, Referat f. Öffentlichkeitsarbeit (Hrsg.), 53108 Bonn, (November 1999)

Leitfaden für Vorgesetzte, Betriebliche Suchtberatung und Gesundheitsförderung, Senator für Finanzen der Freien Hansestadt Bremen (Hrsg.), 28195 Bremen

Prävention und Hilfe bei Sucht- und Missbrauchsproblemen in der Niedersächsischen Landesverwaltung, Niedersächsisches Ministerium für Frauen, Arbeit und Soziales (Hrsg.), 30159 Hannover, 2. Aufl., (1998)

## 2. Adressenliste Fachkliniken und -krankenhäuser

Bei der Vielzahl der in der Bundesrepublik Deutschland auf dem Gebiet der ambulanten und stationären Suchtkrankenhilfe tätigen Institutionen und ihrer angeschlossenen Suchtfachkliniken und – krankenhäuser, ist eine vollständige Auflistung an dieser Stelle nicht möglich. Sie wäre auch nicht sinnvoll, da der Hilfesuchende aus der reinen Auflistung keine Erkenntnisse über die möglichen Schwerpunktbehandlungen oder besonderen Serviceleistungen der Häuser erkennen kann. So hat z.B. der Bundesverband für stationäre Suchtkrankenhilfe e.V. „buss" ein Verzeichnis der diesem Verband angeschlossenen 90 Einrichtungen zur stat. Behandlung und Rehabilitation Suchtkranker in Deutschland mit einer entsprechenden Beschreibung der Leistungen und der Trägerschaft. Dazu gibt es eine „Indikationsliste", aus der die jeweiligen Therapieangebote zu ersehen sind. Ähnlich verfahren auch die anderen Institutionen. Daher folgt hier lediglich eine beispielhafte Auflistung der Institutionen, die weitere und den speziellen Bedürfnissen angepasste Informationen über die stationären Behandlungsmöglichkeiten geben können. Der Hilfesuchende wird sich praktischer Weise zunächst an seine lokale Hilfsinstitution (Betriebssuchtkrankenhelfer, freier Träger o.ä.) wenden, um dann den für seine konkreten Bedürfnisse und Möglichkeiten passenden Partner der Suchtkrankenhilfe auszusuchen:

Arbeitsgemeinschaft
Katholischer Fachkrankenhäuser für Suchtkranke e.V.
Karlstr. 40, Postfach 420; 79004 Freiburg
Tel.: (0761) 20 03 69; Telefax: (0761) 20 03 50

Bundesverband der Träger Psychiatrischer Krankenhäuser
c/o Landschaftsverband Rheinland
Mindener Straße 2, 50663 Köln
Tel.: (0221) 8 09-28 50; Telefax: (0221) 8 09 21 57

Bundesverband für stationäre Suchtkrankenhilfe e.V. „buss"
Kurt-Schumacher-Straße 2, 34117 Kassel
Tel.: (0561) 77 93 51; Telefax: (0561) 10 28 83
URL: *http://www.suchthilfe.de*

Fachverband Drogen und Rauschmittel e.V. (FDR)
Odeonstraße 14, 30159 Hannover
Tel.: (0511) 1 83 33; Telefax: (0511) 1 83 26;
URL: *http://www.neuland.com/fdr*

Gesamtverband für Suchtkrankenhilfe im
Diakonischen Werk der Evangelischen
Kirche in Deutschland e.V. (GVS)
Kurt-Schuhmacher-Straße 2, 34117 Kassel
Tel.: (0561) 10 95 70; Telefax: (0561) 77 83 51;
URL: *http://www.sucht.org/info/info.html*

Verband der Fachkrankenhäuser für Suchtkranke e.V.
Kurt-Schumacher-Straße 2, 34117 Kassel
Tel.: (0561) 77 93 51; Telefax: (0561) 10 28 83

Darüber hinaus haben natürlich auch die Verbände der freien Wohlfahrtspflege wie z.B. die AWO, das DRK, der DPWV, die Caritas sowie die Träger der Renten- und Unfallversicherung entsprechende Übersichten über die von Ihnen betriebenen Einrichtungen zur Verfügung.

## 3. Adressenlisten von Hilfsorganisationen

*Wichtige Anschriften der Suchthilfe (alphabetisch):*

Al-Anon Familiengruppen
– Selbsthilfegruppen für Angehörige und Freunde von Alkoholikern –
Emilienstraße 4, 45128 Essen
Tel.: (0201) 77 30 07, Telefax: (0201) 77 30 08

Alateen – Selbsthilfegruppen für Kinder und jugendliche Angehörige von Alkoholikern –
Emilienstraße 4, 45128 Essen
Tel.: (0201) 77 30 07; Telefax: (0201) 77 30 08

Anonyme Alkoholiker (AA) – Interessengemeinschaft e.V.
Lotte-Branz-Straße 14, 80939 München
Tel.: (089) 3 16 43 43 ; Telefax: (089) 3 16 51 00

Arbeiterwohlfahrt Bundesverband e.V. (AWO)
Oppelner Straße 130, (Postfach 410163) 53119 Bonn
Tel.: (0228) 66 85-0-1 51; Telefax: (0228) 66 85-2 09

Arbeitsgemeinschaft Christlicher Lebenshilfe ACL
Schloßstr. 6, **34590 Wabern**
Tel.: (05683) 99 80-0; Fax: (05683) 99 80-11

Arbeitsgemeinschaft der deutschen Abstinenzverbände (AGAV)
Nelkenstraße 20, 66386 St. Ingbert
Tel.: (06894) 75 92; Telefax: (06894) 87 03 31

Arbeitsgemeinschaft Katholischer Fachkrankenhäuser
für Suchtkranke e.V.
Karlstr. 40, Postfach 420, 79004 Freiburg
Tel.: (0761) 20 03 69; Telefax: (0761) 20 03 50

Bahn-Zentralstelle gegen die Alkoholgefahren (BZAL)
Karlstr. 4–6, 60329 Frankfurt am Main
Tel.: (069) 2 65-33 61; Telefax: (069) 2 65-35 65

Blaues Kreuz in Deutschland e.V.
Freiligrathstraße 27, 42289 Wuppertal
Tel.: (0202) 62 00 30; Telefax: (0202) 6 20 03 81

Blaues Kreuz in der Evangelischen Kirche Deutschland e.V.
– Bundesverband –
Julius-Vogel-Str. 44, 44149 Dortmund
Tel.:(0231) 5 86 41 32; Telefax: (0231) 5 86 41 33

Bund für drogenfreie Erziehung e.V. (BdE)
Postfach 14 22, 21496 Geesthacht
Tel.: (041 51) 89 18 10; Telefax: (04151) 89 18 11

Bundesfachverband Eßstörungen e.V.
Goethestr. 31, 34117 Kassel
Tel: (0561) 71 34 93

Bundesverband der Elternkreise drogengefährdeter
und drogenabhängiger Jugendlicher e.V. (BVEK)
Herzbergstr. 82, 10365 Berlin
Tel.: (030) 55 67 02-0; Telefax: (030) 55 67 00 25

Bundesverband der Träger Psychiatrischer Krankenhäuser
c/o Landschaftsverband Rheinland
Mindener Straße 2, 50663 Köln
Tel.: (0221) 8 09-28 50; Telefax: (0221) 8 09 21 57

Bundesvereinigung der kommunalen Spitzenverbände
Lindenallee 13–17, 50968 Köln
Tel.: (0221) 3 77 10; Telefax: (0221) 3 77 11 28

Bundesverband für stationäre Suchtkrankenhilfe e.V. „buss“
Wilhelmshöher Allee 273, 34131 Kassel
Tel.: (0561) 77 93 51; Telefax: (0561) 10 28 83

Bundeszentrale für gesundheitliche Aufklärung (BZgA)
Ostmerheimer Straße 220, Postfach 91 01 52, 51071 Köln
Tel.: (0221) 89 92-0; Telefax: (0221) 89 92-3 00

Deutsche Hauptstelle gegen die Suchtgefahren e.V. (DHS)
Westring 2, 59065 Hamm
Tel.: (02381) 90 15-0; Telefax: (02381) 90 15 30

Deutscher Caritasverband e.V.
Referat Basisdienste und besondere Lebenslagen – Suchtkrankenhilfe –
Karlstraße 40, 79104 Freiburg
Tel.: (0761) 2 00-3 69; Telefax: (0761) 2 00-3 50

Deutscher Frauenbund für alkoholfreie Kultur e.V.
In der Welle 24, 58091 Hagen
Tel.: 02331/7 87 85 85

Deutscher Guttempler-Orden (I.O.G.T.) e.V.
Adenauerallee 45, 20097 Hamburg
Tel.: (040) 24 58 80; Telefax: (040) 24 14 30

Deutsches Rotes Kreuz e.V. (DRK) – Generalsekretariat
Friedrich-Ebert-Allee 71, 53113 Bonn
Tel.: (0228) 5 41-12 08; Telefax: (0228) 5 41-12 61

Fachverband Drogen und Rauschmittel e.V. (FDR)
Odeonstraße 14, 30159 Hannover
Tel.: (0511) 1 83 33; Telefax: (0511) 1 83 26

Fachverband Glücksspielsucht (fags)
Postfach 1414, 32004 Herford

Frankfurter Zentrum für Ess-Störungen gGmbH
Hansaallee 18, 60322 Frankfurt
Tel.: (069) 55 01 76; Fax: (069) 5 96 17 23

Freundeskreis für Suchtkrankenhilfe
Kurt-Schumacher-Straße 2, 34117 Kassel
Tel.: (0561) 78 04 13; Telefax: (0561) 71 12 82

Gesamtverband für Suchtkrankenhilfe im
Diakonischen Werk der Evangelischen Kirche in Deutschland e.V. (GVS)
Kurt-Schuhmacher-Straße 2, 34117 Kassel
Tel.: (0561) 10 95 70; Telefax: (0561) 77 83 51

Helmut Tiedemann/AIDA Unternehmensberatung bei
Suchtproblemen in der Arbeitswelt
Am Grundwasserwerk 2, 22041 Hamburg
Tel.: (040) 6 57 03 27; Telefax: (040) 6 56 56 03

Informationskreis Drogenprobleme e.V.
Händelallee 7, 10557 Berlin
Tel.: (030) 3 91 22 88 (Dr. med. D. Kleiner)

JUVENTE Jugendorganisation der Guttempler in Deutschland
Adenauerallee 45, 20097 Hamburg
Tel.: (040) 24 58 80;Telefax: (040) 24 14 30

Katholische Sozialethische Arbeitsstelle e.V. (KSA)
Ostenallee 80, 59071 Hamm
Tel.: (02381) 9 80 20-0; Telefax: (02381) 9 80 20-99

Kreuzbund e.V. Selbsthilfe- und Helfergemeinschaft
für Suchtkranke und deren Angehörige
Münsterstraße 25, 59065 Hamm
Tel.: (02381) 6 72 72-0; Telefax: (02381) 6 72 72 33

Nichtraucher-Initiative Deutschland e.V. (NID)
Carl-von-Linde-Str. 11, 85716 Unterschleißheim
Tel.: (089) 3 17 12 12; Fax: (089) 3 17 40 47

Paritätischer Wohlfahrtsverband Gesamtverband e.V.
– Referat Gefährdetenhilfe
Heinrich-Hoffmann-Straße 3, 60528 Frankfurt am Main
Tel.: (069) 67 06-2 69; Telefax: (069) 67 06-2 09

Verband ambulanter Behandlungsstellen für
Suchtkranke/Drogenabhängige e.V. (VABS)
Karlstraße 40, 79104 Freiburg
Tel.: (0761) 20 03 63; Telefax: (0761) 20 03 50

Verband der Fachkrankenhäuser für Suchtkranke e.V.
Kurt-Schumacher-Straße 2, 34117 Kassel
Tel.: (0561) 77 93 51; Telefax: (0561) 10 28 83

## 3a. Linklisten von Hilfsorganisationen u.ä. Institutionen

*Auswahl der wichtigsten Web-Anschriften (hp = homepage) der Suchthilfe:*

Bundeswehr:

*http://www.lawicki.de*; hervorragende hp von Dr. Lawicki
*http://www.soldatenselbsthilfe-sucht-bundeswehr.de*
*http://www.suchtpraevention-bundeswehr.de*

Allgemein:

*http://www.anonyme-alkoholiker.de/*; hp Selbsthilfegruppe der AA
*http://www.anonyme-spieler.org/*; Selbsthilfe Spielsucht mit Chat
*http://www.al-anon.de/;hp* der Angehörigengruppe der AA
*http://www.alkohol-lexikon.de*; interessante hp über Alkohol

*http://www.bag.admin.ch/sucht/d/*; Schweizer Bundesamt f. Gesundheit
*http://www.bisdro.uni-bremen.de*; infos der Uni-Bremen zu Drogen
*http://www.blutalkohol-homepage.de/*; hp mit Blutalkoholrechner
*http://www.bzga.de*; hp Bundeszentrale für gesundheitl. Aufklärung

*http://www.dg-sucht.de/*; Deutsche Ges. f. Suchtforschung und -therapie
*http://www.dhs.de*;hp der Deutschen Hauptstelle für Suchtfragen e.V.
*http://www.drogeninfo.de/webring.html*
*http://www.drogenbeauftragte.de*; …der Bundesregierung
*http://www.drogenberatung-jj.de/*; Drogenberatung für Jugendliche
*http://www.drugcom.de*; neue hp der BzgA für Jugendliche

*http://www.emcdda.eu.int/links/europe.shtml*; englischsprachige hp

*http://www.freundeskreise-sucht.de/*; hp der Freundeskreise Suchthilfe

*http://www.gluecksspielsucht.de/*; Infos für Betroffene u. Angehörige
*http://www.guttempler.net/de/*;hp der Guttempler in Deutschland
*http://www.heroinstudie.de/*; Tipp's u. Infos zur Heroinsucht

*http://www.inr-online.de*; Institut f. Nikotinforschung u. Raucherentwöhnung

*http://www.martha-stiftung.de/*; Hilfe f. Menschen in Not
*http://www.mindzone.info/*; hp über Suchtrisiken u. Partydrogen
*http://www.m-ww.de/krankheiten/psychische_krankheiten/sucht.html*; gute hp von Medicine-Worldwide über Abhängigkeit und Sucht

*http://www.nakos.de*; Verzeichnis der Selbsthilfegruppen in Deutschland
*http://www.ni-d.de/*; Nichtraucherinitiative Deutschlands

*http://www.onlinesucht.de*; hervorragende hp zur Onlinesucht
*http://www.oberbergkliniken.de*; Infos über Sucht u. der Behandlung

*http://www.partypack.de*; hp der Drogenhilfe Köln f. Jungendliche

*http://www.spielsucht-therapie.de*; Hilfe f. Betroffene u. Angehörige
*http://www.suchtselbsthilfegruppe.de/*; Selbsthilfe f. div. Suchtformen
*http://www.sucht.de/*; hp des Fachverband Sucht e.V.
*http://www.sucht-netz.de/*; Fachambulanz Sucht, MPU-Schulung u.ä.

*http://www.therapiehilfe.info;Hilfe* f. Menschen in HH u. Schl.-Holst.

*http://www.zdf.de/*; zahlreiche Artikel und Hinweise zur Suchthilfe

## 4. Landesstellen gegen die Suchtgefahren und andere wichtige Kontaktadressen

*Verzeichnis der Landesstellen gegen die Suchtgefahren nach Postleitzahlen geordnet:*

Sächsische Landesstelle gegen die Suchtgefahren e.V.
Schönbrunnstr. 5, 01097 Dresden
Tel. und Fax 0351/8 04 55 06;
E-Mail: *slser@t-online.de*
URL: *http://www.sls.de*

Landesstelle Berlin gegen die Suchtgefahren e.V.
Gierkezeile 39, 10585 Berlin
Tel.: 030/34 80 09 20; Fax: 030/34 80 09 66;
E-Mail: *buero@landesstelle-berlin.de*
URL: *http://www.landesstelle-berlin.de*

Brandenburgische Landesstelle gegen die Suchtgefahren e.V.
Carl-von-Ossietzky-Str. 29; 14471 Potsdam
Tel.: 0331/96 37 50; Fax: 0331/96 37 50
E-Mail: *blsev@t-online.de*
URL: *http://www.blsev.de*

Landesstelle gegen die Suchtgefahren Mecklenburg-Vorpommern e.V.
Voßstraße 15 a, 19053 Schwerin
Tel.: 0385/7 58 91 96 / 71 29 53; Fax: 0385/7 58 91 95
E-Mail: *info@Ismv.de*
URL: *http://www.Ismv.de*

Hamburgische Landesstelle gegen die Suchtgefahren e.V.
Brennerstraße 90, 20099 Hamburg
Tel.: 040/2 84 99 18-0; Fax: 040/2 84 99 18-19
E-Mail: *bfs@suchthh.de*
URL: *http://www.suchthh.de*
URL: *http://www.ecstasy-projekt.de*

Landesstelle gegen die Suchtgefahren für Schleswig-Holstein e.V.
Schauenburger Straße 36, 24105 Kiel
Tel.: 0431/56 47 70; Fax: 0431/56 47 80
E-Mail: *mail@lssh.ki.shuttle.de*
URL: *http://www.ki.shuttle.de/lssh*

Bremische Landesstelle gegen die Suchtgefahren e.V.
c/o Caritasverband Bremen e.V.
Kolpingstraße 3, 28195 Bremen
Postfach 10 65 03, 28065 Bremen
Tel.: 0421/3 35 73-0; Fax: 0421/3 37 94 44
E-Mail: *Caritasverband-Bremen@t-online.de*
URL: *http://www.sucht.org/Landesstelle-Bremen.de*

Niedersächsische Landesstelle gegen die Suchtgefahren e.V.
Podbielskistr. 162; 30177 Hannover
Tel.: 0511/62 62 66-0; Fax: 0511/62 62 66 22
E-Mail: *info@nls-suchtgefahren.de*
URL: *http://www.nls-suchtgefahren.de*

Landesstelle gegen die Suchtgefahren im Land Sachsen-Anhalt
Walther-Rathenau-Straße 38; 39106 Magdeburg
Tel. 0391/5 43 38 18, Fax: 0391/5 62 02 56
E-Mail: *ls-sa@t-online.de*

Arbeitsausschuss Drogen und Sucht
der Arbeitsgemeinschaft der Spitzenverbände der Freien Wohlfahrt in NW
zugleich Landesstelle gegen die Suchtgefahren c/o Diakonisches Werk
Friesenring 32/34, 48147 Münster
Postfach 2404, 48011 Münster
Tel. 0251/27 09-2 50; Fax: 0251/27 09-3 98
E-Mail: *seiler@dw-westfalen.de*

Hessische Landesstelle gegen die Suchtgefahren e.V.
Auf der Körnerwiese 5, 60322 Frankfurt am Main
Tel.: 069/5 96 96 21; Fax: 069/5 96 97 24
E-Mail: *hls@hls-ksh.de*
URL: *http://www.hls-ksh.de/*

Saarländische Landesstelle gegen die Suchtgefahren e.V.
c/o Diakonisches Werk an der Saar
Rembrandtstraße 17–19, 66540 Neunkirchen
Postfach 1309, 66513 Neunkirchen
Tel.: 06821/9 56-0; Fax: 06821/9 56-2 05
E-Mail: *osa@dwsaar.ekir.de*

Landesstelle Suchtkrankenhilfe Rheinland-Pfalz
– Geschäftsstelle des Diakonischen Werkes –
Abteilung 2 Soziales und Gesundheit Referat 2.2
– Sucht, Aids- und Gefährdetenhilfe
Karmeliterstr. 20, 67322 Speyer
Tel.: 06232/6 64-2 54; Fax: 06232/6 64-1 30
E-Mail: *hoffmann@diakonie.pfalz.de*

Bundesarbeitsgemeinschaft der Landesstellen
gegen die Suchtgefahren (BAGLS)
c/o Landesstelle gegen die Suchtgefahren in Baden-Württemberg
Augustenstr. 63, 70178 Stuttgart
Tel.: 0711/6 19 67-31 (o. 32); Fax: 0711/6 19 67-68
E-Mail: *info@lssuchtgefahrenbawue.de*
URL: *http://www.lssuchtgefahrenbawue.de*

Badischer Landesverband gegen die Suchtgefahren e.V.
Renchtalstr. 14, 77871 Renchen
Postfach 1163, 77876 Renchen
Tel.: 07843/9 49-1 41; Fax: 07843/9 49-1 68
E-Mail: *heise.blv@t-online.de*
URL: *http://www.blv-suchthilfe.de*

Koordinierungsstelle der bayerischen Suchthilfe (KBS)
Lessingstraße 3, 80336 München
Tel.: 089/53 65 15; Fax: 089/543 92 03
E-Mail: *kbs-bayern-suchthilfe@t-online.de*
URL: *http://www.suchtberatung.net/kbs*

Thüringer Landesstelle gegen die Suchtgefahren e.V.
Dubliner Straße 12, 99091 Erfurt
Tel.: 0361/7 46 45 85; Fax: 0361/7 92 06 77
E-Mail: *tls.Geschäftsstelle@t-online.de*

*Materialien, Kontakte, Adressen, Hilfen*

Weitere Informationen (Broschüren, Materialien usw.) sowie Kontaktadressen (Beratungsstellen, Fachkliniken) und erhalten Sie bei folgenden Organisationen:

Für Materialanfragen:

Bundeszentrale für gesundheitliche Aufklärung (BZgA)
Postfach 91 01 52, 51071 Köln
URL: *http://*www.bzga.de

Deutsche Hauptstelle gegen die Suchtgefahren e.V. (DHS)
Postfach 13 69, 59003 Hamm
E-Mail: Info.@dhs.de
URL: *http://*www.dhs.de

Unter *www.dhs.de* (Einrichtungen der Suchtkrankenhilfe) sind auch die Anschriften der Beratungsstellen, Fachkliniken und anderen ambulanten und stationären Behandlungseinrichtungen zu finden.

Weitere Kontakte und Hilfen:

Deutsche Hauptstelle gegen die Suchtgefahren e.V. (DHS)
Postfach 13 69, 59003 Hamm
Tel.: 02381/90 15-0; Fax: 02381/90 15-30
E-Mail: *Info.@dhs.de*
URL: *http://www.dhs.de*

Bundeszentrale für gesundheitliche Aufklärung (BZgA)
Postfach 910152, 51071 Köln
Ostmerheimer Straße 200, 51109 Köln
Tel.: (0221) 89 92-0; Fax: (0221) 89 92-300

BZgA-Info-Telefon – Suchthilfe –:
Tel.: 0221/89 20 31
Mo.–Do. 10–22 Uhr
Fr., Sa., So. 10–18 Uhr

Das BZgA-Info-Telefon – Suchthilfe – beantwortet Fragen zur Suchtvorbeugung. Bei Alkohol- oder anderen Abhängigkeitsproblemen bietet das

BZgA-Telefon eine erste persönliche Beratung mit dem Ziel, Ratsuchende an geeignete lokale Hilfe- und Beratungsangebote zu vermitteln.

**Weitere BZgA-Info-Telefon-Nummern zu Suchtproblemen:**

**BZgA-Info-Telefon – Raucherentwöhnung –:**
Tel.: 01805/31 31 31 (z. Zt. 12 Cent pro Minute)
Mo.–Do. 10–22 Uhr
Fr., Sa., So. 10–18 Uhr

**BZgA-Info-Telefon – Glücksspielsucht –:**
Tel.: 01801/37 27 00 (z. Zt. 4,6 / 2,5 Cent pro Minute)

Im Telefonbuch sind die Beratungsstellen unter Suchtberatungsstelle, Psychosoziale Beratungsstelle oder Jugend- und Drogenberatungsstelle zu finden.

Die Verbände der Freien Wohlfahrtspflege (Deutsches Rotes Kreuz, Caritasverband, Deutscher Paritätischer Wohlfahrtsverband, Arbeiterwohlfahrt usw.), die örtlichen Gesundheitsämter und die Telefonseelsorge geben Ihnen gern ebenfalls Hinweise auf Beratungsstellen in der Nähe Ihres Wohnortes.

Überörtliche Telefonberatung wird angeboten durch die **Notruf-Telefone:**
München: Tel.: 0 89/28 28 22
Düsseldorf: Tel.: 02 11/32 55 55
Essen: Tel.: 02 01/40 38 40
Die Anschriften der örtlichen Beratungsstellen vermitteln auch das **BZgA-Telefon** zur Suchtvorbeugung: Telefon (02 21) 89 20 31 (täglich 10–22 Uhr) und das **Malteser-Telefon:** (02 21) 9 82 22. Anschriften von Beratungsstellen und Selbsthilfegruppen erfahren Sie aber auch bei der jeweiligen Landesstelle gegen die Suchtgefahren.

Seit 12. 3. 2004 hat die **BZgA** eine neue **Sucht- und Drogenhotline bundesweit** und **täglich 24 Stunden** erreichbar unter der zentralen Rufnummer: **01805/31 30 31** für 12 Cent pro Minute bundesweit geschaltet. Sie bietet telefonische Beratung, Hilfe und Informationen durch erfahrene Fachleute aus der Drogen- und Suchthilfe. Diese Hilfe ist gedacht sowohl für Menschen mit Suchtproblemen als auch deren Angehörige, Freunde und Kollegen.

## Stichwortverzeichnis

(Die Ziffern beziehen sich auf die Randnummern)